L'EXTRÊME ORIENT

AU MOYEN-AGE 4377

OUVRAGES DU MÊME AUTEUR

L'Archipel Indien. Origines, langues, littératures, religions, morale, droit public et privé des populations.

Bidasari. Poëme malais, précédé des traditions poétiques de l'Orient et de l'Occident.

Des Nibelungen. (Mention très-honorable de l'Académie des Inscriptions et Belles-Lettres).

Grammaire comparée des langues de la France. (Mention très-honorable de l'Académie des Inscriptions et Belles-Lettres).

Sagas du Nord. (Mention honorable de l'Académie des Inscriptions et Belles-Lettres).

Recherches historiques sur la ville de Bergues en Flandre. (Mention honorable de l'Académie des Inscriptions et Belles-Lettres).

Etudes Néerlandaises. (Ouvrage couronné par l'Académie française).

Histoire de la Littérature Néerlandaise, depuis les temps les plus reculés jusqu'à Vondel.

Essai de grammaire comparée des langues germaniques.

De l'origine du langage, d'après la Genèse.

La Religion du Nord de la France avant le Christianisme.

Les Tables Eugubines.

Les Flamands de France. Etude sur leur langue, leur littérature et leurs monuments.

Chants historiques de la Flandre.

Histoire de Sainte Godelive (onzième siècle).

Guillaume de Rubrouck, ambassadeur de Saint Louis en Orient. Récit de son voyage, traduit du texte original latin et annoté.

LOUIS DE BACKER

L'EXTRÊME ORIENT

AU MOYEN-AGE

D'APRÈS LES MANUSCRITS

D'UN FLAMAND DE BELGIQUE

Moine de Saint-Bertin à Saint-Omer

ET

D'UN PRINCE D'ARMÉNIE

Moine de Prémontré à Poitiers

PARIS
ERNEST LEROUX, ÉDITEUR
LIBRAIRE DES SOCIÉTÉS ASIATIQUES DE PARIS, DE CALCUTTA
DE NEW-HAWEN (ÉTATS-UNIS), DE SHANG-HAÏ (CHINE)
DE L'ÉCOLE DES LANGUES ORIENTALES VIVANTES, ETC.
28, RUE BONAPARTE, 28

1877

L'EXTRÊME ORIENT

AU MOYEN-AGE

INTRODUCTION

I

LES PREMIERS VOYAGEURS DU MOYEN-AGE.

A lire les récits de certains touristes qui ont visité de nos jours l'extrême Orient, il semble que les peuples de cette partie du monde soient restés isolés et sans rapports avec d'autres peuples, jusqu'à l'heure où le canon de l'Europe moderne a forcé l'entrée de leur territoire. Cependant, longtemps avant J.-C., les Tartares, connus d'abord en Europe sous le nom de Scythes, n'avaient pas cessé d'envahir l'empire du Milieu [1], et ces invasions fréquentes avaient fait gémir bien souvent la lyre des poètes de la Chine : « Lorsqu'un matin, la fiancée du palais des Han arriva d'Occident, il y eut, en Tartarie, beaucoup de belles filles qui moururent de honte...

---

[1]. *Guerres que les Tartares ont faites depuis des siècles contre les Chinois.* (Traduit du chinois par les jésuites Martin et Couplet.)

» Que ne puis-je, saisissant le sabre qui pend à ma cein-
» ture, abattre moi-même d'un seul coup la tête du barbare
» Leoulan (un prince tartare)....

» L'automne, c'est le temps que nos voisins des frontiè-
» res choisissent pour descendre de leurs montagnes ; il faut
» passer la grande muraille et se porter au-devant d'eux
» les soldats de l'empire ne s'arrêteront plus que dans les
» sables de Kobi.

» Les hordes tartares s'amoncelèrent aux frontières du
» Kobi... Reviendront-ils un jour, ceux que la guerre ré-
» clame?....

» Chaque soir, s'abattent sur la ville des nuages de pous-
» sière soulevés par des cavaliers tartares...

» De grands désastres ont ensanglanté ma patrie ; mes
» frères aînés et mes frères cadets sont morts égorgés ; ils
» étaient grands, ils étaient puissants parmi les hommes, et
» je n'ai pas même pu recueillir leur chair et leurs os pour
» les ensevelir[1]. »

Ainsi chantaient les poètes chinois de l'époque des Thang, à la vue des légions étrangères qui foulaient le sol de leur patrie, et Abel Rémusat disait en 1818 devant l'académie des Inscriptions et Belles-Lettres : « La Chine a presque toujours été en Asie ce qu'est de nos jours l'Europe civilisée par rapport au reste du monde. Ses voisins ont toujours recherché son alliance ou sa protection, emprunté ses lois, imité ses institutions, étudié sa littérature. C'était pour eux un centre de commerce, une sorte de chef-lieu politique,

---

1. *Poésies de l'époque des Thang*, traduites par le marquis d'HERVEY-SAINT-DENYS.

un modèle en tout genre[1]. » Et le savant orientaliste a prouvé en effet que, dès les âges les plus reculés, des marchands venaient de loin trafiquer à la Chine, et que son empereur avait un officier fixé au centre de la Tartarie et chargé d'administrer les vastes contrées, qui s'étendaient des montagnes de Kaschgar à la mer Caspienne. Aussi, ne doit-on pas s'étonner de ce que des écrivains chinois de l'antiquité aient pu recueillir des notions sur la Perse et même sur l'empire romain.

Quant à l'Europe, nous la voyons, au treizième siècle, correspondre avec l'extrême Orient par les ambassades de Plan de Carpin et de Guillaume de Rubrouck; par les voyages de commerce de Marco Polo; un peu plus tard, par les missions de Jean de Monte-Corvino, d'André de Pérouse, évêque de Zeytoun ; de Jean de Cora, archevêque de Solthanyeh; d'Oderic de Pordenone, de Jean de Marignoli, et enfin par des voyageurs dont les relations sont consignées dans un manuscrit de la Bibliothèque nationale de Paris.

Ce manuscrit porte le numéro 2810 du catalogue français et est intitulé :

« Le livre des merveilles du monde, lequel contient six
» autheurs :
» Marc Pol ;
» Frère Odric de l'ordre des frères mineurs ;
» Le livre faict à la requeste du cardinal Taleran ;
» Le livre de messire Guillaume de Mandeville ;
» Le livre de frère Jean Hayton ;

---

[1]. *Histoire et Mémoires de l'Académie des Inscriptions;* t. VIII, p. 128.

» Le livre de frère Bieul de l'ordre des Prêcheurs. »

Ce titre est sur le premier feuillet et il est écrit par une main du dix-septième ou du dix-huitième siècle. Puis, vient une note d'une écriture plus récente : « Ce beau volume » doit avoir été exécuté de 1404, époque de l'avénement de » Jean sans-peur, à 1417, date de la mort du duc de Berry. » Voyez la miniature frontispice de la relation d'Hayton, où » le duc de Berry est représenté recevant le volume dans » une salle dont la porte est ornée de l'écu de Bourgogne. » L'artiste était flamand, comme on peut en juger par la » devise flamande d'un grand nombre de vignettes. »

Au deuxième feuillet, le bibliothécaire du duc de Bourgogne a mis une suscription ainsi conçue : « Ce livre est » des merveilles du monde cest assauoir de la terre saincte » Du grant Kaan empereur des tartars et du pays Dynde. » Lequel liure Jehan, duc de Bourgoingne donna à son on- » cle Jehan, filz du roy de France, duc de Berry et quinzième » comte de Poitou, Destampes, de Bouloingne et Dauvergne. » Et contient ledit liure dix liures. Cest assauoir : Marc Pol. » Le liure fait à la requeste du cardinal Taleran de Pierre- » gort. Lestat du grant Kaan. Le liure de messire Guillaume » de Mandeuille. Le liure du frère Jehan Hayton de lor- » dre de Premonstré. Le liure de frère Bieul de lordre des » frères prescheurs. Et sont en ce dit liure deux cens » soixante-six histoires. — Flamel. »

Le manuscrit qui nous occupe est donc le recueil des récits de ce que ces voyageurs ont observé en Orient. Il est l'œuvre d'un copiste et un chef-d'œuvre de calligraphie du XVe siècle.

Le calligraphe était flamand ; on ne peut en douter à la

vue de la devise flamande *Ich swight*, répétée neuf fois sur une banderolle, qui entoure une branche de chêne et sert d'encadrement au texte du feuillet 208. Je crois même que cet artiste était de Bruges, car la porte de la salle du frontispice, mentionnée plus haut et au-dessus de laquelle est figuré l'écu du duc de Bourgogne, rappelle une des portes du Burg ou château ducal de cette ville. De plus, au temps où le manuscrit a été ouvré, plusieurs calligraphes de Bruges jouissaient d'une grande réputation. Je citerai entr'autres Léonard de Zweert et Guillaume Snellaert.

Léonard de Zweert était chapelain de St-Donat, et, d'après les actes capitulaires de cette église qui le désignent sous le nom latinisé de *Gladio*, il s'obligea le 15 janvier 1394, en présence du chapitre, à écrire un livre pour Egide Tollin et Jean de Grave, et à le livrer avant le dimanche où l'on chante *Letare Jerusalem*, sous peine d'être privé de ses bénéfices ecclésiastiques jusqu'au jour de l'exécution de sa promesse. En même temps et dans le même chapitre, il fut enjoint à de Zweert d'écrire et de noter en musique pour l'archevêque de Reims la légende de St-Donatien, aussi sous peine de perdre ses bénéfices ecclésiastiques, s'il ne la livrait pas à l'époque fixée.

Guillaume Snellaert était moine de l'abbaye de l'Eckhoute. L'abbé des Augustins, Lubert Hautscilt, lui fit faire les miniatures de l'ouvrage qu'il avait traduit du latin pour le duc de Berry et dont le titre était : « Le Pèlerinage de l'âme et du corps[1]. »

---

1. *Biographie des hommes remarquables de la Flandre occidentale*, T. I, pp. 108 et suiv.

Mais je crois pouvoir préciser davantage. J'ai lu sur la banderolle, au bas du feuillet 268 de notre manuscrit, les mots en lettres onciales : LAMITS VRIVOED. Peut-être est-ce là le vrai nom de l'artiste qui a enluminé cette œuvre magnifique de la bibliothèque nationale de Paris ?

Depuis les croisades, l'Orient avait vivement excité la curiosité des princes de l'Europe. En 1369, Dino Rapondi[1], marchand lombard, qui devint plus tard conseiller et maître d'hôtel du duc de Bourgogne, habitait la ville de Bruges. Il avait prêté de l'argent à Philippe-le-Hardi, immédiatement après son mariage avec Marguerite de Mâle. Pour reconnaître ce service, le duc acheta, en 1399, au fils de Rapondi, moyennant 300 l. ou 2144 francs de notre monnaie, « *III* » *livres appelés la Fleur des istoires de la terre d'O-* » *rient escripts en lettres de fourmes istoriées, couvert* » *de velinau* [2], » et l'inventaire des librairies de Charles V, Jean de Berri et Philippe de Bourgogne, publié en 1830 par M. Barrois, nous apprend encore que le duc de Berry reçut, le 22 mars 1402, de son frère, Philippe-le-Hardy, « un pe- » tit livre de la *Fleur des histoires de la terre d'Orient,* » escrit en françois de lettre de court, enluminé et historié, » en la fin duquel a un autre livre de toutes les provinces » et citez de *l'universel monde.* » Le manuscrit acheté en

---

1. Dino Rapondi est mort à Bruges en 1414. « Moritur Brugis » Calend. Februarii celeberrimus ille mercator Dynus de Rapon- » dis Luca oreundus in Italia, civis parisiacus, consiliarius Philippi » et Joannis Ducum Burgundiæ, ac magister hospitii. Sepultus Bru- » gis Donatiani suo in sacello ad plagam borealem templi, juxta » sacellum virginis Matris. » *Annales rerum Flandricarum, autore Jacobo Meyero.*

2. PEIGNOT, *Inventaires particuliers de Bourgogne.*

1399 par le duc de Bourgogne et celui donné en 1402 seraient-ils le même que celui de la Bibliothèque nationale de Paris? Nous ne le pensons pas, car le premier ne contenait que trois livres, probablement ceux de Marco Polo, du frère Oderic et de Bouldeselle ; le second, étant qualifié de « petit », devait être la relation unique de Hayton, le prince arménien qui se fit moine dans un couvent de Prémontré. Le manuscrit 2810 de la Bibliothèque nationale de Paris, est au contraire très volumineux, et comprend 299 feuillets ou 598 pages in-folio. Nous croyons donc qu'il est une copie du manuscrit de 1399, à laquelle on aura ajouté les relations des frères Hayton et Bieul et du sire de Mandeville.

Mais si ce chef-d'œuvre de calligraphie est du XVe siècle, il ne s'ensuit pas que les relations des voyageurs soient de ce temps. A l'exception de celle de Marco Polo, qui est de 1298, et de celle du frère Bieul ou Ricold de Monte-Croce, mort en 1309, toutes les autres sont de la première moitié du XIVe siècle. En effet, le récit du frère Oderic est de l'année 1330, celui de Guillaume de Bouldeselle de 1336, celui de Jean de Mandeville de 1332, et celui de Hayton de 1307.

Un moine de St-Bertin traduisit en français la plupart de ces récits.

Ce moine est Jean le Long. L'historien des *Abbés de St-Bertin* a pensé que ce nom lui était venu de sa haute taille; mais Thomas Diacre, un de ses contemporains et son disciple, affirme qu'il était replet et avait l'abdomen si proéminent qu'il marchait avec beaucoup de difficultés [1].

1. Joannes Iperius, abbas cœnobii Sancti Bertini apud Audomaro-

On le surnommait *Iperius*, parce qu'il était d'Ypres, ville de la Flandre [1], à neuf lieues de St-Omer. Mais son véritable nom patronymique doit avoir été *de Langhe*, ce qui en flamand signifie « le Long. »

D'après le *Gallia christiana*, Jean d'Ypres revêtit en 1334 l'habit de St-Benoît dans l'abbaye de St-Bertin, et fut envoyé par l'abbé Allaume à Paris, pour y recevoir le grade de Docteur. Le 24 mars 1365, il fut élevé à la dignité abbatiale et se rendit la même année à Avignon, où il fut accueilli avec distinction par le pape Urbain V, son ancien maître. Trois mois après, il fut de retour dans son abbaye et jusqu'au jour de sa mort, arrivée en 1383 [2], il se consacra entièrement à l'administration de cette puissante maison.

Nous n'avons pas à étudier ici Jean le Long comme abbé de St-Bertin ; nous ne parlerons que de ses travaux historiques et littéraires. Le plus célèbre de ses ouvrages est la « Chronique de St-Bertin, » publiée dans le *Thesau-*

polim Artesiæ, vir eruditus, pius et studio delectatus historico, tantique abdominis ut vix progredi, nec aliter dormire quam sedendo potuerit, Thoma Diacono teste, ejusdem loci monacho. — *Athenæ Belgicæ, autore Francisco Sweertio.* In-f⁰, 1628.

1. Aujourd'hui, chef-lieu d'arrondissement de la Belgique, dans la province de la Flandre occidentale.

2. Son tombeau se trouvait dans la chapelle de Saint-Denys de l'abbaye de Saint-Bertin, à Saint-Omer ; on y lisait cette épitaphe :
Hic jacet piæ memoriæ
Joannes
Oriundus de Ipra,
Quondam abbas hujus monasterii.
Qui rexit XVII annis
Et obiit anno Domini M. CCC. LXXXIII.
Orate pro eo.
Requiescat in pace.
Amen.

rus novus de dom Martène et dans les *Monumenta germanica* de Pertz ; elle relate les faits de cinquante-quatre abbés et les événements les plus saillants arrivés depuis 590 à 1294. C'est à cette source féconde que Meyer a puisé les meilleurs documents pour ses *Annales Flandriæ*.

Iperius écrivit encore la vie de St-Erkembode, laquelle le jésuite Henschenius annota et inséra, à la date du 12 avril, dans les *Acta sanctorum Belgii*. Mais l'œuvre capitale de l'illustre religieux de St-Omer est la moins connue. Foppens, dans sa *Bibliotheca belgica*, et M. de Laplane, dans son histoire des *Abbés de St-Bertin*, se contentent de la mentionner ; ils ne paraissent pas l'avoir vue ; nous voulons parler de la traduction française de ces récits de voyages en Asie, contenus dans le manuscrit que la Bibliothèque nationale a hérité des ducs de Bourgogne.

« Une autre collection à peu près semblable, dit M. d'A-
» vezac, existe à la Bibliothèque royale de Paris sous le
» n° 7500 C, manuscrit français in-f° : elle comprend les
» relations de Hayton, de Ricold, d'Oderïc, de Boldensel,
» et enfin de l'archevêque de Solthânyeh [1]. »

Ce manuscrit a été imprimé à Paris, en 1529, pour Jean-Saint-Denys, librairie rue Neuve-notre-Dame, en un volume petit in-folio de 82 feuillets, avec caractères gothiques et sous ce titre : *Lhystore merveilleuse plaisante et recreative du grand empereur de Tartarie, seigneur des Tartares, nommé le Grand Can* [2].

---

1. *Relation des Mongols ou Tartares*, par le frère Jean du Plan de Carpin, in-4° p. 4.
2. A notre connaissance, il n'existe de cet incunable que deux exem-

A l'époque où Jean le Long travaillait à sa traduction, l'anarchie et la guerre civile déchiraient la France; les armées d'Édouard d'Angleterre en ravageaient les provinces et Pétrarque à la vue de tels désastres, s'écriait : « Non, je ne reconnais plus rien de ce que j'admirais autrefois. Ce riche royaume est en cendres... Les écoles de Montpellier que j'ai vues si florissantes sont aujourd'hui désertes... Paris, où régnaient les études, où brillait l'opulence, où éclatait la joie, n'amasse plus des livres, mais des armes, ne retentit plus du bruit des syllogismes, mais des clameurs des combattants; le calme, la sécurité, les doux loisirs ont disparu... Qui dans cet heureux royaume eût pu se figurer même en songe de telles catastrophes? »

Pétrarque considérait son époque comme fatale aux lettres et aux arts.

Cependant les ouvriers de ce temps sont plus habiles que ceux du XIIIe siècle. Dans les monuments, les sculptures sont plus élégantes, plus légères, plus fines, d'une exécution plus recherchée. Dans les statues, les figures restent maigres, mais les étoffes sont amples et à plis brisés [1]. En Artois, la magnifique église de St-Bertin s'élève avec ses ogives équilatérales, ses meneaux cylindriques, ses fenêtres effilées, ses rosaces rayonnantes dans une même ogive, ses légères colonnettes s'épanouissant en feuillages délicats, et dans cette abbaye, dont on admire encore aujourd'hui les ruines grandioses, Iperius cultivait les lettres avec distinc-

plaires : l'un appartenant à la Bibliothèque nationale de Paris, l'autre à M. Defrémery, membre de l'Institut, qui l'a reçu de M. d'Avezac, son beau-père.

1. BATISSIER. *Éléments d'archéologie nationale*, p. 457.

tion. Il écrivait, lui, flamand d'origine, dans l'idiome de Froissart et dans un style qui n'a pas les défauts de celui du fameux chroniqueur, s'il n'en a pas les brillantes qualités. Ce n'est pas de lui qu'on peut dire ce qu'un écrivain du temps, traducteur des psaumes de David, disait de l'état général de la langue au XIVe siècle : » Et pour ceu que « nulz ne tient en son parleir ne reigle certenne, mesure, « ne raison, est laingue romance si corrompue qu'à poinne « li uns entend l'aultre et à poinne peut-on trouveir à jour « dou personne qui saiche escrire. »

Sans doute le langage des anciennes provinces de la France, quoique identique au fond, différait dans les détails, et, comme l'a fait remarquer Fallot avec grande raison, « lorsqu'on a commencé d'écrire dans chacune de ces provinces, en langage vulgaire, on n'a pu écrire que dans l'idiome, ou, pour mieux dire, dans le dialecte de la province [1]. »

De quel dialecte s'est servi Iperius? Quoique né en Flandre, lorsqu'il a écrit en langue vulgaire, il n'a pas fait usage de l'idiome de son pays natal, mais du dialecte français usité dans le nord de la France, du picard qui se distingue des autres dialectes par la rudesse et l'âpreté de ses articulations, empruntées à l'accentuation stridente des populations germaniques.

Cependant, il ne faut pas confondre le dialecte picard avec le dialecte ou le patois artésien qui a dominé longtemps en Artois, où se trouvait l'abbaye de St-Bertin.

1. *Recherches sur les formes grammaticales de la langue française et de ses dialectes au* XIIIe *siècle*, p. 10.

Dans le dialecte spécial à la Picardie, on remarque qu'il existe pour les sons *ce, che* et *que* une gradation du doux au rude. L'artésien ajoute encore un degré de rudesse; il met *che* à la place de *ce*, et *que* à la place de *che*. On dit, par exemple, dans ce dialecte : *ichi* pour *ici*, *rincher* pour *rincer*, *fachon* pour *façon*, et au lieu de *chapelle*, *chêne*, *chien*, *vache*, on dit : *capelle*, *quêne*, *quien* pu *kien*, *vaque*. Cette règle n'est pourtant pas sans exception ; car les verbes français *fâcher* et *marcher* ne varient pas en Artois, quoi qu'on dise *maquer* pour *macher*; *marqué* pour *marché (forum* en latin, *mark* en teuton). Lorsque le son *ce* est exprimé en français par *se*, on ne le rend pas en picard-artésien par *che*. Cependant, on dit *mucher* pour *musser*. Mais les sons *ze, ge* deviennent en artésien *ce, che*. Ainsi *baiser* s'y change en *bajer*; *aise* en *age*; *prison* en *prigeon*; *jambe* en *gambe*; *gerbe* en *guerbe*, etc. Mais cette règle souffre encore plus d'exceptions que la précédente.

Les mots *emporter, empereur, enfer, serment, souvent*, et d'autres semblables sont prononcés en français avec le son de l'*a* nasal, tandis qu'ils conservent en picard-artésien leur son primitif *e*. On ne connaît à cette règle qu'une seule exception ; le mot *temps* est prononcé en Artois comme le français *tant*, quoiqu'il dérive de *tempus*. Aussi le trouve-t-on écrit avec *a* dans Beaumanoir et dans les coutumes de l'Artois du XIVᵉ siècle, publiées par Maillart.

Le patois de cette ancienne province conserve encore les formes grammaticales *de le, à le* pour *du* et *au ; de les, à les* pour *des* et *aux*. Ainsi on disait *de le père, à le père*, *de les hommes, à les hommes*, pour *du père, au père, des hommes, aux hommes*.

Il était d'un usage presque général dans le langage artésien, quoique l'on y distinguât souvent le genre masculin du féminin, de dire *le* pour *la : Je viens de le messe, je m'en vas à le ville*, et l'on dit aussi *me, te, se*, pour *ma, ta, sa ; il a parlé à me sœur, j'ai connu te mère, il a mal à se tête. Ils* et *eux* s'employaient aussi bien fréquemment pour *elles ;* mais on ne disait pas *il* ni *lui* pour *elle* au singulier. Au lieu de *mon, ton, son,* on prononçait *men, ten, sen ; men père, ten neveu, sen cousin*, et si les pronoms possessifs étaient suivis d'une voyelle, on ne faisait presque pas sentir l'*e: mn hahit, tn affaire, sn ami. Notre* et *votre* devant un substantif perdaient leur dernière syllabe ; on disait : *no* ou *nou, vo* ou *vou ; no mason* ou *nou mason, vo* ou *vou gardin*. Enfin, le patois artésien ne connaissait pas le pronom relatif *qui ;* il le remplaçait toujours par *qu'il* ou *qu'elle*, selon la personne ou la chose à laquelle le pronom se rapportait.

Tous ces idiotismes ne se rencontrent pas dans le moine de St-Bertin. Jean le Long ou Iperius écrit déjà dans un style qui sera celui de Comines. Sa langue, comme celle de cet autre enfant du nord de la France, ne porte presque plus aucune trace du joug de la basse latinité ; elle s'est affranchie des traditions de l'école ; elle a la clarté et la précision de nos meilleurs écrivains. Seulement, là où notre langue française a mis *ou, au* et *al*, le moine de St-Bertin mettra *eu, ou* et *aul*. Il dira : *treuve* et *queurt* pour *trouve* et *court ; ou palays* pour *au palais*. Il se servira même de flandricismes pour désigner des ustensiles de cuisine ou un pieu. Ainsi : *questes* pour *chaudrons* (du flamand *ketel*) ; *estachs* pour *poteau* ou piquet (du flamand *staak*) ; *tine* pour désigner un vase plus haut que large [1]. Iperius comparera même à un cabaret de la Flandre certaines maisons de l'Orient : « En ceste ville a cest usage « quant aulcun veut donner à menger a ses amys et faire « feste y a maisons propres, ainsi comme en Flandres sont « les cabaretz. »

Maintenant que nous connaissons le traducteur, suivons-le chez les écrivains qu'il nous a présentés.

Après Marco Polo, le premier classé dans le manuscrit 2810 de la Bibliothèque nationale de Paris, est Oderic de Frioul. Né vers 1285 à Pordenone ou, comme dit Iperius, à Port de Venise, il entra dans l'ordre de St-François et partit en 1317 pour l'Orient avec une mission du Pape. Arrivé à Trébizonde, il vit dans les airs une bande de plus de trois mille perdrix qui, obéissant au geste d'un homme, se reposaient quand il s'arrêtait, et reprenaient leur vol quand il se remettait en marche. A Tauris, une ville très marchande, il a pu toucher *l'arbre sec* dans un temple de Sarrazins ; à Cana ou Canan, dans la haute Inde, il assiste à une discussion théologique et emporte les reliques de quatre martyrs de son ordre ; il traverse Munibar, le pays du poivre ; Plumbum, celui du gingembre, où l'on adore un bœuf et des idoles qu'on arrose du sang de quarante

---

[1]. En bas-limousin, *tino* est la cuve qui sert à fouler la vendange. Boiste explique *tine, tinette,* par espèce de tonneau. Chez nous, c'est un grand seau qui sert à épuiser l'eau d'un puits pour le fourbir. — HÉCART, *Dictionnaire rouchi-français*, in-8º : Valenciennes, 1833.

vierges, et où l'on brûle les femmes avec leurs maris morts.

A Monbar, une statue d'or attire l'attention du frère Oderic ; d'après la description qu'il en donne, on reconnaît celle du Bouddha. Dans l'île Lamory, on ignore le mariage et l'usage des vêtements ; là, les femmes sont communes et l'antropophagie y est pratiquée. Dans l'île de Java, le franciscain décrit un palais dont le toit, les parois et le parquet sont d'or ; à Bacumeran, il rencontre des hommes à visage de chien ; en Ceylan, des oiseaux à deux têtes ; à Catan, des poules à laine de mouton. Dans la cité de Cartan, un religieux bouddhiste fait descendre d'une montagne et y remonter trois mille bêtes au son d'une cloche. Oderic traverse ensuite un pays habité par des nains qu'il appelle « pynans » ou gens du prêtre Jean, va à Cambalyc, aujourd'hui Péking, y assiste aux fêtes données dans le palais du grand Kan et fait partie du cortége de l'empereur, avec l'évêque qui est de son Ordre. Enfin, il nous apprend ce que sont le prêtre Jean et le Vieillard de la montagne, ces deux grandes merveilles qui occupaient l'Europe depuis plus d'un demi-siècle ; et il nous dit comment, de son temps, se fait dans l'extrême Orient le service de la poste aux lettres, et comment se fabriquent et se transmettent les billets de banque.

De retour à Padoue au mois de mai 1329, frère Oderic de Frioul écrivit la relation de son voyage en latin et la termina le 24 janvier 1330. Il est mort le 14 janvier 1331, et il a été canonisé, dit M. d'Avezac, par un décret pontifical du 2 juillet 1755.

Cette relation est suivie de celle de Guillaume de Bouldeselle. Nous ne l'avons pas reproduite parce que ce chevalier allemand ou flamand n'a pas été dans l'extrême Orient, mais seulement en Palestine et en Egypte, ainsi qu'il le dit lui-même au début de sa narration : « Cy commence un » traitié de lestat de la terre sainte, et ossy en partie de la » terre degypte et fu fait à la requeste de tres reverent sei- » gneur monseigneur Talairant de Pierregort cardinal au » titelle Saint-Pierre *ad uincula,* par noble homme mon- » seigneur Guillaume de Bouldeselle. En lan de grace mil » trois cens et XXXVI. Et fut translatez par frere Jehan » Le Lonc né de Ypres, moine de Saint-Bertin en Saint- » Aumer, en lan de grace mil trois cens cinquante et » un [1]. »

Ce pèlerin n'alla donc pas en Tartarie, comme l'a cru Bergeron. Il ne visita que l'archipel grec, l'île de Chypre, la Syrie, le Caire, le Mont-Sinaï, la Terre-Sainte et revint à Beyruht. Son récit comprend seulement seize feuillets du manuscrit 2810 de la Bibliothèque nationale.

On retrouve quelques passages de la relation d'Oderic dans celle de Jean de Mandeville. Aussi ne reproduisons-nous pas cette dernière, d'autant plus que Hugh Murray pense que l'auteur n'a été qu'en Palestine et en Syrie. Selon Hakluyt, Jean de Mandeville est né dans la ville de St-Alban en Angleterre. Jeune encore, il étudia les Écritures et la physique, c'est-à-dire la médecine. En 1322, il partit pour l'Orient, et, comme un autre Ulysse, ne revint dans sa patrie qu'après une longue absence. Il rédigea, dit-on, en

---

1. Ms. 2810. Fonds français de la Bibliot. nat. de Paris. In-f° p. 116 v°.

français et en latin les notions qu'il avait recueillies dans ses voyages, et mourut à Liège, le 17 novembre 1371, au monastère des Guillelmites. Abraham Ortelius a conservé son épitaphe dans son *Itinerarium Belgiæ;* elle est conçue en ces termes : « Hic jacet vir nobilis, Dominus Johan-
» nes de Mandeville, aliter dictus ad Barbam, miles,
» dominus de Campdi, natus de Angliâ, medicinæ pro-
» fessor, devotissimus orator et bonorum largissimus pau-
» peribus erogator : qui, toto quasi orbe lustrato, Leodii
» diem vite sue clausit extremum, anno domini 1371,
» mensis novembris die 17. — Vos ki pascis sor mi pour
» lamour deix proies por mi. »

On a douté si Mandeville avait écrit lui-même sa relation en plusieurs langues. Il a cependant paru à Londres, en 1725 et en 1866, un ouvrage sous ce tire : *The voiage and travail of sir John Maundiville*, et nous avons lu, à la page 142 du manuscrit français 2810 de la Bibliothèque nationale, ce qui suit : « Et sachies que ie
» eusse mis ce liure en latin pour plus briefment deviser,
» mais pour ce que plusieurs entendent mieux romant que
» latin lay remis en francois. Et pour ce chascun lentende
» et que ly seigneurs et ly chevaliers et ly autre noble
» homme qui ne sceuent point le latin ou pou et qui ont
» este oultre mer sachent et entendent ce ie dy voir ou
» non. » De ces textes on peut conclure, ce nous semble, contrairement à l'opinion de M. d'Avezac [1], que Mandeville a écrit la relation de ses voyages en trois langues : en

---

1. *Recueil des mémoires in-4º de la Société de géographie*, t. IV p. 427.

anglais, en latin et en français. Le manuscrit cité par le savant académicien porte : « Mais pour ce que plusieurs » entendent mieux francois que latin l'ai-je *mis* en rom- » mant.... » Nous lisons au contraire *remis* dans notre manuscrit, ce qui nous fait croire que l'auteur, après avoir écrit en latin, a reproduit sa narration en français.

Un autre voyageur a été traduit par Jean le Long ; c'est frère Bieul ou Rieult de l'ordre de St-Dominique, ou plutôt Ricold de Monte-Croce. Il parcourut l'Orient dans la seconde moitié du treizième siècle. Après s'être embarqué à St-Jean-d'Acre, il se rend par caravane et à dos de chameau, en Galilée, à Nazareth, à Jérusalem, en Arménie, en Turquie, où il remarque la haine que les Turcs ont déjà contre les Grecs. De là, dit-il, « entrasmes en Tartarie et » trouvasmes horribles et merveilleuses gens des Tartres, » lesquelz se diffèrent de toutes aultres nations du monde » en personnes, en meurs, en manières de vivres. » Et frère Bieul fait une description très-fidèle de la physionomie, des mœurs et des croyances des populations tartares.

Dans le récit de ce voyage, on trouvera peut-être l'origine de la mode que les grandes dames ont adoptée de porter des diadèmes. Des femmes tartares, se trouvant seules dans une ville, furent assaillies par une armée ennemie ; elles la repoussèrent et leurs maris, joyeux de cette victoire, leur permirent de porter désormais des couronnes. Puis, frère Bieul recueille une légende sur l'origine et l'extension de la race tartare, et se remettant en voyage, il voit de loin le mont Achath où, selon la tradition locale, s'arrêta l'arche de Noé. Il traverse la Perse où il trouve des montagnes et

des sources d'huile (sans doute le pétrole?), et dans la plaine de Latata, des pierres qui ont la vertu de guérir les blessures. Il gravit ensuite les montagnes rocheuses des Curtes, peuples féroces, et vient à Ninive, sur les bords du Tigre, un des fleuves du paradis. De l'antique cité où Jonas avait prêché, il ne reste plus que des pans de murs; mais de l'autre côté du fleuve, elle a été reconstruite et on la nomme *Mousal*. Là demeurent des Juifs en grand nombre, et Bieul discute avec eux publiquement dans leur synagogue. « Quant tous feusmes assemblez en une grant salle ou
» ilz avaient moult grant luminaire allumée; car sestoit
» par nuict..... Ilz nous ouyrent moult paisiblement et des
» raysons et des erreurs et de la saincte escripture que nous
» monstrames contre leurs erreurs. Ilz furent si esbahys et
» les priva le sainct esperit, comme je croy, de toute responce
» et de toutes parolles que nous et aussi toutes les autres
» multitudes qui la estoient feusmes esmerveillés de ce qui
» se taysoient..... » Après avoir prêché, un autre jour, en arabe sur la place publique de Ninive, « car il n'y auoit
» maison qui peust si grant multitude de peuple comprendre, » frère Bieul jeta un dernier regard sur les ruines de cette ville sainte et s'en alla par le fleuve du Tigre à Bagdad en passant par Chaterel, où demeurent des Maronites qui ont élevé un temple en l'honneur d'un chien. Non loin de là, gît encore ce qui reste de Babylone, la ville superbe de Nabuchodonosor, où l'on n'entend plus que les pas de quelques sarrazins au milieu de décombres solitaires. Enfin, l'apôtre de Rome arrive à Bagdad, siége du califfe, le successeur de Mahomet. Il n'en est que plus

enflammé pour le triomphe de sa foi et se met à prêcher les nestoriens, comme il l'avait fait à Ninive. Puis, il regagne son couvent de Florence, où il meurt le 31 octobre 1309, laissant un ouvrage sur Mahomet et le Coran.

Ce système de propagande par la parole, était très en vogue au moyen-âge. Contemporain du frère Bicul, Guillaume de Rubrouck, (*Rubruquis* en latin), évangélisa aussi les sarrazins de l'Orient.

Ce religieux était né au village de Rubrouck, dans les environs de St-Omer et de Cassel en France, et non à Ruysbroek en Brabant, comme quelques-uns de ses biographes l'ont avancé; il était même de la famille seigneuriale de Rubrouck, dont l'existence est constatée par des chartes du XIIIe siècle. Saint-Louis lui confia en 1252 une mission en Tartarie. Arrivé à Constantinople le 7 mai de la même année, le cordelier Guillaume prêcha dans l'Eglise de Ste-Sophie, et dit publiquement qu'il n'était pas envoyé par le roi de France, ni par aucun autre prince ; mais qu'il était venu de son propre gré pour enseigner la vraie foi aux infidèles, conformément aux statuts de son Ordre. Alors on voulut l'arrêter, et il dut se retracter et avouer qu'il était chargé de porter des lettres du roi à Sartach, souverain de la Terre-Sainte.

Se trouvant à Caracorum, le dimanche avant celui de la Pentecôte, Rubrouck constate que cette capitale tartare n'a pas l'importance de St-Denis près Paris, et que le palais de Mangou Khân ne vaut pas le monastère de cette ville française. A Caracorum, il n'y a que deux grandes rues : celle des Cathayens où demeurent les artisans, et celle des Sarrazins où se tiennent les réunions des marchands étrangers et des ambassadeurs, venus de toutes les parties du monde. Mais il s'y trouve douze temples d'idolâtres de diverses nations, deux mosquées consacrées au culte mahométan, et une seule église pour les chrétiens, à l'extrémité de la ville. C'est dans cet oratoire isolé que s'assemblèrent les chrétiens, les sarrazins et les tuinans ou idolâtres, pour assister à la discussion théologique que Rubrouck devait soutenir en présence des secrétaires de Mangou Khân. « Alors, rapporte Rubrouck, ces adversaires qui étaient nombreux firent lever contre moi un des leurs, originaire du Cathay. Il avait son interprète, et moi le mien, le fils de maître Guillaume [1]. — Il commença par me dire : « Mon ami, si vous êtes » réduit à vous avouer vaincu, il faudra vous faire rem- » placer par un plus habile que vous. » — A cela je ne répondis rien ; puis il me demanda de quoi nous traiterions d'abord : « De l'origine du monde ou de ce que deviennent les âmes après la mort ? »

« Je lui répondis que notre discussion ne devait pas commencer par là, mais qu'il fallait remonter au principe de toutes choses, à Dieu, principe sur lequel Mangon Khân voulait être éclairé. »

Et Rubrouck se mit à discourir sur l'essence divine. Comme il s'apprêtait à prouver l'unité de cette essence, les nestoriens lui dirent que cela suffisait et qu'il avait assez bien répondu, et « les sarrazins reconnurent notre loi pour » véritable avec tout ce que notre Évangile contient, et,

1. Un parisien qui avait été fait prisonnier en Hongrie.

» confessant un seul Dieu, ils le prièrent de leur faire la
» grâce de mourir comme les chrétiens.

« Cette conférence achevée, nestoriens et sarrazins chan-
» tèrent tous ensemble à haute voix; mais les tuinans
» gardèrent le silence. Puis, ils se mirent tous à boire co-
» pieusement. »

Les discussions religieuses furent reprises au palais même de Mangou Khân et le souverain en fut si satisfait, qu'il chargea le cordelier de lettres et de deux robes de soie pour le roi de France. Mais son provincial lui enjoignit de rester au couvent d'Acre, et ce fut par un courrier que saint Louis reçut le rapport de Rubrouck.

Vers le même temps, Hayton ou Héthoun, roi d'Arménie, redoutant la puissance des Tartares, alla trouver leur souverain pour gagner ses bonnes grâces et rester en paix avec lui. Ce voyage est raconté par son neveu Hayton, seigneur de Corghos.

Après avoir accompagné le roi, son oncle, comme auxiliaire dans l'armée de Ghazan-Kan, empereur des Tartares, et pris part à la bataille d'Emesse, à la suite de laquelle la ville de Damas fut prise d'assaut, le prince arménien se fit moine de Prémontré en Chypre et devint ensuite prieur d'un couvent du même Ordre à Poitiers, où le pape Clément V l'avait appelé. Là, peu de temps avant sa mort, il dicta en français à Nicolas Falcon tout ce qu'il avait retenu de ses voyages, et ce dernier traduisit plus tard en latin cette même relation. Jean le Long la rendit de nouveau en français vers la fin de l'année 1351.

Le récit primitif, que nous a laissé Falcon, est daté du

mois d'août 1307. Il est encore inédit et nous le publions dans ce volume.

« Il mérite certainement de l'être, dit M. Paulin Paris,
» parce que le livre d'Hayton se lie utilement à l'étude du
» livre du grand voyageur vénitien Marco Polo, et peut
» servir à dissiper quelques-unes de ses regrettables obscu-
» rités. » ..... Cette relation curieuse paraît avoir excité
» un vif intérêt en Europe et surtout en France, à une épo-
» que où cependant la passion des croisades était entière-
» ment amortie. C'est qu'indépendamment des plans de
» conquête soumis à la décision de Clément V et de Phi-
» lippe-le-Bel, l'auteur éclairait d'une lumière nouvelle
» l'histoire de ces conquérants tartares dont chacun des
» mouvements était depuis cinquante ans un objet inces-
» sant d'inquiétude et d'épouvante [1]. »

Hayton nous apprend lui-même à quelles sources il a puisé ses renseignements. Tout ce qu'il raconte de Cingis Khân est emprunté à l'histoire des Tartares. A partir de Mangou Khân jusqu'à la mort de Halcon, il écrit pour ainsi dire sous la dictée de son oncle, le roi d'Arménie, qui avait été acteur dans la plupart des événements de son temps ; depuis Abaga, fils de Halcon, jusqu'au jour où il se retire du monde pour revêtir l'habit monastique : « Je parole,
» dit-il, comme cellui qui fu présent en personne, et de ce
» que jay veu puis porter tesmoignage et garantie à la
» vérité. »

Aux récits de ces hommes vaillants qui traversèrent les

---

[1]. *Hist. litt. de la France*, t. XXV, in-4°, p. 499.

mers pour faire connaître l'Asie à l'Europe, et nouer les premières alliances entre l'Orient et l'Occident, nous ajouterons *le livre du Grant Caan* ou la description de la Chine par un archevêque de Soltanyeh en Perse.

Dans le courant de l'année 1328, le pape Jean XXII, avait nommé Jean de Core, de l'Ordre des frères prêcheurs [1], au siége archiépiscopal de cette ville, dont les suffragants étaient, selon Baronius, les évêques de Tauris, de Semiscat et de Columbum, et qui avait sous sa juridiction la Perse entière, le Dschakatai, le Khorazan, le Turkestan, la Petite-Arménie et l'Hindoustan. Aussi le prélat avait-il pris le titre « d'archevêque de tout l'Orient, » *totius Orientis*. De plus, Soltanyeh était une ville considérable ; les souverains de la Perse y avaient leur résidence et le commerce de toute l'Asie, qui s'y donnait rendez-vous, en faisait une capitale des plus florissantes [2].

« Cette relation de l'archevêque de Sultanyeh, dit M. Jacquet [3], pleine de notices curieuses et de documents historiques qui conservent encore quelque chose de chinois sous les formes européennes de la *translation,* a été écrite après le voyage de Marco Polo. Il est très probable que c'est une compilation faite par l'ordre de Jean XXII, sur les relations, alors très nombreuses, des religieux de l'Ordre des

---

1. Le 14 février 1330, il lui accorda le Pallium. *Bullarium. Ord. frat. prædicat.* aut. F. Th. Ripoll. édit. a. P. F. Antonio Bremond, t. II, p. 137 et 190. — *Or Christ.* t. III, col. 1361. — Fontana, *Sacrum theatrum Dominicanorum, Romæ,* 1666.

2. V. dans les *Mémoires de l'Académie des inscriptions et Belles-Lettres,* t. VI., pp. 483 et suiv., la liste des archevêques de Sultanyeh.

3. *Journal asiatique,* juillet 1830.

frères mineurs et des marchands vénitiens ou génois qui allaient au Cathay, par deux routes bien tracées et invariablement suivies, la sainte cité de Hierusalem, ou la mer d'Arrabie et l'Inde major. Ce qui ferait plus encore soupçonner que le livre du *grant Caan* est un extrait de tout ce que l'on avait écrit sur cette matière, c'est qu'on n'y rencontre nulle part les fables mythologiques, chrétiennes, et souvent toutes dantesques qui se montrent à chaque instant dans les relations de Marco Polo, de Mandeville, d'Hayton, etc., et par dessus tout, qu'il n'y est pas même fait mention du *prestre Jehan,* la grande merveille qui occupait l'Europe depuis plus d'un demi-siècle, qui, avec le célèbre oiseau Roc et la pêche des diamants dans les montagnes, appelait, sollicitait toutes les recherches des voyageurs ; qui créa, pour ainsi dire, pendant une vingtaine d'années, une mode de littérature, et qu'on finit par découvrir dans tous les pays du monde ; car il sembla convenu pendant quelque temps d'appeler *prêtre Jean* toute chose qu'on ne connaissait pas. Tout enfin, dans *le livre du grant Caan,* semble porter le caractère sérieux d'un rapport officiel, et ce ne serait pas un des moindres mérites de ce compendium. »

Voici le début de ce manuscrit : « Cy commence de lestat
» et de la gouvernance du grant Kaan de Cathay, souuerain
» empereur des Tartres, et de la disposicion de son empi-
» re, et de ses autres princes. Interpreté par un arceuesque
» que on dist larceuesque Saltensis (Soltanyéh, ville de
» Perse), au commant du pappe Iehan, XXIIe de ce nom.
» Translaté de latin en francois par frere Iehan le Lonc
» d'Yppre moisne de St-Bertin en St-Aumer. »

Enfin le moine de St-Bertin a traduit encore des lettres du grand Khân de Tartarie au pape Benoît XII, et des lettres de ce pape au grand Khân. D'après Baluze et Mosheim, une ambassade a été envoyée en effet, en 1338, sous la direction du frère André, par le Pontife de Rome. Ces documents trouveront leur place à la suite du livre du grand Khân.

Nous devons faire remarquer que la lettre du souverain tartare au Saint-Père était datée de l'an *du rat*, le troisième jour de la lune du sixième mois.

Le traducteur explique cette date de la manière suivante :

« Au premier jour de lan au matin quant le roy leur
» seigneur (des mescréans) est levé, il regarde moult son-
» gneusement quelle aduenture dieu luy administrera celle
» année. Car la premiere chose qui luy vient deuant celle
» iournee celle tient il pour son dieu toute lannee pourtant
» que se soit chose qui est vie sensible ce que ce ne soit
» homme ne femme : celle chose tient le roy pour son dieu
» et à l'appetit du roy tout le peuple sensuyt : et de celle
» chose denomment celle annee en la date de leurs lettres
» comme nous comptons noz annees selon le temps de
» lincarnation notre Seigneur Iesu-Christ. Or aduint le
» premier iour de lan ouquel ces lettres furent escriptes, le
» roy vid ung rat courre par sa chambre et ce fut la pre-
» miere chose qui eust vie quil vid excepte sa mesgnie. Si
» le tint par toute lannee pour son dieu et en donna on
» lannee a la date de ces lettres. Et combien que les chres-
» tiens ses subgectz pour obeissance tiennent celle forme et

» stille en leurs lettres pour ce escripuent ilz ainsi. Escript
» en lan du rat le sixiesme mois de lan les troisiesme iour
» de lannee de ce moys. »

Ainsi se termine cette lettre du grand Khân ; voici maintenant comment elle commence d'après le texte du ms. 2810 de la Bibliothèque nationale de Paris :

« En la fourme du tout-puissant Dieu ly empereres des
» empereres commandement. Nous enuoyons messaige nos-
» tre Andrieu aueuc XV compaignons au pappe seigneur
» des crestiens en France oultre les VII mers pour ouurir
» voyes a messaiges qui souvent seroient enuoiez de nous
» au pappe et du pappe a nous, etc. »

M. Jacquet a fait sur certaines expressions contenues dans cette lettre les observations suivantes :

1° « Cette phrase : (*en la fourme*, etc. ; en latin : *in fortitudine*) d'une structure fort singulière me paraît présenter une ou deux erreurs ; *fourme* n'a jamais été la traduction du latin *fortitudo* ; et cependant on ne peut lire un autre mot sur le ms. original. Les mots suivants copiés l'un après l'autre sur la version latine ne présentent point de sens ; quant à cette version, il est presque inutile de faire observer que *Fortitudo* ne peut avoir ici que le sens de « force. »

« Toute cette formule est très facile à restituer en mongol, à l'aide des lettres originales d'Argoun et d'Aldjhaïtou publiées par MM. Abel Remusat (1824) et Schmidt.

« *Par la puissance de Dieu éternel : le Khakan ; notre parole.*

« Ces mots étaient la formule consacrée dans le style de

chancellerie mongole; les rois vassaux ou tributaires du Khakan étaient obligés d'y ajouter: *Par la fortune du Khakan.* C'est cette dernière phrase que les interprètes latins rendent par les mots : *et in honore imperatoris domini nostri* ; mots qui se trouvent en arabe sur une médaille du Cagratide David, fils de George, roi de Géorgie, frappée à Tiflils en 1252, 3.

« Strabon (liv. XII) parle aussi d'un serment royal qui consiste à jurer par *la fortune du roi* et par le Men Pharnace.

2° « J'avais d'abord conjecturé, quant aux sept mers dont parle la lettre du Khakan, que les interprètes avaient commis une erreur de traduction en confondant les deux mots mongols *sept* et *quatre*, et que les sept mers devaient se réduire aux *Sse haï*, ou limites fictives de l'empire chinois. Mais en réfléchissant qu'à cette époque les traditions chinoises s'étaient effacées sous les innovations de mœurs et de religion qui avaient suivi les Mongols, comme un reflux, à leur retour des contrées méridionales et occidentales, je suis porté à croire que les sept mers doivent s'expliquer par les croyances religieuses du secrétaire du prince mongol. Si l'on veut supposer qu'il était musulman, ce qui ne me paraît pas être ici très-probable, cette expression rappellera les sept mers de la création, et placer le pays des Francs au-delà de ces sept mers, ne sera qu'une exagération orientale. Mais il est plus vraisemblable que le rédacteur de cette lettre était bouddhiste et qu'il a fait allusion aux sept grands lacs renfermés dans la miraculeuse *forêt de neige* et nommés *Anavadât Kannamanda Tchhaddân*

Koundàla Mandàkini Sihappapàta Mountchalintà. Ces sept lacs (sans doute mal interprétés par *VII Maria*) étant comme toutes les localités du bouddhisme primitif, situés à l'occident de la Chine, le rédacteur aura employé cette expression pour désigner la situation occidentale extrême du pays des Francs. Un mot d'orthodoxie bouddhique dans une lettre implorant la bénédiction du pape n'a rien qui doive étonner, quand on sait que toutes les religions étaient essayées à la cour des princes mongols. »

II.

POPULATIONS[1].

Un savant français, M. Blanchard, n'admet pas que le genre humain, destiné à couvrir le monde, ait apparu d'abord sur un point unique de la terre, et il s'écrie : « Instinct de la patrie vous n'existiez donc pas alors[2] ! » Non, cet instinct n'existait pas à l'origine de l'humanité ; il ne s'est développé qu'avec la civilisation, et l'homme, avant d'être civilisé, était nomade. C'est par voie de migration qu'il a dû accomplir sa mission, en obéissant à cette loi consignée dans la Génèse : *Crescite, et multiplicamini, et replete terram, et subjicite eam* [3].

« Cette cause première, » dit M. Vivien de Saint-Martin dans son *Histoire de la géographie*, l'érudition historique l'a retrouvée au cœur de l'Asie, où se sont produites de toute antiquité d'immenses fluctuations de hordes nomades.

1. Nous ne parlerons pas des Japonais, parce que les voyageurs, dont nous publions les relations, n'ont pas été au Japon.

2. *Voyage au pôle sud, etc. Texte de l'Anthropologie*, par Emile Blanchard, in-8°, 1854, pp. 24 et 27.

3. Ch. I. V. 28.

Quand ces grands mouvements des nomades asiatiques se sont portés à l'est, ils ont pesé sur la Chine; au sud sur l'Iran; à l'ouest sur l'Europe. Ce sont eux qui, dans les âges antéhistoriques, ont amené successivement en Europe sept ou huit groupes de tribus congénères qui ont formé sa population primordiale; de même que nous voyons au V⁰ siècle le déplacement des Huns d'Attila refouler sur les provinces romaines une partie des tribus germaniques, et que sept cents ans plus tard les Mongols de Tchinghiskhân soulèveront jusqu'au Volga une sanglante perturbation, qui, cette fois, ne dépassera pas l'Europe orientale. »

Ces Huns et ces Mongols étaient les descendants des Scythes, les Hippomolgues d'Homère [1], et ils en avaient conservé les traits et les mœurs. Comme eux, ils étaient nomades et buvaient le lait de leurs juments. En se répandant en Occident, ils avaient suivi l'exemple de leurs ancêtres qui avaient chassé, au huitième siècle avant l'ère chrétienne, les Cîmmériens de l'Europe, et s'étaient jetés ensuite sur l'Asie, où ils assaillirent le roi des Mèdes qui assiégeait Ninive. Après cet exploit, ils marchèrent contre Spsammitichus, roi d'Egypte, qui vint au devant d'eux, et, à force de présents et de prières, les détourna d'aller plus avant. « Les Scythes, raconte Hérodote, crèvent les yeux à tous leurs esclaves afin de les employer à traire le lait de leurs juments, dont ils font leur boisson ordinaire..., car ils ne sont point cultivateurs, mais nomades [2]. » — « Les Scythes, » dit Justin dans son histoire universelle d'après

---

[1]. *Iliade*, ch. XIII.
[2]. *Hérodote, traduction Larcher*, liv. I, ch. V, et liv. IV, IX.

Trogue Pompée, « les Scythes ont toujours passé pour le peuple le plus ancien de la terre... Ils n'ont ni maisons ni cabanes, ni demeures fixes ; ils errent avec leurs troupeaux dans des déserts incultes. Ils traînent avec eux leurs femmes et leurs enfants dans des chariots qu'ils couvrent de cuir pour se garantir du froid et de la pluie, et qui leur tiennent lieu de maisons... Ils vivent de lait et de miel. Ils ignorent l'usage de la laine et des habits, et ne se munissent contre le froid perpétuel de leurs pays, qu'avec des peaux de bêtes fauves [1]. »

Benjamin Bergmann retrouva ces mœurs chez les Kalmuks pendant son voyage de 1802 : « Ces peuplades, dit-il, vivent comme de paisibles nomades dans la partie du monde où leurs armes avaient porté la terreur ; elles sont concentrées dans des steppes désertes, et y ont conservé, avec la manière de vivre nomade de leurs ancêtres, leurs usages, leurs vertus, ainsi que leurs vices...

« ... On peut très bien comparer le pays des Kalmuks à une vaste mer, où l'œil pénétrant de ces Tartares sert de boussole ; imaginez-vous une étendue de pays de quatre cents wersets, où l'on découvre à peine un petit nombre d'habitations sur les bords de quelques rivières. Cette immense contrée est entièrement privée d'arbres ; on n'y voit que quelques ruisseaux, des collines et des marais ; il n'y a guère que le Kalmuk auquel ces objets puissent servir de guide, car leur régularité empêche un étranger de s'y reconnaître. Cependant le Kalmuk nomade, sans apercevoir la moindre trace de chemin, et même sans employer une

[1]. Liv. II. ch. 2.

grande attention, conduit ses chevaux ou ses chameaux pendant plusieurs centaines de wersets, comme un pilote dirigerait son navire [1]. »

C'est la même description que Plan de Carpin fait du pays des Mongols au treizième siècle : « Il est en partie plat, en partie montagneux, stérile et sablonneux, avec peu d'eau, sans villes, ni bourgs, ni maisons, si ce n'est une seule ville *Krakurim* ou *Karkara*. »

Les traits caractéristiques de la race mongole ou tartare, déjà observés par les voyageurs du moyen-âge et, en 1608, par Jean-Antoine Magin, se reconnaissent encore dans la petite taille, les yeux bridés et obliques, les sourcils épais, les cheveux noirs, les pommettes saillantes et la face large des populations de Siam, du Cambodge, de la Biramnie, de l'Annam, de la Cochinchine, de la Chine, du Tonkin, de la Mantchourie, du Japon, et même de quelques tribus de l'Amérique septentrionale. En effet, l'abbé Morillot, qui a séjourné chez les Esquimaux, a constaté la petite taille et les larges épaules de ces habitants du Groenland. Leur tête est d'une grosseur mal proportionnée avec le reste du corps. Leur visage imberbe offre une lèvre inférieure très épaisse, des joues saillantes et de petits yeux sans expression. Leurs cheveux noirs et gros, coupés sur le front, retombent droits de chaque côté des tempes. La couleur de leur corps est d'un gris foncé, qui, au visage, se rapproche du brun [2]. De plus, De Hornes, écrivain du dix-septième siècle, fait remarquer que des dialectes

1. BENJAMIN BERGMANN. Voyage chez les Kalmuks, traduit par Morris, in-8°. p. 5.

2. *Mythologie et légendes des Esquimaux du Groenland*. In-8°. Alençon, 1874.

américains se servaient de mots terminés en *an* comme dans les langues tartares, et de noms mongols semblables à ceux de l'Asie, tels que *Peque, Kithan, Kithonnek* pour désigner un fleuve rapide, la mer, un navire. Il raconte encore qu'au seizième siècle, régnait à Quivira un roi nommé Tartarax, d'un nom tartare prononcé *Tata* en Asie, et que le fondateur du royaume de Pérou se nommait Mango ou Mangou, comme le quatrième khân des Tartares [1]. Witsen nous apprend aussi qu'en 1692 des Américains du Nord ensevelissaient leurs morts avec les outils dont ils avaient fait usage durant leur vie, et que d'autres de la Nouvelle-Albion versaient du sang pour contracter une alliance, se conformant ainsi à de vieilles coutumes d'anciens Scythes [2]. Le même auteur, supposant qu'à l'origine le détroit de Behring ne séparait pas la pointe septentrionale de l'Asie du continent américain, croit que les émigrants tartares ou mongols ont dû se rendre par ce passage dans l'Amérique du Nord. A l'époque où écrivait Witsen, de hardis matelots ont encore voulu suivre cette route par mer, mais les glaces les ont arrêtés et les navigateurs durent se borner à gravir les montagnes du cap Tobin, d'où ils ont aperçu, vers le pôle arctique, les ondulations d'une mer libre [3]. Enfin, le missionnaire anglais Sages, qui a demeuré dans l'Amérique du Nord en 1630, en a vu les habitants vivant sous des huttes et cherchant partout les meilleurs pâturages pour leur bétail, comme faisaient et font encore aujourd'hui les populations tartares ou mongoles.

1. DE HORNES. *De Americanis.*
2. WITSEN. *Noord en Oost Tartaryen,* in-f° 2e partie, p. 67.
3. WITSEN. *Ibid.*

Mais ces nomades n'ont pu entamer toutes les tribus disséminées dans les pays où ils se sont répandus. A l'est du Bengale, au milieu de montagnes couvertes de sombres forêts, dans d'autres situées entre Ava et Pégu, entre Ava et l'Arrakan, et dans le Kaubang au Tonkin, des bandes sauvages, quelquefois cruelles, celles des Kares, des Lisses, des Kaduns, des Quan-to, n'ont subi aucune influence étrangères ; celles au sud-ouest du Cambodge sont très noires, probablement d'origine papoue; elles se regardent comme la population primitive de la Cochinchine. Le docteur allemand Bastian les a vues de près ; il en a tracé un tableau trop peu connu et que nous croyons intéressant de reproduire [1] :

« Les Kares se confondent avec les races de l'Ava, les descendants du peuple Manumano, dont il est question dans l'histoire de Birmanie et de Siam. Des émigrés du sud du Laos s'étendent vers Korat et se mêlent là aux indigènes siamois. Entre Korat et le Mékong, demeurent les Kwui, nommés aussi Suay ou les tributaires, parce qu'ils doivent recueillir pour le roi de Siam les produits de leur pays, qui sont des objets de la plus grande valeur du commerce de Bankok.

» Dans les collines, qui s'étendent du fleuve du Battabon en formant un demi-cercle autour de la côte occidentale de la mer, demeurent les Khames Dong, c'est-à-dire habitants des forêts, ou les Khames-Borang, les anciens Khames, tenus de payer annuellement un tribut aux Khardamans. Les Cambodgiens les nomment Hakloh, c'est-à-dire habitants des hautes terres. A l'ombre des montagnes agrestes de

1. *Ethnolog. und geograph. Bild.*

Chantabun, errent les Xong ou Lasong, en grande partie des bandits de nationalités diverses, qui constituent, dans leur isolement, une race spéciale avec une langue particulière. Les légendes cambodgiennes en parlent comme de ceux qui, les premiers, peuplèrent les rives du Mé-Kong.

» Les provinces Binthanam et Bindinh appartenaient primitivement aux Tsiampaïs, qui succombèrent presque tous dans la guerre contre les Cochinchinois ou se réfugièrent dans le Cambodge et s'y confondirent avec les Khak, leurs coreligionnaires. Ceux qui sont connus sous le nom de *Loi* sont une race barbare et cruelle des montagnes du cap St-James. Toutefois, les Quanto possèdent des livres faits de feuilles de palmier. Cette tribu réside sur le Mékong supérieur, au nord de Tonkin, où l'on rencontre, dans les bois, des Chiao-chi aux pieds crochus, et, dans les montagnes qui séparent le pays d'Annam des autres parties de la presqu'île indo-chinoise, diverses races peu connues et désignées seulement sous le nom générique de *Kha*. Pour se jeter dans les plaines fertiles de la Cochinchine, ces peuplades sauvages n'ont qu'une seule issue sévèrement gardée par les Cochinchinois ; c'est un passage étroit entre deux chaînes de montagnes. Ce défilé a le nom de Bangjang ou le nid d'oiseau de la divinité ; il est situé entre le 13° 50' latitude septentrionale et le 104° longitude du méridien de Paris.

» De là, on arrive aux Banars. Leur pays montueux est beaucoup plus froid que la Cochinchine, et la succession des saisons est différente, car là les pluies commencent en avril, et dans le Bindinh en juillet.

» Au nord-ouest des Banars, demeurent les Beungao; au nord-est les Halang, au nord les Sedan et au nord de ceux-ci les Quarr. A l'ouest, les Banars ont pour voisins les Bannam; à l'est, les Kejong, et au sud-est les Brau. Au sud, les Banars touchent aux Chiarai ou Changrai, les voisins septentrionaux des Radeh, et au sud des Banong et des Stieng, qui vivent dans une certaine dépendance du Cambodge. La distance du pays des Banars (Bannao ou Menon) à celui des Kejong est de trois journées de marche, pour ceux qui se servent du fleuve Bla ; et si les Kejong veulent se rendre au Laos pour trafiquer, ils doivent voyager trois jours de plus, en comptant dix-huit milles anglais par jour.

» Les montagnes du Banar sont situées d'une manière irrégulière ; elles s'avancent jusqu'aux collines du Kejong et la plaine qui s'étend au-delà est habitée par les Laos des deux rives du Mékong. Les Kejong apportent de l'or et des esclaves pour les échanger avec les Laos blancs ou Pungkao, et en reçoivent des buffles, qu'ils revendent aux Banars pour des esclaves.

» Les marchands du Laos, ceux surtout de Tkrepu, commencent leurs voyages en novembre, les poussent parfois jusqu'au Banar, mais s'arrêtent le plus souvent dans les terres du Kejong. Les marchands cochinchinois, qui font le commerce avec les Banars, les attendent à une journée de marche au-delà du défilé dont nous avons parlé, et les Banars qui vont trafiquer en Cochinchine n'en dépassent jamais la frontière, que défend une forte garnison. Il leur est permis, seulement à certaines époques, de vendre et d'acheter à Anschon, où ils trouvent à se pourvoir de sel et de meubles en échange de riz, de porcs et de chevaux. Si les Moï Davach, une horde sauvage du nord du Banar, réussissent à pénétrer dans la province d'Ouangnai, ils se procurent des armes, ce qui est le plus grand honneur parmi les habitants du plat pays, car il est interdit aux Annamites d'en porter. Les Banars, qui sont généralement d'une race pacifique, ont eu souvent à souffrir du contact de ces farouches voisins; ils ont été contraints par eux d'abandonner des plaines fertiles, où ils cultivaient le cotonnier dont ils échangeaient le produit contre les outils en fer des Sedans, et d'aller s'établir à l'est dans des terres plus basses et plus chaudes, par conséquent moins productives.

» Au nord du Changrai (15° latitude nord), les Radeh sont blancs et se rapprochent par leurs traits des Européens ou des Kares. Ils vivent réunis et par groupes nombreux, de sorte qu'une famille forme un bourg. Le toit de leurs maisons est fait de bambons creux qui, entrant les uns dans les autres, laissent l'eau de pluie légèrement dégoutter. Cette peuplade change de résidence tous les quatre ou cinq ans; elle ne possède pas de buffles et doit, à cause de cela, rechercher un sol vierge à exploiter. Elle en brûle les herbes qui y poussent naturellement, et dont les cendres sont pour cette terre le premier engrais.

» Quant aux Laos, ils font à Udong le trafic de laies et de buffles et reçoivent en échange des esclaves, du stuc, de l'ivoire, de la cire et des pots. Ils fabriquent des flèches avec du fer importé de Kaji et les empoisonnent avec le jus de certaines plantes. Ils offrent des sacrifices aux esprits des ancêtres, aux arbres, aux fleuves; mais surtout à des pierres d'une forme particulière et conservées à cet effet dans les bourgs.

» Le royaume de Tsiampa a été fondé par les montagnards primitifs expulsés de leurs montagnes et qui ont dû chercher un refuge sur les bords de la mer. Au quinzième siècle, les provinces septentrionales en ont été ravagées par le roi de Tonkin qui les réunit en un Etat indépendant, sous un chef ayant le titre de Chux d'Anam ou de Viet-Dai. Sa puissance s'étendit bientôt jusqu'aux frontières du Cambodge, et avec elle s'introduisirent partout les mœurs et la langue cochinchinoises.

» Les Changrais habitent entre le 12e et le 16e degrés latitude Nord, touchant aux Laais et aux Tampous. Comme les autres montagnards, ils vivent dans de vastes maisons, dont trois à cinq forment un bourg fortifié. Ils savent préparer une boisson enivrante, dans laquelle ils font infuser des aromates et qu'ils boivent le jour du sacrifice des buffles. Pendant les calamités publiques, ils bâtissent une petite hutte. Là, ils conjurent le génie de la forêt et lui offrent des présents. Dans leur voisinage sont les Sa, population encore sauvage qui tisse sa demeure au haut des arbres avec des branches et du feuillage, mais qui regarde le septième jour comme saint, puisqu'elle s'abstient en ce jour de la chair de porc.

» Tous ces habitants des montagnes, même ceux qui ont des rapports suivis avec les Laos, doivent leur connaissance des arts aux Changrais qui parlent un dialecte mêlé de malais et apparenté à celui de Tsiampa.

» D'après les historiens tonquinois, il y avait anciennement deux royaumes de Siem ou Siam ; l'un consistait dans le Thiem ou Banhkok, et l'autre plus ancien, comme le Siem, dans le Tsiampa, la province actuelle de Binthouang. Les deux noms étaient prononcés de la même manière, mais ils étaient écrits avec des caractères chinois différents. L'ancienne capitale du Siem était Cham-bahn, dans la province de Bindinh ; il en reste encore huit tours en pierre et de forme pyramidale. Quand ce pays fut ravagé par les Tonquinois, sous la dynastie des Lé, les habitants s'enfuirent et se dispersèrent dans les montagnes, où leurs descendants ont pris le nom de Dschams. Leurs livres écrits avec des caractères birmans ou indiens ont été importés de Diempo par Budhos Fat (Bouddha). C'est de ces fugitifs que les historiens du Tonkin ont pu recueillir quelques renseignements sur le royaume de Siem, où régnaient deux rois avec une puissance égale, l'un sous le nom de *Bua-lua*, ou seigneur du Feu ; l'autre sous celui de *Bua-nuac*, seigneur de l'Eau. Tambao, un conquérant parti du nord-ouest de Dien-dien (Birmanie), anéantit, environ 600 ans avant J.-C., la dynastie de ces souverains et s'empara de leurs Etats.

» Les Kha-Radeh, dans Myang-Radeh (à dix journées de Panompen), sont indépendants et ne paient tribut à personne. Dans les temps antiques, une grande bataille a été livrée dans leurs montagnes, où les éléphants marchaient dans le sang jusqu'aux genoux, et où tomba le grand héros Tschuang (d'origine cambodgienne), après avoir remporté la victoire. Son épée resta sur le champ de bataille, et, pétrifiée par les siècles, elle fut retrouvée par les Kha qui la tinrent en grand honneur, et la couvrirent d'une large pierre pour y faire annuellement des offrandes de riz et d'oiseaux.

» Un ennemi s'approche-t-il d'eux, les Kha placent deux lumières sur ce dolmen, et aussitôt la nature entière se montre si redoutable que l'armée ennemie est terrassée jusqu'au dernier homme, soit par des ouragans, soit par des tremblements de terre, ou parce que les plantes qui lui servent de nourriture sont changées en poison mortel. Selon d'autres, ce glaive protecteur appartenait au Tüksenaneiplöng, au vieil ancêtre du Radeh. Surtout, ces montagnes inconnues sont d'une fertilité merveilleuse pour les Siamois et les Cambodgiens, et, à cause de cela, sont restées, dans leurs parties lointaines, à l'abri des atteintes du conquérant. Des bandes de Kha vivent au Myang Salaikük (Eau prompte) et au Myang Salaiplong (Feu prompt), et le feu et l'eau obéissent à leurs ordres et détruisent l'ennemi qui s'avance. Dans les terres des Panong, nommés Kha, est un *prabat* sacré (vestige, trace de pied), qui est seulement visible à certaines époques. A la prière des infirmes qui apportent là des fleurs, jaillit une source dont l'eau procure la guérison. Plus loin, vivent des Kha si sauvages qu'ils font cuire leurs aliments dans des bambous creux. Tout près d'eux est une tribu de Kha, auxquels manque l'anus et qui peuvent seulement uriner. Ils ont une ouverture à la poitrine, par laquelle ils introduisent un bâton pour se purger l'estomac.

» Les Siamois orthodoxes racontent qu'anciennement la puissance magique du Phaya-Tai-Phaya-Nam a été irrésistible, et qu'il faisait apparaître le feu ou l'eau, rien qu'en prononçant certaines paroles. Depuis les prédications de Bouddha, cet art démoniaque a perdu sa vertu.

» Les Kha-Radeh ont conservé les anciens usages des Lawa et s'allongent les oreilles en les tirant. La chevelure est nouée au sommet du crâne, d'après la mode des Jouns (Cochinchinois) et aussi des Birmans, laquelle est à Siam et au Cambodge le type caractéristique de la coiffure des Brahmanes.

» Les missionnaires ont trouvé, parmi les populations des montagnes, des restes nombreux de monuments antiques en pierre, cachés sous des broussailles, non-seulement de grossiers cromlechs et des dolmens qui se trouvent épars dans toute l'Inde intérieure et citérieure, mais aussi des constructions faites avec soin. Dans ces dernières années, la capitale ruinée des Siem a été découverte par les Cochinchinois dans une forêt de la province de Bindinh, et ses ruines ont laissé là une large trace.

» Un savant tonquinois, que Bastian a rencontré à Saïgon, lui parla d'une ville, ayant la forme d'un limaçon, dans le voisinage de Recho, la résidence du roi Kinduang-Vouang, qui transféra plus tard sa résidence à Hanoi ; de la muraille Bat-tat-tang (en pierres blanches), construite par Vua-Ho, le roi des Ho ou Lolo, et détruite par les rois de Nantchao ; de la tour octogone de Bintuang ; des pagodes en pierres près de Kunchuang ; des vestiges de la route militaire de la province Nge-an et d'autres monuments qui portaient tous des inscriptions, non en chinois, mais dans ces caractères que les Annamites nomment les lettres des Moï ou des sauvages. Une statue des Brahmanes venus au Tonkin au temps de la dynastie Thang, prise par les chrétiens convertis pour celle de St-Paul, avait une inscription en caractères indiens (en Kecho). Une ville engloutie doit se trouver entre Katoun et Honan, dans le sol marécageux près de Kohngatz (la Colline aux tuiles); elle était nommée Banken.

» Les Banars observent un usage connu aussi des Mishmis et de leurs voisins. Il consiste à élever, d'après le système des Spartiates, les enfants qu'on soustrait de bonne heure à leurs familles. Au milieu de chaque bourg est la maison commune, qui sert aux délibérations sur les affaires publiques, aux fêtes, et en même temps de dortoir à tous les jeunes gens et hommes célibataires. Chaque habitation des Banars est l'image de leur vie sociale; elle est gouvernée par le plus ancien d'entre eux, comme étant le plus sage.

» Le père de famille est le grand prêtre (*Bohk'cheb dahk jang*, ou celui qui donne de l'eau au démon) et se charge d'accomplir tous les devoirs, surtout pour guérir les malades par la sorcellerie. Les femmes lui viennent en aide dans cette circonstance. Le missionnaire Combes présent à une opération de succion la décrit ainsi :

» La Béïaou fit sa succion et d'un ton grave et emphatique : « Grand-père, me dit-elle, voilà du sang, voilà du sang que je viens d'extraire. » J'avais beau ouvrir de grands yeux, je ne voyais que de la salive. Je lui manifestai mon doute. Alors, elle comprit qu'elle s'était trop avancée avec moi et toute déconcertée de mon incrédulité inattendue, elle cessa un moment la cérémonie. Les sauvages m'assuraient tous que c'était bien du sang que j'avais vu. Comme je persistai à nier, ils me dirent pour me convaincre : « Mais, grand-père, la Béïaou l'a vu, elle l'affirme ; si vous refusez d'y croire, que croirez-vous donc ? » Puis, ils se répétaient les uns aux autres : « Je suis tout essoufflé, je » n'en puis plus, le grand-père ne veut rien croire. » Ils m'attestèrent aussi qu'un instant avant mon arrivée un revenant était passé tout près d'eux. » L'avez-vous aperçu ? » leur demandai-je. « Oh ! oui, me répondirent-ils à l'unanimité, la Béïaou l'a vu. »

» Une fois convaincue juridiquement d'être deng, la femme n'ose plus nier. « C'est sans doute, dit-elle, pendant mon sommeil que j'ai fait le mal, car je l'ignorais, » et elle se résigne à son malheureux sort.

» Les Banars croient à l'immortalité de l'âme et ont des fêtes pour honorer les morts.

» Ils observent le système des jachères des Kares (nommé Ihoom au Bengale), cherchent tous les trois ans un sol vierge et le reprennent tous les dix ans. Ils extirpent les mauvaises herbes avec des houes et des meigles.

» Les Halangs, au contraire, qui nettoient souvent de l'or et ne veulent pas perdre du temps à défricher le sol, le quittent tous les deux ans et même tous les ans. La graine destinée aux semences du printemps prochain est précieusement conservée par les Banars, et la vente qu'on en fait est un crime que le démon punit de mort. Le riz nouveau est mangé dans un profond silence et nul étranger n'ose alors entrer dans la maison, parce que les infirmités suivent infailliblement celui qui manque aux usages des anciens jours.

» Parmi quelques Laos blancs, Bastian trouva, comme parmi les peuplades des côtes africaines, l'usage sacré des collines des Termites *(Ckom pluek* en siamois).

» Pour imiter ces collines, les Siamois dressent, en certaines fêtes, des Chedi-Sai ou pagodes en sable. Dans un bourg habité par des Laos, sur les limites du Cambodge et de Siam, s'élevait un cône dans le jardin du plus âgé des habitants.

» Les Banars se livrent encore à des pratiques superstitieuses.

» Ils connaissent trois saisons :

» 1° La froide (*pian-pui,*) 2° la pluvieuse (*pian-mi,*) 3° la chaude (*pian-to*).

» Aux fleurs qui s'épanouissent aux arbres de la forêt, ils savent quels travaux réclament les champs. Pour désigner les mois, ils les comptent et disent le premier mois (*keij monj*), le deuxième mois (*keij bahr*), etc. Quand ils sont arrivés au huitième, ils ne comptent plus. Les quatre mois restant, ceux qui n'exigent pas de travaux champêtres, sont considérés comme n'existant pas et n'appartenant pas à la vie. Quand, à la fin de ces quatre mois qu'ils nomment *keij ningnon* ou les mois flottants, incertains, Orion a passé le zénith et que la grande chaleur a cessé, ils remarquent qu'il est temps de semer et commencent en avril à compter les mois.

» Chez les Banars, Orion est nommé *Süng long gudak* (l'Etoile du piége), parce que cette constellation ressemble à un piége aux tigres. Cette figure de l'étoile des Pléiades, est nommée *sedrongier* ou corbeille aux poules ; les Kasia nomment les Pléiades « *the hen-man.* »

» Les Banars, distinguent divers états de l'âme. Lorsqu'une personne rêve, son âme erre au loin (une figure qui se trouve aussi chez les Tagals, les Kares etc.). Le cœur est nommé *pleh nui* ou le fruit de la poitrine. L'entendement est exprimé par *don*, oreille, et *bngai don*, un homme avec des oreilles, est synonyme de « homme intelligent. » Une haute intelligence est exprimée par ce titre à double sens : *bngai don tich'* (un homme avec longues oreilles,) ou aussi *bngai don regaech'* (un homme avec abondance d'oreiles).

» Dans les pronoms, se trouve une manière d'énoncer les rangs des personnes, comme en possèdent les langues indo-chinoises. Par ex : *Eh* est un peu moins aristocratique dans le discours que *ih*. La main est nommée *tih*, le doigt *chedrang*; l'index est *hlo*, le doigt du milieu, *anhi* (le milieu), le petit doigt, *deng* (le petit), *yong-tè*; la dame de la main, signifie le pouce, et *chedeng tepa*, le septième doigt, signifie l'annulaire, parce qu'on suppose les mains jointes dans le compte des doigts.

» Par extension, on assimile des morceaux de bois aux doigts, et, dans un partage, on nomme la part de chacun, son bois (*long*). *Long inj* signifie, « mon bois ou ma part, » et, dans un sens général désigne la première personne. *Long ram inj*, ma part ou mon bois est perdu, signifie : « Je suis étendu par terre. »

» Les Banars ont des expressions pour désigner les nuances d'une même couleur.

» Tous les montagnards sauvages qui sont nommés *Pnom* par les Cambodgiens, *Moi* par les Cochinchinois, *Myang* par les Tonquinois, sont désignés par les Siamois, sous le même nom de *Kha*, un mot qui signifie « esclave »; ils fournissent les marchés d'esclaves du Cambodge et sont encore les mêmes que les ambassadeurs chinois désignèrent au 13° siècle sous le nom de *Tsung*, chiens.

» Les Laos se nomment *Thai banni*, *Thai bannan*, c'est-à-dire les libres de ce bourg ou de chaque bourg. Les Cochinchinois appellent les sauvages par le même mot *Myang*, qui, chez les Siamois, signifie citadins, et ils se nomment comme habitants des villes : *Kéoh de Kécho*, (place du marché), le nom de la résidence royale. Chez les Siamois, *Keoh* a la signification d'un joyau, et, comparées aux villes du Tonkin disposées à la manière des Chinois, leurs propres villes ne sont que des bourgs.

» Selon Retord, les Xa, qui sont issus du Laos et forment sept familles, construisent leurs habitations sur de petits tertres et sont plus stationnaires que les Myong ou les Moi; (habitude par laquelle les Nagas se distinguent, dans Assam, des Kukis ou Kachar qui les entourent).

» Ils regardent les Thi pour les véritables indigènes;

tandis que les Nong tirent leur origine des montagnes limitrophes de la Chine.

» Les Kemoi sauvages vivent au nord de la Chine, et en birman *Kamoi* signifie un pirate.

» Les Koi sont redoutés comme archers, de même les Khyen sur le fleuve Khyendwan.

» Par opposition aux Xao-ben ou les habitants des hautes terres, qui paient annuellement tribut aux Mach, aux Harz et aux Kardomen, ceux qui habitent les terres basses du Korat sont nommés *Khames* ou *Khom*; les habitants des pays plats, *Xao lang* chez les Siamois. La langue du Cambodge distingue le *Nak log*, habitant du haut pays, du *Nak krom*, habitant du pays plat.

» Les Xao-ben ou Lava, dans les montagnes du Korat, honorent principalement le Phi-Arak, comme le génie protecteur, et les esprits que les Siamois nomment utiles.

» Ils font des images en pierre et en bois ayant des formes humaines et les placent dans leurs chapelles ou huttes, qui leur servent de temples (*San*); ils invoquent ces esprits dans leurs calamités pour en être débarrassés.

» Parmi les Kares, les Karien, dans les montagnes du Phrabat, près Lophaburi, portent leurs cheveux relevés et noués au sommet de la tête, et les Karien près Myang Kariajok, dans le voisinage de Korat, sont aussi nommés Kha. Chez eux, les femmes, outre l'usage d'allonger les oreilles, ont conservé les cheveux noués, tandis que les hommes, selon la mode siamoise, les coupent courts. Au contraire, les Lawa birmans, et surtout les Lawa du Myang Lem, dans les pays des Chan ou Laos, maintiennent respectueusement les coutumes et les mœurs de leurs ancêtres.

» A l'Ouest de Mohang ou Myang, Len ou Lem, la capitale du Laos, se trouve Mohang Kosangpyi, et encore plus à l'ouest, on rencontre la grande forêt de Pahimapan, dit du Halde. Mohang Kosangpyi fut primitivement habitée par une population qui s'appelait *Tay jay;* c'était jadis un royaume si étendu qu'il fallait trois mois pour le parcourir. Aujourd'hui, il est couvert d'épaisses forêts qui se joignent à la forêt de Pahimapan. Otang, le roi de Mohang Kemarat, payait annuellement tribut à Hawa.

» Le Pa-himaphan (*pa* est le mot siamois signifiant forêt) dans l'Himalaya, est connu des légendes birmanes; c'est la forêt mythique *hémawun*. Du Halde dit encore que les marchands, venant de Thay jay ou Pamahang à Myang Lem, apportaient des denrées indiennes, de sorte que l'Inde fait ainsi un échange avec les produits de la Chine.

» Bastian a vu un pauvre esclave dans la maison d'un noble d'Udong. Cet esclave lui chanta une chanson de sa patrie sauvage; chaque strophe commençait par ces mots : « *Say-harot'so,* » les Chinois sont venus. Ceux-ci échangeaient leurs bâtons de sucre et leurs salaisons contre de la cire et de l'argent, qu'ils vendaient en baguettes de la longueur d'un doigt. Lorsque Bastian s'informa de l'origine de ses chansons, l'esclave lui répondit qu'il les avait dans le ventre, c'est-à-dire dans le souvenir.

» Les Kha n'ont pas de livres. Ils vénèrent le soleil et le nomment *Pla Matpri bo ma nannte*, où le soleil a du riz à manger. Au commencement des travaux des champs, on observe la cérémonie nommée *Kvan ngo Kvam ma*, dans laquelle on fait des offrandes à *Meh pohsoph*. Cette vieille mère des champs, garde les récoltes des Kares, étant assise sur un tronc d'arbre.

» Elle est connue aussi à Siam et le mot *Kvan* y a un sens multiple.

» Pour accompagner leurs chants, les Kha font usage du grand orgue en roseaux des Laos (la flûte de Pan), nommé *Khen*. Les Kha ont reçu leurs noyers des Laos, mais le bétel croît naturellement sur les arbres de leurs forêts. Ils en noircissent leurs dents avec un fer chaud, afin qu'elles ne puissent plus se salir.

» L'ignorance, dans laquelle les Kha sont restés si longtemps, est surtout attribuée aux difficultés de la navigation sur le Mékhong, qui est partout interrompue par des chutes d'eau et des courants très-rapides. Parmi les Européens, la barque fragile d'un missionnaire a osé braver ces flots impétueux, à l'endroit où ils se précipitent des hauteurs dans ces vallons déchirés. Aussi longtemps que le fleuve traverse la province chinoise d'Yunan ou touche à ses frontières, il ne fait aucun tort, pas même à de grands navires, quoiqu'il soit décrit comme un torrent large et redoutable. Il paraît aussi comme tel dans la province française de Saïgon, après sa réunion au fleuve du Cambodge, par où s'écoulent les eaux de la grande mer.

» Au XVIIe siècle, les Hollandais envoyèrent Gérard de Wusthof aux terres du Laos, pour y établir des relations commerciales. Mais l'expédition eut à surmonter de grandes difficultés avant de pouvoir atteindre Viengchan. Beaucoup de souvenirs des factoreries européennes sont restés au Cambodge.

» Pinhalu, dans le voisinage de Panompen, était nommé primitivement Panom Kjang Sabek, ou la Colline du magasin aux cuirs, parce que les Hollandais, qui, pour communiquer avec l'intérieur, avaient construit le canal Khlong Sarang, près le Kampong luang, possédaient là un magasin de peaux de buffles et y abordaient, tous les ans, avec leurs grands navires, jusqu'à ce que tous les membres de la factorerie fussent assassinés dans un soulèvement suscité contre eux.

» Un mandarin de Cambodge raconta à Bastian, comme une tradition vivante dans le peuple, que les Hollandais, à leur première visite, avaient demandé seulement au Roi autant de terre qu'une peau de buffle pouvait en couvrir, pour y faire bouillir leur riz ; qu'ayant obtenu cette permission ils coupèrent cette peau en lanières, et que celles-ci couvrirent assez de terrain pour y bâtir un magasin, (pakhuys), qu'ils garnirent de canons afin de le protéger contre les voleurs.

» Il était naturel que le Cambodge attirât bientôt l'attention de ces marchands spéculateurs, parce que, de toutes les contrées de l'Indo-Chine, il est le plus riche en produits des tropiques.

» Un réseau de canaux et d'embranchements de fleuves facilita partout au commerce les avantages d'un transport par eau, et les Français, qui se voient à Saïgon à l'embouchure d'un fleuve sans issue, commencent à comprendre que leur province doit s'étendre géographiquement en droite ligne vers le Cambodge plutôt que vers la Cochinchine. »

Cette opinion du docteur Bastian, mon compatriote flamand, le capitaine de frégate Wits, l'a exprimée en 1872 dans la *Revue maritime*, lorsqu'il y a rendu compte de la prise de posession des trois provinces de Vinh-long, Chaudoc et Ha-Tien, au nom de la France :

» Cette conquête, dit-il, nous a fait les voisins du royaume de Cambodge, notre allié, dont les produits nous arrivent maintenant en ligne directe, et auquel nous envoyons, directement aussi, nos idées et les lumières de notre civilisation.

» On peut déjà prévoir qu'il nous appartiendra un jour, conquis peu à peu par l'ascendant de notre supériorité morale; ce qui est, de tous les modes de conquête, le meilleur, le plus sûr, le plus conforme aux vues de la Providence. Puis, lorsque nous nous serons assimilé ces hommes simples et forts du Cambodge, qui sait jusqu'où nous pourrons rayonner, plus tard, de ce côté du monde, quand la France, relevée, sentira ce besoin d'expansion qu'éprouvent tous les peuples véritablement grands ? »

III.

LANGUES ET RELIGIONS

Les peuples ont déposé dans leurs langues avec les idées qui ont présidé à leur histoire, les notions qu'ils ont acquises sur le monde et sur Dieu.

C'est ce qui a fait dire à Bunsen :

« La conscience de Dieu rencontre dans la langue sa plus ancienne expression, et les conceptions mythologiques, en particulier, se trouvent déjà ébauchées dans les formes du langage, cette poésie primitive et compréhensive des peuples naissants [1]. »

Il ne sera donc pas sans intérêt de jeter un coup-d'œil sur les idiomes et les religions qui ont pris possession du vaste continent asiatique, compris entre le 9e et le 40e degré de latitude nord. Là, sur une superficie égale à la huitième partie de la terre, vivent plus de cent cinquante millions d'habitants, groupés en divers peuples, mais parlant tous des langues monosyllabiques qu'on désigne sous les différents noms de chinoise, de thibétaine, de birmane, d'annamite et de siamoise.

« Il n'y a pas moins de différences originales, ajoute Bunsen, entre les diverses manifestations de la conscience de Dieu qu'on rencontre dans cette immense famille, qui contient une si grande partie de l'humanité. Ici, c'est le

[1]. *Dieu dans l'histoire*, Didier, in-12, p. 85.

naturalisme le plus grossier qui s'offre à nous ; là, le caractère touranien a imprimé sa forme au bouddhisme, au christianisme, à la religion de Mahomet. Partout où nous rencontrons les Touraniens, nous trouvons aussi, comme moyen de relation entre l'homme et Dieu, le besoin d'une inspiration surnaturelle qui, à son degré le plus élevé, devient l'extase. Nous ne saurions mieux qualifier cet état de l'âme humaine que par le mot indien de chahmanisme [1].

Toutefois, lorsqu'on disserte sur les langues monosyllabiques, et qu'on les considère comme les plus anciennes, on ne doit pas se figurer qu'elles n'aient pas varié depuis les premiers âges de l'humanité. Le temps a eu aussi son influence sur les sons, l'accent et la signification de leurs mots, quoique la forme extérieure en soit restée invariable.

Mais à quoi faut-il attribuer cette persistance de la forme primitive ?

Plus un peuple est isolé par des frontières naturelles, plus il maintient et conserve son originalité. Cette remarque de chaque jour trouve son application chez les races de l'extrême Orient, enfermées au nord et à l'ouest entre les hautes chaînes des monts Altaï, de Thiang-Chang et de l'Hymalaya ; à l'est, au sud et à l'ouest, entre la mer et les eaux du golfe de Bengale. Ces frontières les préservèrent de l'influence des barbares disséminés dans les plaines rocheuses du centre de l'Asie, et lorsque ces derniers les envahirent, ils ne purent changer ni leur langue ni leur civilisation. L'une et l'autre avaient déjà atteint un degré

[1]. *Dieu dans l'histoire.* p. 86.

de perfection, dû peut-être à la douceur du climat ou à des relations continuelles entre les peuples de ce vaste territoire, mais qui consistait, sous le rapport des arts et des sciences, plutôt dans un talent d'exécution que dans la faculté d'inventer et de sonder les principes. Ne sortant jamais d'un certain ordre d'idées et possédant une grande circonspection dans tous ce qu'ils font, ces habitants de l'Asie méridionale sont extérieurement d'une politesse ridicule, et ils ont enrichi leur langue, ordinairement si pauvre, d'une foule d'expressions qui marquent la distance et la diversité des situations sociales. En dehors de ces habitudes de politesse exagérée, ils ont tous les défauts des personnes peu éclairées ou non civilisées; ils sont envieux, méfiants et menteurs surtout à l'égard de l'étranger, et dans la guerre ils sont cruels et inhumains.

Bien que les peuples de ces contrées y soient établis depuis un temps immémorial, ils ont tous pourtant, et l'un plus que l'autre, les traits caractéristiques du Mongol. Mais on ne peut pas en conclure qu'ils parlent tous et indistinctement des langues de la même famille.

D'ailleurs, on peut affirmer que les peuples, qui ont émigré les premiers de leur patrie primitive et sont arrivés aux limites extrêmes du pays où ils se sont fixés, y ont été poussés par des tribus plus jeunes qui les suivaient, et que celles-ci ont occupé les terres abandonnées par ceux-là. Le même fait se reproduit en Europe où les régions les moins accessibles sont habitées par les races les plus anciennes. Ce fait est capital, et l'on doit en tenir compte dans l'exploration de l'histoire des émigrations des peuples.

LE THIBET

Ce vaste pays qui comprend trente millions d'habitants, quoique connu de nom depuis Marco Polo et d'autres voyageurs du douzième et du treizième siècle, n'a jamais été bien vu par aucun européen, avant l'époque où l'anglais Bogle fut envoyé en ambassade auprès du roi de Boutan.

« Le Thibet, dit ce voyageur, commence proprement à la croupe de la chaîne du Caucase et s'étend de là en largeur jusqu'aux confins de la grande Tartarie, et peut-être jusqu'à quelques-uns des pays qui sont sous la domination russe. Lors qu'on a une fois atteint le sommet des montagnes du Boutan, on ne descend point dans une égale proportion du côté du Thibet ; mais marchant encore sur un terrain fort élevé, on traverse des vallées qui sont aussi larges et moins profondes que les premières, et des montagnes qui ne sont ni aussi escarpées, ni aussi hautes ; d'ailleurs, c'est le pays le plus nu et le plus sauvage que l'on puisse voir. » Il est situé au sud de la contrée la plus élevée du monde, à l'ouest de la Chine, au nord de l'Inde proprement dite et à l'est de la Boucharie, et les fleuves qui descendent de ses montagnes arrosent toute l'Asie méridionale.

Des peuples voisins se sont, à diverses époques, réunis aux anciens habitants du Thibet. Du nord y pénétrèrent, cent ans avant notre ère, des Tartares que les historiens grecs nomment Indo-Scythes et que ceux du sixième siècle comptent au nombre des Huns-Blancs. En 720 environ, une race de Mongols sauvages, les Lifans ou Tufans, habitants des monts qui se trouvent sur les frontières de la Chine, vint s'y fixer et régner pendant 190 ans jusqu'à ce qu'à la suite de discordes mutuelles, le royaume fut divisé en plusieurs états. Du sud, vers la fin du sixième siècle, vinrent des sectateurs de Bouddha, qui, chassés de l'Inde par la persécution, entrèrent au Thibet et y trouvèrent, dit M. Foucaux, un peuple qui n'avait pas d'écriture, et dont la culture intellectuelle était peu avancée, puisque les dogmes de sa religion se transmettaient par la tradition, et que, suivant les Chinois, il conservait la mémoire des faits historiques à l'aide de cordelettes nouées, comme cela se pratiquait anciennement au Pérou. Le premier soin des missionnairss bouddhistes fut donc, après avoir acquis une connaissance suffisante de la langue de leurs catéchumènes, de faire passer en cette langue les livres de la loi rédigés primitivement en sanscrit.[1] »

De cette époque, date le culte du Lama, qui depuis est resté le principal et pour la fondation duquel le corps sacerdotal sut profiter des divisions intestines. En 1414, il n'existait pas moins de huit Lamas ou souverains pontifes à la fois. La Chine soutint celui dont le siége était à Pontala près de Lassa, et le reconnut pour grand ou Dalai-Lama, et depuis lors, ce pontife est choisi dans la race mongole des Sifans. Or, au commencement du dix-septième siècle, surgit une nouvelle scission, parce que le grand pontife de ce temps voulait admettre les femmes aux fonctions du sacerdoce.

1. *Grammaire de la langue tibétaine*, p. XXIII.

Le chef de l'autre parti, le Bogdo ou Teschou-Lama, réside à Teschou, au sud du pays, et est indépendant. Outre ces Lamas, il y en a divers autres dont les auteurs comparent la hiérarchie à celle des évêques de l'église romaine. Le signe qui les distingue est un bonnet jaune pour les grands-prêtres et une verge pour ceux d'un rang inférieur.

La langue du Thibet est encore très peu connue en Europe [1]. Ce que l'on en sait est le résultat de la découverte de quelques manuscrits, faite par les Russes, au temps de Pierre-le-Grand.

Dans une région ignorée, au pied de la chaîne des montagnes de l'Oural, sur les frontières de la Sibérie et des steppes qui s'étendent au nord de la mer Caspienne, une peuplade mongole, alors plus policée qu'aujourd'hui, habitait autrefois trois villes, dont la situation est encore indiquée sur les anciennes cartes du pays. Un temple ou couvent d'une de ces villes possédait un grand nombre de livres thibétains qu'y avait rassemblés le Khan Ablau; mais ces documents furent abandonnés et oubliés. Des hordes voisines, forcées de chercher un refuge à l'ouest, entre le Volga et le Jaïk, chassèrent leurs détenteurs.

Au commencement du siècle dernier, le gouvernement de la Russie envoya une poignée de soldats reconnaître ces contrées; ils en visitèrent les édifices inhabités et tinrent pour des livres magiques les manuscrits qui y étaient enfermés et qu'ils ne pouvaient pas lire. Ils crurent donc bien faire en les brûlant. Cependant une

[1]. M. Foucaux l'a enseignée à Paris. V. sa *Grammaire tibétaine*.

feuille, conservée par curiosité, parvint en Russie et tomba entre de meilleures mains. Elle avait environ sept décimètres de longueur et deux de largeur, et le papier en était verni, épais, gris cendré, brillant et soyeux au toucher ; la partie écrite était noire, les lettres d'un blanc brillant et d'un bleu de ciel très-clair. Plus tard, lorsque le savant Muller s'arrêta à Ust Kamenogorod, parce qu'il n'osait pas traverser ce pays barbare, il envoya quelqu'un de confiance sous la garde d'une trentaine de soldats, pour poursuivre les recherches. On y trouva des bâtiments souterrains avec de bonnes murailles dans le style chinois, et l'on y receuillit avec quelques statuettes et autres objets d'art, 1500 feuillets qui furent transportés à la bibliothèque de St-Pétersbourg. Déjà le premier document découvert avait attiré l'attention des savants. Comme il n'y avait personne en Russie qui pût le déchiffrer, le czar Pierre, l'adressa en 1721 à Paris et à Rome, où, par suite des connaissances qu'on avait acquises sur le Thibet, le long du chemin de la Chine, on le reconnut pour un écrit en langue thibétaine, extrait d'un ouvrage sur l'immortalité de l'âme.

On sait maintenant que cette langue, tout en ayant des expressions communes au chinois, n'est pas écrite au moyen de figures comme le chinois, mais au moyen de lettres, voyelles et consonnes.

LA BIRMANIE.

Plus au sud-est, entre la Chine, le Thibet et l'Hindoustan, sont le royaume d'Arrakan et celui d'Ava que les Hindous nomment Burman et Boman. Ce nom signifie, dit-on, « peuple grand ou brave, » parce qu'à la fin du XVIe siècle, une armée formidable de Mongols s'est jetée dans ce pays, après une attaque inutile contre la Chine. En guerre continuelle avec les Etats voisins, ces deux royaumes se sont tour à tour fait la loi l'un à l'autre. En 1753, Alompra, un Avanais de basse extraction, délivra sa patrie de la domination étrangère, ravagea Arrakan et d'autres contrées, et, à sa mort, leur laissa son fils pour souverain. Mais bientôt leur apparurent les premiers éléments de la civilisation européenne, préparés par l'activité britannique.

Le pays d'Ava, d'Arrakan et de Pégu est peuplé de seize millions et demi d'âmes. La race des habitants, qui tient plus du Chinois que de l'Hindou, est vivace, douce et sociable. La langue de leurs livres sacrés, relatifs au culte de Bouddha, est le pali, un dialecte du sanscrit, dans lequel est écrit aussi leur principal code, *Darma-sath* ou *Sastra*. Symès vit, dans le palais royal, à Ava, une collection de plus de cent caisses, qui, comme l'on sait, servent de bibliothèques aux rouleaux écrits. Elles étaient remplies de toutes sortes d'ouvrages rédigés en pali ou dans la langue ordinaire du pays. Celle-ci, nommée avaïque ou birmane, est usitée depuis les côtes de la mer jusqu'aux frontières de la province chinoise Yun-nan.

Bien que l'idiome birman soit rangé dans la famille des langues monosyllabiques, il prépare cependant, dit Bastian, le passage à l'agglutination, et garde, au moyen de consonnes mouillées dans la prononciation, une forme souple et liquide qui distingue le birman du caractère très-aigu du siamois. Tandis que ce dernier remplace volontiers, dans les mots adoptés du pali, les consonnes aspirées et sonores par des sourdes, et maintient partout celles-ci dans les mots de sa propre famille, le birman est au contraire si enclin à l'affaiblissement qu'il ne prononce pas toujours les lettres dont le son est dur. Le pali a seulement conservé une des trois sifflantes du sanscrit, et si le siamois se présente avec trois sifflantes, on peut dire que le birman n'en a pas une seule, puisque la lettre appartenant à cette classe correspond à l'anglais *th* ou, selon Lepsius, au polonais *s*, plutôt qu'à notre *s*. Dans la construction des phrases birmanes, le mot qui domine est placé à la fin, et de longues périodes peuvent y être enchâssées au moyen de particules, périodes qui dépendent toutes du dernier mot de la proposition. Cette langue tend tellement à l'agglutination, que même des combinaisons d'adjectifs et de substantifs font facilement passer un mot à l'état de composé, lequel mot tient à son tour de la nature du participe. En effet, on peut dire *lu myat* (mrat) pour « l'homme bon ou un homme bon », mais ordinairement ce mot a la signification de « l'homme est bon » quoique dans *Myat*, comme dans la plupart des racines, cette permutation l'emporte en soi comme verbe. D'abord dans *Myat-so-lu*, cela est clair et reconnaissable, parce que *myat* s'efforce, comme adjectif, de devenir substantif. Ce *myatsolu* est donc devenu comme un ensemble inséparable, qui ne s'est pas formé par abréviation ou rétrécissement, mais par incorporation.

Lu-Kaun se distingue de *Kaun-sò-lu* d'une manière fortuite, comme « un loyal » de « un homme loyal ». Dans le premier cas, on place le dénommé dans la classe générale des personnes loyales; dans le deuxième, au contraire, on laisse l'adjectif *loyal* se développer dans toute sa puissance avec toutes les significations qu'il possède. Ajoute-t-on à *Lu-Kaun* le signe du nominatif *san*, on a ainsi en birman un mot unique *lu-kaum-si*, de la même manière que dans l'allemand « Biedermann [1] ».

Le birman ne connaît pas encore la déclinaison; il indique le pluriel et les cas par des mots particuliers. En revanche, il s'aide, dans l'expression d'une idée, de l'accent, de l'inversion et de la métaphore. Ainsi, pour donner un seul exemple, le mot qui désigne « les lèvres » est formé de deux mots dont l'un signifie « lumière », par métaphore « beauté, » et l'autre « bouche », parce que les lèvres donnent la beauté à la bouche. « Enfant, » dans un sens général, fait connaître tout ce qui est petit; c'est pourquoi les Birmans, pour désigner un petit poids, disent un « poids enfant ». La disposition des mots, d'après nos idées ordinaires, est très-embrouillée, et il paraît que leur nombre doit suppléer à la clarté.

Dans Arrakan, dans Kassay, parmi une population de montagnards sur les frontières orientales du Bengale, dont la capitale est Munnipour; dans le Kashar, dans le Tongo,

1. *Sprachvergleichende Studien von Dr Adolf Bastian*. In-8°, 1870.

incorporés au royaume des Birmans, on parle des dialectes de la langue birmane; de même chez les Karians, une peuplade cruelle des bois situés entre Ava et Pégu, et chez les Kains, entre Ava et Arrakan. Sur les frontières d'Ava, demeurent encore d'autres peuplades sauvages, les Lisses au nord, les Kaduns au sud; mais on sait peu de chose de ces dernières.

Un autre dialecte du birman est parlé au Pégu, à l'est de l'Arrakan et au sud de l'Ava, et dont les habitants sont nommés par ceux d'Ava, *Henza-Wuddi,* d'un nom sanscrit. L'histoire du Pégu se relie à celle d'Ava par les ruines encore existantes des petits bourgs royaux de Pinlay, Panja, Mienzain et Sagain. De là sortit la race de Tongu, qui s'empara plus tard du trône d'Hongsavadi sous le nom de Brama-radja et éblouit les voyageurs du moyen-âge par le déploiement d'un luxe barbare.

SIAM.

Ayant au nord les Etats dont nous avons déjà parlé, au sud la presqu'île de Malacca, et à l'ouest le golfe de Bengale, Siam forme à peu près une longue vallée d'environ trois cents lieues de long, sur environ cent de large. Suivant les prêtres ou savants siamois, cette contrée a été peuplée environ 400 ans av. J.-C., par un prince chinois qui a été banni à la suite d'une attaque malheureuse contre le trône de son père. A cette même époque, a été fondée la ville de Poucelouk qui passe pour la cité sainte de tout le royaume. Le nom que les habitants se donnent signifie

« petites gens libres », en opposition des « grands libres » qui sont au nord des premiers et avec qui ils sont alliés, quoique tous soient soumis depuis longtemps à un despotisme sévère, comme tous les peuples de l'Asie méridionale.

La langue et les traits des Siamois accusent une origine chinoise. Ce peuple est le plus civilisé de cette partie de l'Orient, et fait un commerce important, principalement avec le Japon. Siam a été longtemps tributaire d'Ava, mais il se rendit indépendant vers 1634. En 1767, les Birmans tentèrent de se le soumettre.

La langue siamoise est pauvre en mots, mais en revanche très-pourvue de métaphores et de tons ou accents. Elle a aussi quelques mots composés, parmi lesquels il en est qui ne sont plus usités. Elle n'a pas la déclinaison, ce qui ne l'empêche pas d'indiquer les rapports de personnes, et la différence de genre, de nombre. L'alphabet des Siamois consiste en quarante lettres, et leur langue a divers dialectes, entre autres celui du Yan-Koma au nord, et celui de quelques îles dans le voisinage de la côte.

Quant aux croyances religieuses de Siam, elles sont empruntées au brahmanisme, ainsi que le constate la cérémonie de la prestation du serment, observée encore aujourd'hui au sacre des rois de ce pays. Ce serment est ainsi conçu : « Ici, moi, une personne qui porte le nom de Phi-
» sek, je souhaite, sous peine de malédiction, que les armes
» de Phromamat me percent et me tuent, si je ne sers pas
» avec fidélité et loyauté le souverain seigneur Rama. »
Ces paroles trouvent leur explication dans la tradition suivante, recueillie par le docteur Bastian :

Comme au commencement du premier Kalpa du sublime Siva (le seigneur *Phra Insuen pen chao)* qui acheva d'édifier le monde nouvellement né, il y avait un certain démon, ou esprit malin, un Raksasa, nommé Hiranjata-Jakh. Ce Hiranjata-Jakh, qui était de la race des Brahmanes, fut béni de Siva, le divin Seigneur. Lorsque, dans la suite, le monde eut atteint un grand âge, ce Hiranjata-Jakh, qui était en réalité un jeune homme grossier et sauvage, se mit à parcourir la terre pour en plisser la superficie. Le coquin avait surtout dessein d'attraper de cette manière tous les animaux vivants, pour les manger les uns après les autres et assouvir ainsi son appétit. Quand les dévas s'en aperçurent, ils en furent tout émus et troublés. Ils se rendirent aussitôt auprès de Siva, le divin Seigneur, et lui confièrent leurs plaintes. D'après son ordre, on décida que Phra-Narai irait parcourir la terre et prendrait successivement diverses formes pour enfanter ou se reproduire. Changeant de sexe à volonté et s'avançant bien souvent d'une manière visible, il dompta Asura qui opprimait les êtres vivants et rétablit le bonheur et la paix. A un certain moment, il arriva que le dieu Vischnou naquit comme homme *(manut)*, sous le nom de Phra Ram (Rama), et que comme tel il fit la guerre à Thossakhan ou le Dix-Têtes (c'est-à-dire Ravana), nommé Rakshasa, parce que Sida, la compagne de Rama, avait agi avec colère. Quand le combat toucha à sa fin, Phisek, le jeune frère de Thossakan, résolut de rendre Sida au roi Rama. Là-dessus, Thossakan entra en colère et bannit son frère du royaume de Langka (Ceylan). Phisek se rendit alors à l'armée de

Rama et lui offrit ses services. Mais le roi ne sachant s'il pouvait se fier au frère de son ennemi et s'il était sincère, fit dresser, sur le rivage du grand Océan, une tente pour y célébrer des fêtes et y appendit ses armes en signe de paix. Ensuite, il fit prêter à Phisek le serment que nous avons rapporté plus haut, et après, l'on plongea lances et arcs dans l'eau qui fut bue en partie par Phisek, en partie répandue sur sa tête. Telle est l'origine de cette cérémonie qui est conservée à Bankok et qui s'y appelle *Thu nam phi phat satcha*. Cette coutume n'est pas décrite dans les livres religieux bouddhistes *(Phra Phuttha-Sasana)* mais elle est usitée parmi les brahmanes et est empruntée au *Kamphi sayasatr*, ou livre sacré des Schastras [1].

Dans les annales siamoises, il est en effet question, dès les temps les plus reculés, de colonies brahmaniques dont la présence est constatée, dans la vallée du Menam et de ses affluents, par les premiers habitants de la nation Thai. Dans le *Phong savadan Myang Nya*, l'histoire des villes du nord, le roi Srithan Traipidok envoie deux officiers, accompagnés de cinq cents marchands, pour avoir des détails sur les pays du sud. On dit de cette expédition, cause prochaine de la fondation de Phitsanulok, une des plus anciennes capitales du royaume de Siam, qu'après avoir passé les rivières Trom et Keonnay, elle parvint dans les plaines des bourgs brahmaniques. Les Brahmanes furent bien aises de s'assurer la protection de ces races guerrières, et celles-ci

---

1. *Geographische und ethnographische Bilder* von D' Adolf Bastian, in-8°, p. 208.

devinrent probablement des Kschatrias dans Najaputana ou le Népaul[2].

ANAM.

Sous le nom d'Anam, c'est-à-dire la terre d'Occident, les Chinois et même les habitants du pays comprennent les royaumes de Tonkin, de Cochinchine, Laos et Cambodge, qui s'étendent à l'ouest de la Chine et au sud de la presqu'île. On y parle une langue monosyllabique qui a différents dialectes et quelques sons que les Chinois eux-mêmes ne sont pas en état d'émettre.

Le Ton-Kin (la cour de l'est) est un pays très-peuplé, que les empereurs de la Chine ont plusieurs fois essayé de subjuguer; mais après bien des flots de sang répandus, ils n'ont pu parvenir qu'à le rendre tributaire. Le roi, ou le *Dova*, dirige moins les affaires du pays que *le Chova*, le général en chef de l'armée. Dans le Kau-bang ou montagnes couvertes de forêts, sur les frontières, demeurent des peuples à moitié sauvages et d'origines diverses. Parmi ces peuples, les Quan-to se regardent comme les habitants primitifs de la Cochinchine et du Tonkin, et tiennent les Annamites pour des colons chinois. Aussi le bouddhisme y est-il la religion régnante, bien qu'on rencontre également d'autres missionnaires connus en Chine.

De ce dernier empire, le Tonkin a reçu sa civilisation. C'est pourquoi la langue et l'écriture chinoises y sont très-usitées. La langue mandarine ou la langue de la cour y est

1. *Ibid.*, p. 443.

moins simple qu'en Chine; elle a, il est vrai, plusieurs mots qui consistent en une seule voyelle; mais d'un autre côté, il y a des mots formés de plusieurs consonnes.

De même que le royaume de Siam a reçu son nom des Chinois, de même celui d'Anam a reçu le sien des Japonais.

Les habitants primitifs d'Anam sont une population très-noire, comme les Caffres; ils sont refoulés aujourd'hui dans les montagnes qui séparent ce pays du sud-ouest du Cambodge. Tous les autres ont les traits des Chinois et sont d'un caractère aimable, joyeux et hospitalier. La Cochinchine a partagé le sort du Tonkin; pendant longtemps elle a été puissante par sa domination sur Tsiampa et le Cambodge. En 1826, elle était tributaire de la Chine.

La langue anamite, très-différente de la chinoise, en a conservé la plupart des signes graphiques.

Le Laos, qui a d'abord été soumis à la Chine, ensuite à Siam, a eu enfin un prince indépendant. On sait peu de chose de sa langue, encore moins de celle du Cambodge qu'on dit mélangée de malais, de japonais et de portugais.

LE CAMBODGE.

Ce nom de Cambodge, dit Bastian, est entouré de mystère dans les légendes des peuples de l'Asie orientale. De Cambodge, la puissante et la riche, font rêver les chants héroïques de l'Inde antique; sur Cambodge, la patrie de la paix et du bonheur inaltérable, les Thibétains, les Mongols, les Kalmoucks jettent un regard languissant; de Cambodge, le siége des patriarches bouddhistes, rayonne la lumière de la science sur la Birmanie, sur Siam et les vallées du Laos.

Ce pays, bas et marécageux, qui est désigné sur les cartes, d'une manière capricieuse et arbitraire, sous les noms de Kambodia et Kambodja, ne répond pas à l'idée qu'on s'en est faite. Mais tous les documents se rapportent au Cambodge de l'Hymalaya. Là réapparaissent, dans toute leur splendeur, ses temples et ses palais, avec des lacs artificiels et des détroits sur lesquels s'étendent des ponts, avec des murs surmontés de tours et enserrant trois fois les villes. Alors les rois de Cambodge régnaient sur la plus grande partie de la Péninsule, et Siam et la Cochinchine n'avaient encore aucune existence; la Birmanie comptait pour une petite principauté et le Tonkin était une province de l'empire du Milieu. Aussi, aux premiers temps de la navigation européenne dans les mers de l'Inde, les voyageurs parlent-ils de la puissance de Cambodge, qui commençait déjà à décliner. Mendoza, en 1557, cite le grand nombre des navires de Cambodge qui flottaient partout, et, dans les relations des missionnaires, il est vaguement question des gigantesques restes des monuments de l'intérieur.

Les principales ruines du Cambodge se trouvent dans la province de Siemrab, où se dressent, dans une circonférence de plus d'une journée de marche, les puissantes murailles de la capitale Nakhon Tom ou Nakhon Luang, et où le vaste temple Nakhon (Naghara) Vat (la ville du couvent) est encore conservé dans son intégrité. Il s'y trouve encore cinq à six autres amas de pierres provenant de temples et de couvents dévastés. Une route royale, construite sur une haute plate-forme, allait, dans les temps anciens, de Nophaburi, alors la capitale de Siam, à la résidence des rois de Cambodge et pénétrait de là en Cochinchine. Au-dessus des fleuves Lamseng et Paleng s'étendent sur de hautes arcades ogivales, de vastes ponts qui sont, depuis des siècles, encore si solides que des éléphants peuvent y passer.

Nakhon (Naghara) Tom signifie « la grande ville »; le nom sacré en était Inthapatanakhon (Indraprasthanagara); de sorte que les rois de Cambodge se rattachent à l'antique dynastie indienne de la lune, comme ceux de Siam sont affiliés à celle du soleil, par Ayuthia ou Ayodhia. Des deux côtés, on se fait honneur d'être de Solot Nakhon, la sixième des villes saintes; le nom de la capitale du Cambodge est, à cause de cela, dérivé d'Indra ou de Sakra.

Diego de Couto donne une généalogie d'après laquelle tous les rois de l'Indo-Chine (Pegu, Tanacerim, Siao, Cambodge) sont *suriavas* ou de la caste du soleil; elle les fait descendre d'un jeune homme qui, comme fils du soleil et de la terre, sortit un matin des premiers rayons du soleil levant, enseigna la civilisation aux habitants des forêts et devint leur chef.

Les rois de Birmanie se disent encore les descendants du soleil, bien qu'en même temps ils veulent appartenir à la race des Bouddhas de Sakya, et portent par ce motif le paon de Maurya, comme bannière impériale.

Les allusions au Ramayana sont nombreuses au Cambodge. La montagne boisée autour de Myang Pachim (ville sur le fleuve Pachim) est nommée Dong Phra Ram ou le désert du Seigneur Rama, l'endroit où il aurait passé sa vie de pénitent. Près de Myang Kabin ou la ville des singes, sur les frontières du Cambodge, on a montré à Bastian le Sa-hulaman ou hamunan, où ce roi des singes aurait vécu sous la forme d'un buffle, pour égarer les persécuteurs par de fausses réponses sur ce qui est nécessaire à la vie. La mer de Cambodge, la Thalesab ou la mer d'eau douce, est aussi nommée la mer de Sri-Rama (du glorieux Rama). Chantakham est un nom connu de la tradition bouddhique, ainsi que celui de Petchaburi, ce lieu si fréquenté par de nombreux et fervents pèlerins qui croient aller prier là où mourut Gautama. On peut dire que le Ramayana jouit de la plus grande popularité dans l'Indo-Chine, où ses héros sont ceux du théâtre; tandis que, dans sa patrie, les drames sont empruntés aux poèmes de Kalidasa ou à d'autres poètes. Dans les derniers remaniements qu'il a subis à l'époque sanglante du brahmanisme, le Ramayana a des rapports plus directs avec le bouddhisme. Rama est le fils du roi, qui, du palais de son père, s'est retiré dans la solitude, et Sakyamouni est, dans beaucoup de représentations théâtrales, un prince victorieux qui préserve des démons cruels la sainte Lanka (Ceylan), non par ses prédications, mais par l'effort de ses armes.

Un autre amas de ruines du Cambodge se trouve à Battabong, sur les bords du fleuve de ce nom; et parmi elles sont la ville de Basek, le couvent Vat Ek et le temple Banon. Tous ces monuments sont en pierres taillées et couvertes de belles et élégantes sculptures, comme on en voit encore aujourd'hui en Birmanie et à Siam.

Non loin du fleuve Mékhong, près du bourg Phra-Phixai,

dans le Cambodge, on lit des inscriptions sur des pierres avec les mêmes caractères que ceux de l'Akhson (Akhara) Mihng, et à Nakhon Vat des inscriptions en vieux pali. La plupart sont relatives au célèbre réformateur du bouddhisme, Rakkasena ou Nagarjuna, dont le titre, dans divers couvents du Cambodge, est devenu héréditaire chez les abbés.

Une ville sainte du pays est Balai, située au milieu de profonds marécages, où les insignes royaux, qu'on ne croyait pas assez en sûreté à Udong, sont gardés par les brahmanes de la cour du roi. Primitivement, ceux-ci avaient leur résidence, sur la rivière Battabong, dans la forteresse du temple de Banon, dans lequel il y a deux sombres cavernes pleines de trésors, et où sont enfermés des vases remplis d'une eau miraculeuse, qui sert aux brahmanes à prédire la fertilité des années à venir. On portait tous les ans de cette eau à la capitale et l'on en buvait à la prestation des serments. A cette fin, les brahmanes la bénissaient à Bangkok, et y trempaient des armes avec des cérémonies mystérieuses.

Dans le temple brahmanique de Bankok, la plupart des dieux appartiennent au cycle mythique çivaïte, et les brahmanes royaux, dans Ava, se recrutent surtout à Bénarès, où la secte de Mahadeva est prépondérante. Les punahs qui entourent Birma et Pegu et qui, après le pillage de Manipura, furent emmenés prisonniers, invoquèrent au contraire la divinité sous les formes de Vischnou, Hari ou Chrischna. Dans l'antique Ava ou Ratnapura, les brahmanes formaient les astronomes ou les astrologues.

Les brahmanes de Birmanie ont composé le calendrier de chaque année, et par là ils ont exercé une grande influence sur l'esprit du roi, en se réservant de lui indiquer les jours fastes et néfastes.

A Bankok et au Togkin, des mystères, auxquels président les brahmanes, rappellent encore le combat légendaire de Bouddha avec Mara, et le vêtement de Bouddha joue aussi un rôle dans le culte des reliques, chez les Thibétains et les Chinois.

Les sculptures, qui couvrent en si grande profusion les monuments religieux du Cambodge, sont empruntées principalement à la mythologie brahmanique et s'étendent sur le péristyle qui circule autour du dôme central. Les portiques, les tours et les colonnes sont ornés d'arabesques entremêlées de fleurs, de figures d'animaux, de démons et d'anges, et l'on voit aussi, notamment à Lalai et à Basek, des inscriptions taillées dans la pierre des colonnes. A Nakhon Vat, les sujets mythologiques sont surtout empruntés aux poèmes héroïques de la littérature sanscrite, au Ramayana et au Mahabharata.

Dans les temples et pagodes de Siam, le sujet des sculptures a été fourni par le Jataka ou Wuttuh. En Birmanie et au Cambodge, les sculptures des monuments sont, comme à Boribon, une imitation des mythes brahmaniques de l'époque de pierre. Bouddha y est représenté avec quatre corps; Rawana, Mara et Kartikeya avec sept, neuf ou treize têtes, posées les unes sur les autres, d'après la manière thibétaine du Chondjim Boddhisattwa.

Le groupe des temples du Dékhan, taillés dans le roc, peut appartenir à la période bouddhique.

Le pénitent Asur Gaya entreprit de traduire en pali pour les brahmanes convertis au bouddhisme, le commentaire cingalais de leurs livres de religion, et il porta les manuscrits du Traipidok au Combodje, d'où ils se répandirent à Siam et au Laos, et prirent le nom de Nongsu Khom, livres conservés de Cambodje. Les peuples de la race de Myamma se prétendent au contraire issus des Bouddhaghosas.

Le temple de la capitale du Tungthu servit plus tard de modèle aux architectes du Pagau. Une inscription birmane rappelle encore les noms des anciens missionnaires Sona et Uttaro, qui y furent envoyés après le second concile d'Asoka; ils sont aussi cités dans le Maha Vanso.

Dans le temple de Nakhon Vat, il y a des sculptures représentant des scènes mythologiques; elles offrent le plus grand intérêt et se rapportent à la vie politique des anciens habitants du Cambodje. On y voit le roi au milieu de sa cour, devant lequel passe une longue procession de peuples qui le saluent comme vassaux de Cambodje. On croit reconnaître le Parada chevelu, le Cambodjien et le Javanais rasés, le Saka à demi-rasé, le Palava barbu. L'artiste s'est appliqué à rendre fidèlement le type des diverses races, depuis la forme caucasique la plus pure et la plus élevée jusqu'aux traits hébétés de l'habitant du Vindhya ou du Nishada, qui correspond au Kha, l'esclave de l'Indo-Chine au nez plat, aux yeux enfoncés et au menton en saillie. Ce sont les montagnards du Pnom qui sont encore aujourd'hui vendus au Cambodje comme esclaves, et que les députés chinois nommaient en 1295 *Tsung,* c'est-à-dire chiens.

Les pinacles et les tours du Nakhon Vat sont encore ornés d'autres figures, parmi lesquelles on distingue le maintien altier de Garouda, l'oiseau divin au corps à demi-humain, pressant dans les mains un des serpents qui le cernent. Cet oiseau merveilleux, auquel la mythologie indienne, les contes arabes et les légendes sibériennes donnent encore des proportions colossales, est l'ennemi né et le destructeur des serpents, comme l'oiseau géant des Indiens et de l'Amérique du Nord.

Lorsque le roi apparaît dans les sculptures, il est entouré d'un nombreux cortége de femmes et de guerriers, tous reconnaissables à leurs coiffures ou bonnets tournés en spirale. Ceci est l'emblème de la race royale du vieux Cambodje et la fait distinguer des indigènes, qui sont représentés avec la tête nue des races sauvages. Les figures, portant de pareils bonnets, ont été nommées par les Cambodgiens modernes « Tepha Kauja ou Chao Savan, » c'est-à-dire seigneurs célestes ou *se sua*, et on leur donne une origine divine, comme aux fils civilisés du Tengri chez les Thibétains et les Mongols. Il y a encore, dans des niches et aux tours, des figures de femmes, la tête richement ornée de fleurs.

Elles correspondent probablement aux Bidhyadaras de la mythologie hindoue, les Widodaris des Malais et des Javanais, les fées et les Elfes des légendes du Nord. Leur prince trônait d'abord dans le ciel serein, où Indra gouverne actuellement et joue souvent encore, dans les contes de Somadeva, le même rôle révélé par les livres orthodoxes.

Comme les autres rois indiens, ceux de Cambodje imitèrent volontiers l'exemple de leurs ancêtres célestes et remplirent leurs palais de femmes non-seulement pour danser et chanter, mais encore pour servir de gardes du corps à leurs épouses et à leurs concubines, ainsi que cela se pratique encore à Siam, et anciennement aussi à Chittagong, où les géographes arabes du moyen-âge les prenaient souvent pour les amazones du pays.

La plupart des balustrades des ponts et des escaliers dans Nakhon Vat ont des caryatides pour supports, et à leurs pieds est figuré le serpent à sept têtes. Souvent aussi on voit des figurines dans la position de personnes assises, surtout des Bouddhas en méditation, que les Cambodgiens nomment Thephanom.

Une scène reproduite avec amour dans les sculptures de Nakhon Vat et des autres temples du Cambodge, est le mythe brahmanique du combat des Dieux et des démons, pour obtenir l'amrita ou le breuvage de l'immortalité. Comme déjà, dans les Puranas, ce mythe est raconté de différentes manières, il a reçu une nouvelle interprétation dans les traditions bouddhiques.

Dans ce même temple de Nakhon, Rawana est représenté comme adorateur de Siva, reconnaissable à son trident. Rawana est nommé chez les Siamois Thossakan (à dix têtes), et ils nomment vulgairement Siva « Maha-Rŭsi » ou le grand solitaire [1].

Il existe encore dans l'extrême Orient une autre croyance

---

1. *Geographische und ethnographische Bilder von Adolf Bastian*, in-8º pp. 440 à 492.

religieuse que Bastian nous a fait connaître en quelques pages de son livre, déjà plusieurs fois cité par nous. Nous les traduisons; il s'agit du *Schamanisme :*

« Sous le nom de Schamanisme est désigné en général le fétichisme religieux, observé par diverses populations de la Sibérie. Dans les récits merveilleux d'anciens voyageurs, figurent des fées qui avalent des couteaux et mangent du feu, qui se percent les reins et prédisent l'avenir dans leur sommeil extatique.

« Le peu de schamanistes qui, parmi les Burates, sont restés fidèles à cette croyance, se sont concentrés dans les environs les plus sauvages de la mer Baïkal, et l'île d'Olchon, située au milieu de ses flots orageux, est aujourd'hui leur unique résidence.

« Le Schamanisme est encore pratiqué à la cour du souverain, qui est assis sur le trône le plus élevé et le plus ancien du continent oriental. Les empereurs de la dynastie mantchoue l'ont emporté avec eux, comme un culte héréditaire de leur race, et ont construit pour lui un temple dans l'enceinte du palais de Péking, où le service religieux est fait (selon Hyacinthe) par des femmes schamanes. Ce qui ne les empêche pas d'observer, en souvenir du Dalaï Lama thibétain, le Lamaïsme introduit par les Mongols, lequel se confond, à Péking, avec le Foïsme de la Chine méridionale. Comme fils du ciel, le souverain des Mantchoux ordonne les sacrifices aux jours de fêtes; comme père de son peuple, il suit la loi morale des savants édictée par Confucius; comme chef de sa race, il prie à la table de ses ancêtres, et dans les cas extraordinaires, il lui reste encore le recours aux cérémonies usitées chez les sectateurs du Tao; ce qui est d'un éclectisme parfait.

« Jusque dans la Sibérie orientale la plus reculée, jusqu'au delà de la route des Colosses qui brûlent de la graisse au dieu Kluish, le feu reçoit un culte très suivi. Une fois allumé, il doit s'éteindre de lui-même. Les habitants de l'Amour le vénèrent dans l'intérieur de leurs huttes, et parmi les Burates il y avait primitivement une fête sainte annuelle, comme autrefois au Mexique et dans l'Irlande païenne, où le feu nouveau était allumé après une longue obscurité.

« Dans les prières des Burates, le feu est invoqué, comme Galo-Chanekje ou Ut-Galai-Chan, par les schamanistes aussi bien que par les bouddhistes. Ces derniers ont admis dans leur panthéon toute la foule des Tengri, et Chormusda a consenti à se laisser transporter de la montagne d'Albordji au ciel de Meru. Dans un long poëme que le prêtre Orlow communiqua à Bastian, un Firdusi burate célèbre le magnanime héros Sam, qui fit l'ascension des hauteurs de l'Altaï. D'après le livre bouddhique Uligeroun Dalai, le Schamanisme était la religion du monde entier à l'époque de la dernière des cinq cents préexistences de Çakia-Mouni. Les prêtres de cette religion possédaient des lois écrites et des livres magiques par la connaissance desquels ils agissaient sur le peuple.

« Les schamanes prennent ici la place des brahmanes qui soutinrent Bouddha dans son opposition à la cour de Bimbisara.

« Les lamaïstes ont fait entrer dans le ciel du Bouddhisme, tous les démons des Schamanes, et le culte de leur

Doktschin a surtout pour but de rendre ces derniers inoffensifs. Aussi, les schamanes cherchent-ils à tenir seulement ces êtres, ennemis ou noirs, en bonne humeur par leurs prières et leurs offrandes, se préoccupant peu en revanche des dieux blonds ou blancs, dont ils ne peuvent recevoir aucun profit. Parmi les Tengri, sont comptés encore les quatre-vingt-dix-neuf esprits protecteurs qui règnent sur les montagnes, les fleuves, les forêts, les déserts et les animaux. On lit dans une vieille chanson des schamanes, cette strophe : « Oh! vous, les quatre-vingt-dix-neuf Tengri, veillez sur nous! Altai-Chan, Kuntei-Chan, qui les dirigez sur nous, protégez-nous! ».

« D'après la cosmogonie des Burates, telle que les schamanes la conservent, la terre était, au commencement, déserte et vide, remplie d'eaux grises, au-dessus desquelles volaient des oiseaux. Sur l'ordre du dieu Burchan, parut l'oiseau aquatique Anguta. Il plongea au fond de l'eau et enleva avec le bec un morceau de terre rouge, qui, éparpillé sur la surface de l'eau, forma de l'écume et ensuite la terre ferme. Le dieu ordonna ensuite que les animaux fussent créés, et le premier qui se montra fut le chien, dont la peau était alors luisante et sans poils. Puis le dieu créa l'homme d'abord sans âme, mais dont le corps était d'une grande beauté et à l'abri des maladies. Quand Dieu monta au ciel pour chercher l'âme, il chargea le chien de la garde du corps et le fit coucher près de son cœur, afin que personne n'approchât de son protégé. Mais dès l'origine existait le méchant ennemi de Dieu, Erlung ou Albihn.

« Lorsque celui-ci vit ce corps si beau et sain, il sentit la haine le dominer. Il résolut, pendant l'absence du dieu, d'aller à lui et essaya de persuader le chien de se retirer tant soit peu. Mais le chien resta fidèle et fit bonne garde et ne se laissa pas séduire par des paroles doucereuses.

« Le démon, ne pouvant atteindre son but, se retira tout en colère vers le Nord et y souffla un froid si pénétrant, qu'il fit trembler le chien; celui-ci chercha à se réchauffer. Le malin attendait ce moment pour s'approcher du corps et le souiller. Quand Dieu, à son retour, trouva sa créature toute impure, il ne voulut plus lui laisser sa beauté primitive; il retourna l'homme et mit en dehors ce qui était en dedans. Il y fit entrer ensuite l'âme céleste, mais l'homme avait déjà reçu le don fatal de la souffrance et de la mort; il dut rester avec lui. Le chien perdit de même sa beauté primitive et il est, depuis lors, couvert d'une peau rude.

« Comme divinité suprême, les Burates schamanistes honorent le Itzegeh-Malam-Tengri ou le père à tête chauve du ciel, demeurant à l'étage le plus élevé, sous le toit, qui fait, comme le ciel, une voûte au-dessus de la terre. Le principal de ses serviteurs est Chwa-Solbun-Tengri, l'esprit céleste de l'étoile jaune ou la planète Vénus, qui procure des richesses et qui est invoquée pour cela. Itzegeh-Malam-Tengri siège seul dans son ciel et n'a d'autre société que celle de sa femme Ischi-Yuren-Tengri (*Ischi,* mère). Il a, comme le Pramzimas lithuanien, une petite fenêtre dans le ciel et lorsqu'il l'ouvre pour regarder la terre, un rayon brillant sort de lui et le précède; ce qui est de bon augure pour ceux qui peuvent le fixer. L'esprit mauvais, Albihn ou

Erlik, avec ses *Sardu* ou aides, demeure dans un royaume souterrain du Nord glacial, où le soleil ne paraît jamais. De là des maux qui tourmentent les hommes.

Un savant Burate, qui était établi maître d'école à Irkutsk, raconta encore à Bastian les particularités suivantes :

« Les âmes privilégiées vont après leur mort au Sadagasar (la terre éloignée), où elle se livrent à des occupations terrestres sous la direction de maîtres. Aussi les trésors des schamanes errent là tout autour. Les âmes de ceux qui ont été privés de cérémonies funèbres doivent rester dans des forêts inhospitalières et ne peuvent pas s'éloigner de leur sépulture. Les âmes des noyés demeurent sous l'eau et ne ressuscitent que pour entrer en possession des hommes et des animaux. Ce serait un grand péché d'éteindre le feu ; le Burate n'ose pas l'emporter de sa hutte, il doit attendre qu'il soit éteint de lui-même. On vénère le Gallijin, le seigneur du feu, et, à cause de lui, le feu *(gal)* doit être vénéré, parce que, dans sa forme matérielle, il est considéré comme un don utile de la nature.

« Dans le culte de l'eau, le Burate entoure de son respect l'esprit protecteur Unijin, le seigneur de l'eau ou Ondine, qui est un esprit malveillant. Différent est de lui le roi des Ondes, Uchunchat, qui vit avec sa suite (comme le dragon français) dans un palais brillant, sur le sol humide, et montre sa bonté par l'envoi de la pluie. (1) »

1. *Geographische und ethnographische bilder*, p. 379 et suiv.

CHINE

De toutes les langues monosyllabiques, le chinois est la plus simple. Dans cet idiome, la forme du mot consiste uniquement en une voyelle avec une seule consonne qui la précède, et si nous voyons des mots chinois écrits avec plus d'une voyelle, ou avec l'attribut du son nasal *ng*, cela provient de ce que notre écriture européenne n'a pas de signe, pour peindre aux yeux ce son nasal ou les divers sons d'une voyelle chinoise.

Les Chinois ne peuvent pas prononcer nos lettres *b*, *d*, *r*, *x* et *z*; ils prononcent les deux premières *p* et *t*; la troisième *l* et les deux dernières *s*; ils ne laissent pas non plus deux consonnes se suivre et intercalent entre elles une voyelle; ce qui, dans leur bouche, donne aux mots étrangers une forme bizarre et singulière.

La langue chinoise possède, suivant les uns, trois cent vingt-huit mots; suivant d'autres, trois cent cinquante, et les mots varient de signification selon l'accent avec lequel ils sont prononcés ; ce qui fait que leur nombre peut s'élever à sept ou huit mille. « Toutes les fois, dit M. de Humboldt, que l'on comparera des traductions de passages chinois au texte, on trouvera qu'on a toujours eu soin d'y lier les idées et les propositions que la langue chinoise se contente de placer isolément. Les termes chinois reçoivent précisément un plus grand poids par cet isolement, et on est forcé de s'y arrêter davantage pour en saisir tous les rapports. La langue chinoise abandonne au lecteur le soin de suppléer un grand nombre d'idées intermédiaires, et impose par là un travail plus considérable à l'esprit. Chaque mot paraît, dans une phrase chinoise, placé là pour qu'on le pèse et qu'on le considère sous tous ses différents rapports, avant que de passer au suivant. Comme la liaison des idées naît de ces rapports, ce travail purement méditatif supplée à une partie de la grammaire [1]. »

Quant à la nature monosyllabique du chinois, Abel Rémusat la considère comme apparente. « Une partie, dit-il, des différences qu'on observe entre les phrases chinoises et celles des autres idiomes, tient à l'emploi d'une écriture toute spéciale... et si les crases qui ont permis de rapprocher en latin ou en grec les terminaisons du thème des noms et des verbes, n'avaient pas été impossibles en chinois, on y verrait des mots déclinés et conjugués comme partout ailleurs [2].

CORÉE.

Cette remarquable presqu'île, séparée seulement par une chaîne de montagnes neigeuses du pays des Mantchoux, a reçu probablement de ceux-ci sa population et sa langue.

Aujourd'hui elle est soumise à la Chine qui lui a imposé son idiome pour l'administration des affaires. Aussi des au-

---

1. *Lettre à M. Abel Rémusat*, Paris, 1827, in-8°, p. 44

2. *Ibid*, p. 106. M. Renan n'admet pas cette progression des langues. « Les divers systèmes de langues sont des partis adoptés une « fois pour toutes par chaque race ; ils ne sortent pas les uns des « autres ; ils se suffisent pleinement et arrivent au même résultat par les voies les plus opposées. » *De l'origine du langage*, p. 44. 3° édit. 1859.

teurs le considèrent-ils comme un mélange de chinois et de mantchou ; mais Witsen, dans sa *Description de la Tartarie*, ne cite pas plus de soixante-dix mots empruntés à l'idiome chinois. Cependant M. Dallet, missionnaire en Corée, n'hésite pas à dire que le coréen appartient à la famille des langues tartares et constate en même temps la ressemblance qui existe entre la grammaire coréenne et la grammaire des langues dravidiennes ou langues du Sud de l'Inde. « Dans beaucoup de cas, dit-il, les règles sont, non-seulement analogues, mais identiques. La ressemblance entre certains mots coréens et dravidiens n'est pas moins frappante. L'étude approfondie de ces analogies jetterait un grand jour sur quelques points importants de l'histoire primitive des peuples indous, et sur diverses questions ethnographiques encore peu connues.[1] » En effet, si ces analogies ou cette identité que le savant missionnaire a cru remarquer dans les vieilles langues de l'Hindoustan et dans celles de la Corée, étaient vérifiées, elles confirmeraient le fait énoncé par le code de Manou, qui est considéré dans l'Inde comme antérieur aux *Kings* de la Chine ; à savoir qu'une partie de la population de l'Inde méridionale a émigré en Chine et atteint probablement les dernières limites du continent oriental.

MANTCHOURIE.

Sous le nom de Mantchoux, un titre d'honneur qui signifie « le peuple fécond » et qui a été donné par l'empereur

[1]. *Histoire de l'Eglise de Corée*, 1874, in-8°. p. XCIX.

mongol Tai-Dsu en montant sur le trône en 1616, on comprend les habitants de la partie orientale de la Tartarie. Les Mantchoux sont partagés en trois gouvernements et soumis à la domination chinoise. Leur langue n'est plus monosyllabique, quoiqu'elle garde encore des traces de son état primitif, et qu'elle ait beaucoup reçu du chinois. Les onomatopées y sont plus nombreuses que partout ailleurs, et malgré la barbarie du peuple qui vit dans des déserts, cette langue est douce et a des syllabes formées par une voyelle entre deux consonnes. L'oreille du Mantchou est même si délicate qu'elle ne tolère pas la répétition immédiate d'un mot, mais provoque son déplacement ou une interversion. Riche en mots dérivés et en verbes conjugués, l'idiome mantchou est pauvre lorsqu'il lui faut exprimer le genre et les cas. Cependant, il a donné naissance à plusieurs dialectes :

1° Le *Bogdoi* ou *Niu-Sche* chez les Chinois, parlé au nord de la Chine et de la Corée.

2° Le *Daour*, entre la mer Baïkal, le fleuve Amour et les montagnes de la Mongolie.

3° Le *Tongou*, parlé par un peuple nomade qui s'étend de la Jenisé à la Sibérie orientale. Il a beaucoup de mots mongols, notamment ceux qui désignent les animaux domestiques ; quelques-uns sont russes.

4° Le *Youpi*, parlé par des peuplades maritimes et à demi sauvages, qui se couvrent de peaux de poissons, et le *Ketsching* en usage des deux côtés de la Saghalie, ou « la rivière noire » ou plutôt « le dragon noir », ainsi nommée à cause des courbes que dessinent ses rives.

De la famille des mantchoux, sont encore les habitants

de l'île Tschoka, que les Japonais nomment Okou ou Jesso supérieur. Cette île est connue surtout depuis le voyage de Lapeyrouse. Le nom et la langue de ces insulaires changent de bourg en bourg.

La langue mantchoue et ses dialectes appartiennent au groupe des langues *agglutinantes* [1], dans lequel Max Muller fait entrer, à l'exception du chinois et de ses dialectes, toutes les langues de l'Asie et de l'Europe, qui ne font pas partie des familles aryenne et sémitique. « Ce groupe, dit-il, a le droit de réclamer toute l'attention « du linguiste qui veut écrire l'histoire de la parole hu- « maine [2] ».

De ce qui précède, nous pouvons conclure avec M. Barthélemy St-Hilaire [3] : « Il y a deux courants d'esprits absolument distincts dans la grande famille des peuples : les uns qui sont capables de science, les autres qui en sont incapables naturellement et dont rien ne peut corriger le vice originel. L'Asie tout entière, malgré les preuves de génie qu'elle présente à certains égards, doit être rangée dans la seconde classe : elle n'a jamais connu, et, selon toute apparence ne connaîtra jamais la vraie science, c'est-à-dire celle qui à de premières observations en ajoute sans cesse de nouvelles, et qui accumule ainsi les matériaux de la civilisation, sous toutes ses formes, dans toutes ses bran-

---

1. Max Müller nomme ce groupe *touranien*. Selon M. Hovelacque, « Le nom de *touranien* est fait pour perpétuer les plus graves erreurs. »

2. *La science du langage*, etc. Traduction de Georges Perrot, 2me édition, in-8º p. 268.

3. *Journal des savants*, octob. 1874, p. 645.

ches, avec toutes ses ressources et toutes ses merveilles. La science ainsi comprise, ainsi appliquée, a manqué et manque encore à l'Orient. Aussi, cette fameuse devise, *Ex Oriente lux*, n'est juste qu'au sens matériel ; c'est bien de l'Orient que nous arrive la lumière qui chaque jour vient éclairer nos yeux ; mais la lumière qui éclaire les esprits ne nous vient pas de là. Cette lumière supérieure est née dans le monde européen, dans le monde grec, qui l'a enfantée et à qui l'on doit en rapporter exclusivement toute la gloire. »

LE LIVRE
DES MERVEILLES DU MONDE

Manuscrit de la bibliothèque Nationale

I

RELATION

DU FRÈRE ODERIC DE FRIOUL

Cy commence le chemin de la pérégrination et du voyaige que fist un bon homme de l'Ordre des frères meneurs, nommé frères Odric de Fore Julii, né de une terre que on appelle port de Venise, qui par le commant du Pappe ala oultre mer pour preschier aux mescréans la foy de Dieu. — Et sont en ce livre contenu les merveilles que lidis frères vit présentement et aussy de pluseurs aultres, lesquelles il oy compter en ces parties dessus dittes de gens disgnes de foy. Mais celles qu'il oy racompter et qu'il ne vit point, ne racompte il point pour vérité fors par oïr dire; et le sonne en son langaige quant à ce vient. Et fu ce livre fait en latin par ce frère devant nommé, en l'an de grace mil. CCC. XXX. parfais le XIIII° jour de janvier. Et fu cilz livres translatez de latin en françois par frère Jean le

Lonc, dit et né d'Yppre, moisne de Saint-Bertin en Saint-Aumer. En l'an de grace m. CCC. LI.

Comment que on racompte pluseurs choses des condicions et de l'estat de ce monde, si ne veuil-je en ce livre mettre chose pour vérité, fors ce que je ay veu. Et se je y mes aucusne chose que j'aye oy raconter par gens dignes de foi, et nez du pays dont on dist ces merveilles, sy sera-ce pou, et les mettray comme par oy dire, et les tesmongneray comme de oïe seullement. Comme je frère Odric de Forc Jully aie esté oultre mer ès parties et pays des mescréans par le commandement du Saint Père le Pappe pour faire aucun fruit et gaingnier à Dieu N. Seigneur aucunes ames, osé-je dire que je y vi moult grandes merveilles, lesquelles je veuil vrayement racompter.

Premièrement quant je fuz passez la mer, je m'en alay à la terre de Trapesonde, qui jadis fu appellé la royaume de Ponte. Ceste terre est très-bien assise; car c'est le port de Persie et de Médie, et de toutes ces terres de Orient là environ. En ceste terre vy-je une chose qui moult me plust. Je y vi un homme qui avec lui menoit plus de trois mille perdris. Ly homs ala par terre et les perdris le suivoient volant en l'air. Ces perdris vy-je de costé un chastel qui eust nom Zanega et est à trois journées près de Trapezonde. Ces perdris furent de ceste condicion, que quant le homme se vouloit reposer et dormir elles se entropeloient entour l'omme, comme poucins entour une geline. Et quant l'omme s'en aloit, les perdris le suivoient volant en l'air. Et ainsi les mena cilz homs jusquez en Trapesonde, au palays de l'empereur, dont en prendoit ly emperères tant comme il lui plaisoit, et li homs ramena le demourant là ou il les avoit prises. En ceste cité de Trapesonde est le corps de Saint Anastasius, qui fist le *Quicunque vult salvus esse*. Et delà m'en tournay en Arménie la grant, qui a nom Artiron. Ceste cité est moult bonne et riche, et seroit encore plus, si ne feusseut Tartre et Sarrazin qui la ont destruite : car on y treuve encore pain et char, et tous autres vivres en trèsgrant habondance, fors de vin et de fruis. Ceste cité est moult froide ; car les gens dient qu'elle scietau plus hault terroir qui soit aujourduy habité. En ceste cité a moult bonnes eaues, et est la cause : car cestes eaues sortent du fleuve de Eufrates qui cuert à une journée près de ceste cité à my voye de Trapezonde et la cité de Thoris. De ceste cité m'en alay jusques à une montaigne qui a nom Sabissa Colloasseis. Près de là est le mont Harach sur lequel est l'arche Noé. Moult voulentiers eusse monté en ceste montaigne, se ma compaignie me eust voulu atendre, non pourquant nous dirent les gens de ce pays que onques nulz n'y pot monter ; car il semble que il ne plaise mie à Dieu, comme dient les gens de ce pays.

De la cité de Thoris.

De celle contrée m'en alai à Thoris la grant cité royal qui jadis ot nom Faxis. En ceste cité, comme on dist, est le sec arbre en une église ou temple des Sarrazins. Ceste cité est la meilleure qui soit ou monde ; je vous dis pour marchandise, car il ne est de vivres, ne de quelconques marchandise du monde de quoy on ne truist en très grant habondance que à paine le pourroit on croire qui ne l'eust veu. Ceste cité est très bien assise, car tous li monde lui respond de marchandise, c'estadire que elle siet bien comme pour venir toutes marchandises du monde et de toutes parties en celle cité marchander. Et dient les christiens du pays que ceste cité vault plus à son empereur que au roy de France ne vault tout ses royaumes. D'en costé ceste cité, est une montaigne de sel qui assez de sel a et a très grant habondance aministré à toute la cité. De ce sel prent chascun tant comme il veult sans riens paier. En ceste cité a moult des crestiens de toutes nacions. Mais li sarrazin en ont du tout la seigneurie. Moult de autres choses a en ceste cité qui trop seroient longues à racompter.

De Somdoma la cité, autres nomment Sostoma.

De ceste cité de Thoris me party et vins l'espace de dix journées à une cité qui a nom Somdoma. En ceste cité demeure l'empereur de Persie en esté, et en yver demeure en une contrée qui est sur une mer qui est appellée la mer du Bascon. Ceste cité Somdoma est moult grande et moult froyde, et si y a moult bonnes eaues, et si y viennent moult de grosses marchandises. Ce n'est my Somdoma une des V. citez sur lesquelles Dieux fist plouvoir feu et souffre, en vengence de péchié contre nature qui regnoit en eulx, comme dit la Sainte Escripture. Car ces V. villes furent jadis en la Terre Sainte, terre de promission. En ce lieu qui est ore la mer morte. Et ceste Somdoma dont nous parlons si siet ens ou royaume de Persie.

De la cité de Cassan.

De ceste cité m'en alay vers la grant Inde par mer. Si vins par maintes journées à une cité des trois roys qui firent offrande à Jhésucrist nouvel né. Et appelle on ceste cité Cassan, cité royal de grant honneur, mais Tartre l'ont moult destruitte. De ceste cité de Cassan jusques en Jhérusalem a plus de cinquante journées, dont on puet clerement appercevoir que ly trois roy qui de ceste cité de Cassan furent en. XIII. jours amené en Jhérusalem par vertu divine et non humaine. En ceste cité a moult grant habondance de tous biens, de pain, de vin et de toutes autres choses.

De la cité de Geth, autre dient Gest.

De là venismes à la cité de Geth qui est à une journée près de la mer sablonneuse. La mer sablonneuse est une moult merveilleuse et moult périlleuse. En ceste cité a moult grant habondance de tous biens. Et espécialment de figues. Là treuve on les roysins tous vers et meurs et séches plus que en nulle partie du monde. Et ce est la meilleure cité que ly emperères ait en tout son royaume. De ceste cité dient les Sarrazins que nulz crestiens n'y puet vivre.

De la cité de Conan.

Quant de ceste cité me party je passay maintes terres et citez. Sy vins à une cité qui a nom Conan qui fu jadis très grante cité, et porta jadis très grant dommaige aux Rommains. Les murs de celle cité ont bien cinquante milles de tours. En celle cité a plusieurs palays, encore a champs : mais nulz ny demeure. Elle habonde de tous vivres.

De Hus la cité Jop.

De Conan passay maintes terres, si vins en Hus, le pays qui fut Jop. Là on treuve de tous vivres grant habondance. En ce pays, a montaignes, pleinierres de pasturaiges pour les bestes. Là treuve on le manne meilleur et en plus grant habondance que en nulle partie du monde. En celle cité, a on quatre perdris pour moins d'un gros. Ceste terre respont à chief de Caldée vers la trémontaine.

De Caldée.

De là vins en Caldée qui est uns grans royaumes. Sy passay par la terre de Babel, qui est à quatre journées près de Caldée. En ceste Caldée ont leur propre langaige des gens du pays. Les hommes y sont beaux et les femmes laides. Là vont les hommes aournez ainsi que cy vont nos femmes et portent sur leurs chiefs d'or clos et chappeaux de perles. Les femmes ne portent fors une meschant povre cotelette pendant jusques aux genoulx, et les manches si larges que elles viennent jusques à terre.

Ces femmes vont deschaussez et portent jusques à terre pendant forabules en caldien sont brayes en francoys. Elles ne portent point de treches, mais vont eschevellées. Ainsy que cy les vallés vont devant leurs dames. Ainsy vont là les femmes devant leurs hommes. Pluseurs aultres choses y vy que point ne racompte.

De la haulte Indie et d'une cité qui a nom Orenes.

De Caldée venismes en Inde la maiour qui est non isle, mais franche terre moult destruite par les Tartres. En ceste Inde, sont gens qui ne mengoient communément que dattes, desquelles on a là. Xlii. livres pour moins de un gros, et ainsi de pluseurs autres choses. De Inde entrames en la mer océane. La première terre que nous trouvasmes avoit nom Orènes, et est toute enclose de murs et moult y a de grans et grosses marchandises. En ce pays, fait si très grant chault que les tesmoins des hommes leur issent du corps et leur pendent dessoubs jusques aux genoulx ou jusques en my jambe. Et se il veulent vivre, il convient que il se oingnent d'une manière de froit oingnement fait à ce ou autrement ils mourroient. Et quant ils sont oingt de cest oingnement, ilz mettent leurs tesmoings en sacettes propres à ce et les sourliévent et loient en sachés à leurs rains. En ce pays de Orènes, ont ilz une manière de nefs que ilz nomment *iasse*, et s'en sont les ais joins ensamble par une manière de englui sans nul fer. Je entray en une : mais je n'y pos point trouver de fer. En celle iasse je m'en alay. XXVIII. journées jusques en un pays qui a nom Cana. C'est un pays très bien assis. Si y treuve on grant plante de vivres et a bon marché. La cité a nom Cana comme le pays, et fut jadis moult grant, car ce fu ce port du roy Poru d'Inde, qui se combaty au roy Alixandre. Les gens de ce pays sont tous idolastres, car ils aourent le feu, les serpens et les arbres. Ce pays est gouverné de Sarrazins qui le prirent par force d'armes. En ce pays a moult de manières diverses de bestes sauvaiges, espécialment grans lyons en grant quantité, singes mémonez, et les souris y sont aussi grandes comme sont chiens en ce pays, sy que ly chien y prendent les souris, car les chas n'y feroient œuvre, ne vaudroient riens à ce. En ceste contrée treuve on pluseurs autres manières de merveilles qui assez seroient belles à oïr. En ce pays furent martiriet. IIII. frères meneurs pour la foy Jhésucrist. C'est assavoir frère Thomas de Dolentin, né de Marchetronisme, frère Jacques de Pade, frère Pierre de Seins, et frère Demetrius qui fu lais, mais il estoit leurs entrepretéres, car il savoit bien les langaiges. Cilz frères estoient alé vers les parties d'Orient pour prescher la foy. Si entrèrent en une nef pour aller vers une cité qui a nom Polubum, mais tempestes les mena maugré eulx, jusques à celle terre de Cana, en laquelle a quinze manières de Crestiens mescréans et scismas et tous nestorins. Cilz frères furent hostellé en la maison de ces nestorins, une vesperée. Cilz hostes batit moult felonnessement sa femme sy que elle se plainst à leur cady, c'estàdire leur évesque, et dist la femme que elle prouverait bien ce que elle avoit proposé par quatre rabain franc, c'estàdire par quatre religieux hommes qui lors estoient en sa maison, quant son mary la baty. A ceste plainte estoit d'en costé l'évesque, un alixandrin qui pria à l'évesque que on envoiast querre ces rabins franc. Car ilz estoient homme de grant science bien sachans les Escriptures et dist que l'on feroit disputer à eulx de la foy. Et les manda le cady et vindrent au mandement du cady les trois. Car frère Pierre de Seins demoura à l'ostel pour leurs choses garder. Quant devant l'évesque furent venus, on commença la disputacion, et maintenant ces nestorins que Crist estoit pur homme et non Dieu. Mais frère Thomas susdis leur prouva et monstra si vivement et par raisons et par exemples, la vérité de la foy que Crist fu vrais dieux et vrais homs, que ces mescréans ne saroient que dire au contraire. Quant cilz cady se vit ainsi de ces frères vaincu et convencu devant tout son peuple, il cria à haulte voys à frère Thomas et dist : et que dis-tu de Mahommet? Les frères respondirent : puisque nous t'avons bien prouvé et monstré que Crist fu vrais dieux et vrais homs et est, et qui en terre donna sa foy crestienne, et Mahommet lui ait en tout esté contraires et a donné loy contraire à la loy de Dieu, quel chose ce soit de Mahommet, pues-tu très bien appercevoir se tu es saiges.

Encore, s'escria le cady : que dittes-vous, que dittes-vous de Mahommet? Frère Thomas respondi : puis que tant faites, de plait point ne doubteray ne ne resongneray de dire la vérité. Je vous respong et dy que Mahommes est filz de perdicion et mis et condampnez avec le diable, son père. Et non seulement Mahommes, mais aussi avec lui tous ceulx qui gardent sa maloite et fausse loy et venimeuse contre Dieu et contre le salut des âmes. A ces paroles, furent Sarrazins moult à ire et esmutz. Sy crièrent à haulte vois, de male mort doit mourir cilz qui ainsi mal dist du prophète et de sa loy. Car Sarrazins ont ceste coustume que se il ne se pevent vengier par parolles, ilz se deffendent par espées et par poigniés. Lors pristrent Sarrazins ces trois frères et les lièrent à estaces à la challeur du solleil pour les rostir à ce solleil et faire mourir de dure mort: car la chaleur y est si très grande que se un homme y demourroit par l'espace de chanter une messe sans estre armé contre le chault par oingnemens, comme ilz sont en ce pays, ou autrement; pour vray, il mourroit. Mais Dieux monstra sa vertu et son miracle sur ces frères, car ilz demourèrent en celle chalenr tous nu de heure de tierce jusques à basse nonne, glorifiant Dieu qui les gardoit. Sy en issirent sain et sauf sans souffrir mal ne douleur. Quant ce virent Sarrazins, ilz se conseillièrent que ilz feroient de ces rabins franc. (*Description du martyre subi par les quatre religieux.*)

Sy que les crestiens du pays pristrent les corps et les mistrent en sépulcre. Et je frère Odric y vins assez tost après en ce pays et oy parler de leur martyre, en la manière comme je l'ay icy mis en escript. Sy m'en alay ou lieux de leur sépulcre et prins de leurs reliques et leurs ossementes et les envolepay en beaulx draps lingnes, et les portay avec moy en la haulte Inde, en une maison de abbaie de nos frères meneurs. Ainsi que je m'en aloie portant ces reliques de ces freres martirs dessus dis, je fui ostellés en une maison, et quant je alay dormir, je mis ces reliques dessoubs mon chief. Moy ainsi dormant vindrent Sarrazins ainsi criant: commandement est de la majesté empérial que ceste maison soit arse et tous ceulx que nous trouverons dedens. A cest mot, mes compaignons et les autres de l'ostel sen fouirent pour paour du commandement et me laissièrent seul avec ces saintes reliques.

(La chambre où le religieux était couché fut préservée du feu par le mérite de ces reliques et lorsqu'il s'embarqua pour Plumbum, il s'éleva une forte tempête ; mais le navire où se trouvait le frère Oderic, avec ces mêmes reliques, fut aussi préservé.)

Quant en la cité de Poliobum me fu assez sejournez et reposez, je me remis en mer en une nef que ilz appellent coque, pour mes reliques porter en Inde la haulte, comme dessus est dit.

(Dans ce couvent, il s'opéra depuis de nombreux miracles, comme au pays où les saints religieux avaient été martyrisés).

Comment le poivre croist et naist.

La province où le poyvre croist a nom Munibar, et en nulle partie du monde ne croist poivre fors en ce pays. La forest où il croist a bien XVIII. journées de lonc. En ceste forest a deux nobles citez : L'une a nom Flandrine et l'autre Singulir. En ceste cité Flandrine, ly aucun sont juifs et ly aucun sont crestien. Entre ces deux citez et leurs gens a communelment grant guerre et grant bataille : mais par l'aide de Dieu les crestiens ont tousjours communelment victoire. En ceste province gaigne on le poivre en telle manière :

Premièrement, il croist en fueillettes comme pourée et les

plante-on d'en costé grans arbres. Quant ces fueilles sont bien crutes, elles rendent fruits comme roisins en si grant quantité que il samble que elles doivent rompre, se ne feussent des arbres, qui les soustiennent. Ces grains sont vers et les cueille-on comme vendenge, et puis met-on ces grains sechier, et quant ilz sont secs ainsi comme nous les véons, il les mettent en sauf. En ceste forest a grans rivières esquelles on treuve grant plante de cocodrilles, qui sont une manière de serpens vivans en eaue et en terre. Au chief de ceste forest est une trèsgrande cité qui a nom Ploubir, en laquelle croist le meilleur gingenbre que on puist trouver en tout le monde. En ce pays treuve-on tant et de si grosses marchandises qu'il n'est homs qui le voulsist croire. Les gens de ce pays aourent un buef pour Dieu. Ce buef il nourrissent six ans et le font laboureur et traire à la cherue, et en ta sepliesme année il le mainent avant en commun pour aourer. Dont il gardent celle manière quant au matin on le met hors de l'estable. Sy gouverneur reçoivent son orine en un vasel d'argent et sa fiente en un autre d'argent ossy, et les présentent au seigneur du pays. Dont lave li roys de cele horine son visaige et ses mains, et puis de la fiente son fronc et sa poitrine, à très grant révérence. Et tons ceulx du pays qui de ceste ordure pevent avoir par aucune manière, ilz se tiennent à trèsbien curez, et s'en lavent en la manière que dessus est dit. Et par y cestui lavement, cuident-ilz bien estre saintefiez.

Les gens de ce pays aourent une autre ydole, laquelle ilz paingnent la moittié homme et l'autre moittié buef. Ceste ydole donne responce toutefois que il est espars et oings du sanc de quarante vierges. A ceste ydolle sont meus par dévotion les gens du pays, comme nous crestiens faisons à nos sains. Et par ceste guise ces maleureuses gens tuent tous leurs filz et leurs filles pour ceste ydolle oindre de leur sanc, afin que ilz en aient responce de ce que ilz lui demandent; dont il avient que grant plante en muerent de male mort. Pluseurs autres choses font ces gens, lesquelles on ne vouldroit à paines croire.

Encores ont une autre coustume les ydolastres de ce pays. Quant aucuns y muert ilz le ardent. Car ilz dient que il s'en va en autre royaume. Et se cilz mors a une femme ilz la ardent avec son mari, afin que elle luy tiengne compaignie en l'autre royaume. Mais se celle femme a jeunes enfans de son mary, par la loy du pays, elle puet demourer aveuc ses enfans pour les nourrir et alever. Mais se elle eslist à demourer, elle ne aura jamais honneur. Ains vivra tousjours à grant honte et à très grant diffame. Mais se la femme muert devant son mary, son mary yra pas avec elle, se il veult; mais il n'y est mie constrains de la loy du pays. Ains se puet tantost que celle est morte remarier à une autre se il lui plaist.

Autre usaige est en ce pays, car les femmes y boyvent vin et non li homme.

Item les femmes font rére leur barbe et non li homme. Et ainsi de pluseurs autres bestialitez et merveilles que ilz font, qui ne seroyent mie bonnes à racompter devant tous bons crestiens.

Du royaume de Mobarum.

De ceste cité de Polubir m'en alay en dix journées jusques à un royaume que on appelle Mobarum. Ce royaume est moult grant et y a moult de grandes citez et terres. En ce royaume est le corps monseigneur Saint Thomas l'apostre. Mais la église monseigneur Saint Thomas est toute plaine de ydoles sans nombre. En celle église a une idole faitte d'or et de pierres précieuses moult richement, et est bien aussy grant ou plus comme Saint Cristofle en ce pays. Sy a à son col une chainture d'or et de pierres précieuses moult richement ouvrée et siet en un tabernacle d'or fin. Ce ydole et tout ce que à lui appartient sont de si grand pris que nulz ne sauroit esmer la valeur de l'or et des pierres et de l'ouvraige qui y sont. Ces ydoles firent faire les faulx crestiens du pays renoiez et tous ly mescréans de celle contrée le aouroient pardesseure tous autres ydoles et y viennent en pélérinaige de longtaing pays, comme cy nos crestiens vont à Saint Jaques en Galice, ou à Saint Pierre ou à Saint Pol a Romme.

La manière de ceste ydole aourer est ceste : Chascuns fait diverses affliccions à guise corporelle. Ly aucun hurtent la teste à terre et la tiennent grant pièce, et se reputent non dignes de regarder le ciel en la présence de ceste ydole.

Autres se navrent de coustiaulx et d'espées en leurs mains et en pluseurs autres membres de leurs corps. Pluseurs autres sans comparacion cuident estre plus dévots qui sacrifient leurs filz et leurs filles à ceste ydolle comme à leur propre Dieu et souverain. Et quant ilz ont ainsi leurs enfans murdris devant ceste ydole, ilz les espergent du sanc comme crestiens font leur esparge d'eaue benoite.

Cilz de la ville et ceulx qui sont assez près de cest temple et manant, se il veullent faire leur pelerinage, tantost que ilz issent de leurs maisons, ilz se mettent à genoulx emmy la rue, et puis le corps tout postrac et estendu à terre et de ce lieu en avant, jusques à leur venue, c'est à dire ilz se mettent à terre postras en la manière que dit est. A chascun trois que ilz font, et quant ilz sont à l'ydole venus ilz ont du feu et de l'encens, si le encenssent à grant dévocion. Et quant ces ydolatres sont à l'ydole venus, ilz se tiennent en un lieu certain là où ilz mettent leurs offerandes. Ly uns met de l'or, li autres de l'argent, ly autres pierres précieuses, chascun selon sa dévocion et sa richesse. Et garde-on ses offerandes pour celle ydole garder et faire tenir en estat. Et quant aucune chose fault à celle ydole, ou à son tabernacle refaire, ilz prendent de ces offrendes tout ce qu'il leur fault; car ly trésors y est moult grant. Ceste ydole a une feste en l'an, et est le jour universel de la fondacion. A ce jour font moult grant feste cilz ydolastres. Ilz prennent celle ydole et le mettent sur un char richement aourné d'or et de pierres précieuses, et le pourmainent par le pays. Devant le char vont les pucelles vierges deux à deux, après ly pelerins qui de lonctaing pays y sont venus. Après vont cil qui sont malade de quelconques maladies. Après vient une grant multitude de menestrielz. Et puis pluseurs de ces ydolastres par grant dévocion se mettent postras emmy la voye là où le char doit passer, afin que le char passe par dessus eulx. Et ainsi perdent meschamment leurs viés, leurs ames et leurs corps. Oncques ne se fait ceste meschante feste que il n'en muere plus de deux cens personnes. Et quant ilz sont mors, les gens prendent leurs corps à grant révérence, et dient que ilz sont saint, car ilz se sont paisiblement laissié mourir pour leur dieu. Encore font ces ydolastres une autre chose moult horrible. Quant aucuns veult mourir pour son dieu, et point ne veult atendre la feste dessus ditte, il assemble ses amis et ses parens et leur dist adonc son entente. Adonc font ly amy venir des héraulx qui en face courre la nouvelle, et dont mainent le meschéant jusques à celle ydole, et en alant ly amy et cil hyraut vont poignant le chétif de cinq cousteaux bien agus jusques à tant que ilz viennent à celle ydole. Et quant ilz sont là venus cilz chétifs prent ung de ces cousteaux bien taillant et en coppe une pièce de sa char propre, et celle pièce il gette à son dieu au visaige. Et puis des autres quatre cousteaux il se fiert et refiert parmy le corps, et ainsi se tue. Quant il est mors, les amys alument ung grant feu et ardent ce corps tout en cendres à grant dévocion. Et encore chascun prent une quantité de ces cendres à très grant dévocion et les emportent avec eulx, et dient que chilz est sauvé qui ainsi a voulu tout de gré mourir pour son dieu. Autres pluseurs merveilles vy-je en ce pays, lesquelles je ne mets pas en escrip, car nulz ne la voudroit croire. Et je meismes ne l'eusse osé croire se je ne l'eusse veu présentement. Li roys du pays est très riches d'or et de pierres précieuses.

De l'isle Lamory.

De ceste contrée m'en alay vers midy par la mer d'Océane cinquante jours en une isle qui a nom Lamory. Là perdismes la veue de la transmontaigne, car la terre nous en tolly la veue. En ceste isle fait si très grant chault que tous y vont nulz, hommes et femmes sans riens avoir couvert. Ilz se truffoient de moy et disoient : le dieu Adam fu tous nulz, et tui par ta male veulenté te veulz vestir. En ce pays, toutes les femmes sont communes, si que nulz ne puet dire : celle est ma femme. Mais quant une femme est aiuté d'un enfant, elle le donne à qui qu'elle veult de ceulz avec qui elle a jeu. Et cilz est nommez pères de cest enfant. Cest pays est tout commun, si que nulz ne puet dire : ceste terre ou ceste maison est mienne, pou de choses ont ils espécial.

Ceste terre est très bonne, car il y a grant plante de chars, de blés, de riz, et de clous de girofle, et de tous autres biens. Les gens y sont très mauvais et très cruelz. Ilz mengent char humaine. Les marchans des estrangés pays y apportent les enfans pour vendre. Et quant ces gens cy les ont achetez, ilz les tuent et mengent. Pluseurs autres choses treuve on en ceste isle, lesquelz je ne n'escriprai point cy.

Du royaume Smohora.

En ceste isle vers midy est un royaume qui a nom Smohora. Les gens de ce pays se enseignent ou visaige de un fer chault, et en pluseurs lieux, et ce meismes font les femmes Ilz ont toudis guerre à ceulx de Lamory, qui vont nu comme dit est. Moult y a de vivres en ce pays, et autres choses que point je ne escrips.

De la isle de Fana.

En costé ce royaume a une isle qui a nom Fana, qui a bien trois mille milles de tour. Ly roys de ceste isle a sept roys tous couronnez. Cette isle est moult habitée, et est la seconde meilleur qui soit en tout le monde. On y treuve les clous de giroffle, les cubèbes, noix muscates et pluseurs autres espices qui y croissent, et ont toutes manières de vivres en très grant habondance fors vin.

Le roy de ceste isle demeure en un merveilleux palays et grant. Les degrez sont tellement fais, que l'un est d'or, et l'autre d'argent, et du pavement aussy. Les murs sont couvers de platines d'or. Et sont en les parois entailliés hommes à cheval tout à or fin. Cilz chevaliers ont entour leurs chiefs cercles d'or, comme nous faisons cy as dames. Et ces cercles de ces chevaliers sont tous de pierres précieuses. Les couvertures de ce palais sont tout d'or pur. Et briefment c'est tout le plus riche palais et le plus bel qui soit en tout le monde, ne a son pareil. Le grant kaan de Cathay qui est le souverain empereur de tous les Tartars, a souvent meu guerre à ce roy cy, et souvent à luy s'est assemblez à bataille. Mais cilz roys-cy l'a toujours vaincu et desconfit.

De l'isle et du royaulme de Natem, autres dient Panthen.

Bien près de Fana est une autre isle qui a nom Natem, autrement est nommée Calamak. Ly roys de ceste isle a dessoubs lui pluseurs grans citez. En ce pays a arbres qui portent farine; et aucunes fois miel et aucunes fois vin. Et se y a pluseurs arbres autres qui portent venin le plus périlleux qui soit; car on ne treuve remède au contraire, fors une. C'est que cil qui a prins de cest venin, qu'il prengne de fiente d'homme et la destrempe avec eaue et boive de celle eaue, il en garira. La farine des arbres dessus dis a on par telle manière. Li arbre sont grant, hault et large; on les entame un pou et coppe de une coingnie au piet de l'arbre. De celle tailleure ist une manière de liqueur, comme colle; celle liqueur ilz mettent en sas fait de feuilleulées et ainsi le laissent au solleil l'espace de quinze jours. Celle liqueur seichié et est farine. Puis prendent celle farine et la mettent en eaue de la mer. Après la lavent en eaue doulce, et lors en font une paste si très bonne que merveilles est. De ceste paste font pain, ou aultre viande telle comme il leur plaist, seloncla guise du pays. Et je frère Odric mengay de ce pain et me sembla très bon. Il est au dehors un pou noir, mais dedens est très bel et très blanc. A l'un lez de ceste isle a une mer, mer mort. L'eaue de ceste mer cuert adès vers midy et se aucuns y cheoit jamais n'en pourroit estre resqueux ne trouvez. En ceste manière de contrée treuve on aucune manière de rosiaux aussi grans comme grans arbres, et sont ce

roisiaux si grans que ilz ont bien quarante audains de lonc.
Une autre manière de rosiaulx y a qui sont moult grant et
hault, et les nomme-on Lacassay. Ces rosiaux ne sont mie
si grant d'assez, ne si hault comme les autres. Mais ilz croissent
dru comme herbe, et leurs racines se estendent bien
une lieue loings. En ces roseauls treuve on pierres précieuses
qui sont de telle nature que quiconques les porte sur soy
fers ne les puet entamer ne blescier. Et communément les
gens de ce pays portent de ces pierres sur eulx. Et pour la
vertu de la pierre, ilz prendent leurs filz et taillent une playe
perfonde ou bras ; et en celle plaie ilz mettent celle pierre,
et puis prennent une manière de poudere et la mettent sus la
place et celle se reclost et encontinent est saine. Ceste poudre
est faitte de je ne scay quel poyson. Et par vertu de ces
pierres ilz sont communément victorien par mer, mais
leur voisin s'en sont piéçà apparceu. S'y se sont avisé de
remède, et se combatent à eulx de lances et de sajettes sans
fer, car ilz scevent que fer ne les puet grever. Et pour ce que
ces gens ne sont point mie bien armez les navrent-ilz et
tuent souvent. De ces roiseaulx font-ilz voiles à leurs nefz.
Et aussy en font-ilz maisons et autres ouvraiges. Pluseurs
autres bonnes choses et dignes sont en celle isle que grant
merveille seroit à oir dire.

Du royaume de Campe.

Près de l'isle Natem est un royaume qui a nom Campe et
y a tres beau pays, car on y treuve toutes manières de vivres
à très grant habondance. Ly Roys qui en ce pays régnoit

quant je y fu avoit bien deux cens enfans, que filz que filles ; car il avoit pluseurs femmes espousées, et grant plante de concubines. Cilz roys a bien quatorze mille oliphans privez, lesquelz il fait nourir et garder par gens de ces villes. En ce pays treuve on grandes merveilles, car toutes manières de poisson que on treuve en la mer, vient en ce pays, sy que on ne voit riens en celle mer forsque poisson. Et vient chascune manière de poisson par lui et demeure trois jours à la rive. Puis vient une autre généracion, et fait ce meismes et *sic de aliis*, jusques à tant que tous y sont venus une fois en l'an seulement. Et quant on demande à ceulx du pays dont ce vient et que ce menstre, ilz dient que ces poissons viennent faire révérence au roy de ce pays. En ceste contrée vy-je une lymace qui estoit plus grande que le clocher Saint-Martin de Padue, se il feust ainsi tournez comme maison de lymache. Quant aucuns homs meurt en ce païs, on ensevelist sa femme avec lui, car ilz dient que droit est que celle demeure avecques lui en l'autre siècle.

De la isle Bacumeran, autres dient Nichomeran.

De ce royaume, alasmes vers midy [1]. Sy trouvasmes pluseurs isles dont l'une est nommée Bacumeran. Ceste isle a bien deux milles de tours. Les gens y ont visaiges de chien, tous hommes et femmes. Ilz aourent un buef pour leur dieu, et pour ce chascun d'eulx porte sur son chief devant son fronc un buef d'or ou d'argent, en enseigne que cilz buefs est leurs dieux. Trèstous y vont nudz hommes et femmes,

---

1. Dans le texte latin, les mots *vers midi* ne se trouvent pas, mais y a *per mare oceanum*.

et ne portent fors une touaille, dont ilz ceuvrent leur vergongne. Ilz sont tous noirs et sont très cruelle gent en bataille. Et si ne portent nulles armeures en bataille, fors un grant escu, qui les cuevre du chief jusques ès piés. Quant ilz prendent en bataille aucun qui ne se veulent racheter ou qui n'ent ont le povoir ilz le menguent tantost. Ly roys de ce pays porte à son col une rengée de grosses perles ainsi que sont cy unes patenostres d'ambre, et par ces perles il compte ses oroisons, car il fait chascuns jours à ses dieux trois cens oroisons. Cilz roys porte en lieu de sceptre un grant ruby qui a une paume de lonc et semble estre une flambe et est li plus nobles et li plus riches qui soit en tout le monde. Le kaan de Cathay a trouvé seure voye à ce royaume.

De la province de Sillan, autres dient Silan.

Une autre province y a qui a nom Sillan qui a plus de deux cens milles de tour, en laquelle a grant plante de serpens et de autres bestes sauvaiges et périlleuses et espécialment oliphans à grant plante. En ceste isle, est une très grande montaigne. Et dient les gens de ce pays que Adam et Eve pleurèrent leurs péchiés. C. ans. Où millieu de ceste montaigne a une grant eaue, et dient les gens de ce pais que ce sont les larmes Adam et Eve. Mais ce n'est mie chose à croire; car celle eaue est très parfonde et soure en ce lieu, ou fons de celle eaue et naist grant plante de pierres précieuses et aussi de sens sues. De ces pierres ne prent point ly roys, mais pour s'ame, il sueffre que les povres gens du pays voisent dessoubs l'eaue querre de ces pierres tant comme ilz veuillent prendre. Et quant ilz y vont, ilz s'arment contre les senssues, tellement qu'ilz prennent une manière de fruit que ilz nomment limons, si le broient et s'en oingnent tout le corps, dont les senssues ne leur puent faire mal. L'eaue qui sourt en celle montaigne descent par un ruissel. En ce ruissel, on treuve des bons rubis, diamans, perles et autres pierres précieuses, on dit que ce roy a plus de pierres précieuses que nulz autre roys du monde. En ceste isle, treuve on grant plante de beste sauvaiges, et dist on pour certain que les bestes ne font mal à nul estrangé, fors seullement à ceulx du pais. Et en ceste isle a une manière de oiseaux, aussy grans comme oes, et ces oyseaux ont deux testes, et pluseurs autres choses y a que point ne racompte.

De la isle de Dondyn.

De ceste isle m'en alay vers midy jusques à une isle qui a nom Dondim. En ceste isle a les plus merveilleuses gens et la plus mauvaise qui soit ou monde. Ilz menguent char crue et toutes manières de autres ordures treuve on en eulx et toutes manières de crualitez. Car li père y mengue le filz et le filz le père, ly marys sa femme, et la femme son mary. Et se le père ou la mère de aulcuns est malades, li filz s'en va à un astronomien, c'est à dire au prestre de leur loy et lui dist : Sire, alez à nostre dieu et lui demandez et sachiés se mon père ou ma mère eschappera de ceste maladie. Dont vont ensamble cilz prestres et cilz filz à leur ydole qui est d'or ou d'argent, et luy font oroison et luy demandent se le malade mourra de la maladie ou non. Ly dyables respont par la bouche de l'ydole selonc la demande. S'il respont que ly pères ne mourra point, ly filz prent songneusement garde jusques à tant que il sera garis. Et se ly dyables respont que il doibt mourir, ly prestres vient au malade et lui met une pomme sur la bouche et le estaint et le tue. Le père mort, vient li filz et le coppe par pièches ; puis mande tous ses amis et les héraux de la contrée et le menguent à grant joie et à grant feste et chantent et ballent à grans solemniptez. Tous les parens et amis du mort qui à le mengier ne sont point appellez en sont moult honteux et se tiennent à moult vilennez et vergondez de cest affaire. Moult les reprenoye en disant que c'estoit à contraire à toute raison du monde, car chiens ne loups ne mengeroient pas de leur semblable se on leur donnoit.

Comment dont ont gens raisonnables couraige de ce faire? Ilz respondoient : Nous le faisons affin que li vers ne les mengue. Car se les vers rongeoient sa char, son ame en souffriroit trop grant paine. Pluseurs aultres manières de merveilles sont en ceste isle que nulz à paines vouldroit croire, car il n'est lieux ou monde là où on puist trouver tant de merveilles, mais je y vi de mes yeulx ce que je escrips. De ceste isle demanday à pluseurs ; mais tous se accordèrent que ceste isle contient en soy XXIIII isles toutes solempnelles et bien habitées, et sy y a VIII roys couronnez.

De la haulte Inde.

Je m'en party de Dondyn. Sy m'en allay par mer vers Orient maintes journées jusques à la haulte Inde. Sy arrivasme à une province qui a nom Mangy. De ceste province d'un gros. Et ainsi qu'il est des oues, est-il des annettes et des gelines ; elles y sont si grandes que c'est merveilles. La première cité où je entray a nom Tesculan. Elle est plus grant que la cité de Venisse trois fois, et siet à une journée de la mer sur une fleuve sy grant et si rude que il monte tout contre la mer bien jusques à douze journées en sus de la terre dont il vient. Ceste cité a si grant navire que nulz ne l'oseroit croire. Les gens de ceste contrée de Mangi et aussy de toute Inde sont ydolastres et sont marchans, et bons ouvriers de toutes manières de mestiers. Jamais ne y seroit trouvez uns du pays querrant son pain. Car ilz auroient plus chier à morir que de mendier, et que ilz ne gaingnassent leurs vivres à la labor de leur corps. On treuve en ce pays les plus grans serpens qui soient ou monde ; les gens les menguent à très grant dignité, et se aucuns du pays feist une grant feste ou donnast à mengier, se il ne faisoit un mes de ces serpens, il sembleroit bien qu'il n'eust riens fait.

De la cité de Cartan, autres dient Catan.

Pluseurs citez je passay si vins à une très noble qui a nom Cartan, *alias* Catan, en laquelle a deux maisons de frères meneurs. A ces frères, je portay ces trois corps sains desquels nous avons fait mencion cy avant. Des trois frères meneurs qui furent martirisiés en la cité de Cana, comme di est parcy devant. En ceste cité de Cartan a tres grant habondance de tous biens et vie humaine. On y a iiii livres viii onces de suscre pour moins de un demy gros. Ceste cité est très belle et assise sur la mer. Elle est aussy grande comme Romme deux fois. Il y a pluseurs abayes de religieux ydolastres ; car tous li peuples est communalment ydolastre ; dont les souverain de tous leurs ydoles, ilz font aussy grant comme nous faisons cy saint Crestofle. A l'eure que ilz donnent à leur ydole à mengier, je entray avec les autres pour veoir la guise. Ilz apportèrent à leur ydole viandes très chaudes et boulans, et la mettent devant lui. La fumée monte ou visaige de l'ydole et dient ces folles gens que l'ydolle qui est d'or vit de celle fumée. Mais la viande, quant elle laisse la fumée, li prestre la vont mengier entre eulx. En celle ville [1], treuve-on cocs plus grans que en nul autre pays. Les gelines y sont aussi blanches comme nège et n'ont point de plumes comme les nostres, mais sont laignié comme mouton. De ceste cité m'en alay vers Orient. XVIII. journées jusques à une montaigne [2]. A un lez de ceste montaigne sont toutes les bestes noires, et a l'autre lés sont toutes les bestes blanches. Les dames mariées y portent une corne sur leur chief, et par celle corne recongnoist l'on les dames mariez des autres. De ceste montaigne m'en alay. XVIII. journées jusques à un fleuve très grant. Ou travers de ce fleuve a un grant pont, d'en costé lequel je fui hostellés. Mon hoste me fist bonne chière et pour moy esbattre il me demanda si je vouloie veoir très bien peschier. Sy me mena à ce pont là où sa nef estoit. Il avoit en sa nef trois kestes, l'un à un bout et l'autre

1. Dans le texte latin d'Oderic de Frioul, cette ville est désignée sous le nom de Sucho.

2. Montagne qui sépare la province de Kiang-si du Fo-Kien, en

à l'autre, et la tierce ou milieu. Puis avoit en sa nef sur perces estans pluseurs plungons. Quant il voult peschier, il lia le col à ces plungons à un petit fil affin que il ne peussent point mengier, et dont les laissoit aller en l'eaue. Cilz plungons se mirent au fons et tant pristrent de ce poisson que en bien petit de heure ces trois kestes furent emplies. Adonc leur deslioit-il leurs cols et les remettoit en l'eaue aller pestres de ces poissons. Et quant ilz avoient assez mengié, il les reprenoit et mettoit en leur lieu. De ces poissons, je mengay tout mon sol. De là m'en alay en un autre lieu, là où je vy une autre manière de peschier. Les gens ont en leurs neufs une tine de eaue chaude, et puis prendent un sac à leur col et se mettent en l'eaue tout nuz, puis se plungent en celle eaue et prendent le poisson à la main, et le mettent en leurs sacs. Et puis, se rechoffenent en celle tine plaine d'eau comme dit est.

De la cité de Casaie, autres dient Catusaie.

Je m'en vins à une cité qui a nom Casaie, ce sonne autant en nostre françois comme à dire cité du ciel. Casaie est la plus grande cité qui soit ou monde. Elle a bien cent milles de tour, et en tout ce grant pourpris n'est espace nulle vuide que toute ne soit bien habitée de gent. Et si y a maintes maisons esquelles il fu dix mainages ou plus. Ceste cité a pluseurs fourbous, et plus de gens que nulle autre ville. Elle a XII portes principaulx, et d'en costé chascune de ces portes à VIII milles a grosses citez plus grosses que la ville de Venisse. Et de ces portes dessus dittes jusques à ces citez, sont les rues continuées et les lourboirs continuez. Si que uns homs yra bien six ou sept jours qu'il lui semblera qu'il n'ayt qu'un pou alé pour ce qu'il aura toujours alé parmy les villes et d'en costé maisons. Ceste cité est assise en bas terroir, entre lacs, marez et estans, ainsi que la cité de Venisse. Si a plus de XI mil pons, et à chascun pont a gens qui le gardent de par le grant Kaan. A l'un lez de la ville, queurt ung très grant fleuve, et pour ce est ceste cité plus longue que lée. Je enquis moult songneusement aux crestiens et sarrazins et ydolastres. Mais tous me dirent que ceste cité a plus de C. milles de tour, sans ses fourbous et ces XII. citez dessus dittes qui sont à VIII. mille au dehors de chascune porte, et si est toute subjite au seigneur le grant Kaan, qui en liève si grant avoir que c'est merveilles. Car chascuns feux luy paie tous les ans V. quaques de coton qui bien valent là un fleurin et demy. Mais tant y a que dix ou XI. mesnaiges ne font qu'un feu. A paier le nombre des feux de la ville mont à iiii. vingtz V. tumans de ceulx de leur loy et iiii. tumans des sarrazin qui en tout font iiii. XX. IX. tuman. Dont un tuman vault X. mille feux des autres crestiens et marchans estrangés en y a tant que merveilles, qui ne sont mie comptez ou nombre de ces feux, dont, ce me semble, une des greigneurs merveilles du monde, comment tant de gent puent estre gouverné mainant ensemble. Et non pourquant y a on très grant marchié et habondance de tous biens, de pain, de char, de vin et aussy de ris. Et tiennent là le vin à très noble bruvaige, et les nomment bygun en leur langaige, et de tous autres biens y a on très grant habondance. C'est la cité royal en laquelle

souloit tenir son siége le roy de la province de Mangy
dessus nommé. En celle ville avoit un puissant homme qui
estoit devenus crestiens par le preschement de trois frères.
Je estoie venus en sa maison et y estoie hostellez ; tousjours
il me nommoit Acha, c'est à dire père. Une fois, il me mena
veoir la ville. Si venismes à une belle abbaie. Il appella ung
de ces religieux de laiens, et lui dist : Agarde, dit-il de moy,
de ce rabain franc, c'est à dire cilz religieux homs est du bout
et de la fin du monde, où le solleil se escousse, est venus
en ce pays pour la vie et le salut de nostre Kaan, pourquoy
je te prie que tu luy monstres aucunes merveiles de céans.
Cilz religieux me mena en un lieu, et me monstra deux
grans vaisseaux plain de relief qui estoit demourez de la
table ; puis me ouvry la porte d'un jardin, et me y mena jusques
à un moncelet qui estoit emmy le ardin. Lors il sonna
une clochette, et tantost à ce son descendirent de la montaigne
jusques a II. C. mille bestelettes qui toutes avoient les
visaiges comme gens ainsi que comme ont les marmotes.
Cet bestes descendirent moult ordonnéement et paisiblement
ensemble. Cilz religieux dessusdis mist du relief en
vaisseaux d'argent devant ces bestes, et quant elles orent
mengier il resonna la clochette et chascune s'en retourna en
son lieu. Je en euc grant merveille. Si lui demanday que ce
estoit, il respondi que ce estoient les âmes des nobles hommes,
lesquelles ilz repaissoient pour l'amour de Dieu. Je le
blasmay de cette créance, en disant que ce ne pourroient
estre ames de gens, car ce estoient bestes desraisonnables.
Mais oncques pour choses que je peusse dire il ne me
voult croire que ce ne feussent âmes des nobles hommes.

Et disoit que les âmes des nobles selonc ce que ly homme estoit plus noble, entre l'âme en plus noble beste. Et les âmes des villains et des povres entrent en ordes bestes et en meschant vermine. Et nulle autre chose ne me voult il oncques dire. Qui de ceste cité vouldroit escripre, il empliroit un grant livre. Mais brief, c'est la plus grande qui soit en tout le monde la plus noble.

De la cité de Gilenfo.

A six journées de ceste cité vins à une cité qui a nom Gilenfo. Les murs de ceste cité ont XI. milles de tours; il y a bien quarante pons de pierre qui sont li plus bel qui soient au monde. Elle fu jadis au roy de Mangy. La manière de ceste est si grant et de si grant nombre que c'est merveille, on y treuve grant habondance de tous biens.

Des pumeaux, des gens prestre Jehan, si comme nous disons.

En ceste cité vins a un fleuve qui a nom Calay, qui est le plus grant qui soit en tout le monde. Car là où il est plus estroit est il à bien un mille de lé. Cilz fleuve cuert parmy la cité des pumeaux, laquelle a nom Chaam et est une des plus belles et des meilleures que j'ay veue. Ces pumeaux sont petite gent, et n'ont que trois espens de lonc. Ilz sont bel et gracieux selonc leur grandeur : tous hommes et femmes il se marient et ont enfans, au VIe mois de leur nativité, et vivent six ans de tout le plus. Les grans gens qui avec eulx habitent, se ilz ont enfans en ce pays là, leurs enfans devenront du tout semblables à ces pumeaux qui sont sy petits comme dit est. Et pour ce sont ces pumeaux en si grant multitude que c'est merveilles. Ces pumeaux ont tousjours guerre aux grues et aux chinnes du pays, qui là sont plus grandes que les pumeaux. Et souvent en l'année s'en vont ces pumeaux à très grant ost et à très grant multitude contre ces oyseaux et se combatent à eulx aussy mortelment et aussy cruelment comme nulle autre gent, tant soient grant se combatent les uns aux autres. En ce pays les pumeaux ne labourent point les terres ne les vingnes, ne telz fortes labeurs ; mais ilz font le meilleur coton qui soit ou monde. Et si ont en leurs citez grandes gens qui labourent les terres et les vingnes et font les autres grans labeurs. De ces grandes gens se truffent les pumeaux dessus dis, ainsi que nous faisons en ces parties des gens qui sont grant oultre mesure de raison.

Le grant Kaan garde ces pumeaux trop songneusement et fait leur ville garnir de tous biens à très grant habondance. Ces pumeaux sont autrement nommez bidun ou budin. Ilz sont droitement gens visans raison comme nous.

De la cité Jamathay, et autres dient Janfu.

Quant j'eus regardé cel affaire de ces pumeaux, je m'en alay vers une cité qui a nom Jamathay, *alias* Jansu, en laquelle a une maison et couvent de nous frères meneurs. Et si y a plusieurs autres églises de religieux, mais cil sont nestorin. Ceste cité est très noble et très grande. Il y a bien à tout le moins xl. autres dient, lii. tumans de feus. Chascun tuman fait X. mille feux! On y trouve toutes choses nécessaires pour corps de crestien. Ly sires de la cité en reçoit bien chascun an cinquante tuman de balisses, dont une balisse vault un florin et demy. Sy que un tuman vault XV. mille florins. Et non pourquant leurs sires leur fait grace chascun an de deux cens tumans, affin que en la ville ne soit trop grant chiéreté. En ceste cité a cest usaige quant aucuns veult donner à mengier à ses amis et faire feste, il y a maisons propres ainsi comme en Flandres les kabarés sont. Cilz qui veult celle feste faire vient aux hostels susdis, et dist à l'oste : appareillez moy tel disner, et je y vueil tant despendre. Tantost cil le fait bien et noblement mieux que l'autre ne feroit en sa maison. En ceste cité a très grant navière. A dix mille de ceste cité, droit au chief de la rivière, Thalay, le très grant fleuve dessus dis, est une autre cité qui a nom Mente. Ceste cité a le plus grant navière du monde, et toutes leurs nefz sont blanches comme se elles feussent paintes. En ces nefz a moult beaux hostelz et si belle ordonnance et si bonne de chambres et de toutes autres choses que nulz homs pourroit deviser. Ces nefs sont si grans et en si grant multitude que ce semble impossible à croire.

De Lanterny, la cité de Cayto et aucunes autres.

"De ceste cité m'en alay par doulce yaue par le fleuve, VIII. journées, et passay maintes terres et pays. Sy vins à une cité qui a nom Lanterny. Elle est assise sur un grant flun qui a nom Caramarion, et passe parmy le royaume de Cathay, et porte moult grant dommaige quant il croist trop et ist de son chanel. Par ce fleuve m'en alay vers orient à une cité qui a nom Ingarmato. En ceste cité a plus grant quantité de soye que en nulle autre du monde. Car quant la soie est la plus chière, sy en a on bien xl. livres de pesant pour IX. gros. On y treuve grant plante de biens et de marchandises. De ceste cité m'en alay vers orient jusques à une autre cité moult noble et moult ancienne, en la province de Cathay, et a nom Cham-balech. Ceste noble cité est moult ancienne, et fu jadis conquise par les Tartars. Et à demy lieue de ceste cité ont ilz fait une autre cité qui a nom Cayto. Ceste a XII. portes; entre chascune deux portes a deux grandes milles d'espace, si que ces deux citez ont bien XII. milles de tour. Ceste cité est très bien habitée. Le grant Kaan y tenoit lors son siège et demourait en son palais qui est si grant que les murs ont bien IIII. milles de tour, sy que dedens ces murs a pluseurs palais enclos. Dedens ce pourpris est une montaingne, et sur ce mont le maistre palais est et est le mont très plantez de très beaux arbres. Et pour ce est il appellez le mont vert. Et à un lez du mont a un grant lac et un grant estanc, et au travers de ce vivier a un très bel pont. Et en ce estanc a grant plante de oyseaux sauvaiges, oiseaux de rivière. Sy que quant le grant Kaan veult aller chassier ou voler, il ne luy fault point issir hors de sa maison, car il treuve tout en son pourpris. Ossy tout environ des murs a très beaux vergiers plains de bestes sauvaiges.

Du vieillart des montaignes et de son grant estat.

Quant de la terre prestre Jehan me party, je m'en vins à une très riche montaigne qui a nom Mellestoire. On appelloit le seigneur du pais le Vieillart des montaignes. Cilz viellars avoit de bons fors murs enclos une montaigne, où il avoit les meilleures et plus belles fontaines du monde, et là avoit-il mis toutes les plus belles damoiselles que il peust trouver. Et ossy toutes choses qui peuvent porter delectation à corps humain, et nommoit ce lieu Paradis. Quant il trouvoit aucun bel homme et vigoureux, il le mettoit en ce paradis avec toutes ces choses délectables, et lui monstroit tellement que cilz jouvenceaux cuidoit estre en paradis, car soubtilz engins et conduis il y faisait venir et plouvoir vin, et faisoit à ces jeunes hommes toutes les délices que corps d'omme povoit demander. Quant cilz vieillars vouloit aucun homme faire mourir, il faisoit à aucuns de ces jouvenceaux donner à boire bruvaige qui le faisoit fort dormir, et tout en dormant les faisoit porter hors de ce paradis, et quant ilz estoient esveillié, il les appelloit devant lui, et leur disoit que jamais en paradis ne entreroient, se il ne meissent a mort tel homme, ou tel seigneur, et se ilz le tuoient, il les remettroit en paradis et les feroit demourer là où il auroient plus de délectation sans comparaison que au premier. Ces jeunes hommes vigureux ainsi de ceuz, comme dit est, cuidans pour vray que ce feust le paradis du ciel, là où on a vie pardurable, si se offroient au vieillart le corps et la vie pour faire son plaisir, et qui à son commant le tueroient non seullement cellui, mais encore mille se il vouloit. Par ceste guise se vengeoit cilz vieillars de ses ennemis, si que chascuns le doubtoit et tuit ly voisin lui estoient tributaire, et se ilz lui denoient le tribut, il les faisoit ainsi tuer. Ly Tartres oirent ces nouvelles, si vindrent sur lui à grant host et le conquirent et mirent à très cruelle mort, et destruirent très tous ses édifices.

Comment les frères meneurs par la grace de Dieu guérissent les enragiés.

Dieu a donné si grant grace aux frères meneurs de en chassier le diable hors des corps des esragiés, comme ilz en chasseroient un chien hors de la maison. Ces meisme font il en la grant Tartarie si que on leur apporte les esragiés bien de dix journées loings, et ilz leur ostent les deasbles hors du corps ou nom du père et du filz et du sainte esperit. Tantost que cilz sont garis, ilz se font baptiser et ardent leurs ydoles, et souvent avient que par la vertu du déable les idoles se gettent hors du feu. Mais les frères les espargent de eaue benoitte, et tantost li feux les maistrie. Lors s'en vont ces dyables criant par l'air et disant : Je suis boutez hors de ma maison. Et ainsi convertissent moult à la foi crestienne.

D'une grante merveille de la vallée d'enfer et périlleuse.

Une chose vy-je moult hideuse ainsi, comme je cheminoie lelonc un des fleuves du paradis. Je approchoie une valée qui estoit assez près de cest fleuve ; à l'aprouchier je oy divers instrumens de musique de maintes manières et espécialment harpes. Plus vins près, plus oy grant noise; finablement oy une noise si grande que je en os grant paour et hideur. Celle vallée a bien sept ou huit milles de lonc, et dient ceulx de ce pais que se aucuns y entre jamais ne puet issir. Et non pourquant je y entray pour savoir que ce estoit, sy y trouvay tant de corps mors gisans que nulz ne le pourroit croire. Quant je vins près je vy un visaige humain très horrible et très hideux à un lez de la montaigne en une pierre; il estoit si horrible que je cuidoie bien mourir de paour et disoie ces mos : *Verbum caro factum est.* Oncques n'y osoy approuchier plus que a VIIII. andains près, sy que je m'en remontay à l'autre lez sur un mont sablonneux. Je regarday tout environ moy, mais je ne vy nulluy, ne n'oy ; mais je y trouvay grant quantité d'argent ; j'en pris en mon giron, mais riens ne emportay, et ainsi m'en alay. Très tous les Sarrazins qui m'en virent venir et ceulx qui sceurent que je y avoie esté me firent grant révérence, et dirent que je estoie baptissiés et sains hom. Mais tout cil qui là estoient demouré y estoient tout déables d'enfer.

Explicit le yténeraire Odric de Foro Julij de l'ordre des frères meneurs qui fist cest livre en l'an de grace mil trois cens et trente. Et puis sa mort Dieux a fait par lui maint miracle. Et fu cilz livres tanslatez par frère Jehan le Lonc, né d'Yppre et moisne de Saint Bertin en Saint Aumer. En l'an de grace mil. III C. LI. accomplis.

II

RELATION

DE HAYTON, PRINCE D'ARMÉNIE

Cy commence le livre frère Jehan Hayton de l'ordre de Prémonstré, cousin germain du roy d'Arménie, qui parle des merveilles des XIII royaulmes d'Aise.

Le royaume de Cathay est tenu pour le plus noble royaume et le plus riche qui soit ou monde et est sur le rivage de la mer océane. Tantes isles y a de mer que l'en n'en puet pas bien savoir le nombre. Les gens qui habitent en cellui royaume sont appellez Cathains et se treuvent entre eulx mains beaux hommes et femmes selonc leur nacion, mais tous ont les yeux moult petis et ont pou de barbe. Celles gens ont lettres qui de beauté ressemblent à lettres latines, et parlent une langaige qui moult est diverse des aultres langues du monde. La créance de ceste gent est moult diverse, car aucuns croient au souleil, autres à la lune, autres aux estoiles, autres aux natures, autres au feu, autres aux buefs, autres à l'eaue. Et aucuns n'ont point de loy ne de créance. Ains vivent comme bestes. Cestes gens qui tant sont simples en leur créance et aux choses espirituelles sont plus soubtilz que toutes autres gens aux œuvres corporelles. Et, dient les Cathains que ce sont ceulx qui voient de deux yeulx et les latins voient d'un œuil. Mais les autres nations dient que ce sont avugles, et par ce puet l'en entendre qu'ilz tiennent les autres gens de gros entendement. Et vraiement l'en voit venir de cellui pays toutes choses estranges, et merveilleuses et de soubtil labour, que bien semblent estre les plus soubtilz gens du monde d'art et et de labour des mains. Les hommes de cellui pais ne sont pas vigureux aux armes, mais ilz sont moult soubtizl et engineux dont souvent ont desconfis leurs ennemis par leurs engins et ont diverses manières d'armeures et d'engins, lesquelz n'ont pas les autres nations. En ce pays se despent monnoie de papier en fourme quarée, signé du signet au seigneur. Et selonc ce qu'elle est signée vault elle plus ou moins. Et de celle monnoie achatent et vendent toutes choses. Et quant celle empire par viellesce ou autrement, cellui qui l'aura la rendra à la cour du seigneur et en prendra de la neufve. En cellui pays huille d'oilive est tenue à moult chière chose. Et quant les roys et les seigneurs en pevent trouver, ilz la tiennent en grant chierté et pour médicine la font garder. A ceste terre de Cathay ne marchist nulle terre, fors que le royaume de Tharse vers occident, et li est plus près de lui. Car de toutes autres parties le royaume de Cathay est environnez ou de désers ou de la mer océane.

Du royaume de Tarse et des merveilles d'icellui.

Ou royaume de Tarse sont trois provinces, et les seigneurs se font appeller roys, et ont une lettre et un langaige par eulx. Et celles gens sont appellez « iongoutans. » Et tous temps ont esté ydolastres et encore y sont aujourd'hui, fors la nacion d'iceulx trois roys qui vindrent aourer la nativité Nostre Seigneur par la démonstrance de l'estoille. Et de la lignée d'iceulx trois roys sont encore de grans seigneurs par devers les Tartars qui croient ferment en la loy de Jhésucrist. La gent de celle terre ne se traveille point en fait d'armes, mais de soubtil entendement sont à aprendre ars et sciences. Tuit li plus d'eulx ne menguent char, ne boivent vin, ne n'occiroient chose qui porte vie. Et ont bonnes citez et riches, et moult grans temples où ilz tiennent leurs ydolles que ilz ont en grans révérences. En cellui pays croist blez et autres semences assez, mais vin n'ont point. Ains tiennent à grant péchié boire vin. Cestui royaume de Tharse marchist vers orient au royaume de Cathay, devers occident marche au royaume de Turquesten, devers septentrion marche au désert, devers mydi marche à une province qui est appelée Sim, qui est entre la terre de Cathay et le royaume d'Inde. En celle terre se treuvent les fins dyamans.

Du royaume de Turquesten.

Le royaume de Turquesten confine devers orient au

royaume de Tharse, devers occident au royaume de Perse, devers septentrion confine au royaume de Corasme, devers midy s'estent jusques à un chief du désert d'Inde. En celluy royaume a pou de bonnes citez, mais il y a de grans plainères et bons pasturaiges. Et pour ce, celles gens sont presque tous pastours et sont herbergiés en tentes, et en telz maisons que légièrement les portent de lieu en autre ; la maistre cité de cellui royaume est appelée Hottecar. En cellui pais ne croist froment ne ne orge, si pou non, millet et ris menguent, vin n'ont point, mais boivent cervoise et autres bruvaiges. Et celles gens de cellui pays sont appellez Turcs ; presque tous sont créans au faux enseignemens de la loy Mahommet. En aucuns en y a qui ne tiennent loy ne foy. Ilz n'ont lettres d'eulx. Ains usent de lettres arabiques par les citez et par les chasteaux.

Cy dist du grant roy de Chorasme et de sa créance.

Le royaume de Corasme est bien garni de villes et de citez, et la terre est de gent bien peuplée ; blez y croist assez, vin en ont pou ou néant. Cestui royaume marchist devers orient qui dure bien C. journées de lonc, devers occident s'estent jusques à la mer Chaspis, devers septentrion marchist au royaume de Comanie, devers midy marchist au royaume de Turquesten. La maistre cité du royaume est Corasme nommée. Les gens de ce pais sont Corasmins appellez, paiens sont et n'ont autre loy ne lettres propres comme Grieulx croient eulx. Et sont en l'obédiance du patriarche d'Antioche. En l'église chantent diversement et célèbrent comme Grieux : mais la langue n'est pas greioise.

Du royaume de Comanie et de ses merveilles.

Comanie est un des plus grans roayumes qui soit ou monde. Cette terre est malement habitée pour la grant destrempance de l'air de cellui pays. Car aucunes contrées sont si froides que hommes ne bestes ne pevent vivre pour la grant froidure. Et autres contrées y a qui sont si chaudes en esté que nul n'y puet durer pour le grant chault : et pour le mouches qui y sont. Ceste terre est toute plaine, mais nul arbre n'y croist de quoy l'en face merrien ne busche, fors que en aucuns lieux certains, où ilz ont aucuns arbres plantez pour faire jardins. Grant partie de celle gent habitent en tentes, de femyer de bestes font feu. Ceste terre de Comanie marche devers orient au royaume de Corasme et en partie à un grant désert. Devers occident marche à la mer Maiour et à la mer de Rème. Devers septentrion, marche au royaume de Rousie, et devers mydi s'estent jusques ou plus grant flun que l'on sache ou monde, qui est appellez Etil. Celui flun glace chascun an et aucune fois dure tout l'an glace, en telle manière que hommes et femmes et bestes y passent pardessus comme par terre. Et au rivaige de cellui flun croissent aucuns ambroisseaux. Et de l'autre part du flun devers occident et devers mydi habitent plusieurs nations de gens, qui ne se comptent pas du royaume de Comanie, ne ilz ne sont mie obéyssans au royaume de Comanie. Et sont entour la montagne de Cotas, qui moult est grant et haulte. Ostours et autres oyseaux qui naissent en celle montaigne sont tous blans. Celle montaigne de Cotas li est entre les deux mers. C'est la mer Maiour qui est devers occident : et la mer Caspis qui li est devers orient. Ceste mer Caspis n'a que une entrée pardevers la mer occéane. Ains est comme un lac, mais pour sa grandeur est appellée mer : car c'est le plus grant lac du monde. Il s'estent de la montaigne de Cotas jusques au chief du royaume de Perse, et départ toute la terre d'Aise en deux parties. Et celle partie qui est devers orient est appellée Aise la profonde, et celle qui est devers occident est appellée Aise la Maiour. Lés eaues de celle mer sont doulces et ont grant habondance de poissons. En celle contrée se treuvent les bufles sauvaiges. En celle mer sont isles où font leurs nis mains oiseaux. Et nomment faucons et pelcans et esmerillons, et autres oiseaux qui ne sont trouvés fors en ycelles isles. La maistre cité du royaume de Comanie est appellée Sarta, laquelle fu anciennement bonne cité, mais les Tartars l'ont presque toute gastée.

Du noble royaume d'Inde la grant et des merveilles d'icelui.

Le royaume d'Inde est moult lonc et si est sur la mer occéane qui en celle contrée est appellée la mer d'Inde. Le royaume d'Inde commence des confins du royaume de Perse, et s'estent par Orient jusques à une province qui est appellée Kalaan. En celle contrée sont trouvées les pierres qui sont dittes balais devers septentrion par lonc, et par le grant désert d'Inde où l'empereur Alexandre trouva si grant diversité de serpens et de bestes, si comme contiennent les hystoires. En celle terre prescha saint Thomas la foy de Jhésucrist et converty maintes provinces à la foy chrestienne, mais pour ce que celles gens sont moult loings de toutes les autres terres, où la foi de Jhésucrist est aourée, pou en y a en celle terre qui maintiennent la foy du Crist, car il n'y a que une seulle cité où habitent crestiens, et tous les autres sont devenus ydolastres. Devers mydi de costé cest royaume est la mer océane et là sont isles assez. Et là habitent yndiens qui sont tous nous, et vont tous nus pour la chaleur et aourent ydoles. En celles isles se treuvent pierres précieuses et les bonnes espices. Et là est une isle qui est nommée Célan, et là sont trouvez les bons rubis, et les bons saphirs. Et le roi d'icelle a le plus riche et le plus grant qui soit en tout le monde. Et quant le seigneur est couronnez il porte cellui ruby en la main. La terre d'Inde est aussy comme une isle, de l'une part est environnée de désert, et de l'autre part est environnée de la mer océane, dont l'en pourroit légièrement entrer en celle terre, fors que par devers le royaume de Perse. Et ceulx qui veullent entrer en celle terre vont premièrement à une cité qui est appellée Hermès, laquelle le philosophe fist par son grant art si comme l'en dit. Après se vont en un destroit de mer jusques à une cité qui est appelée Combaech, et là sont trouvez les oiseaux qui sont appellez pappegais. Et tant en a en celle contrée comme il a de passerons en cest pays. Et les marchans y treuvent toutes manières de marchandises ; froment et orge croist petit celle en terre. Ains menguent en celluy pays ris, millet, let, burre, dates, et autres brins dont ilz ont à plante.

Du royaume de Perse et de les merveilles d'ycellui.

Le royaume de Perse est divisé en deux parties et est tout un suel royaume, car un seul seigneur a tousjours tenu la seigneurie, par occident jusques ou flun Phison : qui est un des quatre fluns qui issent du paradis terrestre. Et devers septentrion s'estent jusques à la mer Caspis, devers midy s'estent jusques à la mer d'Inde. Celluy pays est aussy comme tout plain, et y sont deux grans et riches citez. Et en est l'une appellée Boraca et l'autre Semor grant. La gent de cellui pais sont des Persiens. Et ont langue propre que ilz parolent. De marchandises et de labour de terre vivent. D'armes de guerre ne s'entremettent ores point, anciennement aourèrent les ydoles et mesmement aouroient le feu pour leur dieu. Mais puis que celle mauvaise lignée vint en celles parties, ilz furent tous sarrazins et créoient en la fausse loy de Mahommet. L'autre partie de Perse commence du flun Phison et s'estent par occident jusques au royaume de Médie et d'Arménie le grant. Devers midy confine à une province du royaume d'Inde et en partie avec la mer océane, et en partie de la terre de Mède. En celluy royaume de Perse sont deux grans citez. L'une a nom Nesabor, et l'autre a nom Spahan. Et de manière et de coustume les gens sont semblables aux autres devant nommez.

Du royaume de Mède et de ses merveilles.

Le royaume de Mède est moult lonc devers orient, mais il n'est pas large. Devers orient commence au royaume de Perse, et au royaume d'Inde la meneur en partie. Et s'estent par occident jusques au royaume de Caldée, devers septentrion commence ou royaume d'Arménie la meneur. Et s'estent vers midy jusques à Aquillan qui est sur la mer occéane, et là sont trouvées les plus grosses perles et les plus belles. Ou royaume de Mède sont montaignes grans et pou y a de planières. Au royaume de Mède sont deux manières de gens. Les uns sont appellez Sarrazins, et les autres Cordins. Et en celle contrée sont deux grans citez. L'une est appellée Sarras et l'autre Querème. La loy tiennent de Mahommet; lettres ont arabiques, a pié sont bons archiez.

Le grant Kaan va souvent chacier, quant il lui plaist. Cil palais est le plus bel et le plus riche qui soit au monde. En la salle de ce palais a vingt-quatre colompnes toutes de fin or pur. Les parois sont toutes couvertes de rouges peaux, et dist-on que ou monde n'a point plus belles peaux ne plus nobles. Ou milieu de celle salle a un grant pigne : c'est à dire un piegnietaire un grant vaissel, là où on met pieument et bruvaiges. Elle est toute d'or par dehors et par dedens, a une pierre précieuse qui a nom marchacedes. A chascun anglet de celle pigne a un serpent d'or qui halette et bat ses esles moult fort par certains conduis qui sont en la court du roy, aministrant al serpent le bruvraige. D'en costé celle pigne a toujours pluseurs vaisseaulx d'or asquelz tous boivent qui veullent boire. En ce palais a moult de paons faittes tous de fin or. Et quant aucuns Tartars veult en ce palais faire aucune feste à son seigneur, et bat les mains ensemble, et tantost cil paon espandent leurs esles, ellettent et semble droitement que ilz dancent tellement sont faitz; cil paon par science d'omme ou par art de dyable.

Quant le grant Kaan siet sur son trosne en sa majesté empérial, à son senestre costé siet la royne un degré plus bas que le roy, puis deux autres femmes concubines que li Roys tient ou tiers degré qui est le plus bas. Et après ces concubines sient les autres dames du sanc royal. Toutes les femmes mariés ont sur leur chief un piet de homme aussi lonc comme uns bras; deseure ce piet a pennes de grue. Tous cilz piés est d'or aournez et de grosse perles. En tout le monde ne trouveroit-on plus grosses perles en aournement de dames. Au destre costé du roy siet ses aisnez filz qui après ly doit régner, et dessoubs lui tous les hommes du sanc royal. Aux piés du roy scient tousjours quatre nottaires qui escripsent les mos que ly roys parle de sa bouche. Par devant le roy sont en estant tuit ly barons, et autres gens sans nombre, nulz n'ose mot sonner; se le grant seigneur ne lui demande excepté les héraux et les menestreulx pour le seigneur esjoïr. Et non pourquant cil menestrel n'osent riens dire fors ce que on leur a encherchié. A la porte du palais, a aultres barons qui la gardent que nulz des entrans ne des issans ne passe sur le sueil, et se aucuns y passe sus ilz la batent moult despertement.

Quant le roy veult faire feste et tenir court, il a avec lui quatre mille barrons couronnez tous de couronnes d'or qui le servent. Chascun de ceulx a telle robe vestue que les rubis qui sontsus une robe vallent plus de quinze mille florins. Sa court est très bien ordonnée par disiniers, par centiniers et par milliers que chascun scet à qui il doit respondre de son office, si que il n'y puet avoir deffaulte nulle. Je frère Odric fuy en ceste cayto, et souvent fuy à festes que li roys fist. Car nous frères meneurs avons nostre certain lieu en sa court, et convient que nous alons à luy donner nostre bencion, si que je enquis et ossi vy moult sougneusement l'estat de la court. Et aussy tous crestiens, sarrazins, ydolastres, et aussy li Tartre de la court convertis à nostre foy dient que en celle court a trop grant plante de barons qui seullement y sont pour la personne du roy. Héraulx et menestreulx XIII. tuman; chascun tuman vault X. mille. Et sy y a médicins qui gardent le corps du roy. Trois cents ydolastres. VIII. crestiens et. VII. sarrazins. Tous cil sont de la court royal et reçoivent leurs nécessitez de la court du roy. Mais l'autre famille est sans nombre. Cilz roys, cilz Kaan demeure en une cité qui a nom Sandur et sciet dessoubs une montaigne, dont ceste cité est moulte froide. En yver demeure en Camelech, et quant il veult chevauchier de l'une terre en l'autre, il tient ceste manière, il a tousjours trois osts ou quatre. Le premier muet le premier jour, le second muet le second jour, et ainsi des autres, et point ne vont un chemin, mais se espandent cés hostz en trois. Et tousjours chevauche le grant Kaan emmy la moienne de celle trois. Tous ont leurs journées ordonnées là où ilz treuvent tout prest quonques leur faut.

Ly roys et sa compaignie vont par telle manière : Le roy sciet sur un char à II. roes, ouquel char est faitte une haulte eschielle de boys, couverte de pierres précieuses. Ce char mainent quatre oliphans et quatre chevaulx tous couvers de très riches couvertures. D'en costé le char, sont quatre barons que on appelle Striginez, qui gardent ce char que riens ne faille au roy, ne ne mesaviengne. En ce char a ly roys douze jerfaux. Et quant il voit aucuns oiseaux, il laisse ces gerfaulx aller après. Nulz ne ose approuchier du roy plus près que à une ruée de cailleil, fors seullement ceulx qui à ce sont députez, comme dit est. Les gens des contrées par où ly roys doit passer font grans feux à leurs huis, et y mettent encens et autres espices bien flairans : et font grant fumée afin que li roys ne sente mauvais fors que toute bonne oudeur. Et li pluseurs se mettent à genoux emmy la rue et luy portent révérence, tout ainsi que li roys va, vont ses femmes et ses aisnez fils chascun selonc leur degré comme dessus est dit. A paines est-il nulz qui osast croire la grant multitude de gens que cilz roy maine avec lui. Le ost des gens darmes qu'il maine avec lui comme dit est, sont cinquante tumans qui reçoivent toutes leurs nécessitez à la court du roy. Et se aucuns d'iceulx muert, tantost on y en remet un autre en son lieu, si que tousjours demeure le nombre entier. Le Empire de ce seigneur est dévisé en douse parties, desquelles chascun seigneur a nom Strigo. Ly uns est le royaume de Mangy, ouquel a plus de deux mil grosses citez comme dit est pardevant. Dont cilz empires est si grans que se par quelconques parties uns homs le voulsist aller oultre, il ne verroit mie au bout en six mois. Et non pourquant y a subgit bien cinq mille isles grandes et riches qui point ne sont comptées ou nombre de l'empire. A li roys hostels où il treuvent tout ce qu'il leur fault.

Quant aucune nouvelleté avient en ce royaume, tantost messaige viennent batant à force d'esperon. Se la besongne est trop hastive, ilz viennent sur dromadaires, et quant ilz viennent près de ces hostelz, ilz sonnent un cor. Et li hostes de cel hostel recongnoist bien celle enseigne, si appareille un autre cheval et un aultre messagier. Ly premiers descent et baille ses lettres au second. Cil monte et les porte avant jusques à un autre hostel. Et par ainsi a ly roys en ung jour nouvelles de trois journées loings. Ly coureur à piet ont une autre manière, ilz demeurent en ces hostelz attendans pour porter nouvelles quant elles viennent. Ces maisons où ces coureurs demeurent ont nom « Chiribo, » et sont à trois mille près li une de l'autre. Quant ilz cueurent, ilz ont chainture plaine de sonnettes, et quant il aprouchent à une maison, ilz sonnent ces sonnettes. A ce son s'appareille un autre pour porter ces lettres à une autre maison, et ainsi avant, si que on ne puet riens faire en ceste empire que li roys ne sache bien tost. Nous avons un nostre frère mineur évesque en l'ostel de l'empereur, qui tousjours donne sa bencion au grant Kaan, quant il doit chevauchier. Je frère Odric vos aller avecques et il m'y mena pour veoir la guyse. Nous alasmes à procession contre l'empereur qui seoit en un char, et portasmes devant nous une croix sur un grant baston, affin que on la peust mieulc veoir, et chantasmes ceste hympne : *Veni sancte spiritus*. Quant feusmes venuz au char par le commandement du seigneur, car autrement n'y ose nulz approuchier comme dit est. Ly évesque lui donna sa bencion, et le empereur baisa la croix moult dévotement. Et [pour ce que la guise y est telle, que nulz n'y ose apparoir devant l'empereur qui il ne lui doinst aucune chose, luy présentasmes un plat d'argent plain de pommes. Si en manga li sires et ses barons, et nous fist dire que nous allissons hors de la voye pour la grant route des chevaux, qui le suivoit, que nous ne feussions bleciés. Celle meisme guise teinsmes nous en bénissant le aisné filz du roy et la royne, et leur donnasmes de nos pommes.

Quant le Kaan va chacier, il tient la manière dessus dite des gens qu'il maine. Il a une forest à XII. journées de Camelech, laquelle forest a bien VIII journées de tour et si a si grant quantité de bestes sauvaiges que merveilles. A celle forest va le Kaan à trois ans ou à quatre, puis met tout entour ce bois grant plante de chiens et de oiseaux, puis entrent en celle forest de tous costez bien druit, et chassent devant eulx toutes ses bestes sauvaiges, jusques à un plain qui est emmy la forest. Lors y a si grant cry de bestes et d'oyseaulx et de aboy des chiens que nulz n'y puet l'autre entendre. Quant ces bestes sont ainsi assemblés le kaan va sur deux oliphans et trait cinq sajettes emmy ces bestes. Après le roy, traist chascuns barons la sienne sajette, enseignié de son enseigne pour les sajettes recognoistre. Puis faict li roys appeler Siem-miram-bibi, c'est-à-dire les bestes qui de la forest sont issues. Et tantost celles qui point ne sont bleciés se revont ou bois. Et puis viennent cil baron à ces bestes tuées, par leur enseigne quierent leur sajettes, et quant ilz les treuvent ès meilleurs bestes, ilz en ont grant joie, et portent ces bestes à tout leurs sajettes devant leur empereur. Ly emperères fait trois grans festes en l'an ; le jour de la nativité de l'empereur, le jour de la circoncision et les autres pour son ydole. A ces festes se assemblent tous li barons et li menestrelz et tous ceulz de son lignage, et tous se mettent en ordonnance comme dessus est dit, et espécialment ès festes de sa nativité et circoncision. Dont viennent cil barons devant l'empereur séant en son siége comme dit est. Cil barons sont en leur ordene vestu de diverses couleurs. Ly premier sont vestu de vert. Ly second de sanguine. Ly tiers de garme. Ilz ont sur leurs chiefz couronnes d'or et en leurs mains tables de dents d'oliphans, et tiennent souveraine silence. Après eulx sont ly menestrels à tous leurs instrumens. Et en un anglet du palais sont ly astronomien qui gardent l'eure quant il sera temps de commencier. Et quant il est temps, cil astronomien crient en hault : « Tous devez encliner à l'empereur à grant honneur. » A ces mots tous hurtent par trois foiz leurs testes à terre, puis crïe uns autres : levez-vous et tous se liévent. Oultre une autre pièche, cilz recrie : « Mettez vos dois en vos oreilles, » et assez tost il les resachent. Oultre une autre pièche, ilz dient : « Buratote farinam. » Telles afflictions et sacrefiemens font ilz à leur empereur.

Les officiers gardent songneusement que riens ne faille à leurs barons, ne à ces menestrelz, et se aucune chose y failloit, les officiers en seroient fort pugny. Quant la heure est venue tuit cil menestrel commencent à jouer de leurs instrumens, et font si grant noise. Après vient une vois qui dist : « tout se taissent. » Et tantost tuit cil de son lignage sont appareillié sur blans chevaux. Puis vient une autre vois et dist : « Telz du sanc royal, appareilliés tant de cen- « taines de blancs chevaulx à son seigneur, » et aussi de tous les aultres par ordre. Si que il semble estre impossible de assembler tant de chevaulx blans ensemble. Après ceulx du sanc royal, ly autre baron donnent grans dons à leur seigneur selonc leur estat. Après ces barons viennent ceulx des abbaies portant leurs présens, et puis donnent leur bencion à l'empereur. Ce fait, viennent aucun menes- trels avec aucunes chanteresses chantant devant l'empereur pour lui sollacier. Puis fait-on venir lyons privez qui facent révérence à l'empereur. Puis y a enchanteurs qui font venir par leur art hanaps d'or plain de vin et en boivent tout cil qui en veulent boire. Pluseurs autres choses font il devant leur seigneur que nulz ne les oseroit croire qui ne les eust veu, mais je les vy tout à mes yeulx, et pour ce les puis-je bien dire. De si grans despens que cilz sires fait, nulz ne se doit esmerveillier, car pour monnoie ne des- pent-on riens en tout son royaume, fors une manière de brievez qui là vont en tout son pays pour monnoye.

Du royaulme de Cadili, aliàs Caloy.

Vne grant merveille oy racompter et affermer par gens dignes de foy, mais je ne le vy point ou royaume de Ca- dili, aliàs Caloy. A unes montaignes lesquelles ilz nomment Caspées, ilz dyent que en ces montaignes croist pompons merveilleusement grans. Quant ilz sont meurs ont les euvre et y treuve-on une bestelette de char vive, qui est telle comme un petit aignellet, et mengue-on ces pompons et ces bestelettes. Pluseurs gens ne le veullent point croire. Et non pourquant est ce ossy bien possible et créable, comme les oues qui en Yrlande croyssent des arbres.

De Pentexorie, la terre du prestre Jehan.

De ce royaume de Caloy m'en alay vers occident et par maintes journées passay terres et citez. Si vins en la terre prestre Jehan, et la nomme-on l'isle Pentexorie : mais il n'en est mie la centisme part de ce qu'on dist, combient que ce soit noble terre et riche pays. La principale et la maistre cité a nom Cosan, elle est meilleure et plus grant que Vincensie, mais elle a moult de citez dessoubz lui. Entre lui et le grant Kaan de Cathay a telles convenances et aliances, que prestre Jehan a tousjours à femme la fille du grant Kaan, et ainsi leur successeurs à tousjours mais. De ceste province m'en alay en une autre qui a nom Cossam. C'est une des meilleurs et greigneurs provinces du monde. Là où elle est la plus estroite, elle a bien cinquante journées : et si a bien soixante journées de lonc. Et non pourquant, est-elle très bien habitée, et espécialment Cossam, la cité qui est merveilleusement grande. Quant l'en ist de une cité, tantost on voit la porte de l'autre. Moult y a grant habondance de tous vivres et espécialment de chasteignes. En ceste contrée croist le reobabereen en si très grant habondance que on en a la charge de un asne pour moins de six gros; c'est une des douze provinces du grant Kaan.

Du royaulme de Riboch qui marchist en Inde.

De ceste province m'en alay jusques à une autre très grande qui a nom Riboch et marchist en Inde. Cilz royaume est subget au grant Kaan, et y treuve on pain et vin en plus grant habondance que en nulle part du monde. Les gens de ce pais demeurent en tentes de feutre noir. Leur maistre cité est moult belle, toute de blanche pierre, et les rues bien pavées. Elle est appellé Gota. En ceste cité nulz ne ose espandre sanc humain, ne ossy de quelconques bestes pour la révérence de un ydolle que on y aoure. En ceste cité demeure le bassi, c'est à dire leur pape en leur langaige. Il est chief de tous les ydolastres et donne les bénéfices du pais à sa guise. En ce pays est la guise que femmes y portent plus de dens que en autre pays et ont deux grans dens comme samgler.. Une autre coustume y a quant aucun y muert. Ly filz qui veult faire honneur à son père mort, sy mande les prestres et les religieux de sa loy, les menestrelz et tous ses voisins et amis. Et quant ilz sont assemblé, ilz portent le corps mort emmy les champs, et droit sur un dreçoir li prestre lui coppe la teste et le donne à son filz. Lors commence cilz filz et toute sa compaignie à chanter et à faire grant noise et grant feste et dient moult de oroisons pour le mort. Adonc viennent cilz prestres et coppent le corps tout par pièces, dont viennent ces esgles et ces vultes, et lui gette-on chacun sa pièce et les oiseaux la prendent et emportent. Lors crient ces prestres à haulte vois : Agardez, dient-ilz, comment cilz fu sains preudoms, car li angele de Dieu l'emportent en paradis. Ly filz se tient moult honnourez quant il cuide que li angèle aient ainsi emporté son père en paradis, et puis tous s'en revont. Et quant li filz est revenus à l'ostel avec ses amis, il cuist la teste son père et la mengue, et du tez fait-il un hanap ouquel il boit, et toute sa meignie, et tous ceulx de son lignage à moult grant dévocion et ramembrance du père mort, et cuident au père faire moult grant honneur.

De celui qui se fait paistre aux pucelles.

Quant je estoie en la province de Mangi dont cy devant avons parlé, je vins à un palais de un homme commun, qui point ne estoit princes ne sires terriens. Ains estoit plebéiens. Cilz maintenoit telle vie. Il avoit cinquante damoiselles vierges qui le servoient à la table, et lui apportoient tous ses més. Ces vierges luy apportent ces més tout chantant et jouant sur diverses manières de instrumens de musique, et demeurent devant lui continuelment chantant jusques à tant que ces més soient mengiés, et puis lui apportent tout ainsi les autres. Mais jusques à la fin du disner, ces vierges le paissent; pour néant feust uns jeunes moussons et lui boutent les morseaux en la bouche, tout ainsi demaine cilz homs toute sa vie. Il a tous les ans trente tuman tosgas de ris. Un tosgas est la charge de un asne. Chascun tuman vault dix mille tosgas. Son palais a bien deux mille de tour. Le pavement du palais a un quarel d'or et l'autre d'argent. Le roy de Mangy a en son royaume quatre telz hommes comme cilz est; moult leur semble bel de avoir longs ongles et les laissent tant croistre que ilz leur cuevrent toutes les mains. La beauté des femmes y est de avoir petis piés sy que les mères ont filles, elles leur lient les piés, si que jamais ne pevent croistre après.

Cy parle du royaume d'Arménie et de ses merveilles et de sa puissance.

Ou royaume d'Arménie sont quatre royaumes; un seul seigneur en tient la seigneurie. Le long de la terre d'Arménie commence du royaume de Perse et s'estent par occident jusques au royaume de Turcquie. Le large d'Arménie commence vers occident, de la grant cité qui est appellée Porte de fer, laquelle le roy Alixandre fist fermer, pour les diverses nacions de gens qui habitoient en Aise la parfonde, lesquelz il ne vouloit pas qu'ilz passassent en Aise la maiour sans son commandement. Et ceste cité est fermée en un estroit de la mer Caspis, et touche à la grant montaigne de Cocas. Le large du royaume d'Arménie de la ditte cité s'estent jusques au royaume de Mède. Au royaume d'Arménie sont plusieurs grans citez et riches. Et entre toutes les autres Touris est la plus renommée. En la terre d'Arménie sont grans montaignes et larges planières, et grans fluns et lacs d'eaues doulces et salée, esquelz a grant habondance de poissons. Les gens qui habitent en la terre d'Armenie sont nommez par divers noms, selonc les contrées où il habitent, et sont à cheval et à pié bonnes gens d'armes; d'armes et de vesture suivent la manière des Tartars. Car longtemps ont esté dessoubs leur seigneur. Lettres ont diverses, car les unes sont dittes lettres armenoises, les autres sont dittes lettres alcen. En Arménie est une moult haute montaigne, la plus haulte qui soit, qui est appellée Ararath, et en celle montaigne s'assist l'arche de Noé après le déluge. Mais nul homme ne puet monter sur cette montaigne pour la grant habondance de la noif qui est là d'iver et d'esté. Mais tout adès en la sommité appert une grant chose noire que l'en dit estre l'arche de Noé.

Du royaume de Georgie et de sa grandeur, et de la manière des habitans.

Le royaume de Georgie devers orient commence à une grant montaigne qui es appellée Albers et là habitent maintes nacions de gens, et pour ce est celle contrée appellée Alanie. Et de là s'estent le royaume de Georgie par occident vers septentrion jusques à unes provinces du royaume de Turquie. Le long du royaume de Georgie s'estent partout sur la mer Maiour, devers midy confine avec Arménie la grant. Cestui royaume de Georgie est devisez en deux royaumes. L'un est nommé Georgie et l'autre Abcas. Cellui de Georgie est desoubs le povoir à l'empereur d'Aise. Cestui d'Abcas est puissant de gent et de fors chasteaux et ne fut oncques, subget à l'empereur d'Aise ne aux Tartars. En cellui royaume de Georgie appert une grant merveille, laquelle je n'oseroie compter et dire se je ne l'eusse veu. Et pour ce que je fu là et vy, je ose compter et dire que en Georgie a une province que l'en appelle Hamsen qui tient bien trois journées ou environ. Et tant comme dure celle province y a une si grant obscurité que nul homme n'est si hardy d'entrer en celle terre, car ilz ne saroient retourner arrières et les habitans de celle contrée comptent et dient, que il oient souvent noises d'ommes, chant de coq, hennissement de chevaulx. Et par un flun qui est de cellui lieu, voient apparans signes que il ya grans habitans, vrayement l'en treuve lisant ès hystoires d'Armenie et de Georgie, que il fu vu cruel empereur en Perse qui avoit nom Savoreus. Cellui empereur aouroit les ydolles, et poursuivoit cruellement les crestiens. Un jour manda que les habitans d'Aise veullent venir au sacrefier es ydolles. Et commanda que tous ceulx qui n'y venoient feussent mis à mort. Dont il avint que aucuns crestiens qui estoient féaulx receurent le martire avant que ilz voulsissent sacrefier ès ydolles. Autres sacrefièrent pour paour de la mort, et à ce que ilz ne perdissent les biens temporelz, autres s'enfouirent aux montaignes. En cellui temps habitoient aucuns bons crestiens en une contrée qui est appellée Morgau, lesquelz habandonnèrent leur biens et sén vouloient fouir vers Grèce. Et quant ilz furent en celle contrée dessus nommée, cellui mauvais empereur les encontra, et commanda que tous ceulx qui estoient crestiens feussent trenchiés par pièches. Lors crièrent les crestiens à nostre Seigneur, et tantost grant obscurité vint qui aveugla l'empereur et toute sa gent. Les crestiens eschappèrent et ceulx demourèrent en celle obscurité et y demourront selonc ce que l'en croit jusques à la fin du monde.

Du royaume de Caldée et des merveilles d'icelui pais.

Le royaume des Caldées devers orient commence des montaignes de Méde et s'estent jusques a Nynyve grant et ancienne cité qui est près du flun de Tygris. Ceste Nynyve est celle cité de laquelle la sainte Escripture parle, et à laquelle fu envoiez Jonas le prophète pour prescher les commandemens de Dieu. Ceste cité est ore toute gastée, mais pour ce que encores est bien apparant semble que celle cité feust une des plus grans citez du monde. Le large du royaume de Caldée devers septentrion commence à une cité qui est appellée Maraga et s'estent par devers mydi jusques à la mer occéane. La plus grant cité qui soit ou royaume de Caldée, si est appellée Baldach, qui jadis fu Babiloine ditte. En celle terre, Nabugodonosor mena les filz de Israel quant il prist Jherusalem. Au royaume de Caldée sont grans planières et pou de montaignes, et si ya pou d'eaues courans. Les gens qui en Caldée habitent sont appellez nestorins et ont lettres arabiques, et tiennent la faulce loy de Mahommet.

Du royaume de Mésopotamye et de sa grandeur et des merveilles d'icelui.

Le royaume de Mésopotamye devers orient commence de la grant cité Mosel qui est près du flun Tigris, et s'estent par occident jusques à la cité de Rohais qui est assise sus le flun Eufrates. Ceste cité Rohais fu la cité dn roy Agar, auquel nostre Seigneur manda la Véronique qui maintenant est a Romme. Et a près de celle cité la terre Karam, où demouroit Abraham et sa lignée anciennement. Quant nostre Seigneur commanda que il deust laissier celle terre, et passer le flun Eufrates et venir à la terre de promission, si comme ce contient plenièrement la Bible. Ceste langue est appellée greioise et la terre Mésopotamye pour ce que elle est entre les deux grans fluns, Tygris et Eufrates. Le large de cestui royaume commence à une montaigne qui est appellée Sanson en Armenie, et s'estent pardevers midy jusques aux désers d'Arrabe la meneur. En celle terre de Mésopotamie, y a plenières grandes, habondans et délittans, et deux longues montaignes qui ont habondance de tous manières de fruis et de tous biens. L'une montaigne est appellée Hymar, l'autre Lisson. Par cellui royaume pou y a d'eaue courant, mais les gens de cellui pays boivent eaues de puis et de cisternes.

En cellui royaume de Mésopotamye habitent crestiens. Ce sont Syriens et Arméniens aucuns, et les autres Sarrazins. Les Siriens et les Sarrazins de ce pays ne s'entremettent point de fait d'armes, mais ouvriers et pastours et laboureurs de terres sont aveques tous, fors que ennemis qui demeurent en une contrée qui a nom Meredin, qui sont bons archiers, et on les nomme Cordins.

Du royaume de Turquye et de la puissance et grandeur d'icelui.

Le royaume de Turquie est moult riche; minières d'argent, d'arain assez bonnes. Et là est grant habondance de vin, de blez et de fruis, et moult y a bestes et de bons chevaulx. Ceste terre confine avec la grant Arménie devers orient, et avec le royaume de Georgie devers occident s'estent jusques à la cité d'Esqualie qui siet sur la mer de Grèce. Devers septentrion, n'a nulles confinies avec aucunes terres, et s'estent de lonc en lonc sur l'auue de la mer, et devers midy confinie avec en partie la seconde Armenie, et avec Secile, et en partie s'estent jusques en le mer de Grèce, et au regart de l'isle de Chipre. Et cestui royaume de Chypre est appellé Grece de tout le peuple, et la gent d'Orient. Car anciennement l'empereur de Grèce souloit tenir celle terre comme son propre, et la gouvernoit par officiers que il mandoit chascun an. Et puis que les Turcs prisrent la seigneurie de Turquie, ilz ordonnèrent un seigneur entre eulx, lequel ilz appellèrent le soudan, et dès adonc les Turcs habitèrent en icelle terre, et depuis fu appellé Turquie. En chascunes de celles sont bonnes citez. En la première province qui est nommée Belcome est la noble cité Belcome. En la seconde qui est appellé Capadoce, est la cité de Cesaite la grant de Grèce. La tierce province est ditte Sanne, et là est la cité de Salerne. La quarte est appellée Briquie et là est la cité de Lichoe de Grèce. La quinte a nom Quisiton et là est la cité d'Enffeson. La VIe est Deputame et là est la cité de Nique. La septième est appellée Pastagonie et là est la cité de Guianapolis. La VIIIe est appellée Genesti, et là est la cité de Trapesonde.

Et ceste seulle province est faitte depuis pou de temps en ce royaume, car quant les Turcs pristrent la seigneurie de

Turquye, ilz ne porent prendre la cité de Trapesonde, ne les appartenances, car il y avoit trop grant multitude de très fors chasteaux et demoura à l'empereur de Constantinople. Dont l'empereur avoit accoustumé de mander un baillif que l'en nommoit duc au gouvernement de celle terre. Et avint que un d'iceulx duc se revéla contre l'empereur et prist la seigneurie de Trapesonde, et se fist appeller empereur. Et ceulx qui demeurent en celle terre sont grecs. Nous mettons Trapesonde ou nombre des provinces et non pas ou nombre des royaumes selonc ce que nous enseignent les hystoires d'Orient. Ou royaume de Turquie habitent trois manières de gens. C'est assavoir grecs, jacobins et turs, qui sont Carrasins et ont tolu la seigneurie de celle terre aux Grecs. Ceulx qui demeurent aux citez usent de marchandises et de labouraiges. Et les autres sont pastours qui demeurent aux champs, en temps d'iver et d'esté paissent leurs bestes. Et sont bonnes gens d'armes à pié et à cheval.

Du royaume de Sirie et de ses provinces et de l'usaige d'icelui.

Le royaume de Syrie devers orient commence du flun Eufrates, et s'estent par occident jusques à la cité de Gazère, qui est vers la mer de Grèce au chief du désert d'Egipte. Le large du royaume de Syrie devers septentrion commence de la cité de Baruch, et s'estent au trac de Morcal, devers orient confine au royaume de Mésopotamie, devers septentrion avec la seconde Arménie et en partie avec le royaume de Turquie. Devers mydi confine à la mer de Grèce et au désert d'Arrabe. Le royaume de Syrie est devisé en quatre provinces qui anciennement estoient royaumes et en chascune d'icelles avoit roy. La première province est nommée Sur, la seconde Palestin et là est la cité de Jhérusalem. La tierce est nommée Anthioquie, et là sont deux grans citez Halap et Antioche La quarte province est nommée Silice, et là est la cité de Tersot, en laquelle fu nez l'apostre saint Pol. Et ceste Silice est maintenant nommée Armenie, car depuis que les ennemis de la foy crestienne orent tolue celle terre de la main des Grecs, les Armeniens se travaillèrent tant que ilz recouvrèrent le royaume de Silice, et le roy d'Armenie la tient ores par la grace de Dieu. Au royaume de Syrie habitent diverses Gens, Grecs, Armins, Jacobins, Nestorins, Sarrazins et autres deux nacions. Ce sont Syriens et Maronins Les crestiens tiennent la manière greioise, et furent obéissans jadis à l'église rommaine. Ilz parlent langues arabiques, et l'office de l'église se fait en lettres greioises; les Maronins tiennent la suite des Jacobins, et ont lettres en langue arabique, et ceste gent habitent entour mont Lyban et vers les parties de Jherusalem et sont bonnes gens d'armes, et les Siriens sont assez, mais les Maronins sont pou de gent. Et entre eulx a de vaillans hommes, et de bons sergens. Le royaume de Syrie de long tient. XX journées et de large V et en aucun lieu moins selonc ce que désers d'arrabe et la mer approchent plus ou moins.

Selon ce que dit saint Luc en l'évangille, l'empereur de Romme, César Auguste, tenoit toute la seigneurie du monde au temps de la nativité nostre seigneur. Après avint que un roy de Perse qui ot nom Cosserossach se révéla contre l'empire de Romme, et se fist appeler empereur d'Ayse. Cestui prist la seigneurie de Perse et de Mède, d'Arménie et de Caldée, et tant crut son povoir que il chaca la gent de l'empereur de Romme de toutes celles terres. Et dura la seigneurie de tous les Persiens en Ayse trois cens ans. Et après les Sarrazins l'entollirent la seigneurie, sy comme sera devisé cy après.

Comment les gens de l'empereur de Constantinople rendirent Antioche aux Sarrazins.

En l'an de l'incarnacion nostre Seigneur six cens XXXII, la maloiste semence de Mahommet entra au royaume de Syrie. Et premièrement tollirent de la main des gens la noble cité de Damas, et après occupèrent tout le royaume de Syrie. Après vinrent et assegièrent la cité d'Antioche. Quant la gent de l'empereur Eracles furent parvenus à une plenière qui a nom « Posserit, » les Sarrazins vindrent à l'encontre et là fu commencié moult grant bataille qui longuement dura. Mais en la fin, les Sarrazins en orent la victoire. Et tant des gens furent mors en la bataille, que encores y pèrent les ossementes en cellui champ. Dont il avint que les gens qui la cité d'Antioche tenoient furent moult espoventez et rendirent la terre au Sarrazins par convenances. Lors occupèrent les ennemis de la foy crestienne, Silice, Capadoce, Lyconie et autres contrées riches, dont ilz montèrent en si grant orgueil, que ilz appareillièrent galées et naulées, et se mistrent à aler en Constantinoble. Et premièrement arrivèrent en Chipre et pristrent une grant cité qui estoit la sépulture de saint Barnabé l'apostre. Et quant ilz orent pris les richesses de celle cité, ilz abatirent les murs jusques aux fondemens, ne oncques puis ne fu habitée celle cité. De là se partirent et vindrent a l'isle de Rodes, et pristrent l'isle et plusieurs isles de la Romanie et amenèrent prisonniers sans nombre. Après s'en alèrent à Constantinoble et assegièrent la cité par mer et par terre, grant doubtance orent les crestiens qui en celle cité estoient et crièrent mercy à nostre seigneur, dont il avint que Dieu miséricordieux manda soubdainement une si très grant tempeste et l'aide de pluie et de vent en cellui temps d'esté, que toutes les galées et toute la navire des Sarrazins fu trèstoute despéciées et les ennemis furent presque tous nayez. Sur ce s'en retournèrent les ennemis sans autre chose faire.

Comment les Sarrazins envahirent le royame de Perse.

Quant les crestiens de Constantinoble virent que ilz furent delivrez par la miséricorde de Dieu, ilz ordonnèrent un jour solempnel à cellebrer chascun an en l'onneur du Sauveour. Et ce est gardé de tous jusques au jourduy avec grant solempnité. Après ce que les Sarrazins se furent reposez aucun temps, ilz pensèrent d'entrer ou royaume de Perse. Dont ilz s'assemblèrent grant gent, et pristrent le royaume de Mésopotamie, et celluy de Caldée qui estoit de la seigneurie du royaume de Perse. Le roy de Perse qui avoit nom Asobarioth, doubtant la puissance des Sarrazins, manda ses messagiers, aux rois ses seigneurs, ses voisins, qui estoient de cà le flun Phison et requist leur ayde promettant grans dons à ceulx qui y vendroient. Sur ce s'assemblèrent du royaume de Turcquesten entour quatre mille hommes d'armes, qui estoient nommez Turcquemans, et se mistrent pour venir aidier le roy de Perse contre les Sarrazins, et passèrent le flun Phison. Et pour ce que l'usaige de celles gens est de mener femmes et enfans avec soy où que ilz aillent, ilz ne povoient aller moult grans journées. Les Sarrazins qui estoient ou royaume de Caldée que ilz avoient pris, pensèrent que ce l'ost des Turquemans s'assenbloit avec l'ost de Perse, que ilz ne pourroient legièrement leur voulenté accomplir du royaume de Perse. Et pristrent conseil d'envayr le royaume de Perse. Et le roy de Perse qui ne les povoit eschiver se mist à l'encontre. Et près d'une cité qui a nom Managa se commença une grant bataille qui dura longuement, et moult y furent mors et occis d'une partie et d'autre. En la fin, le roy fu desconfit et mort en la bataille qui dura moult longuement. Et ce avint en l'an nostre Seigneur six cens et XXXIII.

Comment les Sarrazins esleurent le Soudan à seingneur.

Après ce que les Sarrazins orent prise la seigneurie de Perse et de plusieurs royaume d'Aises, ilz eslurent sur eulx un seigneur, lequel ilz appellèrent soudan, qui veult dire roy en langue latine. Les devant dis Sarrazins pristrent toute la seigneurie de la terre d'Aise la Maiour, fors que le royaume d'Abcas qui est en Georgie, et une contrée du royaume d'Armenie qui est appellée Glaufegafordes. Ces deux contrées se tindrent contre les Sarrazins, ne oncques n'en orent la seigneurie. Et là fouirent tous les crestiens pour la doubtance des ennemis des Turquemans qui venoient pour aidier le roy de Perse. Dirons-nous aucune chose briefment, affin que leur histoire sait plus cler entendement. Les devant nommez Turquemans vindrent jusques à une terre qui est nommée « Corasceu, » et là entendirent ilz nouvelles de la desconfiture des Persiens, et de la mort de leur roy, dont ilz ne vouloient aller plus avant. Ains pensoient à tenir celle terre de Corasceu pour eulx. Et là pensoient bien à deffendre contre les Sarrazins. Dont il avint que les Sarrazins assemblèrent grant ost, et venoient contre les Turquemens. Les Turquemens doubtèrent la bataille, et mandèrent leurs messaiges au calif de Baldach offrans eulx en son commandement. Ceste chose plut moult au calif et aux Sarrasins et reçurent à fiance les Turquemens et les traïstrent hors de celle terre de Corasceu, et les mistrent hors à demourer en autre terre, où ilz ne doubtassent leur rebellion. Et ordonnèrent que ilz paiassent certain treu chascun an à la seigneurie. Et en celle manière les Turquemans demourèrent soubz la seigneurie des Sarrazins grant temps. Et tant que les Sarrazins pristrent la seigneurie de Perse, de Mède et de Caldée, et tous tournèrent à la créance de la fausse loy, les plus anciens et les plus saiges des Turquemans, et requist que ilz creussent à la loy de Mahommet et deussent amonnester les autres Turquemans à ce aveoir et croire, et leur promist de faire graces et honneurs se ilz faisoient son commandement. Les Turquemens qui avoient autre loy, se consentirent legièrement à la voulenté du calif. Dont il avint que les Turquemens qui estoient LXIIII nacions de tous Sarrazins, fors que deux langues qui furent différentes des autres. Adoncques commencièrent à amer les Turquemens et à leur faire honneur et grace. Tant demourèrent les Turquemens que ilz furent multipliés d'avoir et de personnes et humblement et saigement se comportoient et tindrent les Sarrazins la seigneurie d'Aise. IIIIe et XVIII ans. Après perdirent la seigneurie si comme nous deviserons cy après.

De la dissencion qui se mut entre les Sarrazins, parquoy l'empereur recouvra sa terre.

En cellui an avint une grant discorde qui se mut entre les Sarrazins qui dura bien XXX ans que les soudans et tous les autres seigneurs des terres ne vouloient obéir au soudan de Baldach. Ains se rebellèrent contre lui. Et ainsi commença le povoir des Sarrazins à menuisier, et très grandement à petisier. En cellui temps estoit, en Constantinoble, un très bon et très vaillant empereur qui avoit nom Dyogencor, lequel empereur commença vigureusement à recouvrer les terres lesquelles ly Sarrazins avoient prises et tolues aux crestiens du temps de l'empereur d'Eracles.

Et si commença viguereusement et noblement à recouvrer ledit pais. Il recovra la noble cité d'Antioche, Selice et Mésopotamie. Des autres terres tindrent les Sarrazins la seigneurie jusques à tant que les Turquemens leur tolurent, si comme sera devisé cy-après.

Comment les Turquemens eurent premièrement roy.

En l'an de l'incarnacion nostre Seigneur mil LVII. commencièrent les Turquemens premièrement en Ayse à avoir seigneurie en telle manière, car quant les Turquemens furent multipliez d'avoir et de personnes, et ilz virent la grant discorde qui entre les Sarrazins estoit, pensèrent de se reveller. Dont ilz s'asemblèrent et envayrent viguereusement les Sarrazins, et en brief temps occupèrent la seigneurie d'Ayse. Au calif de Baldach ne firent point de grevance. Ains li portèrent honneur ou pour amour ordonna Salioth seigneur des Turquemans. Mais après pou de temps le dit empereur Salioth mourut. Et après fut fait un seigneur un sien filz qui nommez estoit Dolorissa. Cestui mut guerre contre l'empereur de Constantinoble et prist plusieurs terres et chasteaux des Grecs. Après manda au royaume de Mésopotamie un sien cousin qui avoit nom Arthoch et li donna assez de gens et lui ottroia cellui royaume de Mésopotamie et toutes les terres que il pourroit conquerre contre les Grecs. Dont le grant Artoch s'en ala avec grant gent: et assega la cité de Rohais et prist toute la terre de Mésopotamie, son siège prist en la cité de Meredin et là se fist Soudan. En cellui moment morut

Dolorissa, roy de Perse. Et un sien filz qui avoit nom Abpasselen tint après lui la seigneurie. Cestui Abpasselen avoit un sien nepveu qui avoit à nom Soliman et avoit longuement servi son père. Moult étoit Soliman vaillant homme aux armes, dont le devant dit roy de Perse Alpasselen donna grant quantité de gens d'armes à son nepveu Solimam et l'envoya en Capadoce, et lui ottroia à tenir tout ce que il pourroit conquérir contre les Grecs. Sur ce s'en ala Solimam et entra ou royaume de Turquie, et prist citez royaumes et chasteaux, et presque toute celle terre se soubmist à sa seigneurie, dont il fist changier son nom et se fist appeler Sollimansa. Et de cestui cy font mention les hystoires du passaige du duc Godeffroy de Billon, car il combati aux pellerins et leur fist assez d'ennuis avant quilz passassent la terre de Turquie.

Comment Antioche fust mise hors de la main des Grieux.

Après se mourut Alpasselen. Et fu fait empereur un sien filz qui ot nom Mellecasseraf. Cestui manda commandement à Artoch le Soudan de Mésopotamie et à Colbavansa le Soudan de Turquie qu'ilz alassent assegier la cité d'Antioche. Dont ceulx assemblèrent grant ost, et assegièrent Antioche, laquelle les gens tenoient et en pou de temps la pristrent. Et ainsi furent chaciez les Grecs de toute la terre d'Aise, par la puissance des ennemis de la foy crestienne. Et après ce mourut Mellecasseraf l'empereur des Turcs, et laissa deux enfans. Le premier ot nom Belkiaroth, qui tint la seigneurie après lui, mais son frère qui estoit plus vaillant homme d'arme, occupa une grant piéce la terre de Perse. Et au temps du passaige de Godeffroy de Buillon, ledit Belkiaroth estoit empereur d'Aise, et Solimansa estoit soudan de Turquie et fist maintes envyaies aux pellerins avant qu'ilz eussent passé Turquie.

De la grant bataille que fist Gaudefroy de Buillon devant Antioche contre les Sarrazins.

Quant l'empereur de Perse entendit que les crestiens avoient assegié la cité d'Antioche, il assembla grant gent du royaume de Turquie, et manda pour secourre la cité d'Antioche, mais les crestiens pristrent la cité avant que les Turcs feussent venus. Et tant fu la puissance d'ennemis grande qu'ilz assegièrent tout entour la cité, dont il avint que les crestiens qui avoient esté assejouir furent assegiés. En la fin nos pellerins se combatirent à celle multitude d'ennemis, et par la grace de Dieu les desconfirent tous ensemble, et occirent Corberau leur chevetaine. Ceulx qui eschappèrent de la bataille retournèrent en Perse, et trouvèrent que leur empereur Belkiaroth fu mort, son frère voult prendre la seigneurie. Mais ses adversaires li coururent sus et l'occistrent, grant fu la discorde entre les Sarrazins, ne onques puis ne porent accorder à faire empereur ne général seigneur. Ains commencièrent à guerroier ensamble. Dont les Georgiens et les Armins de la grant Arménie les envayèrent et les chacièrent de toute la terre de Perse. Et ceulx avec femmes et enfans s'en alèrent en

Turquie, et tindrent la seigneurie en grant propprieté jusques à la venue des Tartars, lesquelz occupent la seigneurie et terre de Turquie. Si comme il sera devisé cy-après.

De la nacion des Corasmins et comment ilz pristrent la seigneurie d'Ayse, et conquestèrent plusieurs royaumes.

Au royaume des Corasmins avoit une gent qui demouroient adès ès montaignes, et aux champs paissans leurs bestes, qui moult estoient hardis aux armes. Ceulx entendirent du royaume de Perse qui sans seigneur estoit. Si pensièrent que legièrement le conquerroient, dont ilz assemblèrent et eslevèrent un seigneur sur eulx qui avoit nom Salaadin. Et quant ilz orent fait ce, ilz s'en alèrent en la cité de Choris sans contredit de aucun. Là demourèrent et firent leur seigneur Salaadin empereur d'Aise, car ilz audèrent occuper les autres royaumes d'Aise, si comme ilz avoient pris cellui de Perse. Ceulx Corasmins se reposèrent aucuns jours, et furent tous replains des richesses de Perse. Et par ce montèrent en si grant orgueil que ilz entrèrent ou royaume de Turquie, et le audèrent occuper et prendre. Mais le seigneur de Turquie qui avoit nom Salaadin assembla son ost et se combati aux Corasmins, et les déconfist, et les chaça hors de Turquie, et fu mort Salaadin leur empereur en la bataille. Ceulx qui eschappèrent s'en alèrent ou royaume de Mésopotamie et s'assemblèrent au plain de Rohais. Et là pristrent conseil entr'eulx d'aler envaïr le royaume de Syrie, qui adoncques estoit gouverné par une dame. Dont les Corasmins assemblèrent de rechef leur ost, et entrèrent en Syrie. Et celle noble dame assembla sa gent en la cité de Halap, près du flun d'Eufrates, et vindrent encontre les Corasmins et se combatirent. Grant fu la bataille. Mais en la fin Corasmins furent desconfis et s'en fouirent vers le désert d'Arabe. Après passèrent le flun d'Euffrates près d'un chastel qui est nommez Raitabe, et entrèrent ou royaume de Syrie, et vindrent jusques à la province de Palestine, c'est ou royaume de Jhérusalem, et firent grant dommaige aux crestiens, comme il se compte aux histoires du passaige Godeffroy de Buillon. En la fin ceulx Corasmins se devisérent entr'eulx et ne vouloient obéir à leur seigneur. Dont ilz se partoient et aloient au Soudan de Hames, autres Soudans qui lors estoient cinq en la Sirie. Quant le duc des Corasmins qui avoit nom Berecat congnut que sa gent le lessoit, il manda ses messaigés au Soudan de Babiloine, et li offri son service, dont le Soudan fu moult liez et le receut moult voulentiers, et fist grant honneur du duc des Corasmins, et à ceulx qui avec lui vindrent, et party les Corasmins par ses terres, car il ne vouloit mie que ilz feussent tous ensemble. Et moult crut le povoir du Soudan de Babiloine par le venue des Corasmins qui par avant estoit assez petit. Et en la fin la nacion des Corasmins tourna au néant en peu de temps, et après commencièrent les Tartars à avoir seigneurie.

Cy commence la tierce partie de cest livre qui compte la nacion des Tartars et qui fu leur premier seigneur, comment ilz vindrent en seigneurie.

La terre et la contrée ou les Tartars demouroient premièrement est entre la grant montaigne de Beligian et le grant Occéan. De ceste montaigne parlent les hystoires d'Alexandre. Là ou il fait mention des hommes sauvaiges que il trouva. En celle contrée demouroient premièrement les Tartars si comme hommes bestiaux qui n'avoient foy ne loy. De lieu en lieu aloient comme bestes paissans, et estoient villement tenus des autres nacions, ausquelles ilz servoient. Pluseurs nacions de Tartars, qui furent appellez Malgolbs, s'assemblèrent ensemble et ordonnèrent chevetaines et gouverneurs entr'eulx. Tant crurent que ilz se départirent en .VII. nacions. Et jusques au jourduy ceulx de celle nacion sont tenus plus nobles que les autres. La première de ces nacions est nommée Tartars. La seconde Cangoch. La tierce Eurath. La quarte Jasan. La quinte Sonith. La sixte Maugty. Et la septième Thebeth. En dementres que ces .VII. nacions demouroient en la subgession des voisins si comme il est dessus dit. Il avint que un viellart povre homme serve, qui avoit nom Canguis, vit en songe une avision. Car il vit un chevalier armé sur un cheval blanc qui l'appella par son nom et lui dist: Canguis, la voulenté de l'immortel Dieu est celle, que tu dois estre briefment fait gouverneur sur les sept nacions des Tartars, qui sont dis Malgols. Et que par luy soient delivré du servaige où ilz ont longuement esté, et auraient seigneurie sur leurs voisins. Canguis se leva joyeux entendant la parolle de Jhesu-Crist, et compta à tous ce qu'il ot veue. Les gentilz hommes et les maiours ne le vouloient croire. Ains se mocquoyent de lui. Mais il avint que la nuyt venant, les chevetaines des sept nacions virent le chevalier armé sur le cheval blanc, en avision tout ainsi comme Canguis leur avoit compté. Et commanda de par l'immortel Dieu que tous obéissent à Canguis, et feissent que tous gardassent ses commandemens. Dont il avint que les .VII. chevetaines dessus dis assemblèrent le peuple des Tartars, et firent faire obéissance et révérence à Canguis. Et eulx firent ce meismement comme à leur droit seigneur naturel.

Comment les Tartars couronnèrent à empereur sur eulx Canguis Kan.

Après ce que les Tartars establirent un siege ou milieu d'eulx, et ilz estendirent un feustre noir sur terre, et firent seoir dessus Canguis, et les .VII. chevetaines des .VII. nacions le levèrent et le nommèrent Kaan, en agenouillant eulx li faisant tout honneur et révérence comme à leur seigneur. De celle solempnité que les Tartars firent à leur seigneur en cellui temps nulz ne se doit merveillier, car par aventure ne savoient ilz mieux faire, où ilz n'avoient plus beau drap sur quoy ilz le feissent seoir. Mais de ce qu'ilz n'ont voulu changier leur premier usaige se pourroit-on bien merveillier qui ont conquises tantes terres et royaumes. Et encore tiennent-ilz leur premier usaige quant ilz veullent eslire leur seigneur. Et j'ay esté deux fois à l'eslection de l'empereur des Tartars. Ilz s'asembloient en un grant champ, et cellui qui devoit estre leur seigneur, ilz le faisoient asseoir sur un feustre noir, et mettoient un riche siége ou milieu d'eulx. Après, venoient les hauhx hommes et ceulx du lignage et le levoient en hault et le mettoient asseoir sur le siége. Et puis lui faisoient toute révérence et honneur comme à leur seigneur naturel, ne pour seigneurie, ne pour richesce qu'ilz aient, n'ont volu changier leur usaige. Après ce que Canguis Kaan fu fait empereour par la voulenté commue, et par le consentement de tous les Tartars. Tout avant que Canguis fist aucune chose, il voult savoir se tous seroient obéissans, donc commanda trois commandemens. Le premier fu que ilz deussent croire et doubter l'ymmortel Dieu par qui il estoit empereour. Et dès adonc tréstous les Tartars commencièrent à croire et à doubter et à nommer le nom de Dieu en toutes leurs euvres. Le second commandement fu qu'ilz feissent compter tous ceulx qui armes pourroient porter. Et ordonna que sur chascune disaine fu un chevetaine, et sur .X.^{oo} feust un chevetaine. Et appellèrent la compaignie des dix mille thumans.

Des grans ordonnances que fist Canguis Can après son élection.

Après commanda aux sept chevetaines des sept nacions qu'ilz meissent jus toutes leurs armes et leur seigneurie, et quilz se tenissent apaiez de ce qu'il leur donroit. Le tiers commandement que Canguis Kaan fist si sembla moult cruel à tous, car il commanda aux VII. chevetaines grans dessus nommez que chascun amenast son aisné filz devant soy. Et quant ilz orent ce fait, lors leur commanda que chascun coppast la teste à son filz. Et jà feust ce que cellui commandement semblast à tous fellon et cruel, non point quant pour ce qu'ilz doubtèrent le peuple et qu'ilz savoient que Canguis Kaan estoit fait empereur par le commandement de l'ymmortel Dieu. Et tailla chascun de ces sept chevetaines la teste à son filz, quant Canguis Kaan ot congneuet la voulenté de sa gent, et ot veu que tous li seroient obéissans jusques à la mort, adonc commanda que tous feussent appareilliez à armes de chevauchier avecques luy.

Comment Canguis Kan se sauva dedans le buisson.

Quant Canguis Kaan ot ordonnées les batailles bien saigement il entra en la terre de ceulx qui longuement avoient tenus les Tartars en servaige et se combati à eulx et les desconfist tous et toutes leurs terres mist en sa subgection. Après aloit Canguis Kaan conquérant terres et pays et toutes choses luy aloient à son gré. Un jour avint que Canguis Kaan chevaucheoit à pou de gent et encontra moult grant quantité de ses ennemis qui l'envaïrent moult aspremeut. Canguis Kaan se deffendi viguereusement. En la fin son cheval fu mort dessoubs lui. Quant les gens Canguis Kaan virent leur seigneur entre les presses, ilz perdirent lors toute vigueur et commencièrent à fouir. Et les ennemis les enchaçoient, et ne se pristrent point garde de l'empereour

Canguis Kaan qui estoit à pié. Quant Canguis Kaan vit ce, il se mist en un buissonnet qui estoit là près. Les ennemis qui orent eu la victoire, commencièrent à cerchier fuites. Si comme ilz vouloient cerchier y cellui buisson ou Canguis Kaan estoit atapis. Si vint un oisel qui a nom duc qui s'assit sur cellui buisson. Et quant ceulx, qui queroient Canguis Kaan l'empereur, virent cellui oiseau seoir sur cellui buisson, ouquel estoit muissiez Canguis Kaan, ilz pensèrent que nul homme n'estoit là, et s'en partirent, disans s'aucun feust cy, cestui oisel ne se feust point assis cy. Cuidans que nulz ne fust en cellui buisson, si s'en partirent sans le aucunement cerchier en cellui buissonnet.

Comment Canguis Kaan revint à sa gent et leur conta la manière comment il estoit eschappés de mort.

Quant la nuyt vint, Canguis Kaan ala par destours et fist tant qu'il vint à sa gent, et leur compta tout ce que ly estoit avenu, et comment l'oisel s'assit sur le buisson où il estoit muciez, et pour ce, ses ennemis n'y cerchièrent mie. Les Tartars rendirent graces à Dieu, et dès lors en avant orent en révérence cellui oisel qui estoit appellé duc. Car chascun qui puet avoir de la plume de cellui oisel voulentiers la porte sur sa teste. Et j'ay fait mencion de ceste hystoire afin que l'en sache pour quoy tous les Tartars portoient la plume sur la teste. Canguis Kaan rendi graces à Dieu de ce qu'il estoit en telle manière délivrez.

De la seconde advision qui advint à Canguis Kan, et comment subjugua tous ses voysins.

Après assembla son ost et se combaty à ses ennemis et les desconfist et les mist tous en son servaige. Et conquist Canguis Kaan toutes les terres qui estoient de çà la montaigne de Belgian, et les tint tant que il vit une autre avision. Si comme il sera devisé cy-après. Quant Canguis Kaan ot conquise toute la seigneurie de toutes les contrées qui estoient de çà le mont de Belgian, une nuit li avint qu'il vit en avision autrefois le chevalier blanc. Et dist Canguis Kaan la volenté de l'immortel Dieu si est que doies passer la montaigne de Belgian, et conquerras les royaumes et les terres de diverses nacions, et auras sur eulx la seigneurie. Et à ce que tu saches que ce que je te dy soit de par l'immortel Dieu : Liève sus et va au mont de Belgian avec toute la gent. Et quant tu seras là venus où la mer est joingnant de la montagne, tu descendras et ta gent et t'agenoilleras. IX. fois vers orient et prieras le Dieu immortel que il te monstre voye d'aler, et il te monstrera la voye, et pourras passer toy et ta gent.

Comment Canguis Kan bailla à chascun de ses fils une sajette par exemple.

Quant Canguis Kaan fu esveilliés, il crut bien en la vision. Et tantost commanda à sa gent que ilz chevauchassent, car il vouloit passer le mont de Belgian. Dont ilz chevauchèrent tous tant qu'ilz vinrent à la mer. Et ne porent oultre passer, car il n'y avoit point de passaige, ne grant ne petit. Et tantost Canguis Kaan descendi de son cheval, et fist descendre toute sa gent, et s'agenouillèrent .IX. fois vers orient et prièrent le tout puissant immortel Dieu, qu'il leur démonstrast voie à passer. Toute cette nuit demourèrent Canguis Kaan et toute ses gent en oroisons. Et lendemain à matin Canguis Kaan vit que la mer estoit esloigniée de la montoigne .IX piés et avoit laissié belle voie et large. Quand Canguis et sa gent virent ceste chose, si s'esmerveillièrent moult et rendirent grâces à Dieu, si comme contiennent les hystoires des Tartars. Puis que Canguis ot passé la montaigne de Belgian, il trouva eaues et rivières et la terre déserte, tant qu'il vint en une contrée bonne, où il souffri grant mésaise lui et sa gent. Après ce trouvèrent bonnes terres et plantureuses de tous biens, par mains jours demourèrent en cellui pays à grant repos. Et si comme il plot à Dieu une grant maladie prist Canguis Kaan. Donc il fist venir devant soy .XII. enfans que il avoit, et leur commanda qu'ilz feussent toujours d'une volenté et d'un accort. Et leur donna un tel exemple. Il commanda que chascun portast une sajette. Et quant toutes les douze sajettes furent assemblées ensemble, lors commanda au premier filz que il preist toutes les sajettes et les rompist à ses mains. Et cellui les prist, et ne les pot rompre aux mains. Après les bailla au secont, et ne les pot rompre. Après commanda Canguis que les sajettes feussent départies, et commanda au plus petit de ses enfants que il preist une de ces sajettes par soy et que il la brisast, et l'enfant brisa toutes les sajettes. Alors se tourna Canguis vers ses enfants, et leurs dist pourquoy ne peustes vous desprécier les sajettes si comme je vous avoie commandé, et ceulx distrent pour ce que elles estoient tous ensemble. Et pourquoy les a despeciées cellui petit enfant? Et ilz respondirent pour ce que illes a despeciées à par soy. Lors dist Canguis Kaan tout ainsi avendra il de vous. Car tant comme vous serez d'une voulenté et d'un accort, vostre seigneurie dura tousjours. Et quant vous serez départis et descordans, tantost tournera vostre seigneurie à néant et ne pourra durer. Et maintes autres exemples et très bons commandemens donna Canguis à ses enfans et a ses gena lesquelz les Tartars gardèrent en grant révérence.

Comment Canguis Kan quant il vit que mourir lui convenoit fist ainsné filz empereur des Tartars et lui fist faire obéissance à son vivant.

Quant Canguis ot ce fait, véant qu'il ne pourroit longuement durer ne vivre, fist du plus saige filz que il eust et du meilleur, seigneur et empereour après lui. Et fist tant que trestous lui firent obéissance et le servirent comme leur seigneur naturel. Et fu ycellui filz appellé Hoctota. Après tout ce, le bon empereour et le premier trespassa de cest siècle. Et son filz Hoctota tinst la seigneurie après lui. Et avant que nous facions fin de cette hystoire de Canguis Kaan dirons nous comment les Tartars ont en grant révérence le nombre de .IX. Car en l'honneur des .IX. agenouillemens, et des .IX. piés que la mer s'esloingna de la terre fist chemin large de IX piés, dont ilz passèrent tous la montaigne de Belgian par le commandement de Dieu. Les Tartars ont le nombre de .IX. pour beneure. Dont cellui qui doit présenter au seigneur convient que il présente .IX. choses, se il veut que son présent soit receu gracieusement. Et tel est l'usaige des Tartars jusques aujourduy.

De Hatota Kan fils Canguis Kan qui fu le second empereur des Tartars et de ses III enfants et comment il les gouverna.

Octota Kaan qui fu empereour des Tartars après la mort de son père Canguis Kaan, homme vaillant bon et saige. Et sa gent l'amèrent moult, et luy portèrent foy et loyauté tousjours. Hoctota Kaan pensa de conquerre toute la terre d'Aise. Et avant qu'il se partist de la terre où il estoit, il vouloit congnoistre le povoir des rois qui estoient en Aise. Et vouloit savoir lequel estoit le plus puissant, pensant d'aler combattre premièrement à cellui, car il audoit légièrement venir à chief des autres, se il povoit le plus puissant conquerre. Donc Hoctota envoya un chevetaine saige et vaillant qui avoit nom Gebesabada, et envoya aveuc lui .X. mille combatans, et commanda que ceulx entrassent en la terre d'Aise por veoir la condition et l'estat de celle terre. Et se ilz trouvassent aucun puissant seigneur auquel ilz ne peussent contrester retournassent arrière. Sy comme Hoctota Kaan leur disoit fu il acompli, car le dit chevetaine avec les .X. mille Tartars entra en la terre d'Ayse et soudainement prenoit les citez et les terres, avant que les habitans s'en preissent garde, ne qu'ilz se peussent appareillier pour eulz combate ne deffendre. Tous les gens d'armes occioient, au peuple ne faisoient nul mal. Chevaulx, armes et vittailles prenoient tant comme leur estoit mestier. Et tant alèrent avant que ilz vindrent à la montaigne de Cocas. Et de celle montaigne de Cocas ne puet-on passer d'Aise la parfonde en Ayse la maiour, sans la voulenté du peuple duneate que le roy Alexandre fist fermer sur un destroit de mer qui touche à la montaigne de Cocas. Cette cité souspristrent ceulx. X. °° Tartars, en celle manière que las habitans de cette cité n'orent espace ne temps d'eulx deffendre. Donc pristrent celle cité et quanqu'ilz trovèrent mistrent à l'espée hommes et femmes. Après abatirent les murs pour ce que en leur retour ne trouvassent aucun destourbier. Ceste cité fu anciennement appellé Alixandre, mais ore la nomment Porte d'enfer. La renommée des Tartars ala par tout, dont il avint que le roy de Georgie qui avoit nom Yvanus assembla son ost et se combati contre les Tartars en une plaine qui est nommée Mogam. Longuement dura la bataille, mais en la fin les Georgiens se tournèrent en fuyte, et furent desconfis. Les Tartars si passèrent oultre tant qu'ilz vindrent à une cité de Turquie qui a nom Arseron, et attendirent que le souldan de Turquie feust près, et avoit assemblé son ost dont les Tartars n'osèrent passer avant, véans que ilz ne pourroient riens contre le soubdan de Turquie s'y retournèrent par autre voie à leur seigneur, lequel ilz trouvèrent à une cité qai a nom Amalech. Sy lui comptèrent tout ce que ilz avoient fait et ce que ilz avoient trouvé en la terre d'Ayse.

*Comment Hoctota Kan envoya ses trois filz en diverses
régions pour les conquerre et mettre en leur seigneurie.*

Quant Hoctota Kaan ot entendue la condicion et l'estat de la terre d'Ayse, il pensa que il n'y avoit prince qui peust avoir durée contre luy. Dont il appella trois filz qu'il avoit et à chascun donna grans richesces, et de gens d'armes grant quantité, et commanda que ilz entrassent en la terre d'Ayse, en conquérant les terres et les royaumes. Et commanda à son filz Jochi qu'il alast vers les parties d'occident jusques au fleuve de Phison. Au second filz qui ot nom Batho commanda il que il tenist son chemin vers septentrion. Au mendre qui ot nom Chascaday, commanda qu'il chevauchast vers midi. En celle manière départy ses trois enfans et les envoya pour conquerre les terres et les provinces. Après Hoctota Kaan eslargy son ost par les parties entour, si que l'un chief de son ost tinst jusques au royaume de Cathay, et l'autre chief jusques au royaume de Tharse. En celles parties les Tartres apristrent lettres, car avant ilz n'avoient nulles lettres. Et pource, les habitans de celle contrée estoient tous ydolastres. Les Tartars commencièrent à aourer les ydoles. Mais tout adès confessoient le Dieu immortel plus grant que tous les autres.

*Comment le dit empereur Hoctota Kan envoya son filz
Batho ès Turquie à tout XXX m.*

Après ce, l'empereur Hoctota Kaan donna à un sien filz qui avoit nom Batho, trente mille Tartars qui estoient nommez Tanachy, qui est à dire conquereurs, et leur commanda qu'ilz alassent par celle voye, que avoient tenus les .X. mille Tartars dessus nommez. Et ne deussent arrester en nulle terre jusques à tant que ilz venissent au royaume de Turquie. Et leur commanda qu'ilz essaiassent se ilz pourroient combatre au soubdan de Turquie. Et se ilz veoient que le povoir du soudan feust trop grant demeurassent sans combatre à lui. Et feissent tant à cellui de ses enfans qui plus près d'eulx seroit que il leur donnast ayde de gens d'armes, et après pourroient-ilz commencier la bataille. Batho avec XXX mille Tartars ala tant par ses journées qu'il vint au royaume de Turquie. Et là entendi que cellui soudan qui avoit chacié les .X. mille Tartars estoit mort, et après lui avoit esté fait un sien filz seigneur qui ot nom Guiacadin. Cestui Soubdan ot grant doubtance de la venue des Tartars. Dont il assembla et souldoya gens de toutes langues qu'il pot avoir, barbarins et latins qui orent deux chevetaines, dont l'un ot nom Jehan de la Laumace qui fu du l'isle de Chippre, et l'autre ot nom Boniface de Moulins qui fut de la cité de Venisse.

Comment les Tartars desconfirent le soubdan de Turquie et toute sa gent.

Quant le soubdan de Turquie ot assemblé son ost de toutes pars, il vint et se combati aux Tartars, en un lieu qui est nommez Cosadach. Grant fu la bataille et assez en y ot de mors d'une part et d'autre. Mais en la fin, les Tartars orent la victoire et entrèrent en la terre de Turquie et la conquistrent, en l'an nostre seigneur mil. III^c X L III. Après ce pou de temps Hoctota Kaan l'empereur des Tartars mourut. Et fu fait seigneur après lui un sien filz, qui ot nom Guiot Kaan. Cestui Guiot Kaan vesqui pou de temps. Après fu fait seigneur un sien cousin qui ot nom Mango Kaan qui moult fu vaillant et saige, et assez conquist terre et seigneurie. En la fin, si comme à grant cuer entra en la mer pour aler au royaume de Cathay. Et comme il assegast une ville laquelle il vouloit prendre par mer, les gens de celle terre qui sont engigneux, mandèrent hommes noirs, et ceulx entrèrent dedens l'eaue, dessoubs le vessel où estoit Mango Kaan. Et demourèrent tant dedens l'eaue qu'ilz percièrent le vessel en maintes lieux. L'eaue entra dedens le vessel et Mango Kaan ne se prist garde jusques à tant que le vessel fust plain, et s'en ala au fons de l'eaue ; et ainsi Mango fu noiez l'empereur des Tartars. Ses gens s'en retournèrent et firent seigneur son frère, Cobila Kaan qui tinst la seigneurie des Tartars. Xlij. ans. Et fu crestien et aferma une cité qui est appellée « Joing, » qui est plus grant que Romme. Et en celle cité demoura Cobila Kaan, qui fu le Ve empereur des Tartars jusques à la fin de sa vie. Et laissons à parler de Mango Kaan, et retournerons à parler des enfans Hoctota Kaan, et de Halcon et de ses hoirs et aussi de ses œuvres.

Comment Jothy, l'ainsné filz Hoctota Kaan, conquist le royaume de Turquesten et passa la mer et ala jusques flun Phison.

Jothy le premier filz Hoctota Kaan chevaucha vers occident avec toute sa gent que son père lui avoit donnée et conquist le royaume de Turquestan et de Perse la meneur et ala jusques au flun Phison, et trouva celles contrées bonnes et plantureuses de tous biens. Et demoura en celle terre en paix et en repos, et fu moultepliés de grans richesses. Et jusques aujourduy les hoirs dudit Jothy ont tenue la seigneurie de celle terre, et sont d'eulx tenans ceulx qui tiennent celle terre. L'un est appellé Chapar et l'autre Tochay, et sont frères et vivent en paix et en repos.

De Batho le second filz, Hoctota Kaan, vint jusques ou règne de Comanie.

Batho le second filz Hoctota Kaan, avec sa gent que son père lui ot donnée, chevaucha vers les parties de septentrion et tant fist que il vint ou royaume de Comanie. Le roy de Comanie auda bien deffendre sa terre. Si assembla son ost et se combati aux Tartars, mais en la fin les Comains furent desconfis. Et fuirent les Comains jusques au royaume de Honguerie. Et encores aujourduy sont mains Comains habitans ou royaume de Honguerie. Après ce que Batho ot chaciés les Comains hors du royaume de Comanie, il entra ou royaume de Roussie, et le prist, et conquist la terre Gezere et le royaume de Burgarie. Après chevaucha jusques au royaume de Honguerie, et là trouva aucuns Comains et les prist. Après ce, les Tartars passèrent vers Alemaigne par la duché d'Osteriche. Les Tartars audèrent passer par un pont qui y estoit, mais le duc d'Osteriche fist le pont garnir, et ainsi ne porent les Tartars passer oultre. Et quant

Batho vit que il ne povoit passer le pont, il se mist au noer dedens l'eaue, et commanda à sa gent que ilz passassent à noer. Dont il mist soy et sa gent en péril, car avant qu'ilz peussent passer, son cheval fu si travailliés qu'il n'en pot plus, et fu noiez Batho et grant partie de sa gent dedens le flun avant qu'ilz peussent passer oultre ne venir en l'autre rive. Quant les Tartars qui encores n'estoient entrez en l'eaue virent leur seigneur Batho, et leurs compaignons noiez et tristres s'en retournèrent au royaume de Roussie et de Comanie, ne oncques puis les Tartars n'entrèrent en Alemaigne. Les hoirs dudit Bacho tiennent la seigneurie dudit royaume de Corasme et du royaume de Comanie, et du royaume de Roussie. Et cellui qui en est seigneur fu le second filz de Hoctota Kaan et est appellez Chacaday.

De Chacaday le tiers filz Hoctota Kaan empereur.

Chacaday le tiers filz Hoctota Kaan avec la gent que son père ly avoit donnée chevaucha vers mydy, et vint jusques aux parties d'Ynde la meneur, et trouva terres désertes et habandonnées. Il ne pot passer, ains perdy sa gent et de ses bestes assez. Après il tourna vers occident et fist tant qu'il vint à Jochy son frère, et lui compta ce que lui estoit avenu. Jochy reçut son frère et sa compaignie benignement, et leur donna parties de ses terres qu'il avoit conquises. Et, tout adès ont esté après ce ensemble les. II. frères et les hoirs en bonne paix. Et cellui qui ores en est seigneur si a nom Bareah.

Cy devise comment Mango Kaan manda son frère Halcon pour recouvrer la Terre-Sainte, et destruire le califde Baldach à la requeste du Roy d'Armenie, le Roy Haiton de bonne mémoire.

En l'an Nostre Seigneur. mil. cc. lIII. messire Hayton roy d'Arménie de bonne mémoire, véant que les Tartars avoient conquis les royaumes et contrées jusques au royaume de Turquie prist conseil d'aler au roy des Tartars, et d'acueillier sa bien vaillance et s'amitié. Le roy d'Armenie par le conseil de ses barons manda son frère avant qui ot nom missire Symbatat, connestable du royaume d'Armenie. Dont le connestable ala au royaume des Tartars et au seigneur Mango Kaan et lui porta de riches présens. Moult fu receux courtoisement et acompli bien les besoingnes pour lesquelles le roy d'Armenie l'avoit envoyé vraiement. Il demoura quatre ans ains qu'il retournast en Armenie. Après ce que le connestable fu retourné et ot compté à son frère le roy d'Armenie ce qu'il avoit fait et qu'il avoit trouvé. Tantost s'appareilla le roy et s'en alèrent lui et sa gent céléement par la Turquie, pour ce qu'il ne vouloit pas estre congneus, et trouva un chevetaine des Tartars qui avoit desconfist le soubdan de Turquie. Le roy se fist congnoistre à cellui prince des Tartars, et lui dist comment il aloit à l'empereur. Dont ledit chevetaine lui donna compaignie, et le fist convoier jusques à la porte de fer. Après trouva le roy autre compaignie qui le conduist jusques à la cité de Melch, et là estoit Mango Kaan l'empereur des Tartars, qui fu moult liez de la venue du roy d'Armenie, et le receut moult honnourablement, et li fist de grans dons et de grans graces. Après ce que le roy d'Armenie ot demouré aucuns jours, il fist ses péticions et requist à l'empereour sept choses. Premièrement requist à l'empereour que lui et sa gent devenissent crestiens, et qu'ilz se feissent baptizier. Après requist que perpétuelle paix et amour se fist et feust fermée entre les Tartars et les crestiens. Après requist que toutes les terres que les Tartars avoient conquises et conqueroient, les églises des crestiens et les prestres et les personnes religieuses feussent frans et délivrés de tous servaiges. Après requist le roy à Mango Kaan, donner ayde et conseil de délivrer la Terre-Sainte des mains des Sarrazins et rendre celle aux crestiens. Après requist qu'il deust donner commandement aux Tartars qui en la Turquie estoient qu'ilz aidassent à destruire la cité de Baldach, et le calif qui estoit chief et enseigneur de la fausse loy Mahommet. Après requist previlège et commandement de povoir avoir ayde de ceulx Tartars qui seroient plus près du royaume d'Armenie quant il les requerroit. La septièsme requeste fu toutes les terres que les Sarrazins avoient tolues qui estoient d'Armenie, qui après estoient parvenues aux mains des Tartars, ou qui vendroient, lui deust rendre franchement et quittement. Et ensemblement que toutes les terres que le roy d'Armenie peust conquerre contre les Sarrazins, qu'il les peust avoir et tenir sans contredit des Tartars en paix et en repos.

Comment Mango Kaan ottroya au roy d'Armenie toutes ses requestes, et lui promist aide et confort contre ses ennemis.

Quant Mango Kaan ot entendues les requestes du roy d'Armenie devant ses barons et toute sa court respondi et dist : Pour ce que le roy d'Armenie de longtaines terres est venus en nostre empire de sa bonne voulenté, digne chose est que nous facions acomplir toutes ses prières. A vous, roy d'Armenie, disons : Nous qui sommes empereours, nous ferons baptizier premièrement, et croirons la foy de Crist. Et ferons baptisier tous ceulx de nostre hostel, et tendrons tous cette foy, que tiennent huy les crestiens. Aux autres, conseillerons qu'ilz facent ce meismes, mais force ne leur ferons nous mie, car la foy ne veult avoir force nulle. A la seconde requeste, nous respondrons que nous voulons que paix et perpétuelle amistié soit entre les crestiens et les Tartars ; mais nous voulons que vous soiez plèges que les crestiens tendront bonne paix et bonne amistié vers nous, comme nous ferons vers eulx. Et voulons que toutes les églises des crestiens, les prestres, les clercs et tous autres de quelconque condicion qu'ilz soient, séculiers ou religieux, soient frans et delivrez de tous servaiges et qu'ilz soient sauvez et gardez sans molesté faire en personne ne en avoir. Sur le fait de la Terre-Sainte disons-nous, que nous yrons voulentiers en personne pour la révérence de nostre Seigneur Jhésu-Crist. Mais pour ce que nous avons moult à faire en ces parties, nous commanderons à nostre frère

Halcon qu'il aille acomplir ceste besoigne, et délivrera la Terre-Sainte du povoir des Sarrazins et la rendra aux crestiens. Et manderons nostre commandement à Bacho, et autres Tartars qui sont en Turquie, et aux autres qui sont en celles contrées, qu'ilz obéissent à nostre frère Halcon. Et il yra prendre la cité de Baldach, et destruyra le calif comme nostre mortel ennemy. Du previlège que le roy d'Armenie requiert sur le fait d'avoir ayde des Tartars, nous voulons que le previlège soit devisé tout à sa voulenté, et nous le commanderons et confermerons. Et des terres que le roy d'Armenie requiert à luy estre rendues, nous l'ottroions voulentiers et commanderons à nostre frère Halcon que à luy doie rendre toutes les terres qui furent de sa seigneurie. Et luy donrons toutes celles qu'il pourra conquerre contre les Sarrazins. Et de grâce espécial ly donnons les chasteaux qui sont près de sa terre.

Comment Mango Kaan se fist baptisier à la requeste du roy d'Armenie.

Quant Mango Kaan ot acomplies toutes les péticions du roy d'Armenie, tantost se fist baptisies par un évesque qui estoit chevalier du roy d'Armenye, et fist baptizier ceulx de son hostel, et furent baptizier plusieurs hommes et femmes. Après ordonna les gens d'armes qui devoient suivre son frère Halcon. Dont Halcon et le roy d'Armenye à grant compaingnie de gent chevauchièrent tant qu'ilz vindrent au flun Phison. Et avint avant qu'ilz passassent six mois. Car Halcon occupa tout le royaume de Perse. Et prist toutes les contrées et toutes les terres où demeurent les Assasins qui sont gens sans foy et sans créance, sauf ce que leur seigneur, lequel sy est nommez le viellart de la montaigne, leur enseigne à croire ; de tant sont obéissans à leur seigneur que ilz se mettent à mort à son commandement. En celle des assasins avoit un fort chastel bien garni de toutes choses, qui avoit à nom Tigado. Halcon commanda à un chevetaine des Tartars qu'il assegast cellui chastel, et ne se partist du siége jusques à tant qu'il eust pris cellui chastel. Dont les Tartars demourèrent au siége dudit chastel sans partir, XX.VII. ans. Quant Halcon entendoit à prendre cellui chastel, le roy prist congié de Halcon, et retourna en Armenye après trois ans et demy, sains et entiers, Dieu mercy, par la grâce de Dieu.

Comment Halcon prist la cité de Baldach et fist mourir de faim le calif pour l'amour du trésor qu'il avoit assemblé et ne s'en estoit point voulu aidier.

Après ce que Halcon ot ordonné la garde du royaume de Perse, il s'en ala en une délittable contrée qui ot nom Soloth et là demoura trèstout leste en grant repos. Quant l'air fu refroidis, Halcon chevaucha et asséga la cité de Baldach, et le calif qui estoit maistre et enseigneur de la fausse loy Mahommet. Quant il ot assemblé son ost, il fist envayr la cité de Baldach de toutes pars, et tant fist qu'il la prist par force. Quanque les Tartars trouvèrent dedens d'ommes et de femmes mistrent à l'espée. Le calif fu amené vif devant Halcon. Et tantes richesces furent trouvées en la cité de Baldach que ce fu merveilles à resgarder. Donc Halcon commanda que le calif feust amené devant lui. Et fist apporter tout son trésor devant lui. Et lors dist au calif : « Congnois-tu que cestui trésor fu tien. » Et cellui respondit « oïl. » Adonc ly dist Halcon : « Et pourquoy ne faisoies-tu bon ost, et eusses deffendu ta terre de nostre puissance. » Et le calif respondi qu'il cuidoit que vielles femmes seullement estoient souffisables à deffendre la terre. Et lors dist Halcon au calif de Baldach pour ce que tu es maistres et enseigneurs de la loy Mahommet nous te ferons paistre de ces précieuses richesses que tu as tant amées en ta vie. Et commanda Halcon que le calif feust mis en une chambre, et que devant lui feussent mis de ses richesses, et qu'il en mengast se il vouloit. Et en telle manière feny cellui meschéant calif sa vie, et oncques puis ne fu calif en Baldach. Quant Halcon ot prist la cité de Baldach, et le calif et toutes les contrées d'entour, il reparty les seigneuries, et mist en chacune seigneurs et baillifs appellez et gouverneurs si comme il lui plot. Et fist moult honnourer les crestiens, et les Sarrazins fist mettre en servaige. Une moillier qui ot nom Descotacon, qui estoit bonne crestienne, et estoit du lignaige des trois roys qui vindrent aourer la nativité Nostre Seigneur. Ceste dame fist réédifier toutes les églises des crestiens, et fist abatre tous les temples des Sarrazins. Et les fist mettre en si grant servaige qu'ilz ne s'osoient apparoir.

Comment Halcon prist la cité de Halap et conquist la Terre-Sainte jusques au désert du royaume d'Egipte, et prist la cité d'Alappe et femme et enfans.

Quant Halcon se fu reposez ly et sa gent en la cité de Rohais, il manda le roy d'Armenye qu'il venist à luy, car il entendoit à aler délivrer la Terre-Sainte et la rendre aux crestiens. Le roy Halcon, de bonne mémoire, si fu moult liez de cestui mandement, et grant ost assembla de vaillans hommes à pié et à cheval. Car en cellui temps le royaume d'Armenie estoit en si bon estat qui faisoit. XII. mille hommes à cheval et douze mille à pié, et j'ai ce veu en mon temps. Quant le roy d'Armenie fu venus, il ot parlement et conseil sur ce fait de la Terre-Sainte avec Halcon. Et dist le roy Halcon : « Sire, le soubdan de Halappe tient la seigneurie du royaume de Syrie. Et puis que vous voulez recouvrer la Terre-Sainte, à moy semble le meilleur d'assegier premièrement la cité de Halappe qui est la maistre cité du royaume de Syrie, car se l'en puet prendre la cité de Halappe les autres seroient moult tost occupées. » Et moult plot bien à Halcon le conseil au roy d'Armenie, dont il fist assegier la cité de Halappe qui moult estoit forte et mince. Mais les Tartars pristrent la cité par mynes qu'ilz firent dessoubs terre, et par autres engins et par force, en Ix. jours vraiement. Et non pas la cité seullement, mais le chastel qui estoit emmy la cité se deffendy. XI. jours, puis que la cité fu prise. Maintes richesces trouvèrent les Tartars en la cité de Halappe. Et fu prise Halappe et après tout le royaume de Syrie, en l'an Nostre Seigneur mil. cc. LX. Quant le soubdan de Halappe qui estoit ores à Damas entendi que la cité de Halappe estoit prise par les Tartars, et avoient prise sa femme et ses enfans, il ne sot mettre conseil en ly, fors qu'il vint en la mercy de Halcon, et cuida par ce que Halcon li rendist sa femme et ses enfans et une partie de sa terre. Mais Halcon manda le soubdan et sa femme et ses enfans ou royaume de Perse, pour ce qu'il feust seur de lui. Et après ce Halcon départi grans richesces à ses gens, et au royaume d'Armenie en donna il grant partie. Et il donna de ses terres et chasteaux qu'il avoit acquis pluseurs et de ceulx meismement qui estoient plus près de la terre d'Armenie. Dont le roy fist ses chasteaux garnir de sa gent. Après Halcon manda le prince d'Antioche, qui estoit gendre au roy d'Armenie, et ly fist grant honneur et grâces assez. Et ly fist rendre toutes les terres de sa princée qu'il avoit tolues aux Sarrazins.

Comment Halcon après ce qu'il ot nouvelles de la mort son frère s'en retourna en Perse.

Après ce que Halcon ot ordonné ce qui faisoit mestier entour la cité de Halappe, et de Damas et des autres terres d'entour, lesquelles il avoit conquises contre les sarrazins, si comme il entendoit à entrer ou royaume de Jhérusalem pour délivrer la Terre-Sainte et rendre celle aux crestiens. Et vées-cy venir un messaigier qui lui apporta nouvelle comment Mango Kaan, son frère, estoit trespassez de cest siècle. Et comment les barons le quéroient pour le faire empereur. Quant Halcon ot entendues ces nouvelles, il fu moult doulant de la mort de son frère. Et par le conseil de sa gent laissa un sien baron qui avoit nom Garboda avec dix mille Tartars, pour garder le royaume de Syrie. Et manda que toutes les terres qui avoient esté des crestiens leur feussent rendues. Après s'en tourna vers orient, et laissa un sien filz à Toris, qui avoit nom Agala. De là s'en party Halcon et vint par ses journées au royaume de Perse. Et sur ce, nouvelles li vindrent comment Cobila son cousin estoit fait empereur.

Des merveilles qui vindrent à Halcon par lesquelles il s'en retourna à Thoris, et comment Bartha fist bataille contre Halcon et comment il furent noiez.

Quant Halcon entendi cest nouvelles, il ne voult aler plus avant et retourna à Toris où il avoit lessié sa messniée et son filz. Sy comme Halcon demouroit à Toris et nouvelles luy vindrent que Bartha qui lors tenoit la seigneurie que Bacho tenoit, qui fu noyez ou flun d'Osteriche, venoit pour entrer en la terre Halcon. Adonc Halcon assembla son ost et vint contre ses ennemis. Grant fu la bataille et malostrue; sur un flun glacié entra la gent Halcon, et la gent Bartha; pour la grant pesanteur des bestes et des hommes la glace rompi, et furent noiez plus de .XXX. mille Tartars. A tant s'en retournèrent les uns et les autres sans plus faire chascun courrouciez et dolans de la perte de ses amis.

Comment Garboda fist abattre les murs de la cité de Saiette par leur trahison.

Garboda lequel Halcon avoit laissié avec dix mille Tartars ou royaume de Sirie et aux parties palestines, tinst la terre en paix et moult honnouroit et amoit les crestiens, car il estoit du lignaige des trois roys d'Orient qui vindrent aourer la nativité de Nostre Seigneur en Béthléem. Garboda se travelloit de recouvrer la Terre-Sainte. Et le déable va semer une grant discorde entre ly et les crestiens qui estoient des parties de Saiète, car en la terre de Belfort qui estoit de la seigneurie de Sayète estoient pluseurs villes où Sarrazins habitoient, rendans treus aux Tartars, dont il avint que la gent de Sayète et de Belfort s'asemblèrent et coururent et desrobèrent celles villes, et de ceulx Sarrazins aucuns en occistrent, autres en menèrent en prison. Un nepveu de Garboda qui estoit en celle contrée, et couru après ces crestiens avec un pou de compaignie à cheval. Et comme il les blamassent de ce que il avoit fait. Et voulsist tollir la proie que ceulx amenèrent. Aucuns crestiens d'iceulx li coururent sus et l'occistrent. Quant Garboda entendi que les crestiens de Sayète avoient occis son nepveu, il chevaucha à toute sa gent, et vint en Saiette et tous ceulx qu'il trouva des crestiens mist à l'espée. Voirement les gens de Saiète s'en fouyrent en l'isle, dont pou en furent mors. Garboda fist mettre Saing à la cité et fist abatre une partie des murs, ne oncques puis n'y ot Garboda féaulté ès crestiens de Syrie.

ne ceulx de luy. Après furent ces Tartars cachiés du royaume de Syrie par le povoir du Soudan d'Egypte, si comme sera devisé cy-après.

Comment le Soudan se combati contre les Tartars et les vainqui.

En cellui temps que Barcha mouvoit guerre à Halcon, si comme nous avons dit dessus, le soudan d'Egypte assembla son ost, et s'en vint aux contrées de Palestine, en un lieu qui est nommez Haymaloth où il se combati aux Tartars, lesquelz ne povoient souffrir le povoir du soudan. Dont ilz tournèrent à Syrie, et leur chevetaines Garboda avoit nom, qui fu mors en la bataille. Les Tartars qui eschappèrent de celle desconfiture alèrent en Arménie.

Dès adonc le royaume de Syrie tourna ou povoir du roy d'Egypte, fors que aucunes citez près de la marine, lesquelles les crestiens tenoient.

Comment Halcon manda au roy d'Armenie et autres crestiens pour luy aidier.

Quant Halcon ot entendu que le soudan d'Egypte estoit entrez ou royaume de Syrie, et qu'il avoit chastié sa gent et morte, il assembla son ost et manda au roy d'Armeuye, et au roy de Georgie, et aux autres crestiens des parties de Syrie, qu'ilz feussent appareilliez d'aller avecques lui contre le soudan d'Egypte. Après ce que Halcon ot fait tout son atournement pour aler ou royaume de Syrie. Et une griève maladie le surprist qui le tinst .XV. jours et mourut, et ainsi fu destourbée la voye de la Terre-Sainte par la mort de Halcon. Après son filz Abaga tinst la seigneurie de Halcon. Cestui Ambaga voult que Embila l'empereur son oncle li confermast la seigneurie. Et Embila Kaan fist ce voulentiers, car il savoit bien que Abaga estoit le plus saige et le meilleur filz que Halcon eust. Ainsi fu appellez Abagan Kaan. Et commença sa seigneurie en l'an Nostre Seigneur mil. cc. LXIIII.

Comment Abaga ne voult estre crestiens après la mort, son père, ains fut ydolatre par quoy il ne pot envaïr le Soudan de Syrie ne subjuguer en nulle guise.

Habaga Kaan fu moult preus et sa seigneurie gouverna moult saigement. Et moult fu eureux en toutes choses fors que tant que il ne voult devenir crestien. Si, comme avoit esté son père Halcon. Ains fu ydolastres. Et l'autre chose que tout adès ot guerre à ses voisins. Et pour ce il ne pot envaïr le soudan d'Egipte. Car pour ceste raison cy le royaume d'Egypte fu longtemps en paix. Et tous les sarrazins qui povoient eschapper du povoir des Tartars s'en fuioient en Egypte, dont le povoir du soudan d'Egypte crut moult. Le soubdan d'Egypte fist encores une autre soubtilté, car il manda par ses messaigés aux Tartars qui ou royaume de Comanie estoient et de Roussie et fist avec eulx compaignie et amistié. Et ordonna que se Abaga vouloit entrer en la etrre d'Egipte qu'ilz li courussent sa terre et li meussent guerre. Et par ceste composition, le soudan si ot grant joye d'avoir les terres des crestiens de la Syrie. Et pour ce perdirent les crestiens la cité d'Antioche et pluseurs autres, si comme il se contient plainement ou livre des conquestes de la Terre-Sainte.

Comment le soudan d'Egypte desconfist les deux enfans au roy d'Armenie.

Bendonadar qui estoit soubdan d'Egipte fu moult esmens et puissant. Il manda son ost en Armenye, le roy estoit alez aux Tartars. Mais les deux enfans assemblèrent l'ost d'Armenye qui lors estoit de grant povoir, et vindrent contre les ennemis et se combatirent à eulx. La bataille fu moult grant, mais en la fin les crestiens furent desconfis. Et des deux enfans li uns fu pris vifs, et l'autre fu mors en la bataille. Les sarrazins entrèrent ou royaume et tout le plain d'Armenie gastèrent. De ce fu moult abaissié le povoir des crestiens, et la puissance des sarrazins moult essaucié. Quant le roy d'Armenie ot entendu les nouvelles de ses enfans et de sa terre, il fu moult doulans et pensa comment il pourroit faire dommaige à ses ennemis. Dont il vint à Abaga et aux autres Tartars, priant et requérant les qu'ilz venissent en l'ayde des crestiens. Assez se traveilla le roy, mais Abaga, si cessa pour ce qu'il avoit guerre à ses volsins. Le roy regardant qu'il ne povoit si tost avoir aydè des Tartars, manda ses messaigés au soubdan d'Egypte, et forma trèves avecques luy affin qu'il peust traire son filz de prison. Et le soubdan fist avec le roy fermances, que le roy ly feist rendre un sien compaignon qui avoit nom Sangolagar, lequel tenoient les Tartars, et li voulsist rendre les chasteaux de la terre de Halappe qu'il tenoit, et il rendroit son filz au roy. Tant se traveilla le roy d'Armenye, que les Tartars luy donnèrent Sangolagar, le compaignon du soubdan dessus nommé, et le roy le rendist au soubdan. Et luy rendi le fort chastel Terpassach, et autres deux chasteaux fist abatre à la requeste du soubdan. Et en telle manière, le filz au roy d'Armenie Baronlynom fu délivrez de la prison des sarrazins. Après ce que le roy Hayton, de bone mémoire, qui grans biens avoit fais en la crestienté en sa vie, donna son royaume et sa seigneurie à son filz Baronlynom dessus nommé, et laissant les pompes de cestui siècle, et prist habit de religion, et changea son nom selonc l'usaige des Armins et fu nommez Makaires. Après ce, mourut le roy Hayton moisnes en l'an Nostre Seigneur. M. CC. LXX.

Comment Abaga fist mengier la chair de Parvana.

Ly filz du roy Hayton Baronlynom fu saiges et vaillans et gouverna son royanme et sa seigneurie saigement. Moult fu amez de sa gent, et les Tartars luy portèrent grant honnour. Moult se traveilloit le bon roy Baronlynom, et de dommagier les sarrazins par les Tartars. Et souvent par ses messaigés se monnoit Abaga qu'il venist pour recouvrer la Terre-Sainte, et confondre le povoir d'Egypte. En cellui temps avint que le soubdan d'Egypte entra avec tout son povoir ou royaume de Turquye, et occist et chaça tous les

Tartars qui là estoient et prist terres et citez pluseurs. Car un traiteur que Abaga avoit fait chevetaine de Turquye, qui ot nom Pervana se révela et fist obédiance au soubdan d'Egypte, et se penoit de chacier les Tartars hors de la Turquye. Quant Abaga entendi ces nouvelles il assembla son ost et chevaucha hastivement. Si que de .xl. jours ne fist que .xb. et vint en la Turquye. Quant le soubdan sçot la venue des Tartars, il ne l'osa attendre, ains s'enparty hastivement. Et Abaga manda sa gent avant et après que le soubdan ne peust retourner au royaume d'Egypte. Les Tartars ataindrent la dernière partie des sarrazins en un lieu qui est nommez le Pa-blanc, et se fièrent en l'ost d'iceulx et en pristrent deux mille à cheval et gaingnèrent grans richesses. Et entre ce pristrent .V. mille maisons des Cordins qui estoient en celles parties. Et Abaga fu conseillié qu'il n'entrast en la terre d'Egypte pour la grant chaleur qui faisoit lors, et pour les chevaulx qui estoient trop traveilliez. Dont Abaga retourna en Turquie et prist les terres et les citez qui s'estoient revellez et tant fist qu'il prist Parvana et tantost selon la manière des Tartars le fist trenchier par my. Et commanda que en toutes ses viandes qu'il deust mengier feust mise de la char Parvana et Abaga en menga et en fist mengier à sa gent. Et telle vengence prist Abaga du trayteur Parvana dessus dit.

Comment Abaga offry et voult donner au roy d'Armenie la seignourie de Turquie et il la refusa.

Quant Abaga ot prises toutes les terres qui avoient esté revellées, et ot ordonné ou royaume de Turquie tout son plaisir, il fist appeller devant soy le roy d'Armenye, et ly offry le royaume de Turquye, à le tenir tout à son plaisir. Pour ce que le roy d'Armenye et ses ancesseurs avoient esté tousjours loyaulx envers les Tartars. Le roy d'Armenye si comme saige mercya moult Abaga de si grant nom, et s'excusa qu'il ne pourroit souffire au gouvernement de deux royaumes. Car le soubdan d'Egipte se penoit moult de grever le royaume d'Armenye. Et conseilla le roy d'Armenye à Abaga qu'il ne donnast la seigneurie de Turquie à aucun sarrazin. Cestui conseil plot moult à Abaga, et ne voult que nul sarrazin eust seigneurie en la terre de Turquie.

Des requestes que fist le roy d'Armenie à Abaga et de la réponce d'icelui Abaga.

Après le roy d'Armenie pria et requist à Abaga, que il li pleust à aler, ou mander son frère à délivrer la Terre-Sainte, des mains des Sarrazins, et que il la rendist aux crestiens. Abaga promist qu'il feroit ce moult voulentiers. Et commanda au roy d'Armenye que il mendast au pape et aux autres roys et seigneurs des crestiens d'Occident, que ilz viengent, ou mandent de leur gent à l'ayde de la Terre-Sainte. Ad ce que ilz tenissent et gardassent les terres et les citez, puis qu'ilz les conquerroient, dont le roy d'Armeny se party et retourna en sa terre, et tantost manda ses messaigés au pappe et aux roys et autres seigneurs d'Occident. Et quant il ordonne ou royaume de Turquie ce qu'il es- couvenoit, il vint ou royaume de Corasten où il avoit laissié sa mesniée. Bendocdar qui avoit receu dommaige fu enbruvrez de vin si comme il retournoit en Egypte et ne pot retourner vif en la cité de Damas. De la mort de Bendocdar furent moult liez les crestiens et les sarrazins en orent grand dueil, car il avoit esté vaillant homme d'armes. Après lui fu soubdan d'Egipte, le filz Bendocdar qui avoit nom Mellecsait. Pou de temps y demoura, car il fut chaciez de la seigneurie. Et en fu soubdan un qui avoit nom Elsy.

Comment Abaga manda l'aide de son frère Mangadamor avec xxx. mile et comment luy et le roy d'Armenie conquèsterent Sirie.

Quant le temps et la saison vint que Abaga pot chevauchier pour entrer en la terre d'Egipte, manda premièrement Mangadamor avec xxx. mille Tartars. Et manda qu'ilz occupassent le royaume de Syrie, et il chevaucheroit après. Et se le soubdan venist contre eulx que vigeureusement se combatissent à luy. Et se le soubdan n'osoit venir à la bataille, il commanda qu'ilz occupassent les terres et les citez, et les livrassent à garder et à tenir aux crestiens. Mangadamor chevaucha à tout .XXX. mille Tartars que Abaga son frère luy ot donnez. Et le roy d'Armenie mist en sa compaignie avec grant gent à cheval. Quant Mandagamor et le roy d'Armenye entrèrent ou royaume de Syrie, ilz alèrent gastant les terres des Sarrazins jusques à la cité de Hames qui est nommée la Chalemele, et est ou milieu du royaume de Syrie. Devant celle cité est une plaine belle, et là estoit le soudan à tout son povoir. Les Sarrazins d'une part, les crestiens et les Tartars de l'autre. Et commencièrent à batailler. Le roy d'Armenie qui conduiso la destre partie de l'ost, assembla tout premier à la senestre partie de l'ost des sarrazins et les desconfist et les chaça oultre la cité de Hames, trois lieues et plus. Et le connestable des Tartars qui avoit nom Balmachleth assembla à la destre partie de l'ost des Sarrazins et les desconfist, et ala chascun jusques à une cité qui est nommée Thara. Mangadamor qui fu demouré ou champ vit venir une rote de Beduins. Sy se mist en povoir grant comme cellui qui oncques n'avoit bataillié, voire sans raison departy ou champ de la victoire. Et laissa le roy d'Armenie et son connestable qui estoient alez après les ennemis. Quant le soubdan vit que les Tartars estoient partis du champ, il se traist sur un Tartre avec .IIII. mile hommes à cheval. Quant le roy d'Armenie retourna de la desconfiture, et il ne trouva Magadamor, il fu moult esbahy. La voie sçot où il aloit, il chevaucha après à Malech. Le connestable demoura deux jours en attendant son seigneur Mangadamor, il fu moult esbahys quant il ne vint. La voye sçot où il aloit, et quant il ot sceu qui s'en aloit, il chevaucha après à tout sa gent jusques à tant qu'il fu venus au flun d'Eufrates, et ne pot atandre Mangadamor. Ainsi par la deffauté Mangadamor, laissièrent le champ de la bataille dont ilz avoient la victoire. Les Tartars s'en retournèrent en leurs contrées. Mais le roy d'Armenie souffry adoncques grant travail et grant dommaige de sa gent. Car pour la longue voye et pour la faulte de la viande, les hommes et les bestes furent sy retrens qu'ilz ne porent aler. Dont ilz partirent et alèrent par divers chemins. Sarrazins estoient qui habitoient en celles contrées qui assez pristrent et occistrent des crestiens. Dont la greigneur partie au roy d'Armenye fu perdue, et les gentilz hommes près que tous furent mors. Ceste mésaventure vint en l'an Nostre Seigneur .mil. IIII XX et II.

Comment Abaga Kan et son frère furent empoisonnez traitreusement et moururent.

Quant Abaga ot entendues ces nouvelles, il manda tantost à ses barons qu'ilz veinssent à lui. Et ainsi assembla Abaga grant ost entendant ou royaume d'Egipte entrer. Mais il avint que un Sarrazin vint ou royaume de Perse, et tant fist et donna à autres familliers de Abaga, que ilz donnèrent mortel venin à Abaga, et à son frère Mangadamor et ne vesquirent que .VIII. jours. Et mourut Abaga Kaan en l'an Nostre Seigneur. mil deux cens. IIII xx. et deux.

Comment Tangsdar tint la sette des Sarrazins et se fist appeller Mahommet et fist abatre toutes les églises des crestiens.

Après la mort Abaga Kaan s'assemblèrent les barons, et ordonnèrent un frère de Abaga Kaan qui avoit nom Tangotdar. Cest Tangotdar estoit le plus grand des joues que les autres frères n'estoient. Quant il fu enfant il fu appellé Nicole. Mais après ce qu'il fu fait seigneur, tinst il la compaignie des Sarrazins et se fist appeller Mahommet Kaan. Il mist son entendement tout à faire convertir les Tartars, à la fausse loy Mahommet, et furent convertis à la loy des Sarrazins grant multitude des Tartars. Cestui Mahommet filz au diable fist abatre toutes les églises des crestiens. Et commanda qu'ilz ne célébrassent la foy de Crist, ne aussi la nommassent. Etchaça tous les prestres et les religieux des crestiens, la loy de Mahommet faisoit prescher par toute sa terre. Et cilz manda ses messaigés au soubdan d'Egypte. Et avec lui fist paix et amistié, et promist au soubdan qu'il constraindroit tous les crestiens qui estoient en sa terre à devenir sarrazins, ou il les feroit tous derrenchier ; de ce furent les sarrazins tous liez et les crestiens en grant doulour. Et ne savoient que faire autre chose, fors que appeller la miséricorde de Nostre Seigneur, car ils veoient venir sur eulx grans persécucions. Ledit Mahommet manda au roy d'Armenie, et au roy de Georgie et aux autres crestiens d'Orient qu'ilz venissent à luy. Les grans crestiens furent en grant pensée et en grant paour. En dementrés que les crestiens estoient en tante tribulacion dessoubs la seigneurie de cellui mauvais Mahommet. Et Dieux qui ayde à ceulx qui ont espérance en lui manda aux crestiens grant confort, car un frère dudit Mahommet et un sien nepveu qui avoit nom Margo se revellèrent contre lui pour ses mauvais œuvres. Et firent savoir à l'empereur Cobila Kaan, comment il constraignoit et amonnestoit les Tartars à devenir Sarrazins. Quant Cobila Kaan entendi ce, il manda commandement à Mahommet qu'il cessast de ses euvres, où il yroit contre lui. De ce fu Mahommet moult troublez, et tant fist qu'il prist son frère et l'occist. Après ala pour prendre Argon, mais Argon se mist en un chastel fait ès montaignes. Mahommet fist assegier cellui chastel. A la fin Argon se rendi sauve la vie de lui et des siens.

Comment Argon fut délivré du péril de mort.

Quant Mahommet ot son nepveu en son povoir il le délivra à un sien connestable à garder. Et après ce ordonna Mahommet que sa gente venist après lui bellement et s'en yroient vers Toris où il avoit laissié sa mouillier. Et au connestable commanda que celéement occist son nepveu Argon, et que il luy portast à tous la teste. Un puissant homme le trouva, lequel le père d'Argon avoit nourry, et ly avoit fait assez de biens. Cestui ot grant compassion d'Argon. Adonc il prist sa gent, et de nuyt vint et occist le connestable et ceulx de sa suite, et délivra Argon de mort et de prison. Et fist ordonner Argon sur eulx, et à Toris li fist faire serement et obédience. Quant ce fu fait Argon chevaucha hastivement et tant fist qu'il atainst Mahommet Kaan et le prist avant qu'il venist à Toris. Et tantost il le détrencha par my. Et ainsi fina cil mauvais chiens Mahommet le second an de sa seigneurie.

Comment Argon après ce qu'il ot régné en grant prospérité ala de vie à trespassement.

En l'an de Nostre Seigneur. M. CC. IIII XX, et .V, après ce que Mahommet fu mort, Argon fu fait seigneur des Tartars, et le grant empereour le conferma en sa seigneurie et voult qu'il feust appellez Kaan, et pour ce Argon fu plus honnourez que ses ancesseurs. Cestui Argon fu moult bel et plaisant et saige, et fu fort homme du corps et gouverna saigement sa gent et sa seigneurie. Et les églises des crestiens que Mahommet avait fait abatre, Argon les fist redrechier ; donc vint à lui le roy d'Armenie et le roy de Georgie, et les autres crestiens des parties d'Orient, et prioient Argon qu'il voulust mettre paine à délivrer la Terre-Sainte. Sur ce Argon tendoit à faire paix avec ses voisins, à ce qu'il peust aler plus seurement contre le soubdan. Et en démentres que Argon estoit en cestui bon proposement. Au quart an de sa seigneurie, mourut si comme plot à Dieu. Et un sien frère qui fu nommez Kalgaito fu fait seigneur après luy. Et cestui Kalgaito fu le moins prouffitable seigneur qui oncques feust du pays, depuis que Canguis Kaan fu fait seigneur, si comme sera devisé cy-après.

De Kalgaito qui fu fait seigneur des Tartars qui pou lui valut, fut noiez par la défaute de lui et par ses grans et horribles vices, et fu son cousin fait seigneur.

En l'an de notre seigneur mil. cc. iiii xx. et ix, après la mort d'Argon Kaan, son frère Kalgaito tinst la seigneurie. Cestui Kalgaito ne tenoit pas bonne foy, ne aux armes riens ne valoit. Tout estoit donné à peschié et à luxure, ainsi comme une orde beste menoit sa vie. De vin et de viandes saouloit son ventre. Et autre chose ne fist en .vi. aus qu'il tinst la seigneurie pour la grant chetiveté et misére qui estoit en lui. Sa gent le commencièrent à haïr et à mesprisier, dont en la fin ses gens meismes le noyèrent. Après la mort de cestui Kalgaito, fu fait seigneur un sien cousin qui avoit nom Baido. Cestui Baydo estoit crestien, et avoit fait aux crestiens graces et biens assez, mais il trespassa de ceste vie.

Comment Baydo Kan fut fait emperière des Tartars.

Après la mort de Kalgaito, Baydo son frère ot la seigneurie. Cestui comme bon crestien fist refaire les églises des crestiens, et commanda que nulz ne feust si hardis de preschier la loy de Mahommet en sa terre. De ce furent moult troublez les Sarrazins, qui moult estoient en cellui temps multipliez. Donc les Sarrazins et les Tartars mandèrent celéement messaigés à Casan qui fu filz d'Argon, et li promistrent qu'ilz le feroient seigneur sur eulx, et qu'ilz lui donroient la seigneurie de Baido, se il vouloit renoncer à la foy crestienne. Casan qui petite cure avoit de la foy des crestiens, et qui moult estoit convoiteux d'avoir seigneurie, ottroya de faire ce que ceulx requerroient. Sur ce Casan se revela contre Baydo. Et Baydo assambla son ost et s'en vint contre Casan. Il ne congnoissoit pas la traïson de sa gent.

Comment Baydo fut tray faulsement de sa gent et occis.

Quant Baydo cuida assembler à Casan tous ceulx qui tenoient la loy de Mahommet se partirent et s'en allèrent devers Casan. Baydo véant que sa gent l'avoit trahy se mist au retourner. Mais Casan manda après et le prist, et fu mort Baido si comme il fuyoit, et Casan prist la seigneurie.

Comment Casan se monstra moult fier au commencement envers les crestiens et depuis changea sa condicion et fist moult de biens aux crestiens.

Après la mort de Baydo, Casan tinst la seigneurie. Au commencement de sa seigneurie, il se monstra moult fier vers les crestiens. Et ce faisoit-il pour faire le plaisir à ceulx qui l'avoient mis en sa seigneurie dessus nommée. Mais depuis qu'il fu fermé en sa seigneurie, commença moult à amer les crestiens et honnourer, et héoit les Sarrazins. Et assez de choses fist au prouffit de la crestienté. Car premièrement il destruisoit tous ceulx qui le conseilloient à faire mal aux crestiens. Après ce, commanda Casan que toute sa gent fust appareillié dedans un an de quanque mestier leur feust, car il vouloit entrer en la terre d'Egipte et destruire le soubdan. Et manda au roy d'Armenye et au roy de Georgie et aux crestiens des parties d'Orient qu'ilz feussent appareilliez pour venir avec luy. Quant la saison fu venue Casan chevaucha à tout son povoir, et s'en vint à la cité de Baldach. Quant Casan vint en la cité du soudan, il assembla sa gent. Le soubdan d'Egipte qui estoit nommez Mélocuaser, et assembla tout son povoir devant la cité de Hames, qui est ou milieu du règne de Syrie. Casan entendi comment le soubdan venoit contre luy pour combatre. Et pour ce, il ne voult delayer pour prendre chastel ne ville;

ains vint droitement près du lieu où le soubdan estoit, et se loga près de l'ost à une journée, en une prayrie où il avoit grant habondance de herberges. Lors commanda Casan à toute sa gent qu'ilz donnassent repos à toutes leurs bestes qui estoient travailliées venans hastivement de long chemin. En la compaignie, Casan avoit un sarrazin qui avoit nom Capthap, qui avoit esté baillifs de Damas, et s'en estoit fouis pour la doubte du soubdan. Casan avoit fait audit Capthap maintes graces et honneurs, et se fyoit en luy. Donc il avint que cestui Capthap manda au soubdan d'Egipte par ses lettres toute la covine et le conseil des Tartars. Et manda au soubdan conseillant qu'il venist hastivement en la bataille contre Casan, tant comme sa gent et ses chevaulx estoient travailliés et las. Dont vint que le soubdan d'Egypte qui avoit proposément d'atendre Casan en les contrées de Hames. Mais par le conseil de Capthap le traiteur, vint hativement à tout son povoir pour envayr Casan despourveuement. Les gardes de l'ost Casan firent savoir la venue du soubdan. Dont Casan commanda à ses barons que tous chevauchassent ordonnéement par leurs batailles contre le soubdan et sa gent. Et Casan chevaucha tousjours autant de gens comme il ot prés de soy, et s'en vint contre le soubdan qui hastivement s'en venoit avec grant quantité des meilleurs de son ost. Quant Casan vit qu'il ne povoit la bataille eschever, et que ses gens qui estoient espandus parmy les champs ne pourroient venir à lui si tost, il s'arresta et commanda à tous ceulx qui avec lui estoient qu'ilz descendissent à pié et meissent leurs chevaulx entour eulx et aux arcs et aux sajettes abatissent leurs ennemis, qui venoient courant tant comme les chevaux les povoient porter. Lors descendirent les Tartars et entour eulx mistrent leurs chevaux et tenans les arcs et les sajettes attendirent tant que les ennemis furent près d'eulx. Lors laissièrent aler les Tartars leurs sayettes tous ensemble, et firent ceulx qui venoient courans les premiers tresbuchier à terre. Et les autres qui après venoient chéirent, et ainsi l'un chey sus l'autre, et leur traient souvent et menu, car moult sont bien apris en l'art de sayeter. Dont pou eschappèrent de ceulx Sarrazins qui ne fussent ou mors ou navrez. Quant le soubdan vit ce, il se retraist. Et Casan commanda tantost à sa gent qu'ilz montassent à cheval et amaissent vigureusement leurs ennemis. Casan fu le premier qui ala combatre au soubdan, et courut à la meslée avec celle petite gent qu'il avoit entour soy jusques à tant que tous les barons vindrent ordonnéement à la bataille. Lors commença la meslée de toutes pars, et dura la poingneis du soleil levant jusques à la nonne. A la fin l'ost du soubdan ne pot durer devant Casan, car de sa main faisoit merveilles. Et tourna en Sirye le soubdan et sa gent. Casan et sa gent chachièrent jusques à la none nuyt leurs ennemys, occians quanqu'ilz ataignoient. Lors furent abatus et mors tant de Sarrazins que la terre en fu toute couverte. Celle nuyt demoura Casan en un lieu, qui est nommez Caver, liez et joyeux de la victoire que Dieu lui avoit donnée. Et ceste chose avint en l'an Nostre Seigneur. mil. ccc. et un le premier merkedy devant Noël.

Comment le roy d'Armenie et Molay poursuirent le soudan.

Après, Casan commanda au roy d'Armenye, et à un sien baron qui ot nom Molay, que avec .xl. mille Tartars sievissent le soubdan jusques au désert d'Egipte qui estoit bien loing du champ où la bataille avoit esté à .XII. journées. Et leur commanda qu'ilz deussent attendre ès contrées de Casore son commandement. Le roy d'Armenye et Molay avec .xl. mille Tartars se partirent et alèrent après le soubdan. Tous les Sarrazins qu'ilz porent trouver et à consuyvre occistrent. Après le tiers jour, manda Casan commandement que le roy d'Armenye deust retourner, car il vouloit assegier la cité de Hames. Et commanda que Molay alast après le soudan. Mais le soudan s'en fouy de jour et de nuyt, chevauchant chevaux coureurs en compaignie de béduins qui le conduisoient. Et ainsi le soubdan misérablement entra en Babiloine sans compaignye. Les sarrazins s'en fouyrent çà et là par diverses voyes sy comme ilz audoient mieux eschapper. Et une grant partie d'iceux Sarrazins tindrent la voye devers Triple (Tripoli), lesquels furent mors et pris par les crestiens demourans ou mont Liban. Le roy d'Armenye retourna à Casan et trouva que la cité de Hames estoit rendue à Casan. Et tout ce que le soubdan et sa gent avoient aporté avecques eulx si grans richesces, là où ilz attendoient de combatre. Quant Casan ot fait assembler les merveilleux trésors, et toutes les richesses qui avoient esté gaingniées, il les departy toutes à sa gent. Et je frère Hayton ay esté présent en toutes les grans besoignes, que les Tartars ont eu à faire avec les Sarrazins du temps l'empereur Halcon en çà. Mais oncques ne vy, ne n'oy parler de nul seigneur tartar qui plus grans fais fist en deux jours, que ce que Casan fist. Car le premier jour de la bataille, Casan avec pou de compaignie de gent, contre le soubdan et grant quantité des sieurs, se prouva de sa personne si bien qu'il ot renommée sus tous les autres combateurs. Et de sa poëste sera parlé entre les Tartars tous temps. Le second jour, fu veue la franchise de Casan, que les grans richesces qu'il avoit gaingniées qui furent sans nombre, toutes les departy à sa gent. En telle manière qu'il n'en retinst fors que une espée, et une bourse de cuir plaine d'escriptures du fait de la terre d'Egypte, et tout le demourant donna franchement. Et merveilles estoit comment si petit corps povoit avoir si grant coppie de vertus. Car entre .XX. mille chevaliers l'en ne peust avoir une plus petite personne, ni de plus laide façon. Et tous les autres surmontoit de poëstes et de vertus. Et pour ce que cestui Casan est de nostre temps, il nous convient parler de lui plus longuement que des autres. Celluy soubdan qui fu desconfit par Casan est encore vif. Et d'autre part ceulx qui attendent au passaige de la Terre-Sainte, y pourroit puysier de belles exemples.

Comment ceulx de Damas envoièrent les clefs de leur cité à Casan et plusieurs grans dons et des traïsons qui lors avindrent en son ost.

Après ce que Casan ot reposé aucuns jours et ordonnées ses besoignes, il chevaucha droitement vers la cité de Damas, il chevancha droitement vers la cité de Damas. Et quant ceulx de Damas entendirent la venue de Casan, ilz orent grant paour. Car se Casan les prist par force qu'ilz prendroit tous sans miséricorde. Dont ilz mandèrent à Casan messaigés, et luy mandèrent grans dons, et luy envoyèrent les clefs de Damas. Dont il avint que Casan receust les dons et commanda aux messaigés qu'ilz retournassent à Damas, et qu'ilz feissent appareillier vitaille pour son ost, et ne fussent en doubte. Car il ne vouloit mie destruire la cité de Damas. Ains la vouloit garder comme pour sa chambre. Les messaigés s'en partirent liez de la responce que Casan leur dist. Et Casan chevaucha après et se loiga sur la rive du flun de Damas, et commanda que nulz ne fist dommaige ne outrage à la cité. Ceulx de Damas mandèrent à Casan grans dons, et habodance de vittaille pour son ost. Et séjourna Casan à Damas pluseurs jours avec son ost. Sans ceulx xl. Tartars qui estoient avec Molay. Lesquelz estoient à Casère attendans les mandemens de Casan, sy comme Casan et sa gent demouroient en grant repos. Et un messaigé vint qui luy apporta nouvelles que Baydo estoit entrez ou royaume de Perse, et qu'il avoit dommaigez en la terre, et doubtoient qu'il ne feist pis que fait n'y avoit. Dont il avint que Casan commanda à Catholasa qu'il demourast à garder le royaume de Syrie. Et commanda à Molay et aux autres Tartars qui estoient avecques lui en Casere qu'ilz obéissent à Catholasa, lequel Casan avoit lessié en son lieu. Après ordonna baillifs et gouverneurs sur chascune cité, et ordonna baillif de Damas Captaph, car Casan ne s'estoit encores apparçu que Captaph feust traiteur. Après tout ce Casan fist appareillier le roy d'Armenye et ly fist assavoir comment il vouloit retourner en Perse. Et dist Casan : Nous vous avons livrez les terres de Syrie à garder aux crestiens se ilz feussent remis. Et se ilz venoient, nous lessons nostre commandement à Catholasa. Qu'il rende aux crestiens la Terre-Sainte et qu'il leur doint conseil et ayde à refaire les terres. Quant Casan ot ce fait il s'en ala vers Mésopotamie. Et quand il fu venus au flun d'Eufrates, il commanda à Catholasa qu'il lessast Molay avec .XX. mille hommes pour la terre garder, et qu'il venist hastivement à li à tout le remenant de l'ost ou royaume de Mésopotamie. Et Catholasa s'en party et fist le commandement de Casan. Et Molay demoura pour garder la terre de Syrie. Par le conseil du traiteur Captaph, Molay s'en ala vers les parties de Jhérusalem en un lieu qui nommez est Gant, où il avoit bonne pasture pour chevaux. Quant l'esté fu venus, Captaph manda ses messaigés au soubdan, et luy promist de rendre Damas et les autres terres que les Tartars tenoient en Syrie. Et le soubdan promist à Captaph qu'il luy donroit la seigneurie de Damas, et de son trésor une grant partie et sa sereur à moillier. Dont Captaph se revela et fist reveler les terres et les contrées. Car il savoit bien que les Tartars ne pourroient venir sur eulx pour la chaleur de l'esté. Quans Molay vit ce que Damas et les autres terres furent revélées, il n'osa demourer ou royaume de Syrie à sy pou de gent. Ains ala vers Mésopotamie et trouva Casan, et luy compta ce que Captaph le traiteur ot fait. Casan entendant ces nouvelles fu moult troblez, mais il n'en pot autre chose faire pour la grant chault qu'il faisoit. Quant l'esté fu passé et l'iver commença à venir, Casan assembla son grant ost sur la rive du flun Eufrates. Et manda tout avant Catholasa avec .XXX. mille Tartars et commanda qu'ilz alassent vers la cité d'Antioche, et manda vers le roy d'Armenye. Et pour ce, les crestiens qui lors estoient ou royaume de Chyppre vindrent par mer jusques à la cité de Cortose, et y fu le seigneur de Sur, frère au roy de Chyppre, qui conduisoit la chevalerie, et y furent les maistres du Temple et de l'ospital. Et ainsi, comme ilz estoient appareilliez de faire le service Nostre Seigneur. Et unes nouvelles vindrent que une griève maladie avoit seurpris Casan. Dont il convint que Catholasa retournast à Casan à toute sa gent. Et le roy retourna en son pays. Et les crestiens qui estoient venus à l'isle de Carcon s'en retournèrent en Cyppre. Et pour ceste achoison, la besoingne de la Terre-Sainte fu destourbée. Et ce avint en l'an Nostre Seigneur. M. CCC. et I.

Comment Casa, empereur des Tartars, s'en retourna du voiage de la Terre-Sainte et commanda au roy d'Armenie d'aler asegier Damas.

En l'an Nostre Seigneur. mil. CCC. et III, Casan assembla de rechief son grand host sur le flun d'Eufrates, entendant entrer ou royaume de Syrie, et destruyre le soubdan d'Egypte et recouvrer la Terre-Sainte et rendre la aux crestiens. Quant les Sarrazins entendirent la venue de Casan, véans qu'ils ne se pourroient combatre à son povoir, gastèrent et ardirent toute la terre, et la contrée par laquelle Casan devoit passer. Les bestes et le bestail, et tout quanque ilz pourroient traïstrent aux forteresces, et tout le remenant mistrent à feu afin que les chevaux ne peussent riens trouver à vivre. Quant Casan ot entendu ce que les Sarrazins avoient fait, regardant que les chevaux ne pourroient riens trouver dont ilz se peussent vivre, prist conseil de demourer ycelluy yver sur le flun d'Eufrates. Et venant la pasture quant l'erbe commenceroit à bourionner, adonc prendroient le chemin. Plus grant pensée avoient les Tartars de leurs chevaux que d'eulx mesmes. Comme ceulx qui scevent vivre de pou de viande, Casan se mist sur la rive du flun d'Eufrates à tout son ost et manda le roy d'Armenye. Et si grant fu l'ost de Casan, qu'il dura de long trois journées, du chastel qui est nommez Ractale, jusques à un autre qui est nommez Labire. Et ces deux chasteaulx estoient des Sarrazins, mais ilz se rendirent à Casan. En dementres que Casan demouroit sur le flun, attendant saison convenable pour aler délivrer la Terre-Sainte du povoir des Sarrazins, nouvelles vindrent que Baydo entra de rechief en la terre de Casan. Et fu compté à Casan qu'il avoit fait grant dommaige, et aloit chachant sa gent qu'il avoit laissié en la garde de sa terre. Sur ce fu conseillié à Casan qu'il retournast en sa contrée, et en l'autre an venant pourroit entrer en la terre de Syrie. Casan fu moult corrouciez de ce que la besoigne de la Terre-Sainte délayoit tant. Dont il commanda à Catholasa qu'il entrast ou royaume de Syrie avec. XL. mille Tartars, et qu'il alast prendre la cité de Damas, et qu'il meist à l'espée tous ceux qu'il prendroit. Et commanda au roy d'Armenye, que avec sa gent, et Catholasa avec. XL. mille Tartars à cheval entrast au royaume de Syrie ; et tout alèrent gaistant jusques à la cité de Hames. En celle contrée cuidièrent trouver le soubdan avec son ost, si comme ilz avoient trouvé autre fois. Mais ilz ne le trouvèrent pas, ains oirent dire que le soubdan estoit à Gezète, et qu'il ne véoit partir de celle contrée. Dont il avint que Catholasa et le roy d'Armenye firent envahir la cité de Hames, et en pou de temps la pristrent par force. Hommes et femmes mistrent à l'espée tous sans miséricorde. De grans richesses y trouvèrent et grant plante de viandes et de bestiaux. Après vindrent devant la cité de Damas, et la vouloient envayr. Mais les citoyens mandèrent priant qu'il leur feust donné terme à trois jours, et après ilz se rendroient à mercy. Le terme leur fu ottroié. Mais coureurs fouyrent de l'ost aux Tartars, qui avoient couru outre Damas près d'une journée, et pristrent aucuns Sarrazins et les envoyèrent à Catholasa leur chevetaine. Par ces Sarrazins, aprist Catholasa certaines nouvelles que près de Damas, à deux journées estoient XII mille Sarrazins à cheval qui attendoient la venue du soubdan. Catholasa entendant hastive ces nouvelles chevaucha tantost hastivement, et tant fist que il vint au lieu où les. XII. mile Sarrazins estoient à heure de vespres. Cuidans ceulx seurprendre avant que le soubdan venist, mais un petit avant le soubdan estoit venus à tout son povoir. Quant Catholasa et le roy d'Armenye virent que le soubdan estoit venus, ilz pristrent conseil de ce qu'ilz devoient faire. Et pour ce qu'il estoit temps et heure de vespres, conseil leur fu donné qu'ilz se reposassent celle nuit, et lendemain envaïssent le soubdan et sa gent. Mais Catholasa, qui mesprisoit le soubdan, ne voult tant ataindre. Ains commanda que ses gens se meissent en courroy et que vigucreusement envaïssent leurs ennemis. Les Sarrazins, qui estoient logiés en un lieu moult fort, ne parurent point pour venir combatre, ilz estoient environnez de deux pars d'un lac et d'une montaigne, et bien savoient que les Tartars ne pourroient venir à eulx sans grant meschief, et pour ce les Sarrazins ne se vouldrent partir de cette place. L'ost des ennemis chevaucha hastivement pour les ennemis envaïr, mais ilz trouvèrent un ruissel d'eaue que l'en ne povoit passer fors en aucuns lieux certains, qui moult les destourba avant qu'ilz feussent passé cellui ruyssel. Quant Catholasa et le roy d'Armenye et la plus grant partie de leur gent furent passez, ilz envaïrent vigucreusement leurs ennemis. Tous ceulx qui se mistrent contre eulx desconfirent et chacièrent jusques à la nuyt. Le soubdan demoura sans partir de la place où il estoit, ne voult issir à la bataille. Celle nuit se héberga Catholasa près d'une montaigne, à tout sa gent fors que entour dix mile qui n'avoient peu passer le ruissel de jour. Quant vint landemain, Catholasa ordonna sa gent et vint ou champ pour combatre. Le soubdan ne voult issir à la bataille. Ains se tinst en cellui fort lieu. Moult se pénèrent les Tartars de traire les Sarrazins de celle place. Mais ilz ne porent en nulle manière, et dura l'assaut jusques à la nonne. Par souffreté d'eaue furent les Tartars ennuyez et e retraistrent pour trouver eaue, et s'en alèrent ordonnéement l'un après l'autre tant qu'ilz vindrent au plain de Damas et là trouvèrent pasture et eaue assez. Et ordonna Catholasa de reposer en cellui lieu, par pluseurs jours, les gens et les chevaulx afin qu'ilz peussent mieulx retourner à combatre au soubdan. Quant l'ost des Tartars furent logiés en celle plenière et cuidèrent estre à repos, et les habitants de Damas lessèrent courre l'eaue du flun par les conduis e ruisseaux. Et avant que il feussent. VIII. heures de la nuyt, le plain fu tout couvert d'eau, et les chemins dont il convint que les Tartars se levassent hastivement. La nuyt fu moult obscure. Les fosses furent toutes plaines d'eaues, et les chemins tous couvers, dont l'ost fu en grant confusion et chevaulx et bestes. Et hernois furent perdus assez, et des hommes y ot pluseurs noyez. Et grant dommaige y ot lors le roy d'Armenye. Le jour vint, si furent délivrez de cellui péril par la grace de Dieu voirement les arcs et les saiettes. De quoy les Tartars se aident plus en bataille, et leurs autres armeures furent si moilliées qu'ilz ne s'en peussent aidier. En cellui cas, l'ost des Tartars fu si durement esbahis, que se les Sarrazins les eussent envays, legièrement les eussent tous desconfis. Les Tartars se mistrent au retour tout bellement, pour ceulx qui avoient leurs chevaulx perdus et vindrent en. VIII. jours au flun d'Eufrates. Il convint qu'ilz passassent oultre sur leurs chevaulx, si comme ilz pourroient mieulx. Le flun estoit lors grant et parfont, dont gens assez y périrent, au moins Tartars et Georgiens. Dont il avint que les Tartars retournèrent tous confus, non pas pour le povoir des ennemis, mais pour meschance et pour mauvais conseil. Car Catholasa povoit eschever tous ces périlz, se il eust volu croire conseil.

Comment Casan receupt le roy d'Armenie.

Et je frère Hayton qui fais de ceste hystoire mencion fu là présent et qu'il me soit pardonné se je parole de ceste matire trop longuement, car j'ay ce fait à ce que les périlz puissent estre eschivez en semblable cas. Car les besoignes qui sont menées par conseil, par droit, doivent avoir bonne fin. Et les œuvres que l'en fait sans pourvieance, acoustumément faillent à venir à leur proposément. Après ce que le roy d'Armenye ot passé le flun d'Euffrates, non pas sans grant travail et perte de sa gent, il prist conseil d'aler veoir Casan, avant ce qu'il alast en Armenye. Dont le roy prist son chemin et ala droitement à la cité de Nynyve, où Casan demouroit. Adonc Casan receust le roy bénignement, et ot grant compassion du dommaige que lui et sa gent avoient eu. Et pour ce que le roy d'Armenye et sa gent s'estoient portez loyaument et bien en toutes les besoignes, Casan fist au roy grace espécial. Car il luy donna mil Tartars à cheval et leur commanda qu'ilz demourassent tout adès à garder la terre d'Armenye aux despens du roy de Turquie, tant qu'il peust souldoyer autres nulz chevaliers à sa voulenté. Après ce, le roy prist congié à Casan, et s'en vint en son pays. Et Casan ly dist qu'il pensast bien de garder sa terre jusques à tant qu'il peust personnellement aler conquerre la Terre-Sainte.

Comment le roy d'Armenie desconfist. VII. mille Sarrazins et comment le soubdan demanda treves au roy d'Armenie.

Le roy d'Armenye s'en retourna en son pays, mais puis qu'il vient, il ot petit de repos. Car le soubdan manda en celle année près que chascun mois grant quantité de gens d'armes, et faisoit courre presque toute la terre d'Armenye et gaster, et meismement le plain, dont le royaume d'Armenye fu adonc en pyteux estat qu'il n'avait oncques esté. Mais Dieu tout-puissant qui tousdis aide à ceulx qui ont en ly espérance ot miséricorde du peuple des crestiens d'Armenye. Dont il avint que ou moins de juing, VII mille Sarrazins des meilleurs de la maison du soubdan d'Egypte, entrèrent ou royaume d'Armenye, et coururent tout le plain gastant et desrobant jusques à la cité de Tecsot en laquelle fu nez l'apostre saint Pol, grant dommaige firent les ennemis. Et si comme ilz s'en aloient, le roy d'Armenye assembla son ost et lez vint à l'encontre. Et près de la cité de Layas fu commenciée la bataille, et par la voulenté de Dieu, les ennemis furent desconfis en telle manière que des. VII. mile Sarrazins n'en eschappa pas. CCC. que ne feussent tous mors ou pris. Et ce avint par un jour de dimenche. le xbiii^e jour du moins de juing. Et après celle desconfiture n'osèrent entrer ou royaume d'Armenye. Et je frère Hayton, compilateur de ceste euvre, fu présent aux dittes choses. Et long temps avant j'avoie veu et proposément de prendre habit de religion, mais pour les gran afaires que le roy d'Armenye avoit tout adès, je ne povoie à mon honneur habandouner mes seigneurs et mes parens et amis en toutes nécessitez. Mais puis que Dieu par sa pitié nous ot donné victoire contre les ennemis et nous donna grace de lessier le royaume d'Armenye en assez bon estat, tantost pensay d'accomplir mon vœu. Dont je pris congié à monseigneur le roy et aux autres mes parens et amis. Et en cellui champ meismes où Dieu nous ot donné la victoire contre les mescréans, pris mon chemin et m'en vins en Egypte. Et au moustier de Nre. dame de l'Espiscopie, de l'ordre de Prémonstré, receux-je habit de religion, à ce que je qui avoye esté longtemps chevalier au monde reffusan les pompes de cest siècle, pensé servir en humilité le remenant de ma vie à Nostre Seigneur Jhésu-Crist. Et ce avint en l'an Nre. Seigneur, mil. CCC. et V. graces et mercies à Nre. Seigneur rens. Car le royaume d'Armenye est retournez en meilleur estat, meismement par le jeune roy mons. Lynon, jadis Baronchères, lequel est aournez de graces et de vertus. Et avons espérance que au temps de cestui jeune roy, le royaume d'Armenye retournera en son premier bon estat, avec l'ayde de Nre. Seigneur Jhesucrist.

Les paroles de l'auteur de cestui livre.

Encore je qui ay compilé cest livre, dy que ce qui se contient en la tierce partie de ce livre, je le scay en trois manières : car du commencement de Canguis Kaan, qui fu le premier empereour, je compte tout ainsi comme les hystoires des Tartars devisent. Et de Mango Kaan, jusques à la mort de Halcon, je parole si comme j'ay oy. Et après la mort de monseigneur mon oncle le roy Hayton, le roy d'Ermenye de bonne mémoire, lequel avoit esté présent à grant diligence le racomptoit à ses enfans et à ses nepveus. Et les noms faisoit mettre en escript et en remembrance. Et du commancement de Abaga, filz de Halcon, jusques à la fin de la tierce partie de cest livre où finent les hystoires des Tartars, je parole comme cellui qui fu présent en personne, et de ce que j'ay veu, puis porter tesmoignage et garantie à la vérité. Nous avons compté dessus des hystoires et des fais des Tartars, encore dirons briefment de leur povoir.

Cy parle de la grant puissance de l'empereur des Tartars.

Le grant empereour des Tartars, cellui qui ores tient la seigneurie est nommez Tamor Kaan, et est le VIe empereour, et au royaume de Cathay tient le siège de son empire, en une grant cité qui est nommée Juyng, laquelle son père fist fonder. La puissance de cestui empereour est grant, car lui tout seul pourroit plus que ne pourroient tous les autres princes des Tartars. Les gens de l'empereour sont tenus à plus nobles, et sont plus riches et mieulx garnis de toutes richesces, car au royaume de Cathay a grans habondances de richesces. Après, y a trois autres roys des Tartars qui ont moult grant puissance, et tous portent révérence au grant empereour et obédiance par son jugement. Le premier de ces roys est nommez Capar, l'autre Toctay, et l'autre Carbanda. Capar tient la seigneurie du royaume de Turquesten, et a le plus de la terre de l'empereour que les autres. Cestui si comme dit puet mener en bataille. CCCC. mile hommes à cheval, et ses hommes sont preux et hardis voirement, ilz n'ont habondance de bonnes armes ne de bons chevaulx. Aucunes fois, les gens de l'empereour mouvent guerre à Capar, et luy touldroient voulentiers sa terre; mais il se deffent viguereusement. La seigneurie de Capar a esté tout adès d'un seigneur. Jà soit que son frère Tottay tiengne une grant partie de sa terre.

Comment le roy des Tartars Toctay puet mener en bataille. VII. C. mille hommes.

Tottay, roy des Tartars, tient la seigneurie de Comanye et tient son siège en une cité qui est nommée Sara. Cestui puet mener en bataille. VII. C. mille hommes, si comme l'en dit voirement. Ilz ne sont point si vaillant en fait d'armes, ne en bataille comme sont les gens Capar, jà soit qu'ilz aient meilleurs armes et meilleurs chevaulx. Aucunes fois ou guerre à Carbanda. Aucunes fois mouvent guerre au roy de Ungarie. Aucunes fois font discorde entr' eulx. Mais orendroit Toctay tient la seigneurie en paix et en repos.

De la puissance de l'empereur Carbanda, sire de Thoris la noble cité, et de son saige gouvernement et de sa grant prouesce.

Carbanda tient son povoir en Ayse la Maiour et tien son siège en la cité de Toris, il puet mener en bataille en tour. IIIc. mille hommes à cheval, ilz sont gens de diverses nacions, ilz sont riches et bien garnis de ce que mestier ont. Capar et Toctay mènent souvent guerre à Carbanda, mais il deffent sa terre saigement. Carbanda ne s'entremet de faire guerre à nul, fors que au soubdan d'Egypte auquel ses antécesseurs ont eu guerre. Tout adès les devant nommez princes, Capar et Toctay, gecteroient vouientiers Carbanda hors de sa seigneurie, se ilz povoient, mais ilz nont povoir. Jà soit ce qu'ilz soient plus puissans de terres et de gens, et ceste est la raison, car Carbanda deffent sa terre de la puissance de ses voisins, car Ayse est devisée en deux parties : L'une partie est ditte Ayse la Parfonde, et l'autre est ditte Ayse la Maiour, et en celle partie demeure Carbanda. Trois voies sont seullement par lesquelles l'en puet entrer d'Ayse la Parfonde en Ayse la Maiour. L'une voie est par laquelle l'en va du royaume de Turquesten ou royaume de Perse; l'autre voye est par le debout qui va près de la cité, que Alexandre fonda, qui est nommée Porte d'Enfer. La tierce voye est par devers la mer Maiour, et passe par le royaume d'Abtas. Par la première voie, la gent Capar ne puet entrer en la terre de Carbanda sans péril et mesaise grant. Car l'en ne pourroit trouver pastour pour les chevaulx jusques à plusieurs journées, car celle contrée est seiche et déserte. Et avant qu'ilz peussent parvenir aux bonnes terres, leurs chevaulx seroient mors de faim et de mesaise. Et par petite quantité des ennemis pourroient estre ceulx qui se mettroient à passer desconfis, et par l'autre voye par devers le débout. La gent de Toctay pourroient avoir entrée en la terre de Carbanda. VI. mois seulement, et est en temps d'iver. Mais Abaga fist faire bien d'une journée licez et fosses et autres trencheis ou lieu qui est nommez Cyla. Et tout adès y a gens d'armes qui gardent le pas. Maintes fois se sont essayez les gens de Toctay de passer céléement, mais ilz ne povoient, car il leur convénoit passer par une plenière qui est nommée Mongan. En celle plenière meismement ou temps d'iver a tout adès une assemblée d'une manière d'oyseaux qui sont grans comme faisans, et ont moult belles plumes et les appelle l'en Seyserach. Quant gens entrent en celle plenière, ces oyseaux s'enfuient et passent parmi ces licez vers le plain de Mongan. Dont il avient que ceulx qui sont députez à la garde de celluy lieu congnoissent tantost la venue de leurs ennemis par ces oyseaux et s'en garnissent pour garder le pays. Par la tierce voye devers la mer Maiour n'oseroient entrer, car il convendroit passer par le royaume d'Abtas, qui est garny de gent et de fortes terres, et ne pourroient passer. Et par ceste manière, Carbanda et ses ancesseurs ont leurs terres deffendues de la grant puissance de leurs voisins.

Du besteal des Tartars qu'ilz manient. De la créance des Tartars et quel chose ilz réputent estre péché et ou bien fait et de les meurs et ordonnances selon leur loy.

Encore dirons-nous aucune chose des Tartars, de leur manière et de leurs coustumes. Les Tartars sont moult divers de l'autre gent, de manière et de coustume, ne on ne pourroit toute leur devisité compter sans grant ennuy. Les

Tartars croyent et nomment Dieu simplement, et dient que Dieu est immortel, et leur mettent Dieu tout avant. Autre révérence ilz ne font à Dieu ne par oroisons, ne par jeunes, ne par affliction, ne par autre bien fait. Les Tartars ne reputeroient le péché d'avoir occis un homme néant, et se le frein estoit en la bouche de leur cheval, ilz auderoient avoir péchié mortelment. Le Tartre ne repute pas luxure péchié. Dont ilz ont pluseurs femmes. Et par usaige, il convient qu'après la mort du père, que le filz prenge sa marrastre et le frère la mouillier qui fu de son frère, et font lit avec elles. Les Tartars sont bonnes gens d'armes, à leur seigneur sont obéissans plus que nul autre gent. Leur seigneur ne leur donne gaige, ne souldées. Ains puet prendre d'eulx se il veult quanqu'ilz ont. Ne pour ost ne pour chevauchier, leur seigneur ne leur est tenu à riens donner. Ains convient qu'ilz vivent de chatel et de proye qu'ilz gaignent sur leurs ennemis. Quant les Tartars scevent qu'ilz doivent partir par telle contrée où ilz ne cuident trouver grant plante de vittaille, ilz font mener avec eulx grant quantité de bestail, et vaches et jumens, et vivent du lait. Et la char des bestes menguent et la tiennent pour bonne chair. Les Tartars sont moult vistes en fait d'armes à cheval, mais à pié valent pou, car ilz ne scevent aler à pié. Quant ilz sont ordonnez pour combatre, ilz entendent tantost la voulenté de leur chevetaine, et scevent ce qu'ilz ont à faire, dont les chevetaines gouvernent legièrement leur gent, à pou de travail. Les Tartars sont moult engigneux de prendre chasteaux et villes. Les Tartars quièrent tout adès leur avantaige contre leurs ennemis en bataille, et n'ont vergoigne de partir ou autre chose faire à leur prouffit. Les Tartars ont cestui avantaige de l'autre gent, car se ilz sont assemblez en un champ pour combatre contre leurs ennemis, se il leur plaist, ilz se combateront, et se la bataille ne leur plaist, leurs ennemis ne se pourront combatre ne assembler avec eulx. La bataille des Tartars est moult périlleuse et mortelle. Et en une petite bataille des Tartars seroient plus de gens mors et navrez que ne seront en une plus grant bataille d'autres gens. Et c'est pour l'arc et la saiette dont ilz sont moult bien aydans. Quant les Tartars sont desconfis, ilz s'en fuyent tous ensemble serréement, et périlleuse chose est du syevre. Car en fuiant, ils occient gens et chevaulx avec les sayettes et avec les arcs, dont ilz traient par derrières comme par devant. Et se ilz voient que leurs ennemis folement leur suivent, ilz sur eulx tournent incontinent. Et souvent est aucun que ceulx qui les chaçoient ont esté desconfis. L'ost des Tartars n'est pas de moult grant apparence pour ce qu'ilz vont tous ensemble serrément. Dont mille des Tartars ne semblent estre que. V. cens. Les Tartars sont de bel acueil à leurs ostes, et voulentiers despendent de leurs viandes et courtoysement et veulent que l'en face à eulx ce meismes, ou autrement ilz prendroient à force. Les Tartars scevent bien conquerre les estranges choses, mais ilz ne les scevent garder. Car mieulx veulent estre aux champs en tentes que habiter en villes. Les Tartars sont moult convoiteux, et moult voulentiers tolent les autrui choses. La leur ne scevent garder, ne la leur ne veullent despendre. Et quan les Tartars sont en compaignie d'autre gent, se ilz voient que ilz soient les plus foibles, ilz se monstrent moult courtois et humbles. Et se ilz sont plus fors, ilz seront oultrageux et fiers, les Tartars à leur prouffit et légièrement mettent. Et en deux choses n'oseroient mentir en nulle manière, ne dire qu'il ait poëste d'armes ne valent se il ne l'a faite, ne il n'osera nyer sa mavaistie se il a faitte. L'autre devant le seigneur ou devant le juge en jugement, il n'osera nyer la vérité, encore doye estre condempnez et en doye perdre la vie. Et à tant souffist de parler des Tartars.

Cy commence la quarte partie de cest livre qui devise du passage d'oultre-mer, et quantes choses l'en doit en soy considérer avant que l'en menne guerre contre les Sarrazins.

Raison requiert que qui veult mouvoir guerre à ses ennemis, doit considérer quatre choses : Premièrement doit avoir juste et raisonnable cause, ou occasion de mouvoir la guerre; la seconde, qu'il doit regarder à son povoir se il est souffisant en despens, et en toutes autres choses à la guerre commencier maintenir et sevir. La tierce est qu'il doit saigement encerchier l'entencion et la condicion et l'estat de ses ennemis. La quarte qu'il doit garder au commencier guerre en temps et en saison convenable. Et je frère Hayton, qui par le commandement de Nre. Seigneur l'Apostole doy parler de ceste matière, puis vrayment dire que les crestiens ont juste cause raison et achoison de mouvoir guerre contre les Sarrazins, et la pute lignée de Mahommet. Car ilz ont occupé leur héritaige, c'est la Terre-Sainte, laquelle Dieu a promise aux crestiens. Et tiennent le Saint-Sépulcre Nostre-Seigneur Jhésu-Crist, qui est commencement de la foy crestienne. Et pour les grans injures, espandement de sang et les grans hontes que les mécréans ont fais aux crestiens aux temps passez et pour autres raisons diverses qui seroient longues à compter. A la seconde raison je oy que nul ne doit estre en doubte, car la sainte sacrée Eglise romaine, qui est dame et maistresse de tout le monde, a bien povoir par la grace de Dieu avec les roys et aussi avec l'ayde des princes de la crestienté et des féaulx de Crist, croisiez de délivrer le Saint-Sépulcre et la Terre-Sainte du povoir des Sarrazins, laquelle ilz tiennent occupée pour nos péchiés. De la tierce rayson et de la quarte, dy que c'est de congnoistre la condicion et l'estat de ses ennemis, et d'eslire temps, lieu et saison convenable à la guerre commencier. Encore me convient-il à parler plus longuement, car tout ainsi comme au bon myre affiert de savoir la choison de la maladie dont il veult dogner sancté. Dont aussi affiert au bon duc d'enquerre la condicion, l'entencion et l'estat de ses ennemys, afin qu'il puisse saigement sa guerre cemmencier, maintenir et à bonne fin mener. Au bon et saige duc en fait de guerre ne doit estre celée nulle chose à la covine de ses ennemis, car les choses pourveues ne seullent grever. En celles dépourveues troublent souvent les couraiges des gens, meismement en fait de bataille, où l'en n'a lieu ne temps de contrester aux grans péilz qui jà sont appareillez. Et sachiez pour vray que en toutes autres œuvres l'en puet mieulx mettre amendement que en fait de bataille, se l'en y fault. Car tantost la paine en suyt avec les coustemens. Adonc que plus cler entendement soit, et sur ce que nous voulons dire du fait du passaige de la Terre-Sainte, aucune chose dirons de la condicion et de l'estat de la terre d'Egypte, de l'ost de Babyloine et de la puissance des ennemis.

De la condicion de la terre d'Egypte et du povoir du soubdan d'Egypte et la manière comment il va chevauchant contre ses ennemis.

Celluy soubdan qui ore tient la seigneurie du royaume d'Egypte et de Syrie est nommez Malevasser et est cumant de nacion. L'ost de la chevalerie d'Egypte sont gens de diverses parties et d'estranges terres. Car la gent du pays ne valent riens en fait d'armes, ne à pié, ne à cheval, ne par mer, ne par terre. Le povoir de l'ost du soubdan d'Egypte de gent à pié est petit, et de gent à cheval est grant vraiement. La plus grant partie d'eulx sont esclaves vendus et achetez, lesquelz les mauvais crestiens portent en la terre d'Egypte pour convoitise de gaignier. Autres y a qui ont esté pris en bataille, et les contraingnoient de renoyer la loy Crist. Mais les esclaves qui sont vendus sont tenuz plus chiers et sont plus honnourez. Dont il avaient que pluseurs se font vendre pour ce que leurs seigneurs les ayent plus chiers. Le soubdan d'Egypte est tout adès en grant souspecon et en grant doutance de sa gent, car ilz sont de telle nature qu'ilz doubtent tousjours eulx estre debouté de la seigneurie. Et pour ceste raison mains soubdans ont esté mors. L'ost d'Egypte puet estre envi. on .XX. mille chevaliers. Et de ceulx y a aucuns qui sont bons combateurs vraiement. La greigneur partie ne sont mie de grant pris. Quant le soubdan va avec son ost, il fait mener grant quantité de somaige, et de chameux chargiés, et de chevaux. D'armes ont assez bons, et jumentes moult légières au cours roncins et mulates ont petites. Leurs chevaulx ne pourroient soustenir moult grant travail. Ains ont mestier de grant garde. L'ost d'Egypte est tout a désaprestez au commandement du soubdan, car tous habitent en la cité du Kaire. La condition de l'ost d'Egypte est telle : chascun homme d'armes a ses souldées, et ne montent pas plus de cent .XX. florins Et est tenu l'homme à cheval de y tenir trois chevaulx et un chamel pour somier. Et quant le soubdan mène sa gent hors du royaume d'Egypte, de grace leur donne aucune chose se il veut plus. Le soubdan départ ses soubdées, et les donne à tenir et governer à ses barons, qui sont appellez amiraux. Et en donne à l'un cent, et à l'autre deux cens et plus, et moins, selonc ce qu'il veult plus honnourer et avancer l'un que l'autre. Car le soubdan donne povoir à un admiral de tenir .C. ou II c. chevaliers. Il ly donra pour toutes les soubdées tant comme ilz monteront en somme entièrement. Et par ledit ordenement, le soubdan a grant deffault en son service, car ceulx admiraulx qui doivens servir ou cens ou II c. chevaliers achètent esclaves de leurs deniers et leur donnent armes, et chevaulx, et les mettent en service pour gens d'armes et reçoivent pour eulx les soubdées, ou quièrent hommes de petit pris, et leur donnent aucune chose, et leur prestent armes et chevaulx et reçoivent pour eux lez soubdées, et tout le remenant mettent en leurs bourses. Dont il avient qu'en grant quantité de telle gent y seront pou trouvez d'ommes vaillans.

Du povoir et puissance du soudant quant au royaume de Syrie et de ses amis.

La puissance du soubdan ou royaume de Syrie pevent estre entour V^m. chevaliers qui ont leur vie ordonnée sur les rentes des terres. Encores y a grant quantité de Beduyns et Turquiens, qui sont gens forestiers et font grant ayde au soubdan, meismement quant il veult assegier aucune terre, car il les prent sans soubdées, mais seullement pour gaingnier aucune chose à deffendre la terre ou à aler à bataille. Les devant dis Beduyns et Turquemens ne feroient riens pour le soubdan sans grant loyer, et se le soubdan les vouloit contraindre, ilz s'en fuyroient, les Turquemens yroient es montaignes, et les Beduyns iroient aux désers d'Arabe. Encores a le soubdan sergenterie à pié aux contrées de Moillebeth, et entour mont Liban et en la terre des Assassins, et auroit ayde d'eulx pour assegier ville ou chasteau, et à garder la terre en leur contrée. Et de leur contrée, ilz n'iroient pour le soubdan, ne enl les pourroit contraindrez pour les fortes montaignes où ilz habitent. La gent du soubdan d'Egipte est moult engigneuse de prendre citez et chasteaulx, et en diverses manières envaïssent les terres, car par arbalestes, engins par pierres, par minières dessoubs terre, et par feu qui ne puet estaindre, et par autre manière don ilz prennent les terres sans péril et legièrement.

Des Comains. Comment ilz orent la seigneurie d'Egypte premièrement.

L'empereour de Grèce souloit tenir la seigneurie d'Egypte et gouvernoit la terre par eux et par officiers qu'il envoyoit chascun an cueillir les rentes d'icelles terres et les envoient à l'empereour de Constantinoble. Et dura la seigneurie des gens en Egypte jusques en l'an Nre. Seigneur .VII c. et IIII. Ceulx de la terre d'Egipte ne porent souffrir les grevances que les Grecs leur faisoient, dont ilz se rendirent aux Sarrazins, s'y eslurent un seigneur sur eulx de la lignièe Mahommet, et le nommèrent calif, et tous leurs seigneurs furent nommez calif. Et tindrent la seigneurie d'Egypte eulx de la lignièe Mahommet .CCC. XLVII. ans. Après perdirent les Sarrazins la terre, et les Mendiens qui sont dit Cordins occupèrent la seigneurie d'Egipte, si comme nous deviserons cy après.

Comment les Sarrazins perdirent la Seigneurie d'Egypte.

En l'an de Nre. Seigneur mil et liii, le roy Almaury, roy de Jherusalem, de bonne mémoire, assembla son ost de toutes les terres de Jherusalem et entra en Egypte et conquist maintes terres et villes si comme se contient ou livre du conquest de la Terre-Sainte. Le calif voiant qu'il ne povoit riens contre le povoir des crestiens, manda ses messaiges au soubdan de Halap, qui tenoit la foy de Mahommet, et luy prya qu'il li voulsist aydier contre les crestiens, et aussy lui envoioit grans dons et grans richesces. Cellui qui cuidoit avoir plus grant quantité d'or du calif, il avoit nom Exaraton. Ly, avec grant compaignie de gens d'armes vint en ayde au calif. Et ceulx furent tant qu'ilz chacièrent les crestiens de la terre d'Egipte, riche et delittable, et le povoir du calife petit. Le soubdan convoita la seigneurie d'eulx, dont il le prist et mist en sa prison, après envahy viguereusement la terre et la mist en sa subgection et se fist soubdan et seigneur d'Egypte. Cestui Exaraton fu de la nacion des Corasmins, et fu le premier seigneur d'Egypte de sa nacion.

Comment le roi Salhadin, grant Soubdan d'Egypte, recouvra la Terre-Sainte et prinst la noble cité de Jhérusalem.

Après la mort de Exaraton, fu fait seigneur d'Egypte un sien filz qui ot nom Sahadin. Et tant parcrut le povoir Sahadin, qu'il desconfist le roy de Jhérusalem et prist la cité à force, et prist plusers autres terres des crestiens, si comme il se contient au livre des conquestes de la Terre-Sainte. Après la mort Sahadin, son frère et ses nepveux, l'un après l'autre, tindrent la seigneurie d'Egypte jusques au temps du soubdan, qui fu nommez Melcrasala. Et cestui Melcrasala estoit soubdan d'Egypte ou temps que les Tartars pristrent le royaume de Comange. Le soubdan d'Egypte oy parler comment les Tartars vendoient les Comans qu'ilz avoient pris à grant marchié, et envoya par mer marchans à grant quantité d'avoir, et fist acheter de ceulx Comains les jeunes en moult grant quantité, et furent portez en Egypte. Melecrasala les fist nourir et moult les amoit, et leur faisoit enseigner à chevauchier et treitier les armes, et moult se fia en eulx et les tinst de lez soy. Et en cellui temps que saint Loys, roy de France, passa oultre mer et fu pris des Sarrazins, les devant dis Comains, qui avoient esté vendus et achetez, tuèrent leur seigneur Melecrasala, et firent seigneur un d'eulx qui ot nom Turquenien. Et pour ceste traïson, le roy de France et son frère, qui estoient en la prison des Sarrazins, furent plus legièrement rachetez et delivrez de la prison. En ceste manière, commencèrent les Comains à regner en Egypte et avoir seigneurie. En ceste lignée des Comains est appellez Capchap aux parties d'Orient. Après pou de temps, un autre de ceulx esclaves, qui ot nom Cothos, tua ledit Turquenien et se fist soubdan, et fu appelez Mélomées. Et cestui ala ou royaume de Syrie, et cacha Gurboga à .X. mille Tartars, lesquelz Halcon avoit lessiez pour la terre de Sirie. Ainsi qu'il retournoit en Egypte, un autre de ceulx Comains, qui avoit nom Bendocdar, occist Mélomées et se fist soubdan, et se fist appeler Meldaer. Cestui fu moult saige et vaillant homme d'armes, et à son povoir crut moult le povoir des Sarrazins, au royaume de Syrie et d'Egypte, et prist maintes citez et terres que les crestiens tenoient, et prist à force la noble cité d'Antioche, en l'an Nre. Seigneur. mil. CC. LXVIII.

Comment le soubdan voult faire mourir le roy Edouart d'Angleterre.

Et au royaume de Comanie fist grans dommaiges, au temps de cestui Bendocdar, messire Andouart, roy d'Angleterre, passa oultre mer, et le soubdan le cuida faire occire par un assasin, et par cellui assasin fu navrez le roy d'un coutel envenymé. Mais il gary bien par la grace de Dieu, puis avint que le soubdan fu abuvrez de mortel venin, et mouru en la cité de Damas. Après sa mort, fut fait soubdan son filz, qui ot nom Melcsait, et tinst la seigneurie d'Egypte pou de temps, car un autre Comant, qui ot nom Elsy, le sacha hors de la seigneurie d'Egypte et se fist soubdan. Et cestui Elsy fu cellui qui asseiga la cité de Triple et la prist à force. En l'an Nre. Seigneur M. CC. IIIxx et IX.

Comment le soubdan Elsy fut mort.

En l'an après venant, ledit Elsy assembla tout son povoir et issy de Babiloyne entendant assegier Acre. Un jour se mist en délectableté pour soy essayer, et avint que un serf en qui il se fioit moult et lequel il avoit fait connestable de son ost li donna venin mortel à boire, et tantost le soubdan mourut. Cestui connestable occupa la seigneurie, mais les autres li coururent sus et le detrenchièrent en pièces. Après ce, fu fait soubdan un filz dudit Elsy qui fu nommez Meleccasseraph. Et cestui fu cellui qui prist la cité d'Acre, et cacha tous les crestiens hors de la terre de

Syrie. Et ce avint en l'an Nre Seigneur mil CC. IIIIxx. et XI.

Comment Melecasseraph, soubdan de Babiloine, fut occis.

Quant Mellecasseraph fu retournez en Egypte, il ala un jour chacier et un sien serf l'occist au bois, et cestui serf fu tantost despeciés par les autres. Après ce, fu fait soubdan cestui qui est ores soubdan en Egypte, qui est nommez Mellecuasser, et fu frère de Mellecasseraph dessus nommez. Et pour ce que ledit Mellecuasser estoit encore moult jeune, li fu donné tuteur un qui fu de la nacion des Tartars, qui ot nom Gurboga. Cestui Gurboga chaça cestui enfant Mellecuasser et le mist en garde au crat de Monréal, et prist la seigneurie et se fist soubdan, et fu nommez Mellecchadel. Au temps de cestui Mellecchadel fu en Egypte si grant deffaut de viandes, que tous les Sarrazins moururent de faim, et feussent tous mors se ne feussent les mauvais crestiens qui leur portoient viandes assez pour convoitise de gaingnier. Après ce, vint que les nouvelles vindrent de la venue des Tartars. Dont Garboga assembla son ost et ala au royaume de Syrie deffendre la terre contre les Tartars. Cestui Garboga honnouroit moult ceulx qui avoient esté Tartars et les tenoit près de soy. De ce orent les Comains grant envie, dont il avint que si comme Carboga retournoit en Egipte, les Comains le gectèrent hors de la seigneurie, et firent d'un d'eulx seigneur, lequel ot nom Lachin, lequel fu puis nommez Melecmanser. Cestui Lachin ne voult occire Garboga, pour ce qu'il vouloit estre son compaignon, et ly donna une terre qui est nommée Sarta, et après, luy donna la seigneurie de Haman. Mais il ne voult souffrir que Garboga demourast en Egypte. Cestui soudan Lachin demoura trois ans ou chastel de Kaire, sans partir pour la doubtance qu'il avoit de sa gent, sauf un jour qu'il descendi au plain. Et il jouoit à un gieu que ceulx de celluy pays appellent la soule. Son cheval chey dessoubs luy, et ly brisa la jambe. Après avint que le dit soubdan Lachin jouoit un jour aux eschés, et avoit mise l'espée près de soy, et un de ses serfs meismes prist l'espée et l'en féri. Et tantost les autres coururent sus à cellui qui avoit mort le soubdan et le taillièrent tout par pièces. Après ce, les Sarrazins furent en grant discorde de faire soubdan, à la fin s'accordèrent et mistrent en la seigneurie Melecuasser devant nommé, lequel Garboga avoit laissié au crat de Monréal. Cestui soubdan est celluy que Casan desconfist en champ, et est encore le soubdan d'Egypte. Pardonné me soit se je parole trop longuement des Comains, qui sont serfs vendus et achetez, si comme je vous ay compté desus, et des soubdans et de leur lignée, car ce fais-je pour monstrer que les Sarrazins ne pevent demourer longuement que telle adversité ne leur viengne, par laquelle ilz ne pourroient yssir d'Egypte, ne aler avecques ost en autre terre.

De la condicion de la terre et du royaume d'Egypte et de ses provinces.

Le royaume d'Egypte est moult riche et délittable, de long .XV. journées, de large n'a que trois. La terre d'Egypte est ainsi comme une ysle, car de deux pars est avironnée de désert et de sablon, et de l'autre part s'y a la mer de Grèce. Devers orient, est plus près de la terre de Syrie que nulle autre terre, vrayement entre l'un royaume et l'autre est bien l'erreure de .VIII. journées et est tout sablon. Devers occident, confine à une province de Barbarie qui est nommée Darta. Et entre l'une terre et l'autre sont bien .XV. journées de désert. Devers mydi, confine avec le royaume de Nubie, qui sont crestiens et sont tous nulz pour la chaleur du soleil. Et entre l'une terre et l'autre est chemin de .XII. journées tout de sablon. Ou royaume d'Egypte sont .V. provinces. La première est appellée Sayth, la seconde Demeser, la tierce Alixandre, la quarte Richit. Et ceste contrée est avironnée de mer et de fluns, sy comme une isle, et l'autre Damiette. La maistre cité du royaume d'Egypte est appellée Kaire. Et est près d'une ancienne cité qui est nommée Meser. Et ces deux citez sont sur la rive du flun du Nyl qui court par la terre d'Egypte, qui est appellée en la Bible Guyon. Cestui flun du Nyl a bons poissons et assez et porte grant navyre, car il est grant et parfont. Et en toutes choses le flun du Nyl pourroist estre loez sur toutes les autres, se ne feust ce qu'il tient une manière de bestes qui sont comme dragons et devourent hommes et chevaulx qui sont dedens l'eaue et sur la rive, quant ils les aconsièvent. Et celles bestes sont nommées cocaulx. Le flun du Nyl croist une fois l'an et commence à croistre à la moitié d'aoust et va croissant jusques à la feste saint Michel. Et quant il est tant creu comme il puet, la gent de la contrée lessent les eaues courre par conduis et par ruisseaux ordon-

nées, et arousent toute la terre et contrée. Et demeure
l'eaue sur terre quarante jours. Après la terre seiché et les
gens sèment et plantent, et tous biens croissent en celle
terre par tel abuvrement seullement, car en celles contrées
ne pleut, ne nesge. Sy que à paines est congneu l'yver
d'esté. Encores ont mis les habitans de la terre d'Egypte
une colompne de marbre ou millieu du flun du Nyl en
une petite isle, qui est devant la cité de Meser, et ont fait
seignaulx en celle colompne. Et quant le flun est creu tant
comme il puet, ilz regardent en ces seignaulx de celle colompne. Et selon ce que l'eaue sera creue, ilz sauront se il
devront avoir habondance ou souffretté en celle année, et
sur ce ilz mettent pris aux choses. L'eaue du flun du Nyl
est saine à boire vraiement. Quant on la prend du flun,
elle est trop chaude, mais on la met en vaisseaux de terre,
et devient clère, froide et saine. Au royaume d'Egipte sont
deux pors de mer, l'un est Alixandre et l'autre est Damiette.
En Alixandre pevent bien arriver naves et galées, et la
cité d'Alixandre est forte et bien murée. L'eaue qu'ilz boivent en Alixandre vient par conduis du flun du Nyl, de
quoy ilz emplent leurs cisternes dont ilz ont assez en la
cité. Autre eaue, ilz n'ont dont ilz puissent vivre. Donc qui
leur puet lever l'eaue qui va par les conduis, ilz seroient à
grant mésaise, et ne pourroient durer longuement, autrement seroit grief de prendre Alixandre par force. La cité
de Damiette est sur le flun du Nyl, qui fu anciennement
bien murée. Mais elle fu prise deux fois par les crestiens,
une fois par le roy Jherusalem et par les autres crestiens
d'Orient. Et l'autre fois par le roy de France monseigneur

saint Loys, et pour ce les Sarrazins la déshéritèrent et l'ont transposée loing de la marine, et n'y ont fait ne mur, ne fortresse, et appellent celle nove terre « la nove Damiette, » et l'ancienne Damiette est du tout déserte. De ceulx pors d'Alixandre et de Damiette a le soubdan grans entrées et grant avoir. La terre d'Egypte rent grant habondance de sucre et de tous biens, vin ont pou. Mais cellui que l'en y fait est moult bon et bien flairant. Sarrazins n'osent boire vin, car il leur est deffendu en leur loy. Char de moton, de chièvre, gelines, et autres chars ont assez ; petit ont de buefs, et menguent char de chamel. Ou royaume d'Egipte sont aucuns crestiens habitans que l'on appelle Kepti, et tiennent la suite des Jacobins, et ont en ces parties assez de belles abbayes et les tiennent franchement en paix. Et ceulx Keptis furent les plus anciens habiteurs de la terre d'Egypte. Car les Sarrazins commencièrent habiter en la terre depuis qu'ilz orent la seigneurie. Les choses qui ne se treuvent en Egypte, ne que les Egyptiens ne porroient trouver qui ne leur portast d'autres contrées. Si comme sont fer, merrem, pors, et les esclas dont ilz enforcent leur ost, et de ceste chose ont-ilz grant mestier ; car sans celles ne pourroient longuement durer. Entour le royaume d'Egypte n'est cité, ne chastel murez, fors que la cité d'Alixandre qui est moult bien murée. Le chastel du Kaire qui n'est pas moult fort vrayement en cellui chastel demouroit le soubdan. Toute la terre d'Egypte est deffendue et gardée par la chevalerie. Et se elle estoit desconfite, la terre seroit puis conquise legièrement et sans péril.

Cy devise le temps convenable à guerre commencier contre les Sarrazins.

Vrayement dont je dy que je puis dire ceste parole : *Ecce tempus acceptabile, Ecce nunc dies salutis.* Car vrayement ce est le temps acceptable et temps convenable à mouvoir guerre contre les ennemis de la foy crestienne. Or est temps convenable de donner ayde à la Terre-Sainte, laquelle a esté long temps ou servaige des mécréans. Or est temps convenable auquel les courages des féaulx de Crist se doivent embraser au passaige de la Terre-Sainte, affin que des mains des ennemis soit délivré le saint Sépulcre de Nostre Seigneur, qui est commencement de nostre créance. Né à nous ne souvient d'avoir eu, aux jours passez, si convenable temps comme ores. Si comme Dieu par sa pitié nous demonstre en maintes manières. Car tout premièrement Dieu tout puissant et misericordieux nous a donné pasteur et père saintisme et crestianisme et plain de toutes vertus. Lequel, puisqu'il fu assis ou siége apostolical desirèrement de nuyt et de jour, a pensé comment il puisse secourre la Terre-Sainte d'oultre mer et le saint sépulcre de Nre. Seigneur puisse estre delivré du povoir des mescréans, qui blasment le nom de Dieu Jhésuscrist. Et pour ce l'en puet bien croire fermement que Dieu a tourné ses misericordieux ou il a regardé la Terre-Sainte, et ly a donné en terre son Rédempteur, c'est le saint père l'apostole, au temps duquel, par la miséricorde de Dieu, la cité sainte de Jhérusalem qui a esté tenue longuement par nos peschiés sous le servaige des ennemis sera delivrée et sera menée en la première franchise et au premier povoir des crestiens.

Comment cestui frère Hayton admoneste le pape d'esmouvoir guerre.

Or, est temps acceptable, car par la grace de Dieu tous les roys et les princes crestiens sont ores en bon estat et en paisible entre eulx. ne n'ont guerre, ne discorde, si comme ilz souloient avoir entr'eulx jadis. Dont bien semble que Dieu tout-puissant veult délivrer la Terre-Sainte. Et encores tous crestiens de diverses terres et de divers royaumes par foy et par dévocion sont appareilliez de prendre la croix et de passer oultre mer en l'ayde de la Terre-Sainte, et de mettre personnes et avoir pour la révérence de Nre. Jhésu-Crist, viguereusement et voulentiers.

Comment il preuve que le temps est convenable.

Or, est temps convenable et acceptable, lequel Dieu démonstre aux crestiens, car la puissance des ennemis de la loy crestienne est amenusiée aussy par la guerre des Tartars, par lesquelz ilz furent desconfis et perdirent gens sans nombre en la bataille. Aussy, pour cellui soubdan qui huy règne en Egypte, qui est homme de nulle valeur, ne de nulle bonté. D'autre part, tous les princes des Sarrazins qui souloient donner ayde au soubdan, sont tous mors et desconfis par la puissance des Tartars. Et un seul estoit demourez qui estoit nommez soubdan de Meredin, lequel est nouvellement tourné au servaige et au povoir des Tartars. Et, pour ce, en cestui temps, sans péril et a pou de travail, pourroit estre recouvré la Terre-Sainte, et pourroit estre acquis le royaume d'Egypte, et celluy de Syrie. Et avecques pourroit estre confondue la puissance des ennemis assez plus legièrement au temps de maintenant qu'elle n'eust esté au temps passé.

Encore parle de ce mesmes en amonestant le pape tous jours à ce faire.

Encore est temps convenable lequel Dieux démonstre aux crestiens, car les Tartars sont offers à donner ayde aux crestiens contre les Sarrazins. Et pour ceste rayson Carbauda, le roy des Tartars, a mandé ses messaigés offrant de mettre tout son povoir à confondre les mescréans et ennemis de la crestienté. Et en cestui meismement pour l'ayde des Tartars, la Terre-Sainte pourroit estre recouvrée, et le royaume d'Egypte conquis légièrement sans péril. Et pour ce conviendroit que les crestiens se donnassent à la Terre-Sainte, sans longue demourée, car la tardance trait à soy grant péril pour ce que Carbauda qui ores est amis ne deffaille. Et pourroit venir autre qui tendroit la suyte des mahommés, et qui s'accorderoit avec les Sarrazins, et pourroit tourner à grant ennuy et à grant péril de la crestienté et de la Sainte-Terre d'oultre-mer.

Comment frère Hayton s'esdise devant le pape.

Devant la Vre. révérence, Père saint, je dy et confesse que je ne suy pas de souffisable science à conseillier si grant afaire comme de la besongne de la Terre-Sainte, mais à ce que je la paine du filz inobédient obéir mestriet aux commandemens de la Vre. Sainteté, contre lesquelz n'affiert à nul bon crestien, d'aler donc requérant premièrement pardon de ce que je déisse plus ou moins diray mon advis selonc ma petite congnoissance sauf tout adès le meilleur conseil des saiges.

De la révérence qu'il fait au pape. Comment frère Hayton devise devant le pape la manière comment et en quel temps le passage sera plus seur pour envahir les ennemis de la foy.

A l'honneur doncques de Nre. Seigneur Jhésu Crist, de la qui miséricorde j'ay povoir d'acomplir ma faulte, dy que à ce que la Sainte-Terre soit acquise à moins de travail et de péril, convient que les crestiens entrent en la terre et envayssent les ennemis. En cellui temps meismement ou quel les ennemis seront troublez d'aucune adversité, car se les crestiens vouloient ce faire en cellui temps que les ennemis seroient en leur prospérité, ilz ne pourroient acomplir la feaulté sans grant travail et péril. Et nous deviserons seurement qu'elle est la prosperité et qu'elle est l'adversité. La prospérité des ennemis puet estre en ce, c'est quant les

Sarrazins ont soubdan et seigneur vaillant et saige, et tel qu'il puisse sahs paour de revèlement, et de la traïson et de sa gent tenir et garder la seigneurie. L'autre prospérité des ennemis puet estre, quant ilz ont long temps esté en paix et sans guerre des Tartars ou d'autre gent. Encores, quant au royaume de Syrie ont bonne année et habondance de blez et d'autres biens. Encores, quant par mer et par terres les voyes sont seures et ouvertes, et les choses dont les ennemis ont mestier leur pevent estre portées sans contredit d'estranges contrées. Encores, quant les Sarrazins ont paix ou trèves aveuc les Nubiens ou avec les Béduins du désert d'Egypte, si qu'ilz ne leur meuvent ne guerre, ne brigue. Encore quant les Turquemens et les Beduins qui demeurent ou royaume d'Egypte, et de cellui de Syrie sont obéissans au soubdan d'Egypte, car par ces devant dites prospéritez, le povoir des ennemis croistroit tant que ce ne seroit pas légier chose à eulx destruire.

Cy devise frère Hayton au pape la manière comment ilz font mourir l'un l'autre.

Par le contraire adversitez pourroient venir aux ennemis par maintes manières, c'est à savoir quant les mescréans se revellent et occient le soubdan si comme ilz ont fait autre fois et font souventeffois. Car puis que celle lignée des Comains commença à avoir seigneurie en Egypte, neuf ont esté ordenez soubdans et seigneurs sur eulx. Et de ceulx .IX. soubdans qui ont esté en Egypte, ont esté mors de glaive, c'est assavoir : Turquenians, Cothas, Laschin.

Et deux furent abruvés de mortel venyn. Et furent Bendocdar et Elsy. Les autres deux, Meleser et Garboga, furent essilliez. Et cestui Melecuasser qui ores est soubdan fu une fois chaciés de la seigneurie et s'ame demeure en balance, attendant mal fin. Amen.

Encore de ce mesmes quel dit devant.

Item aux ennemis pourroit venir adversité. C'est quant le flun du Nyl ne croist tant qu'il puisse arouser la terre, si comme mestier est. Car adoncques les Sarrazins d'Egipte auroient souffreté, et famine, et encores n'est loing que ce leur avint, et que les ennemis auroient habondance la terre d'Egypte, ou eussent esté mors de fain se ne feussent les crestiens qui leur portèrent viande par mer, pour convoitise de gaignier. Et quant tel accident avendroit aux ennemis, ilz devendroient povres et conviendroit qu'ilz vendissent leurs chevaulx et qu'ilz amenassent leur mesniée. Et par ceste raison n'auroient povoir de partir d'Egypte ne d'aler en Syrie. Il convient que chascun porte avec soy ce que mestier ly est pour .VIII. jours pour ly et pour ses bestes, et pour sa mesniée, car l'en ne treuve que harène et sablon en cestes .VIII. journées. Donc, cellui à qui il fauldroit ou cheval, ou chamel, il n'aurait povoir de partir d'Egipte. Et par ceste manière, le soubdan seroit si destourbez qn'il ne pourroit venir secourir le royaume de Syrie. Encores quant les ennemis eussent esté longuement en guerre. Encore grant adversité et ennuyeuse seroit aux ennemis, que les voyes de la marine feussent si bien gardées que nulle chose ne feust portée en leur terre de ce dont ilz ont greigneur mestier, si comme est fer, accier, merren, pois et esclas, et les autres choses qu'ilz ne pourroient avoir qui ne leur porteroit de terre estrange, et sans ceste chose ne porroient longuement durer. Encores, quant Béduins ou les Nubiens meussent guerre au soubdan, il seroit par celle guerre ainsi destourbé qu'il ne pourroit partir d'Egypte, ne aler en Syrie. Encores quant la terre de Syrie eust faulte et mauvaise année, ou par sécheresce, ou par guerre des Tartars, ou en autre manière. Car ce au royaume de Syrie faulsissent les rentes. L'ost d'Egypte ne pourroit venir pour demourer en Syrie, car d'Egipte ne d'aultre terre l'en ne pourroit rien porter en Syrie, et par ceste raison l'ost des ennemis ne pourroit partir d'Egypte. Quant doncques les ennemis feussent d'aucune de ces devant dittes adversitez, sans faille, ilz seroient si destourbez qu'ilz ne pourroient partir d'Egypte pour venir en Syrie. Dont les crestiens pourroient légièrement occuper le royaume de Jherusalem et pourroient refaire les citéz et les chasteaux sans molester et garnir soy en telle manière qu'ilz ne doubteroient puis la puissance des ennemis.

Du navire quis furent nécessaire. Cy devise frère Hayton au pape la manière du commancement du passaige pour delivrer la Sainte Terre d'oultre-mer.

Puisque nous avons raisonnablement devisé des prosperitez et des adversitez qui pourroient venir aux ennemis, dirons en ceste partie du commencement du passaige de la

Terre-Sainte. A moy semble dont pour la seurté et le prouffit du passaige général que tout au commencement une quantité de gens d'armes à cheval et a pié y soit envoyé pour congnoistre et savoir le povoir des ennemis. Et m'est advis que à présent souffiroit de mil. chevaliers et des galées, de III. mille peons, et sur ceste gent feust envoiée un légat de par l'église, et un chevetaine saige et vaillant qui avecques eulx passast oultre mer, et les gouvernassent et aydassent à arriver oultre mer en l'isle de Chypre ou royaume d'Arménie. Si comme à eulx sembleroit mieux à faire. Après sans demourée par le conseil du roy d'Armenye deussent mander messaiges à Carbauda, roy des Tartars requérant deux choses : l'une que Carbauda fist deffendre par toute sa terre que nulle chose ne feust portée en la terre des ennemis, l'autre qu'il envoyast messaigés et de ses gens d'armes aux contrées de Meletur qui gastassent et courrussent la terre de Halap. Après nos pèlerins et ceulx du royaume de Chyppre et d'Armenye par mer et par terre deussions mouvoir guerre et envaïr les terres des ennemis viguereusement, et se travaillassent de garder la marine que nulle chose ne feust portée en la terre des ennemis. Encores pourrions-nous crestiens garnir l'isle de Corcose, qui est en bon lieu pour les galées arriver, et là pourroient faire de grans dommaiges aux ennemis vrayement. La manière de commencier la guerre et d'envaïr les terres des ennemis je l'airay à dire, car selonc l'estat et condicion des ennemis convendroit changier conseil et ouvrer par l'enseignement des saiges qui seroient présens à la ditte besoigne. Et le prouffit et les biens qui pourroient venir de cestui premer passaige briefment et après ce deviseray.

Du prouffit du petit passaige premier d'oultre-mer.

Le premier prouffit seroit, car cestui premier passaige pourroit estre ainsy ordonné, que les ennemis seroient si traveilliez par l'ayde des autres crestiens qui sont aux parties d'Orient, et par les Tartars aussi qu'ilz ne pourroient avoir repos. Et souffreroient de grans ennemis et de grans dommaiges. Car par les crestiens et par les Tartars fu menée guerre au soubdan d'Egipte par mer et par terre, au royaume de Syrie. Il convendroit que le soubdan envoiast sa gent pour garder et deffendre ceulx qui sont de la marine, et toutes les autres qui pourroient estre envayes. Et se par les Tartars estoit meue guerre aux parties de Meletur à la terre de Halap, il convendroit que la gent du soubdan venissent, où il a bien. XXV. journées d'erreure. Et ceulx qui vendroient à Babiloine pour cestui service, en pou de temps seroient apovris et perdroient leurs chevaulx et leurs hommes, et seroient sy enuyez et si traveilliés qu'ilz ne pourroient durer. En trois ou en. IIII. changemens ainsy fais les ennemis perdroient leur avoir et souffreroient de moult grans dommaiges. Encore par le premier passaige, les ennemis pourroient estre moult troublez, car avecques l'arrivement des dix galées du passaige avec l'ayde de celles qui pourroient estre toutes corues, et les galées pourroient retourner à sauveté à l'isle de Corcose. Et se le soubdan vouloit deffendre et garder les dittes terres, il convendroit qu'il venist en personne, et avec luy tout son povoir de Babiloine en Syrie. Afin qu'il eust gens souffisables à donner ayde à toutes les terres qui sont près de la marine. En l'issue du royaume d'Egypte pour venir en Sirie seroit au Soubdan périlleuse chose ennuyeuse et dommaigeuse pour la traïson de sa gent. Ennuyeuse, car les envayssemens des crestiens pourroient estre si troublez qu'ilz n'aroient repos. Dommaigeuse, car il consumeroit et gasteroit tout son trésor. Et à grant paine pourroit estre creue la grant quantité d'avoir qu'il convient que le soubdan et sa gent despendent et consument toutes les fois qu'ilz issent de la terre d'Egypte pour venir en Sirie. Encores par les dittes galées, les pors et toutes les voies de la ditte marine pourroient estre gardées en telle manière que aux ennemis ne seroit porté de nulle rien de tout ce dont ilz ont greigneur mestier, et sans quoy ilz ne pourroient durer, si comme sont fer, acier, merren, et les esclas, et autres choses qui leur sont portées par estranges contrées. Encores les ennemis perdroient les rentes qu'ilz ont des pors de la marine qui montent grant quantité d'avoir et de trésor.

Comment à pou d'aide de gens les crestiens recouvrent la Sainte Terre.

Encores se il avenoit que les ennemis feussent troublez par aucune adversité, si qu'ilz ne peussent partir d'Egypte ne donner ayde aux terres de Syrie. Adonc les crestiens de cestui premier passaige, avec l'aide des autres crestiens des parties d'Orient pourroient bien redrecier la cité de Triple. Et en mont Lyban sont crestiens habitans, bons sergens entour. XL. mille qui grant ayde donrroient aux crestiens pèlerins. Et mainteffois se sont revélez contre le soubdan, et mainteffois ly ont fait dommaige et à sa gent. Et puisque la cité de Triple seroit fermée, les crestiens la pourroient tenir et fermer jusques à la venue du général passaige. Et pourroient prendre toute la contrée d'entour et tenir là conte de Triple, et ce pourroit retourner à grant ayse de la gent qui vendroient au passaige général. Car ilz trouveroient le port appareillié où ilz pourroient seurement arriver.

Encore se il avenoit que les Tartars occupassent le royaume de Syrie et la Terre-Sainte, les crestiens se trouveroient de recevoir les terres des Tartars, et les garnir en telle manière et garder. Et je qui congnois assez la voulenté des Tartars croy fermement que toutes les citez et les terres que les Tartars conquerront sur les Sarrazins que voulentiers les donrront à garder aux crestiens franchement et quittement. Car les Tartars ne pourroient demourer en telle contrée pour la grant chaleur qui y est ou temps d'esté. Dont il leur seroit bel que les crestiens tenissent les terres, et gardassent que les Tartars ne combatent contre, avecques le soubdan d'Egypte pour convoytise de gaingner terres ne citez, car ilz ont toute ayse en leur subgection. Ains se combatent pour ce que le soubdan a esté tout adès leur principal ennemy et leur a fait plus de grevance et de dommaige que nul autre meismement, quant ilz ont eu guerre contre leurs voisins. Et pour ces raisons dessus nommés croy assez souffire la quantité dessus ditte, c'est assavoir mil chevaliers .X. galées .III.^{m} sergens. Et me semble que en ces commencemens ne feroient d'eux tans de gens que ceulx feroient et multiplieroient moult grandement les despens.

Comment frère Hayton preuve clèrement au pape le premier passaige estre proufitable.

Encores par cestui premier passaige pourroient venir trois autres prouffis, car puis que les pèlerins du premier passaige seroient demourez une saison ès parties d'oultre mer et eussent congneue la condicion de la terre et la manière des ennemis, ilz pourroient adrecier et avertir les autres qui vendroient au passaige général. Encores prenons que les Tartars, ou pour guerre ou pour autre chose, ou achoison ne peussent ou ne voulussent donner ayde aux crestiens contre les Sarrazins, et que le soubdan et sa gent en leur prospérité, et que ne feust pas légière chose d'acquerre la Terre-Sainte, et de la délivrer du povoir des ennemis, la Vre. Sainte Paternité congnoissant la condicion de la Terre-Sainte, et véant le povoir du passaige général pourroit mieulx avoir conseil et avertement sur ce que convendroit faire, ou de faire passer oultre mer le général passaige que faire attendre temps et saison convenable. Et pour ce pourroient estre eschevez tous les ennuis et les périlz qui pourroient avenir.

Comment ledit frère amonneste le pape d'escripre aux roys des crestiens et d'Armenie.

Encores pardoint moy la Vre. Sainteté, je ose dire deux autres paroles l'une si est que Vre. Sainteté vueille escripre au roy des Georgiens qui sont crestiens, et qui plus que au-

tre nacion sont de dévocion aux pélerinaiges et aux saintuaires de la Terre-Sainte, que ilz deussent donner ayde
et faveur aux pélerins et recouvrer la Terre-Sainte. Et je
croy fermement que pour l'onneur de Dieu et pour la révérence de Vre. Sainteté y ceulx accompliront voulentiers
vre. commandement, car ilz sont crestiens, dévoz et sont
gent assez de grant povoir, et sont vaillans hommes d'armes et sont voisins au roy d'Armenye. Et encores que Vre.
Sainte Paternité vueille escripre au roy des Nubiens qui
sont crestiens et furent convertis à la foy de Crist par monseigneur saint Thomas en la terre d'Ethiope, mandant
qu'ilz deussent mouvoir guerre au soubdan et à sa gent. Et
je croy fermement que les devant dis Nubiens pour l'onneur de Nre. Seigneur et pour la révérence de Vre. Sainteté
yceulx mouveront guerre au soubdan et à sa gent, et leur
feront ennuy et dommaige à leur povoir. Et ce seroit grant
destourbier au soubdan et à sa gent. Et les dittes lettres
pourroient estre envoyées au roy d'Armenye qui les feroit
translater en leur langaige, et les envoyeroit par bons messaigés.

*Cy devise frère Hayton au Père saint la manière du gé-
néral passaige pour aler conquerre la Sainte Terre
d'oultre-mer.*

Dévotement et féalment ay compté selonc ma petite congnoissance ce qu'il convenoit sur le commencement du
passaige de l'aide de la Terre-Sainte. En après vueillant
obéir aux commandemens de la vostre Sainte Paternité sur
ce qu'il convient au passaige général d'oultre-mer.

Cy dit des trois chemins par où l'en puet aler en la Sainte Terre.

Le passaige général puet prendre trois chemins, l'un seroit par la voye de Barbarie, mais ceste voye je conseille à ceulx qui sçavent la condition de celle contrée ; l'autre seroit par la voye de Constantinople, c'est à savoir par celle voye que tinstrent Godefroy de Buillon et les autres pelerins de cellui temps. Et si comme je croy le passaige général pourroit aler légièrement jusques à la cité de Constantinople. Mais passant par le bras Saint-Georges et aler par la Turquie, la voye ne seroit pas si seure pour les Turquemens qui sont sarrazins et qui habitent en Turquie. Vrayement les Tartars pourroient delivrer et asseurer cette voye, et pourroient ordonner que de la terre de Turquie seroit apportée assez de vittaille en l'ost des pélerins, et chevaulx à pris convenable. L'autre voye qui est congneue à tous si est par mer, donc se le passaige veult passer par mer, il convient que à tous les pors de la marine soient appareilliez et en autres souffisans à passer les pélerins. Et conviendroit que à un terme nommé, tous les pélerins en saison convenable feussent appareilliez de monter sur les naves et de passer ensemble, et pourroient arriver en Chyppre pour eulx reposer et leurs chevaulx du travail de la mer. Et après ce que le passaige général fut arrivé en Chyppre et eust reposé aucuns jours, se les pélerins du premier passaige eussent fermé la cité de Tripoli ou autre sur mer en la Syrie, le passage pourroit droitement arriver là et ce leur seroit grant ayse. Et se les pélerins du premier passaige n'eussent fermé aucune terre en la Syrie, il conviendroit que le passaige général teinst la voye par le royaume d'Armenie. En ceste manière, c'est assavoir que les pélerins ou royaume d'Egypte donnassent à eulx et à leurs chevaulx repos jusques à la feste Saint-Michel qu'ilz pourroient aler seurement en la terre d'Armenye, et là trouveroient ce dont mestier auroient. Vrayement ilz pourroient demourer en la cité de Tersoth, plus aysiément pour ce qu'ilz trouveroient grant plante d'eau et de pastures pour les chevaulx, et du royaume de Turquie qui est là près, mènent viandes et chevaulx, et ce qui l'en est besoing, et de la terre d'Armenie aussy, et pourroit tout l'iver demourer en Armenye. Au temps du pastour venant, l'ost des pélerins pourroit aler par terre jusques en Antioche, qui est loing de la terre d'Armenye une journée, de là navyre pourroit aler par mer et arriver au port d'Antioche et ainsi seroit tout voisin l'ost de mer et l'ost de terre. Après ce que les pélerins eussent occupé la cité d'Antioche, laquelle ilz prendroient tost avec l'ayde de Dieu, les pélerins pourroient reposer en celle terre aucuns jours et pourroient courre et proyer les terres des ennemis qui sont entour. Et en celle partie d'Antioche sont habitans crestiens assez qui sont bons sergens et vendroient tost à l'ost des crestiens et leur pourroient faire assez de services. Après ce que les pélerins se partirent Antioche, ilz se pourroient aler par la rive de la mer jusques à la cité de la Liche. Et celle leur seroit la plus courte voye et la meilleur. Et la marine pourroit tout adès suivre près de l'ost de terre. Vrayement près du Margac à la rive de la mer est un pas moult ennuyeulx à grant gent passer. Et s'il avenoit que les ennemis eussent gardé celli pas en telle guise que les pélerins n'y peussent passer, nostre gent pourroit retourner sans péril en Antioche et pourroient aler par le chemin Ephenne vers Césaire par la rive du flun tout montant, lequel flun est appellé Revel. Et par celle voye l'ost trouveroit bonnes pastures et eaues assés, et les terres des ennemis garnies de vittailles et d'autres biens dont l'ost pourroit avoir grant ayse. Et par celle voye pourroit aler nre. gent jusques à la cité de Haman qui est moult riche cité, laquelle les crestiens occuperoient legièrement. Et s'il avenoit qu'ilz voulsissent deffendre Haman pour ce qu'elle est riche cité, et ne venissent à bataille contre les crestiens, ilz auroient avantaige de combatre en cellui lieu, ilz desconfiroient legièrement les ennemis. Et se les crestiens peussent desconfire l'ost du soubdan, ilz ne trouveroient après nulz contre eulx et pourroient aller droitement à la cité de Damas, laquelle ilz prendroient où ilz se renderoient par convenances. Car puis que le soubdan eust esté desconfit ceulx de Damas ne se pourroient tenir. Ains se rendroient voulentiers sauvez leurs vies, si comme ilz firent à Halcon et à Casan. Après ce que ilz orent desconfit le soubdan, et puis que les crestiens eussent pris Damas, ilz conquerroient après legièrement le remenant. Et se les ennemis eschevasssent les batailles, les crestiens pourroient venir droitement à Triple en .IIII. jours, de Damas et pourroient refaire la cité de Triple. Les crestiens qui sont ou mont Lyban donnent grant ayde aux pèlerins. Dont se les crestiens tenoient la cité de Triple pour-

roient conquerre après le royaume de Jhérusalem avec l'ayde de Dieu.

De la compaingnie des crestiens et des Tartars.

De la compaignie des crestiens et des Tartars à moy est
ains que aucune quantité jusques entour .XX. mille Tartars pourroient faire grant ayse et prouffit aux crestiens
cheminant par les contrées. Car pour la doubtance des
Tartars les Bedouins ne les Turquemens n'oseroient aprouchier de l'ost des crestiens. L'autre ayse seroit que les Tartars procureroient assez vittaille à l'ost des crestiens, et les
feroient venir de loingtaines terres pour gaingnier aucune
chose. Encores par les Tartars l'en pourroit enquerre et savoir la covine des ennemis. Car les Tartars sont légiers à
courre çà et là, et scevent bien entrer et issyr de nuyt et de
jour à leur voulenté. Encores en fait de batailles et abatre
villes et citez, les Tartars pourroient estre moult prouffita-
bles, car ilz sont molt engigneux en tieux affaires. Et s'il
avenoit que Carbauda ou autres en son lieu avecques gent
venissent pour entrer en la terre d'Egypte, adoncques seroit-
il bon eschiver et esloignier leur compaignie, car les Tartars ne vouldroient faire la voulenté des crestiens. Et les
crestiens ne pourroient savoir la voulenté des Tartars qui
sont à cheval, et vont moult hastivement et les crestiens ne
les pourroient suyvre pour la compaignie des hommes à
pié.

Cy raconte frère Hayton la différence des coustumes qui sont entre les crestiens et les Tartars.

Encores les Tartars quant ilz se scevent et ilz ont povoir et force ilz sont moult oultrageux et orgueilleux, et ne se pourroient souffrir sans faire oultraige aux crestiens. La quelle chose les crestiens ne pourroient souffrir dont il pourroit sourdre matière de scandale et de haine entre eulx, mais sur ce l'en pourroit mettre bon remède. C'est à savoir que les Tartars s'en alassent par la voye de Damas, si comme ilz ont fait et acoustumé à faire tout adès. Et les crestiens iroient aux parties de Jhérusalem, en ceste manière par l'esloignement des uns et des autres, entre les crestiens et les Tartars, bonne paix et amistié seroit gardée et la puissance des ennemis seroit plus tost confondue par les deux que par l'un. Encores une chose osay-je remembrer à la vostre Sainteté, c'est à savoir que saigement soit fait, car pour ce que le conseil des crestiens ou temps passé n'ont volu céler leur covine, ilz en ont souffert de grans ennuys, et les ennemis ont par ce eschivé de grans périlz, et ont tolu aux crestiens manière d'acomplir leur désirer. Et jà soit ce que la renommée du passaige général ne puisse estre celée, car elle yra par l'universel monde, non pourquant ce ne pourra tourner à nul prouffit aux ennemis, car ayde aucune ne leur pourra estre donnée de nulle part. Car en maintes manières pourra estre célé le conseil des crestiens faisans semblant de faire une chose et en faire une autre. Et ce que les Tartars ne pevent céler leur conseil leur a fait bien souvent grant ennuy. Car les Tartars ont telle manière que à la première lune de janvier prennent conseil de tout ce qu'ilz veullent faire celle année. Donc se il avient que ilz veullent mouvoir guerre contre le soubdan d'Egypte, tantost le conseil est sceu de tous, et les Sarrazins font ce savoir au soubdan. Et sur ce le soubdan se garnist à l'encontre. Et les sarrazins scevent bien céler leur conseil et ce leur a valu maintes fois. Et ce souffist à dire ores quant à present sur le fait du passaige général de la Terre-Sainte d'oultre mer.

Cy fait fin de son livre frère Jehan Hayton en priant Nre. Sires qu'il vueille délivrer la Terre-Sainte.

Après tout ce je pri humblement que la vostre Sainteté bénignement reçoive ce que ma dévocion escript sur le passaige de la Terre-Sainte. Et à ce que je eusse dit plus ou moins soit mise la lime de vostre correction que je n'en aille hardement de conseillier sur li grant à faire comme est le passaige de la Terre-Sainte. Ce ne feust par le commandement de la vostre Sainte-Paternité, laquelle puis qu'elle fu assise au siège pastoural par pourvéance de Dieu. De tout son cuer a pensé désiramment et procuré et traitié comment la Terre-Sainte qui fu arousée du précieux sang Nre. Seigneur Jhesu-crist soit delivrée du povoir des mescréans. Et pour ceste raison il a appellé tous les roys et les princes des crestiens à son concille, à ce qu'il puisse avoir conseil et avertement sur l'ayde du passaige de la Terre-Sainte. Et comment ce soit que Dieu tout-puissant et miséricordieux nous démonstre par vraies démonstrances qu'il veult délivrer la Terre-Sainte du servaige des mescréans. Au temps de la Vre. Sainte-Paternité devons tous prier humblement que longue vie beneurée li doint cellui qui vit et règne *in secula seculorum. Amen.*

Cy fine le livre des hystoires des parties d'Orient compilé par religieux homme frère Hayton, frère de l'ordre de Prémonstré, jadis seigneur de Core, cousin germain du roy d'Arménye, sur le passaige de la Terre-Sainte, par le commandement du souverain père nostre seigneur l'apostole Clément-Quint en la cité de Poytiers. Lequel livre je Nicole Falcon escrips premièrement en françois, si comme ledit frère Hayton le ditoit de sa bouche, sans note ne exemplaire, et de romans le translatay en latin. En l'an nostre seigneur. M.ccc. sept ou mois d'aoust. *Deo gratias.*

Ainsi que vient de le dire Nicolas Falcon, la relation de Jean Hayton a été écrite d'abord en français, puis traduite en latin par Falcon lui-même. C'est ce texte latin, que le moine de St-Bertin, Jean Le Long (d'Ypres), a traduit de nouveau en français, comme il le déclare lui-même à la fin des lignes suivantes, qu'il a placées en tête de son œuvre :

« Cy commence ung traicté de l'estat et des condicions des quatorze royaulmes de Ayse, et des empereurs qui puis 'incarnation de nostre seigneur ont régné en iceulx, et règnent encore. Et du passaige d'oultre-mer à la Terre-Saincte, et de la puissance du soubdan d'Egipte que nous appellons le soubdan de Babillonne. Et fut ce traicté premièrement faict en latin par très noble et très hault homme mosieur Aycone seigneur de Courcy, chevalier et nepveu du roy d'Armenie la Grand, lequel Aycone, après ce qu'il eut longtemps suivy les armes, se rendit en l'ordre de Prémonstré, moyne blanc au royaulme de Chipre, en l'abaye de l'Epiphanie en laquelle il fist cest livre comme dit est, puis l'an de grace mil trois cens et dix. Et fut ce livre translaté de latin en francoys par frère Jehan de Long dit né de Ippre, moine de l'abbaye de Sainct-Bertin en Saint-Omer, de l'ordre de Sainct-Benoist, de l'evesché de Thérouenne en l'an de l'incarnation, nostre seigneur mil trois cens cinquante et ung. »

Cette traduction a été imprimée en 1529, *sous ce titre:* « Lhistoire merveilleuse, plaisante et recréative du grand « empereur le grand Can, etc. » *Elle était vendue* « à Pa- « ris en la rue neufve nostre Dame à l'enseigne St-Nicolas « et au pallays en la galerie comme on va à la chancellerie « pour Jehan St-Denys. » *Le privilège a été accordé à cet ouvrage par le Prévost de Paris ou son lieutenant* « le lundy quinziesme jour de febrier mil cinq c. vingt-huyt. »

III

RELATION

DU VOYAGE DE FRÈRE BIEUL [1]

(Ricold de Monte-Croce).

—

Ci commmence le itineraire de la peregrinacion et du voiage que fist ung bon preudomme des frères precheurs qui ot nom frère Bieul, qui par le commant du Saint-Père ala oultre mer por precher aux mescréans la foy de Dieu. Et sont en ce traitié par ordonnance contenu les royaumes, pais et provinces, lez manières diverses des gens, lez loys, les sectes, les créances, les hérésies, et les merveilles que li dis frères trouva et vit ès parties de Orient. Et fist ce livre en latin afin que ceux qui vouldront en ce pays aler pour la foy de Dieu essausier puissent par cest livre savoir quelle chose leur a mestier, et en quel lieu et en quel manière il pourroient prouffiter. Et fu ce livre translatés de latin en françoys en l'an de grace mil. ccc. li. Fait et compilé par frère Jehan le Long d'Ippre, moine de l'évesque de Taroenne.

---

1. Le ms. 2810 porte à la page 268 *Bieul* et à la page 299 *Riculd* ; c'est la première forme du nom du moine voyageur qui a été le plus souvent répétée. Mais il est évident qu'elle est le résultat d'une erreur du copiste qui aura cru voir un B là où il y avait un R et qui a mis un e pour un c. C'est donc *Riculd* qu'il faut lire, puisqu'on sait aujourd'hui que l'auteur de cette relation est *Ricold de Monte-Croce*.

Comme je le moindre de l'ordre des frères prêcheurs dajsi eusse souvent en mon couraige et en ma pensée la très grant douleur de la divine amour vers la lignie humaine, laquelle Dieu ot tant enchérie que pour le rachater des painnes d'enfer, il envoya son seul filx Dieu Jhésucrist faire sa pérégrinacion en ce monde et mourir pour nous pécheurs. Et pour ceste pérégrinacion fichiés en nostres mémores dist mesmes le très préchieux filz de Dieu en l'euvangile : « Je issi de mon père et vins en ce monde, » comme se il voulsist dire : Je descendi des cieulx pour ceste pérégrinacion parfaire.

Secondement considérant comme li benoiz filz de Dieu en char humaine veis petis et pouvres ne voult soy, ne sa benoite et tendre mère espargner de longue et pénible pérégrinacion ; mais il et sa benoiste mère et le saint veillart Joseph qui le portoit fist son voiage en Egipte pour eschiever et fuir Herodes son adversaire, comment que nulx besoings ne lui fust de fuir homme mortel, ne de le doubter.

Considérant tiercement les très grans bénéfices et les graces que Dieux de l'abundance de sa miséricorde me a prestés, et les quellez il seul scet et nocte qui apelle me a et desseure de ce séculer monde et esleve à si digne ordre, comme pour estre son prescheur et son tesmoing devant toute gent créant et mescréant. Si m'estoit ains que trop me seroit honte et vergoigne se je après tant de bénéfices et de graces, je ne ordennasse mes voies et mes affaires, et convertisse mes piés pour aler ès tesmoignages de Dieu. Lors repensay en mon courage que point ne me seroit seur de longuement estre oiseux, sans essaier et esprouver aucune chose de labour et de pouvreté de lonc voiage et de pérégrinacions. Et espécialement quant me vint en mémoire quellez et quant longues et quant pénibles pérégrinations pour prendre les séculaires sciences. Lesquellez clerc nomment les ars libéralés, je avoye souvent empris et parfaite là où j'estoie encores clercs seculers. Toutez ces choses souvent et menu tournéez et retournées en ma pensée et en mon courage receue aussi la obédience et le commant de la beneisson de nostre saint père le pappe, et aussi du maistre de nostre ordre des frères précheurs commencay mon pelerinage.

Si passay la mer pour présentement veoir et visiter les sains lieulx, lesquelx JhésuCrist mesmes visita corporèlement et souverainement pour visiter ce saint, dévot lieu ens ouquel Nostre Seigneur daigna pour nous pécheurs mourir en l'arbre de la croz. Afin que la mémoire et la souvenance de la passion de nostre seigneur JhésuCrist feust plus tenamment présentée et fichée en mon courage. Affin aussi que le précieux sanc JhésuCrist espandus pour nostre sauvement me feust confort et donnast vigueur et enforcement de sa foy prechier et se cas si offrist mourir pour cellui qui moy donna la vie.

De Galilée.

Premièrement ainsi comme il plot à Nostre Seigneur arrivames et preisme port en Acre, et de là m'en alay une journée de. XX. milles avec pluseurs crestiens jusquez en Galilée et venimes premièrement à Chana Galiléc, en laquelle

Jhesucrist fist le premier de ses signes et miracles, quant aux nopces il converti l'eaue en vin. Ceste vilette Chana Galilée est à un ou à V. milles de Nazareth. Assés près de ce lieu trouvasmes le puis ouquel lez menistres emplirent lez. V. caves d'eaue que nostre seigneur converti, comme dit est. Là veismes le lieu ouquel il fut faite la feste des nosces sus dites, et veismes la fourme des caves. Là chantasmes nous et prechasmes l'euvangile du miracle du vin que Dieulx fist à ces noces. Là priay à Jhesucrist qui en ce lieu avoit converti l'eaue en vin qu'il voulsist aussi convertir toutez mes deffaultes des devocion et espirituel, savoir de parfaite compugnicion. De là venismes .XV. milles droicte voye à la vilette de Genezareth, et est assise sur la mer de Galilée. Ou pendant de la montaigne chantasmes l'euvangile du miracle que Dieulx fist sur ce mont de .II. enragiés des quieulx il chassa ung légion de deables, et les fist entrer ès pourceaux. Une légion contient .VI^m VI^c lxVI. De là en V. milles descendismes en Bethsaïda dont furent nés Saint-Andrieu et Saint-Pierre, et si est la vilette sur la mer de Galilée. Sur lequel mont Jhésucrist fit ung sermon à ses disciples, puis monstasmes assés près de là ou mont ouquel Jhésucrist repeut .V. mille hommes de .V. pains d'orge et de deux poissons. Là nous asseismes nous sur le foein et mangasmes du pain à joye. Là d'en costé, à troiz milles, est la cisterne en laquelle Joseph fu mis par ses .ix. frères. Assés près de là est le chastel Saphet qui est la clef de toute Galilée. De là descendismes en Capharnaum et venismes à ce lieu, ouquel Nostre Seigneur cura le ladre, et puis alasmes ou lieu ou Sains Mahieux fist et reçut le don. De ce lieu retournasmes nous vers la mer de Galilée et venismes au lieu où N. S. après sa resurreccion apparut à ses disciples sur la rive de la mer, et lez appella à mengier et menga avec eulx du pain et du poisson, et monstra que il estoit vrayement resuscités. Cilx lieulx est entre Capharnaum et Bethsaïda et Genesar. Et venismez ou chastel Magdalum duquel fu née et appellée Sainte-Marie-Magdaleine, et es du costé l'estanc de Genesar. Là feusmes nous moult dolans pour ce que nous y trouvaismes une très belle église dont Sarrasins avoient fait estable à leurs bestes. Là prechames et chantasmes l'euvangile de Sainte Marie Magdaleine. De là venismes .V. mille iusquez à Tyberiadis tout sur la mer. Là trouvasmes moult de chosez dignez de mémoire. Entre lez lesquellez je consideray ce que en la mer de Tybériadis l'eaue est en touz lieulx très douce et très bonne à boire, non pour quant y entrent en pluseurs lieulx moult d'eaues puans de souffre et très amères. De là montasmes nous en une trèz haulte montaigne pour venir ou trèz hault mont de Thabor, et de là alasmes .V. mille jusquez en Béthulie la petite cité dont fust Judith. A une mille de la venismez à la fontayne à laquelle juifs prendoient leur eaue, quant Olofernes lez ot assis en Béthulie dessus ditte. Quant fusmez passé Béthulie montasmes le mont de Thabi. Ou pendant de ce mont Melchysedech encontra Abraham et offri pain et vin comme dit la Bible. Sur ce mont trouvasmes moult de grandes esglises de la transfiguracion N. S. toutez gastées et depechies. Lors montasmez tout au plus hault de la montaigne et du tertre au propre lieu. Là N. S. Jhésucrist fu transfigurez de ses disciples. Là leusmez l'euvangile de la transfiguracion N. S. moult esmerveilliez et dolans de la grant destruction des esglises que nous y veismez. De ce grant tertre venismes arrabe à .XX. milles, et d'autre part la montaigne dont naissent lez .II. fontaynes *jour* et *dan*, qui font le commencement et le nom du flun Jourdan. De ce tertre veismes lez noms de Gelbœ. A. XVII milles du mont de Thabor descendismes et passames le grant champ de Esdrelon, et la cité de Naym. Là N. S. suscita le filx de la vefve, ainsi comme dit l'euvangile. Si venismes en Nazareth. Il y a. II. milles de Nazareth. A. II. milles montasmes une montaigne et venismes au lieu que l'en appelle le Saue N. S. Et fu le lieu dont li Juifs vouloient N. S. Jhésucrist getter à val, pour ce que il leur commença à prêcher et monstrer leur sauvement. Là veismes lez enseignes des pas et la fourme des piés Jhesucrist en la roche empreinte. Et tout aussi comme il s'en aloit et disoient les gens du paix que pour certain que ce estoient les pas N. S. Là leusmes nous l'euvangile qui ce fait raconter.

De Nazareth.

Quant venismes à Nazareth la grant cité, nous la trouvasmez depechie et dolereusement deschirée. Et n'y trouvasmes riens des premiers édifices, fors seulement la chelle en laquelle se fist le commencement de nostre salut, quant l'ange Gabriel salua la benoiste vierge Marie de ce doulx salut *Ave Maria* etc., et lui annonça que le saint esprit descendroit en lui, dont elle concevroit sans œuvre d'omme le benoit filz de Dieu, et demouroit vierge pure au commancement et à l'enfanter. Et après lors respondi humblement la doulce vierge royaulx et dist : Veez cy l'ancelle et la meschine N. S. ; Comme tu, Gabriel, as dit ainsi soit. A ceste responce disent lez maistrez que nostre Dame conceupt et devint mère de Dieu sans corrupcion. De ce ne se esmaie ne juyfs ne Sarrasins, ne autres quiconques créans ou meschréans. Car œuvre d'omme ne y fist mestier. Là toute la benoite trinité fist le ouvrage par deseure toute nature qui meismez fist et ordenna nature. En ceste chelle a un autel de Dieu droitement; en ce lieu là N. Dame fist ses oroisons en l'eure que Gabriel l'archangelle fu envoyé à lui et le salua comme ditt est. Et en ce lieu là Gabriel l'archangelle estoit quant il le salua, et un autel de saint Michel sur chacun de ces :II. antieuls deismes nous messe et feismes prédicacion. Lors cherçames et alasmes par toute la cité, et espécialement en ces lieux la N. D. et ses doulz filz saloient le plus hanter. Bien près de la cité trouvasmes nous une fontayne, laquelle contient en très grant révérence pour ce que Nostre Sires y aloit souvent puchier de l'eaue pour sa digne mère. De là à .XXX. milles alasmes à la synagogue en laquelle Jhesucrist leut Ysaïe le prophète et disputa aux maistrez de la loy. Touz ces lieulx de Galilée dont nous avons fait mémoire trouvasmes nous ès mains et tenances des Sarrazins qui lez possessoient paisiblement. De Nazareth à .X. milles venismes au chastel Zaphetanum dont furent nés saint Jehan euvangeliste et saint Jaques, les enfans Zébédée. En ce chastel demeurent crestiens. De ce chastel venismes et retournasmes en Acre cité des crestiens,

De Judée et de la terre de promission.

De Acre alasmes vers Jherusalem et venismez à ruissel de Cyson. Là Hélies par lez mains de ses ministres mist à mort .VIII. c. et. l. faulx prophètes qui prophétissoient par le responce de celleydolle que on nommoit Baal et qui avoient le peuble de Dieu perverty et fait aourer le deable, et vouloient faire ochirre les vrays prophètes de Dieu Hélie et lez autrez pour ce que il maintenoient la vraye foy, et contralioient à leurs ydoles, et lez convenqui Hélies en la présence du roy de Israël, et de tout le peuble par certain miracle de Dieu comme plus plainement est contenu en la Bible. Quant passez feusmez ce ruissel par l'espace de .IIII. milles venismes en la cité de Caisan sur la mer et de là à ce très bel moncelet de Carmelus sur lequel Hélies fist appeller grant multitude des enfens de Israël. Et devant eulz convenqui sur ce mont ces sacerdos Baal susdis. Et de là furent menés sur le ruissel susdit et occis. Et delà venismes au chastel Pélerin qui est aux templiers et est trop noble castel sur la mer de Ynde. De là à .XX. milles le chastel Tatho. Puis .XVIII. milles à Saint-George. De là venismes en Ramacha au mont de Effraym qui est à troiz milles de Jherusalem et là visitasmes la maison Samuel qui de là fu nés.

De Jherusalem.

De Ramacha venismes en la sainte cité de Jhèrusalem qui vraiement puet estre nommée cité de ruine et de destruccion. Si alasmes premièrement à l'esglise saint sépulcle de N. S. Lez Sarrasins ne nous y vouldrent point laissier entrer si que nous montasmes le mont de Syon, la cité que fonda David. Et là trouvasmes la tour David édifiée de grandes pierres quarrées et n'estoit pas encore destruite du tout. Puis venismes ou lieu ou fu décolé Saint-Jaque le majour. Là est une église. En celle esglise est ung marbre, lequel on voit encore tout rouge du sanc. De là venismes ou lieu où Jhesucrist fist la chène avec ses disciples le jour du jeudi asolu. En cellui lieu est une très grant esglise en laquelle sont les lieux de la saincte maison, et la chelle en laquelle demoura N. Dame après l'ascension de son filz glorieulx, et à l'autre lez le lieu ouquel Dieux fist la chène comme dit est, et le mande et lez aultres choses dont l'euvangile et la sainte église fait mencion, le jour du jeudi de la chène, et que Dieulx fist celle vesprée. Là est ung autel en cellui meismes lieu, là où Dieu ordonna et institua le Saint Sacrement de la messe. En celle esglise est le lieu là où les disciples furent assemblés quant le saint Esprit descendi sur eulx le jour de Pentecouste et là est le lieu ou N. S. entra à ses disciples les huis clos après la résurreccion. Là est un ung autel sur lequel nous chantasmes messe et preschames à très grant paour, car nous doubtions bien que les Sarrasins ne nous tuassent. D'en costé ceste esglise est la coulombe en laquelle Jhesucrist fu liés et batus et encore appert toute ensanglantée. Assés près de là est la maison Anne qui fu Serouge Cayphas. Là en costé est le lieu où Saint-Pierre ploura tendrement. Après cil qu'il ot renoyé Dieu troiz foiz comme dit l'euvangile.

Et en mémoire de la pénitance saint Pierre est là une église. Après ce descendismes du mont de Syon et venismes ou lieu où souloient demourer les frères prêcheurs et trouvasmes encore le lieu de leur jardin, et est le lieu assis entre le temple N. Seigneur et le temple Salemon. Du temple Salemon veismez nous le lieu duquel fu gettés, Saint Jaques le mineur que on dit frère N. S. pour ce que tant lui resembloit et fu jetté de moult hault en une basse valée de Josaphat. Dont issumes de la sainte cité et venismes ou champ Acheldemach que lez juifs achetèrent de ces. .XXX. deniers dont Dieux fut vendus, comme tesmoigne l'euvangile, et sert celle champaigne encore aujourd'hui de ce pourquoy elle fu achetée. C'est pour enterrer les estrangés pèlerins qui là demouroient. Près de là trouvasmez la chelle monsieur saint Onoré et de plusieurs autrez sains pères. Après descendismes en la valée de Josaphat et là trouvasmes ung sépulcre très merveilleusement noble, lequel Salmon fist pour sa femme la fille Pharaon, laquelle il amoit tant que pour l'amour de lui il fist *cantica canticorum* comme on dit. De la valée de Josaphat descendismes en Jhérico. XX. milles par celle dont parle l'euvangile de l'omme qui de Jherusalem en Jhérico et chei ès mains de larrons robeurs. Ceste voie est encore moult gastée pour lez robeurs qui encore y hantent. Quant venismez en Jhérico, nous la trouvasmes toute gastée et presque déserte, et de là alasmes. IIII. milles jusques au fleuve Jourdain ou abitoit saint Jehan Baptiste. Là est encore ung beau mémorial de saint Jehan. De là. I. mille venismes à la fontaine roge, là où jadis souloit estre du temple David le courtil royal. Et là fu ce que adoines l'ainé filz David douna à menger aux enfens du roy et aux grans de la court, excepté Salmon, et, II. ou .III. de l'estroit conseil son père, et là se fist adoine couronner sans le sceu de son père le roy David. De là nous alasmes par la voie par laquelle lez trois roys vindrent en Béthléem pour aourer la naissance N. S. Sy trouvasmes le lieu là où premiers leur apparut l'estoille, et là est une belle esglise en la mémoire de l'estoille. De là venismez aux troiz martirs et là est une belle abbaye de moisnes sarrasins de la loy Mahommet. De là venismes ou lieu là où demouroit Hélies le prophète, et est emmy voye entre Jhérusalem et Béthléem. Delà à. II. milles. venismez au sépulcre très noble et très ancien comme encore pert à l'ouvrage. De là venismez à la champaigne des chiches. Là riens ne croist fors que petites pierres à manière de siches. De ce champ dient les gens du paiz que N. S. passoit une foiz par là si demanda à ceulx qui là semoient siches quelle chose c'estoit que ilz semoient et ilz respondirent en gabant que c'estoient pierres. Dont Jhesucrist respondi: et pierres en recueillirez, et de celle en avant n'y crust aultre chose que pierres.

De Béthléem.

Après le champ de siches passé venismez en Béthléem la petite cité en laquelle fu nés cilz petiz enfens qui n'a greigneur ne pareil, Jhésucrist le benoit filz de Dieu, et là trouvasmez une belle esglise de N. Dame, et en l'esglise de diversoire ens ouquel açoucha la glorieuse vierge. Et est une estroite voie qui a l'un lez la crèche, la mignore aux beufs et aux asnes en laquelle nostre Dame coucha son benoit filz, et à l'autre lez de la voie est une caverne, une croute qui y fu pour les pouvréz hébergier, et en celle vist N. Dame et droit en ce lieu là où N. Dame enfanta est ung autel sur lequel nous chantasmez une messe et acumeniames touz ceulz qui avec nous estoient et prechaimes de la nativité N. S. Et après la messe, trouvasmez en la crèche ung très bel enfanconnet filz de une povre crestienne qui là demouroit d'en costé l'esglise. Et à l'onneur et à la remenbrance de N. S. aouramez Jhesucrist en tel enfanconnet et feismes nostre offrande en la remenbrance de l'offrande des troiz roys et avec ces offrandes le rendismez à sa mère. De Béthléem descendismes jusqu'à .III. milles là où l'angle apparut et anoncha la nativité de Dieu aux pasteurs qui estoient en ceste région, comme dit l'euvangile. Là est encore grant mémoire des pasteurs, grans ruines de pluseurs esglises qui là jadis furent faittez en la mémoire des lieulx. De ce lieu à .II. milles est le hamelet des prophètes qui vindrent à l'encontre de Hélye et de Hélysée, et dirent à Hélisée: « Aujourd'huy sera Hélie, ton « seigneur, ravy et osté de toy. » De là montasmes par la voye qui va en Béthléem par laquelle vindrent lez pasteurs aourer N. S. et trouvasmes assés près de Béthléem ung puys, d'en costé lequel Marie et Joseph se reposèrent quant ilz vinrent en Béthléem. Et dient lez gens du pays que pour amenistrer à boire à N. Dame et à Joseph qui de lonc voiage furent lassez et travailliez, l'eaue crust jusquez au bort du puis, si que ilz en porent puisser à la main. De là

venismez à Béthléem la cité et trouvasmes de costé l'esglise
N. Dame le palais ou saint Jéroime translata la Bible et la
chaere en laquelle il fist la sépulture Saintte Paule. De là
retournasmes nous pour venir en la maison Zacharie le
père saint Jehan Baptiste qui habitoit à .II. milles hors de
Jherusalem. Et trouvasmes premiers le lieu ouquel sainte
Elizabeth vint à l'encontre de sainte Marie, et là elles s'entre saluèrent, et se resjoy saint Jehan Baptiste ou ventre de
sa mère comme dit l'euvangile. De là venismes pour quoy
ne me feust de douleur de mort. Sen à celle heure eusse
esté de vous comme je cuidoye mourir y peusse de douleur
ou de joye, et de contemplacion de si grant désirer à em-
pler. De ce lieu regarday tout environ, si vy tant de sains
lieulx que il n'est ame née crestienne qui ne feust meux à
dévocion.

Je y vi le lieu de la crucifixion N. S., la pierre qui de
mont en aval toute se fendy en leure de la mort N. S., une
partie de la coulombe à laquelle N. S. fu liés et abatus, et
ceste partie de la coulumpne soustenoit une pierre de autel
assés près de la station N. Dame. Là elle estoit et plouroit
devant son précieulz filz pendant pour nous. Assés près de
là veismes la pierre sur laquelle Joseph ab Arimathia,
Nichodemus et li aultre mistrent le corps N. S. Jhesucrist,
quant ils l'orent osté de la croiz et le lièrent en draps linges et envelopèrent avec mirre et aloès, et telles précieuses
herbes moult dignement pour le ensevelir; de là nous
meismes nous pour aler veoir le saint sépulcre. Et de ces
crestiens qui là furent assemblez plus de C. ordennasmes
une pourcession, et la commançames de la coulombe sus

ditte, laquelle ilz dient estre en la moienne du monde, et montasmes vers le saint sépulcre portant palmes en nos mains. Et ainsi alasmes par la voie par laquelle alèrent lez troiz Maries au sépulcre le jour de la résurreccion N. S. Quant approchames au saint sépulcre commençames à hault voiz celle sequence. *Vittime paschali laudes.* A chascun pas, li uns commençoit ung ver et li aultre respondoient. Quant au sepulcre feusmez venus de grant joye et de grant dévocion. Commença li uns ce vers de la ditte sequence. *Surrexit christus spes mea.* Et le prist à si haulte voz que le son en vint jusquez aux sarrasins qui demouroient environ et en furent destourbé. Lors entrasmez ens ou saint sépulcre et trouvasmes celle grande pierre dont avoit esté couvert le sépulcre, tant comme N. S. y fut. Maiz il n'estoit mie ore sur le sepulcre. Ains estoit hosté et mis d'en costé l'uis du sépulcre. Nostre pélerinage fait au saint sépulcre, nous monstrèrent les gens le courtil ouquel Jhesuriest se apparut premiers à sainte Marie Magdaleine. Et assés près de là non pas au courtil, mais emmy la voye le lieu ou N. S. apparut aux autres Maries. Et là ellez tindrent ses priés en celle meismes esglise du saint Sépulcre. Dessoubz est une cysterne une croute laquelle sainte Hélaine la mère Constan, le empereur, fist fouir et y trouva la sainte croiz avec lez .II. autrez croiz des .II. larrons, et est ceste croute fouie et faite au chisel en la roche. Si y descendismez plus de. XX. pas. En celle esglise du saint Sepulcre preschames nous pluseurs foiz et deismes messe, et acumeniames le peuble crestien, et nous y reposames de jour et de nuit. De là nous partismes nous et

alasmes de Jhérusalem droite voie en Emaris le Chastel
.VIII. milles bel chemin et plaissant. En Emaris est une
belle esglise. De là retournames et venismes en Rama la
cité dont fu Joseph ab Arimathia qui enseveli N. S. Jhésucrist. De là en .X. milles en Chesaire, Philippe qui est
sur la mer. De là, à .XX. mille au chastel Catho. De là à
.XVIII. mille approchames au chastel pelerin, et venismez à la cave N. D. Celle cave est une fosse une caverne
d'en costé la mer en la voie qui vient de Egypte en Galilée,
si que quant N. Dame avec son benoit filz et Joseph retournèrent d'Egypte là où ilz estoient fouis quant Herodez
fist occire les innocens. A ce retourner Joseph vouloit aler
en Galilée et eschiver Judée. Et quant il fu venus là sur le
fleuve là où saint Jehan baptisa N. S. Jhésucrist, là feusmes
le jour de l'Atyphanie, et y trouvasmez bien. X. mille crestiens qui là estoient venus pelerins de toutez pars et de
toutez nacions. Là feismes un autel d'un costé le fleuve, et
là chantasmez messe et preschasmes, et nous baignasmes
touz au flun à grant dévocion, chantant. *Kyri eleyson*, et
en l'eaue chantasmes ceste euvangile: *factum est*, etc. Du
fleuve Jourdain alasmes à la montaigne et ou désert là où
le diable tempta Jhesucrist, et là Jhésucrist jeuna. XI.
jours et. XI. nuis sans boire et sans mengier. Là est une
esglise en laquelle nous celebrasmes aux crestiens qui avec
nous estoient venus et aux heremitez qui là demouroient,
et ces heremittes nous monstrèrent moult de sains lieux où
et comment y fu N. S. Ilz nous menerent en ung trez
hault mont et moult peneulx à monter sur lequel mont le
deable mist Jhésucrist, et lui monstra touz les règnes du

monde, et le tempta comme dit l'euvangile. Et certes c'est ung lieu moult convenable à temptacion de convoitise, car le mont de lui est de si désert que on n'y trouve riens de biens ne de plaissance en lui. Mes on voit tout environ tant comme veue se peut estendre, le plus plantureulx et le plus délitable pays que cuer peut ymaginer, car ce est le pais que Dieux permist à son peuple, le plus habondant de touz biens et le meilleur qui soit ou monde. Ou pié de celle montaigne est celle très belle plainne qui de touz biens est plainne. Le fleuve de Jourdaine, les plains de Jhérico qui ont fontainez, rivières et courtis comme ung paradis. Là sont lez terres là où ont fait le sucre. De celle valée dit Salemon *in cantica canticorum,* que c'est la plantacion des roses de Jhérico pour ce que tant y fait délitable. De celle montaigne veismes lez lieulx de Sodome et de Gomorre, et des autrez cités que Dieulx confondi par le feu et souffre plouvant du ciel, et les autrez ardy pour les grans péchiés des gens qui y habitoient, et veismes la mer morte que on appelle la mer malaite, la mer maldite. Et en ce lieu là Jhésucrist fu temptés, chantasmes et preschasmez l'euvangile de la temptacion N. S. De ce lieu à. XX milles venismez vers Jherusalem par la voye par laquelle N. S. entra en Jhérusalem le jour de Palmes comme dit l'euvangile. Si venismes en Bethanie qui est à troiz mille de Jhérusalem. Si trouvasmez au dehors de Béthania le lieu ouquel Martha vint à l'encontre de Nostre Seigneur, et puis en Béthanie le lieu et la maison Lazaras le frère Marthe, et sainte Marie Magdaleine, et trouvasmez le sépulcre ouquel Lazaras avoit esté mors et enterrés .IIII. jours quant

N. S. le resuscita, et là chantasmez et preschames l'euvangile de Lazaras. De Bethania à un millier venismes en Bethfage qui est en costé le mont d'Olivier et trouvasmes le lieu du figuier que Dieu maudit, et tantost à la maleicon Jhesu-Crist sécha. Et veismez le lieu aussi là où N. S. envoya ses disciples .II. en Jhérusalem pour l'annesse et son faonnet, et de là venismes au mont d'Olivier et delà d'encosté un autre mont que l'en appelle Galilée, et dient pluseurs que cilx est le mont dont parle l'euvangile que lez .XII. disciples s'en alèrent en Galilée en une montaigne que Jhésu-crist leur assignée et dit : Cilx mons a à nom Galilée, ce ne sont mie en Galilée, mais en Judée. Aucuns aultres dient que l'euvangile doit estre entendue du mont de Thabor qui vraiement est en Galilée. Quant nous descendismez du mont d'Olivier nous preismes reussiaulx d'oliviers et de palmes et lez bencismes et portasmes à touz. Et ainsi descendismes vers Jhérusalem par ceste voye par laquelle N. S. s'en vint à la Passion comme dit est, et entrasmez en Jhérusalem, par la porte d'or par laquelle N. S. entra et celle porte est oupré du temple. Lors entrasmes en la sainte cité et le mont de Syon. Nous trouvasmez hors de la cité au lieu de Zacharie, et ainsi près de là comme le tiers de ung millier trouvasmez la maison de Sainte Elizabeth, et en la moienne court ung ruissellet descendant d'une très belle fontaine sur laquelle souvent se reposoient et ensemble parloient la Vierge Marie et Sainte Elizabeth, toutez deuz ensaintez. De là retournasmes nous vers Jhérusalem, et trouvasmez le lieu ou fu coppé le grant arbre dont fu faite la sainte Croiz. De là venismez en Jhérusalem et ou mont de

Syon ou N. S. fist la chène à ses disciples et leur lava les piés, puis alâmes tout le chemin que N. S. ala après le chène pour venir au courtil, ouquel il fist ces oroisons à Dieu le père, et là il fu prins de juifs. Si venismez aux eaues de Siloé là où Ysaias fu à .I. lez. Et auquelle JhésuCrist envoya le maule, après que il le avoit sauvé. Puis pasasmez le ruissel de Cédron qui couroit parmy la valée de Josaphat ent Jhérusalem et le mont Olivier. Puis venismes au courtil dessus dit, et là trouvasmes le lieu où N. S. fist ces oroisons comme dit est. Assés près de là est une champaigne que on nomme maintenant le champ des flours, et là de costé est le sépulcre de la benoite Vierge Marie, droit en la moiennne de la valée de Josaphat et gardent li Sarrasin ce sépulcre à grant révérence et à moult grant luminaire. Là chantasmes nous messe et preschames et acommuniames toute nostre compaignie. En ce champ de fleurs nous asseismes et nous reposamez contemplant et considérant le lieu du val de Josaphat entre le mont de calvaire et le mont Olivet ouquel lieu comme dient aucuns docteurs, N. S. vendra au jugement en la fin du monde. Si priasmes à Dieu que à ce destroit jugement il nous voulsist assigner lieu à sa destre avec ses esleu. Après veismez du sépulcre N. Dame le lieu où fu lapidés Saint-Estienne le premier martir, et de là retournamez en Jhérusalem, et venismez à l'esglise Sainte-Anne, mère de N. Dame. Là nous fu monstré le lieu ouquel dient vraiement que N. Dame fu née, et là encosté fu enterrée Sainte-Anne susdite. Puis alasmes à la maison Pylate et là veismez nous la constraccion, le lieu où fu jugiés Jhésucrist, la croiz sur ses benoitez espaulez. En celle nous fu monstré le lieu ouquel N. Dame chay en pasmaisons, ainsi comme elle fuioit son benoit filz. Là est encore une maison en mémoire de ce. De costé celle voye nous fu monstré le lieu, là où N. S., lassez d'aler et de sa croiz porter, se reposa ung pou. Assés près de là est une maison de Cordeliers. En celle voie nous fu monstrés le li lielx ouquel Sainte Héleine mère Constantin examina lez troiz croiz que elle avoit trouvéez et recongnut la sainte Croiz N. S. pour le miracle de ung mort resuscité.

Du Sépulcre N. S.

Toulx cés sains lieulx visitez, nous entrasmez en l'esglise du saint Sépulcre qui est une très grant esglise. Si que le mont de Calvaire et le saint Sépulcre y sont contenu dedans. Sy montasmes le mont de Calvaire au lieu où fu crucifiés N. S. et trouvasmes le lieu où la croix fu fichié et cuignié avec une grande pierre. Là d'en costé est li crucifilx ou pié de celle pierre ou fu fichié là croiz comme dit est, est l'ascension N. Dame et Saint Jehan euvangeliste qui estoit d'en costé la croix vers orient. Cilz lieulx du crucifiement N. S. est ung lieu de si grant dévocion que se aucuns crestiens ne fondis en lermes pour la compassion du filz de Dieu criant et mourant. Si seroit-il constrains de plourer pour la compassion de sa benoite mère plourant et démentant au pié de la croiz son benoit filz mourant pour nous........ De la cave nostre Dame venismes au chastel pélerin. Et de là en Acre cent milles.

De Tripoly.

De Acre entrasmez en mer et passames par d'en costé lez cités de Tir et Sydon, et venismez en la cité de Tripoli d'en costé laquelle cité est la fontaine dont fait mencion Salemon *in Cantica canticorum*, qui dist : *Fons ortorum, putens aque*, etc. De là venismes au mont Libanus et là demeurent Maronites qui sont crestiens mescréans et maintiennent que Jhesucrist ne hout que une volenté simple. Ce est leur erreur et toutez aultres choses se acordent à nous plus que nul aultre secte de crestiens mescréans des parties de Orient. Assés près de là sont les assasins lesquelz ceulz de Orient nomment Ismaëlite, descendus de Ismaël. Ilx sont gens de merveilleux affaire. Quant ilz tuent aucun ennemy ou quant on les tue, il cuident que li tués soit ravis et mis en lieu là où il treuve planté de délectacions charneles. En quelles délectacions, il cuident estre paradis et vie perpétuellement durant. Cilz assasin tiennent la loy des Sarrasins. De Tripoly pasames par mer et venismes près de Turquoyse. De là nous fu monstré une plaine entre le mont Libanus et le mont Vegie, en laquelle plaine Noé charpenta l'Arche contre le déluge, en laquelle il se sauva selonc que N. S. lui avoit commandé. De là entrasmes en Arménie à l'Ascension, et de là alasmes .II. C. milles, jusquez à la cité de Armaistrie, en laquelle fu evesques un qui ot nom Theodorus très grans hérites et très mescréans qui toute l'euvangile corrumpy pour la fausse exposicion. Il dist que la Vierge Marie ne porta point Dieu et que Jhesucrist ne fu mie dieux, maiz fu ung justez homs et le peuple de Dieu. De tellez erreurs trouvasmez nous moult de ces livrez faulx et mauvaiz semés partout. Et espécialment entre lez mescréans, car Nestorius qui fu chiefs des Nestorins et dont Nestorins sont appellés, fu compaings à cellui Theodorus dessusdit. De ces Nestorins et de leurs erreurs dyrons ci-après plus plainement. De Armestrie pasames oultre .XX. milles jusques à la cité de Tarse qui est en Silicie, en laquelle fu nés Sain Poul l'apoustre.

De Turquie et des Turquemans.

Quant feusmes passez Arménie nous entrasmes en Turquenie et trouvasmes les Turquemans gens bestiaulx qui sont Sarrazins et de la loy Mahommet, et habitent communément dessoubz terre, comme taulpes. Et cil turqueman issent de leurs cavernes et font ung grant ost et sont cruel gens et fort et espécialement leurs femmes, dont entre les aultrez choses que je y vy raconteray une grant merveille. Ainsi que nous cheminasmez pour faire nostre voiage, une femme turquemande enchainte siévy nos quamels tout appart et elle mussée. Ainsi comme nous estions au désert, elle enfanta en grant silence et coiement que nulx d'eulx n'en sceust riens. Et quant vint au matin, nous trouvasmez ce petit enfantonnet plourant ès bras de sa mère. Mais pour son acouchement ne nous failli point atargier ne pour douleur que celle acouchie sentefeist. Ains se leva la turquemande bien et viguereusement comme se elle ne sentist ne mal ne douleur ; si prist son enfant et siévy les quamels comme devant. Cilx turquemant haient sur toutes gens les grieulx qui habitent sur la grande mer, et c'est pour une très grande traison que grieulx firent aux Francoys en ung passage que Françoys firent pour aler sur les Sarrazins. Cilx grieulx avoient fait pain mouvaiz et faulx, car ilz avoient mesléevive chaulx avec le fruit. Ly Francoys achetoient ces pains des grieulx fiablement comme de crestienne gent, si s'en trouvèrent trahys; car grant plante des Françoys en moururent de la vive chaulx que ilz avoient mengié. Et pour celle grande trayson que grieulx firent à leur crestienne gent qui venus estoient pour eulx secourre et lesquelx ilx deussent avoir aidié de tout leur povoir, ne se vouldrent oncquez puis turquemans fier en gregois; maiz leur font toute la perséqution que ilz pevent. Et pour certain je trouveray et entendy seurement par gens dignes de foy, que cilx gregois doubtent si les turquemans, que ilx n'osent issir de leurs villes, ne de leurs forteresses que ilx ne portent avec eulx ung chavestre tout prest, de quoy le turqueman le puist lyer. Et pour ce quant cil greigoys yssent de leurs villes pour semer leurs terres ou pour quelconquez aultres besoignes, chascun porte son chavestre: dont on le puist lyoer. Si que en eulx est vrayement accompli ce que dist Salomon : *Iniquitates sue capiunt impium et funibus peccatorum suorum unusquisque constringitur* C'est à dire en françoys: les mauvais prendrent leurs mauvaistés, et des loiens des cordes de ses péchies est chascun pescheur constraint et loiés.

Des Tartres.

Après Turquie entrasmes en Tartarie et là trouvasmes l'orrible et merveilleuse gent de Tartars, li quel se diffèrent de toutes aultres nacions du monde, en personnes, en meurs, et en manière de vivre. Ilz diffèrent en personnes car ilz ont grant visages et larges, et les yeulx si petis que ce semblent droitement petitez fenduretez ou travers du visage. Et si ont pou ou néant de barbe, si que la plus grant partie d'eulx semblent droit estre vieulx singes. En meurs se diffèrent des aultres nacions. Car en Tartrez ne a courtoisie, ne vergoigne, ne agréabletez, ne amour, ainsi comme en gens de aultrez nacions. Et semble que ils hayent toutez cités, touz édifices, et toutez habitacions, car ilz les destruisent quant qu'ilz en treuvent. Et à ceulx font plus de mal qui plus se humilient à eulx. Il veullent que on leur face toute honneur, révérence et service, et encore ne le reçoivent point en gré. Ains dient que tout leur est deu ; ilz dient que ilx sont vray seigneur de tout le monde, et que Dieux fist le monde tant seulement pour eulx, afin que il en tenissent la seignourie, et que ilz en joissent ; ilz dient aussi que les oyseaulx qui volent par l'air et lez bestes du désert ne vivent, ne ne boivent, ne ne menguent ; mais que par la grace de leur empereur. Dont il avint que une foiz ung Françoys vint au grant Kaan des Tartres, et c'est au grant empereur, et li emperères lui demanda quel chose cilx lui avoit apportée. Ly francoys respondy et dist : Sire, je ne vous ay riens apporté, car je ne scavoie mie vostre si grant puissance. Comment, dist l'empereur, les oyseaulx qui voulent par les paiz ne te dirent-il riens de nostre puissance quant tu entras en ce pays? Ly Francoys respondy : « Sire, dict-il, il peust bien estre que il me dirent; mais je ne entendy point leur parole. » Et par ainsi fu l'empereur apaisé. Tartre doubtent moult le frais et le chault. Et espécialment en Turquie et en Gasaire ; là, il fait moult grant froit, et quant ilz ont froit, il se plaignent et murmurent contre lez gens du pais crestiens ou Sarrasins et dient que cil ont fait le froit venir au paiz. Et lors s'encourrent par la cité, et quant il treuvent ung homme bien fourré et armé contre le froit, il le abatent et despouillent et il luy prendent quanquez il a vestu, et il luy dient : tu es cil qui as le froit fait venir en ce paiz, quant tu l'as ainsi trahi par tes plices et tes draps oultrageux. En manière de vivre et de créance diffèrent il de toutes aultres nacions du monde, car il ne se vantent point de avoir loy baillié de Dieu, comme pluseurs aultres nacions metent; maiz ilz croient ung Dieu, maiz c'est bien tenuement et bien simplement par ne scay quel mouvement de nature que nature leur monstre; que sur toutez chosez du monde, est une chose souveraine qui est Dieu. Et vivent pour la plus grant partie comme bestez, sans loy de nature ne de voulonté. De aucunes chosez reputent ilz péchié et de aucunes aultres ne font compte, yvroignes par oultrage de boire et de mangier tiennent il à grant honneur, et dient que tout est de la grace de leur empereur, le grant Kaan. De haine et de rapine, dient ilz que c'est une bonne soubtuleté, il haient mensonges et aiment vérité, il veulent que l'en leur face toute l'onneur du monde; maiz il ne font honneur à nulluy fors à leurs seigneurs, maiz à leurs seigneurs font ilz si grans honneurs que merveillez quant il escripsent à aucuns de leurs seigneurz. Il lui portent si grant honneur et révérence, que il ne escripsent point le nom de leur seigneur en l'ordre des autres mots de la lettre, encore se il chet à point en la narracion; mais il laissent là une place vuide et escripsent le nom du seigneur au dehors, en la marge de la lettre et, quant leur seigneur chevauche et pour quelconquez cas du monde, il descent de son cheval, tuit li Tartre qui sont avec lui descendent incontinent en quelconquez lieu que ce soit, bien fust en bataille qne leur seigneur fust de son cheval abatus, tantost descendroient après sans délay A leur seigneur ont il si grant révérance que à son commant obéissant jusquez à mourir, si que quant il avient que aucuns est condempnez à mort, li sires dist : cupés celui et le faittes dormir. Car il dient que mourir n'est que dormir. Dont viennent les maistrez et dient : le seigneur mande que nous te couppons et faissons dormir. Tantost cil condempné respont humblement et sans contredit : puys que le seigneur le commande, liez moy et puis me tranchez et endormés.

Tartre ne font compte de batre aultruy, ne d'estre batu, puys que il n'y a sanc espandy, si que quant aucuns Tartrez bat aucun, il li cuide faire assés satisfacion, se il lui donne à boire. Et quant aucuns Tartres est bien batuz et souffisamment, on lui donne du vin à boire et est incontinent apaisé. Et tiennent à grief meffait de tuer ung homme et moult se gardent quant ilz tranchent homme espécialement sans très grant cause, et oultrecuidance. Tartre comme dit est sont moult désirant honneur, dont il avient souvent que uns sires met grant peine à destruire l'autre pour entrer mesmes en la seigneurie, mais quant aucun veult meurdrir le grant Kaan moult soigneusement se garde qu'il ne espande son sanc, car ils dient que par nulle voye ne doit estre le sanc du grant Kaan respandu à terre : si que par quelconques voies il le peut estrangler ou estaindre il le fait; et donc ce Kaan mort, ung aultre entre en son lieu et prent toutes les femmes qui furent devanchez Kaan et deviennent ses femmes espousées, et n'est mie tenu pour Kaan, se il ne prent toutes les femmes qui furent son devanchez. Les dames establissent et conferment le grant Kaan, et sont les dames des Tartars moult honourées entre eulx, et portent les dames des Tartars sur leurs chiefz couronnes plus belles et plus haultez que nullez autres dames du monde. Et c'est en mémoire de une grant victoire que les dames de Tartarie firent jadis ès parties d'Orient à un grant fleuve.

Tartres furent de une part du fleuve et les ennemy de l'autre part liquel furent assez plus fort; si que Tartres ne osèrent point passer vers leurs ennemis. Lors usèrent de celle cautelle et de cette soubtiveté. Il laissièrent leurs dames toutez emmy le champ et les hommes s'en alèrent coyement de nuit le plus loings que ils porent; si que leurs ennemys n'en sceurent néant : ains cuidoient que tout li Tartre feussent encore au siége; là il n'avoit que lez dames, dont firent ces hommez qui s'en estoient alés en sus courre lez nouvellez entre leurs ennemis que ce estoit nouvelle ost qui venoit à secours dux Tartars. Quant vint au matin, lez dames furent bien armées comme chevaliers et bien noblement ordonnées : si cuidièrent leurs ennemis que ce fussent les gens d'armes de toute l'ost première. Il virent d'aultre part lez hommes susdis qui retournoient tous prestz et apparailliez. Si cuidièrent que ce fust host nouvelle venist aux Tartars à secours, si s'en fouirent sans plus riens faire. Quant les dames des Tartars virent que leurs ennemis se tournoient à fuite, tantost passèrent le fleuve et s'y envairent lez fuians, si en orent plaine victoire. Quant leur mari furent venus au fleuve il trouvèrent que leurs dames estoient ja d'aultre part et avoient fait victoire de leurs ennemis. Si que en ramembrance de ceste victoire tartre ottrièrent à leurs dames que elles porteroient dès lors en avant ces couronnes, si les portent grandes et haultes à longueur d'une couldée. Mais affin que les dames ne s'en orgueillisent voulrent li Tartre que ceste couronne eust au dessus une fourme d'un pié, si que lez dames portent ces haultez couronnes qui ont au dessus ung pié. Ainsi que en temoingnaige que elles n'avoient mie faite la victoire par elles, mais aussi par lez hommes qui leur venoient à secours dont li ennemy pristrent la peur et s'enfuirent. Ainsi que se cilx piés disist : « Sachiez que vous estez dessoubz le commant et en subjeccion de vos maris, et ainsi sembla il par ne scay quel mouvement de nature qu'ilz saichent ce que Dieu dist à Eve la mère de nous touz : *Sub viri potestate eris*. Ce sone en nostre françoys : « Tu seras dessoubz la puissance de ton mary. » Quant Tartre se marient, ilz achètent leurs femmez aux pèrez et aux mères des femmes, et lez acheptent comme esclavez et meschinez. Et quant ce vient aux nosces faire, li parent et ly amy du mary prendent la dame des nosces et la mainent à cornemuses et à tabours et à grant feste ; maiz au contraire, lez amis de la dame les sièvent à si grant deuil, comme se elle feust morte. Et se il avient que li maris muert devant la femme, la vève ne s'en peut point retourner à la maison son père, mais li amy du mari mort la marient ainsi comme il veullent, ou elle demeure en la mayson de son mari comme une esclave et meschine. Et comment que Tartres prendent bien plusieurs femmez toutes ensemble, non pourquant la première est tenue pour la plus grande et pour la droite espouse : et si enfant sont réputé de moullier, et les aultrez femmes sont comme concubines. Tartrez honneurent moult lez dames du monde, et espécialment les leurs. Et ellez gouvernent tout l'ostel et la terre de leurs maris et achètent et vendent comme il leur plaist, et sont toutez fortez femmes cruellez et batailleresses et chevauchent aussi bien que leurs maris. Je lez ay vuez chevauchier à tous leurs ars et sajettes et armées comme leurs maris, et si sont chastez et loyalez à leurs maris, pour riens ne se mefferoient.

Quant l'ost Abaga Kaan fut desconfit des Sarrazins en Surie, il fut apperceu qu'ungs grans baron avoit par sa trayson procuré la desconfiture d'une dame. Le Kaan le fist prendre, et quant on le devoit mettre à mort, les damez de Tartarie prièrent que on leur donnast le Tartre, si leur fut ottroiez ; ellez le mirent cuire tout vif. Et quant il fu bien cuys, ellez le partirent par petitez pièces et le envoyèrent et firent menger par toute l'ost, en exemple des aultres, afin que chascun se gardast.

De l'erreur des Tartars.

Tartres croient et attendent une résurrection sote en ceste mortel vie, et pour ce ont il ceste guise que quant aucuns Tartrez muert, il le pourvoient chascun selonc son estat et selon son avoir. Petite gent cuisent moult de char et envelopent bien leur mort en ces chars cuites, et ainsi le ensevelissent et lui donnent une paire des draps avec ceulx qu'il a vestus, et de la monnoie une quantité, et ainsi le ensevelissent.

Ceulx qui sont plus richez avec ces chars mettent double paire de draps et bien précieulx vestement envelopent et lui mettent dessoubz le chief. Et ainsi l'ensevelissent et lui dient : « Se aucuns vient qui te veuille oster la robe que tu « as vestue ne le seuffre point : maiz donne lui celle que « tu as dessoubz ton chief. Et se aucuns te demande au- « cune chose de Dieu et te face question, garde bien que « tu ne respondes riens, maiz dy seulement : Je dis que « Dieux est dieux. » Et ainsi le ensevelissent li grant.

Baron et li prince, avec toutez cez chosez mettent ung cheval en celle manière : quant ilz s'appareillent pour leur mort enterrer, ilz prendent ung bon cheval et font sus monter l'oscuier du mort ; et cilz escuiers fait le cheval sourre et recourre tant que il le recrandist, et quant li chevaulx est bien lassé et retréanst, il lavent au cheval la teste de bon fort vin pur, et tantost le cheval chet. Lors euvrent le cheval et lui ostent toutez lez entraillez du ventre et le remplissent de herbe verte, puis prendent ung post ou une estache et le boutent ens par le derrière : et le font issir par la bouche, et prendent le cheval ainsi especé et puis cuevrent le mort de la terre en dient au cheval que il soit appareillez à toutez heures que ses maistrez vouldra resusciter, et puis s'en vont.

Quant le grant Kaan meurt pardessus toutes ces choses, ajouste on grant quantité de pierrez précieuses et grant trésor et souloient jadis avec le grant Kaan mort ensevelir XX sers touz vifs afin que il feussent près avec leur seigneur quant il voudroit resusciter. Maiz puis qu'il commencièrent à hanter les crestiens les ont repris et blasmés de ce que il ensevelissoient avec les crestiens les vifs avec les mors, en disant que ce estoit grant erreur. Li Tartre murmurent moult contre les crestiens et dient que crestiens sont crueles gent et sanz pitié et avers pource que il ne pourvoient point à leurs mors de leurs dépens en mengier et en vestir, car ainsi que dit est, Tartre atendent une sote resurreccion à ceste mortel vie. Et quant li Tartre pevent finer de enterrer leurs mors en esglises ou chimitière des crestiens, il en donnent grant avoir et grant argent aux évesques.

L'erreur des Tartres en l'article de la résurreccion est moult semblable et prouchaine à l'erreur des Sarrazins et des Juifs. Et comment ilz errent dirons plus plainement cy après, là où nous parlerons de la loy des Sarrazins.

Des Balciteis.

Li Tartre honneurent une manière de gent de Surie touz les estrangés du monde et se sont li Balcide gent païene, sacerdos qui sacrefient aux ydolez. Et sont cil Balcide yndois, moult sage gent et à leur esglise moult religieulx, de bel port et de simple et pesant manière, et honnestez meurs tant que à la veüe de dehors, ils scevent tout communaulment l'art d'ingremance, et sont touz leurs ars faiz par art de diable. Et par cel mauvais art font moult de merveillez et prophétisent plusieurs chosez à venir.

Ung en y avoit le plus grant maistre d'eulx toulx et que il disoient que il vouloit, et à la vérité dire il fu trouvé qu'il ne voloit point, maiz aloit en l'er assés près de terre et ne touchait point à la terre. Et quant il se asseoit on ne veoit nulle chose qui le soustenist. Il sont de diverses erreurs.

Li aucun dient que il sont III. C. LXV dieux. Aucun aultre dient que il y a cent tumans de dieulx, dont ung tumant vault dix mille, mes tout ce accordent que uns principaulx dieux. Ilz se dient frères aux crestiens, et dient que il sont de la loy et de la secte des crestiens, et si ne scevent riens de Jesu Crist. Il dient aussi que le général duluge qui fu du temps Noé ne fut point en leur pays; et dient que le monde a jà duré plus de trente mille ans. Et dient que à chacun mille ans, il font en une pierre ung nouvel ydole, lequel après dix mille devient aussi noir comme se il fust brulés. Et par ces ydoles dient il que il scevent combien dans le monde a duré. Leur pays et leur région est très orde et laide. Li Tartre aussi dient que il sont le peuble de Dieu, et à ce prouver amainnent il plusieurs miracles qui avinrent quant Tartre commencèrent à regner, maiz pour ce ne sont mie peuble de Dieu comme il dient. Ainsi que Alixandres et son host ne fu mie li esleuz puples de Dieu, pource il clost par miracles lez mons de Caspis comme dist *Historia scolastica*. Et aussi Nabigodonosor ne fut mie droiz esleuz servans de Dieu pour ce que li prophète le nomment servans de Dieu, maiz il le nomment ainsi pour le service que il fist à Dieu humiliant et puissant le orgueilleux peuble de Judée, comment il mesmes Nabugedenosor feust mauvaiz et par grant orgueil le feist, toutevoies fu il flael de Dieu. Ainsi peut-on croire et penser que dieux ait appellé ceste bestiale gent sans cognoissance de Dieu, et le ait fait venir hors du païs pour le mauvais peuble d'Orient pugnir qui avoient la foy de Dieu laissié, et issirent de leur païs à la destruccion des gens et du païs d'Orient et firent si très grant destruccion de païs qu'il n'est home vivans qui l'ost croire se il ne l'eust veu. Et pour ce que nous ne trouvons point en sainte escripture ne ès anciennez histoires riens qui face apparente mencion de cest peuple de Tartarie qui est si grans en nombre et en multitude que sans fin, me semble assez convenable de racompter et mettre comment cilz peubles a esté si longuement occultes et fourchelez que on ne treuve nulle escripture qui en face apperte mencion fors puis deux cens ans ou environ, que il commencièrent le païs destruire. La oppinion[e] de plusieurs est que ce soient les dix lignées de Israël, lezquellez furent des roys de Asserie, de Persie et de Médie, mené prison hors de leur païs et envoiés oultre le mons de Médie. Lesquelx mons aucuns cuident estre lez mons de Caspis. Ces dis lignies demourèrent emprisonné oultre ces montaignez tant longuement que dura la généracion des roys de Caldée, de Persie et de Médie. Et quant Alixandre lez avoit conquis et soubmis, il enclost si ces. X. lignies entre ces montaignes par miracles si que il ne porrent issir comme dit *Scolastica historia*.

Or, dient Josephus et Methodius, que ces dix lignées vers la fin du monde ystront de là en très grant destruccion de gens et de pays. Et pour ce cuident plusieurs que ces diz lignées soient ces Tartres qui issirent soubdainement des montaignes nagueres et commencièrent ès parties d'Orient à destruire le monde; et à ce prouver monstrent cil de celle oppinion deux argumens et proverbes.

La première pour ce que Tartre haient très souverainement et dessus touz ceulx du monde, le roy Alixandre qui ces dis lignées enclost comme dit est, et si n'en veullent oïr parler.

L'aultre, pour ce que leurs lettres sont assez semblables aux lettres caldiëles, dont premiers issirent les Juifz, et aussi le langage caldien : et les lettres sont assez semblables aux Juifs. Aucun maintiennent le contraire, et dient que li Tartre ne sont mie de ces dis lignies de Israël. Et à ce mettent celle raison et celle preuve. Car Tartre ne scevent riens du monde de la loy Moyse, ne de la captivité des filz Israël en Egypte ne des grans miracles, par lesquellez

Dieu les délivra des mains Pharaon. Du prestraige né du sacrefices des Juifz ne ont nulle congnoissance, et d'aultre part leur fourme de visage, leurs meurs et leurs contenances si sont trop malement diverses des Juyfs, et aussi de toutez aultrez nacions du monde, si que il dient que il ne son mie des enfens d'Israel, maiz de ces nacions gog et magog. Et ly Tartre meismes dient que il sont descendus de Gog et Magog et ce semble assez par leurs noms. Car Tartre issirent de la terre de Mongal, dont Tartre furent jadis en leur pays appellez Mongles pour Maglogles de leur anchissseur Magog. Aussi, dit Methodius, que Alixandre enclost avec les dis lignies de Israël les gens de Gog et Magog reputé mauvaise, et orde gent. Et ainssi aucuns autres. Et dist Methedoius que cil ysteront en la fin du monde et feront trop malement grant occision de gent et destruccion de païs, et par aventure sont ce chichy. Aucuns en croiche çe que il luy plaist. Je laisse la sallucion aux aultres.

De la yssue des Tartres.

Tartre habitoient oultre cellez montaignes desquellez dit Boëces, que à ces gens de oultre ces montaignes, ne soit mie encore venue la renommée ne la nouvelle des Rommains. Et de oultre ces montaignez issirent li Tartre qui avoient pour la plus grant partie esté pasteurz et veneurz. Ces montaignez dont il estoient enclos devisoient et départoient le désert et de la terre habitable, et estoient si haultez et si richez que on n'y povoit passer fors en ung lieu.

Et en ce lieu estoit un grant chastel et une grande forteresse. Là nulz ne habitoit. Et estoit tellement fait par art et par engin que quant ennemis y aprouchoit on y oit très grant noise, comme de chevaulx et de gens d'armes et espécialement de trompes et de buisines, si grant bruit que tout cil qui l'oient en estoient touz moult esbahis, si que nulx n'y osoit approucher, et estoit celle noise faite par art et par artifice de vent.

Une foiz avint que ung de ces Tartres qui entendoit à chassier sievoit ung lièvre; et ainssi que ces livres fuyoit devant lez chiens droitte voye vers celle forteresce, il entra ens. Li Tartres venoit, sievant le lièvre de si grant voulenté que il ne se donna garde de celle noise jusquez à tant que il vint joignant. Lors s'en apperceust et se esbahy si que il n'y osa entrer. Entre deux qu'il s'estoit ainsi arrestez tout esbahis vint une hulotte et se assist sur la porte et commence à chanter, li Tartrez le vit le huelot sur la porte, si se avisa et dist à soy meismez : cy n'a point habitacion de gent où ce lièvres s'est mis à garant, et la hulote y chante, dont se enhardy et y entra finablement. Et quant il ot bien tout cherquié, il ne trouva nully fors les engiens par lesquelz celle noise se faisoit, dont s'en retourna à sa gent et leur dit que se il le vouloient establir leur prince et leur seigneur, il lez menroit bien et seurement oultre la montaigne sans mal et sans grevance. Tous si accordèrent et ainsi passèrent la montaigne, dont leur racompta son aventure, comment il estoit entrez en la forteresse sievant ung lièvre, et aussi par l'enseigne de une hulotte. Dont ordrenèrent li Tartre que li lièvres seroit à touzjours maiz honnorés entre les Tartars pour la cause de ce que il avoit monstré la voye de yssir comment qu'il le feist par nécessité fuiant lez chiens et pour ce font-il grant honneur au lièvre, et le mettent en leurs armes et en leurs tentes. Le huet pour ce que sans nécessité et sans contraire se estoit apparus séant et chantant sur la porte, font il moult très grant révérence et honneur et dient que ce fu li ange de Dieu, et que Dieu par son ange le huat lez appelloit et envoit querre afin que ilx ississent de leur pays. Et pour ce dient que le huat ne est mie mouvement à honneur comme le lièvre, dont ordenèrent il que les plus grans et les plus nobles des Tartars portèrent sur le chief la plume de huat et feroient sur le chiefs aussi que couronez de la pel de la hulotte. Chascun se tenoit à bien eureulx qui povoit avoir une plume de huat. Si que ilx pristrent et tuèrent toutez les hulotes tellement que on ne pot nulles trouver en tout Orient. Et ly marchant de Occident quant il oirent ce tuèrent les huats que ilx porrent trouver et lez portèrent aux Tartrez à vendre, et vendirent une pel de huat bien vingt livres. Et ainsi rendirent Tartre à leur bon amy le huat mal pour bien, car il lui dient que il lui font honneur si le tuent il et escorchent et le couronnent de la pel de leur amy. Et ce ressemble aux deablez d'enfer qui a leurs amis et qui bien font leurs grés, appareillent la mort perpétuelle la peine d'enfer qui pour vray est en latin nommé « Tartarus. »

Comment Tartre procédèrent et de leur conqueste.

Quant Tartre furent passez la montaigne il se assemblèren pour conseillier comment il pourroient conquerre tout le monde, si parla premiers le grant Kaan qui ot nom Cangis Kaan, cilx qui les avoit fait passer le mont et dist : Se tout le monde voulés conquerre comme vous dittes, deux choses vous ont mestier ; tout premiers, c'est obéissance aux princes et concorde et paiz entre vous ensemble, dont fist apporter devant lui cent sajettes, bien et fort liés ensemble et les fist baillier à ung fort homme et lui commanda que il lez brisast toutez ensemble comme ellez estoient liées, et il ne le pot faire, dont lez fist baillier à un autre, et puys au tiers, et puys au quart. Et nulx ne le pot brisier de cent hommes à qui ellez furent bailliez pour dépécier, dont fist Cangis Kaan deslier le fardel et la bote des sajettes, et baillier à chascun une pour brisier, et tantost chascun brisa la sienne, dont dit à ses gens : « Vous avez veu comment nulz ne pot brisier ces sajettes tant comme ellez furent ensemble et que cent hommes ne lez porrent brisier, maiz tantost que chascune fu seule, il n'en demoura mie une seule qui toute ne feust dépécié. Ainsi sera de vous tant comme vous serés ensemble d'accord, nulx ne vous pourra maistrier, mais quelconque heure que vous serés devisés, vostre puissance sera légière à destruire. » Dont se ordenèrent Tartre en troiz batailles, li une ala avec le grant Kaan et occupèrent le très grant royaume de Cathay, jusquez à la fin de Nubie et tuèrent le prestre Jehan et occupèrent son royaume et le fil au grant Kaan prist à femme la fille du prestre Jehan, et procéda ceste bataille jusques à ung pays qui a nom Chasthustatum et destruirent en ces parties là environ douze grans royaumes; la seconde bataille passa le fleuve de Phison, ung des quatre fleuves de paradis terrestre et destruirent les royaumez du roy de Corasme, de Turquesten, de Persie et de Médie, de Caldée qui avoient esté lez plus fors et lez plus redoubtés de touz lez royaumes de Orient. Ilz pristrent la noble cité de Baldach qui fut la souverayne et le siège et le maistre cité de touz lez sarrasins du monde, si tuèrent le calif et puis occupèrent toute la Turquie à la cité de Gasain, et pristrent Jhérusalem et la rendirent aux crestiens qui aux Tartars s'estoient aliez par la procuracion du roy d'Armenie. Maiz en Egypte n'alèrent il poin pour le grant desert sablonneulx là où leur ost ne se eust peu soustenir pars deffaulte de vivres, et pour le très grant chault.

La tierce bataille s'en ala vers septentrion et occupèrent et destruirent le grant royaume de Comanie, le royaume de Russie, de Gazarie, Bulgerie, jusquez en Honguerie. Quant vers Honguerie ne pourrent passer le fleuve, il s'en retournèrent vers Almaigne et destruirent jusquez au fleuve de la Dunoe, qui est le commancement de Almaigne. Si ne peurrent passer, car li dus de Ostriche avec ses autres voisins leur dénéa le pas, si que ly chevetaynes de celle bataille des Tartars y fut noiés avec très grant cantité de sa gent. Et oncquez puys Tartre ne se enhardirent de venir vers Alemaigne. Ainsi conquirent Tartre, destruirent et tuèrent tout le pays de Orient de la mer d'Inde, vers Orient, jusques à la mer de Judée qui est la mer de emmy terre jusques au bras de Saint-George, et jusques en Grèce, jusques à Myssie et à la Honguerie, et jusques à la Dunoe, tout en lonc vers occident jusques a la fin du monde vers nort, c'est vers septentrion, et jusquez en Egypte vers mydi, trestouz ce pays destruirent et essillièrent ces Tartres qui de leur pays issirent à tout leurs bastons et en leur pellices povres gens et désarmés, fors que li aucuns d'eulz avoient ars et sajettes, et li aucun chevauchoient chevaulx petiz comme chièvres. Ces meschéans gens issirent soubdainement et soupprirent si les pays d'entour eulx que il lez prirent despourveulx, si les destruirent et firent soubdainement si grant essil, que tout le pays et toutez les gens de Orient en eurent si grant paour et si grant hide que le seul nom des Tartrez et le hydeur de les oyr nommer par les villez et par les chasteaulx faisoit les dames enchaintes abortir de peur et de hide, si firent Tartres ès parties de Orient si très grant destruccion et si très grant occision que il ne espargnoient nullui, ne homme, ne femme, ne enfans, vieulx ne jeunes que tout ne meissent à l'espée, fors seulement lez crestiens qui avec eulx s'estoient aliés, comme dessus est dit.

De la cité de Baldach.

Quant Tartre aussi s'en alèrent tout le pays essillant, il vindrent à une cité assez près de Baldach en laquelle moult avoit de crestiens et aussi de sarrasins, si fist le Kaan commandement que nulx Tartrez n'entrast en maison de crestiens pour mal faire, maiz que il meissent à mort sans plus les Sarrasins. Ly crestien meu en pitié recheurent en leurs maisons plusieurs sarrasins pour lez sauver qui avoient esté leur voisin. Quant ce seut le Kaan, il commanda que sanz différence touz feussent mis à mort, crestiens et sarrasins, et ainsi fu fait. Celle cité destruite, vindrent à Baldach la noble cité, et la pristrent par force. Le calif, qui estoit chief des sarrasins comme li papes est des crestiens, séoit en son noble palays ouquel il avoit assemblé trésor sans fin et sans nombre, si fu si aveuglés de son orgueil et de oultrecuidance que il ne voult croire que Tartre feussent en la cité entré, maiz demoura en son palays, si ne s'en daigna aler. Tartres le pristrent et firent très cruel et juste jugement. Sy le enclorent en une forte chambre, si ne luy donnèrent que mengier. Et quant il y ot esté. III. jours sans boire et sans mengier, il pria que on lui donnast à mengier, Tartre pristrent de l'or et de l'argent en grant quantité et lui dirent que il mengast assés. Et quant le calif dist qu'il n'en pourroit telle chose mengier, mais du pain et autre viande, Tartre lui respondirent : puis que tu ne mengues or, ne argent, ne pierres précieuses, ains mengues celle viande comme autrez gens, pourquoy doncques as-tu assemblez et amassé si grant trésor que il deust à tout le monde souffire, il respondy : Je ne l'ai mie assemblé ne amassé ; maiz telle comme je le trouvay, l'ay-je gardé, car je le trouvai tout ensemble de mes anchisseurs. Dont distrent Tartre : Pourquoy ne as-tu ouvert piesça ton trésor, et] departy pour toy et ta gent sauver, car pour la quarte part, nous peusses-tu avoir apaisiez. A ce ne respondy point le calife. Dont furent lez Tartrez fondre de l'or et tout bouillant lui firent couler à la gorge, en disant : oncques ton cuer ne fu d'or rasasiez, or, en auras-tu tout son sol, et ainsi tuèrent le calif, et puis s'en retournèrent par la cité et ne cessèrent. XL. jours continuer de occire et tuer le peuble de la cité de Baldac. Après s'en vindrent à une cité que l'en nomme Merdigny. Celle cité estoit si forte et si bien garnie que par nulle voye Tartre ne la pourrent conquerre et cil de la cité ne se daingnièrent rendre. Ce siège durant, avint une si grant plage en celle cité que lez gens y mouroient soubdaynement. Il enfloient et puys mouroient, et convint que li roys veist tous les jours sa gent mourir, tant par la plage comme par les ennemis, et son povoir amenuysier et aler à nient, si ne se voult il oncquez flequir. Ly filz au roy en ot grant despit, si prinst son père et lui coppa la teste et lez mains, et le mist entre 11 beaulx plas, et le porta aux Tartres. Tartre, les trèz cruele gent rechurent ce présent et leur fu moult aggréable, il s'en partirent du siège et confermèrent ce murdrier à roy qui son père avoit tué, et lui rendirent sa cité et toute sa tenance. Et avec tout ce lui donnèrent et à sa gent grans prévilèges, et de celle heure en avant ne fu ville, chasteau, ne forteresce qui ne se rendist tantost, et se méist en la subjeccion des Tartars. En ceste conqueste, Tartre menèrent à fin si très grant multitude de Sarrasins que sanz nombre, et espécialment gens d'armes, gens de guerre. Lez femmes et les enfens mistrent en servitude et les tindrent esclaves, ainsi que Tartres avoient plusieurs prisonniers et sers serrazins. Il les oyrent parler de leur loy Mahommet, comment il se disoient peuble de Dieu, et que par leur loy de l'alchoran, qui est le livre de leur loy, et par lez prierres de Mahommet il seul seroient sauvé et nulle aultre gent, maiz que de la loy Mahommet. Et quant ilz trouvèrent que celle loy estoit moult large et sanz difficulté n'en faire, ne en croire, il si commencièrent à herdre et recevoir la loy Mahommet, et devinrent Sarrasins li plus de Tartars. Quant li Sarrasins virent que Tartres se commancièrent à devenir Sarrasin, et virent que il estoient convoiteuse gent, il les commencièrent à appeller en leur loy par grans dons, car il leur donnoient grans deniers, afin que il lez devenissent Sarrasins, et sont li Tartre moult multipliés à la loy Mahommet, par ceste voye, et cil qui ainsi sont Sarrasins devenus deffendrent et aident lez Sarrasins contre lez Crestiens.

Il y a aussi grant planté de Tartres qui aiment lez crestiens et devenroient crestiens se ne feust pour ce que crestien ne leur veulent point donner grans dons, ainsi que font Sarrasin. Et aussi leur semble la loy des crestiens moult forte à tenir. Le premier Caan et empereur de Tartars en Persie et en Baldach ot non Halaon, et fu moult amis aux crestiens et moult justes homs, sans loy et sans foy. Après lui, régna ses filz qui ot nom Abbaga Kaan, moins justes que son père. Après Abbaga, régna ses filz Argon très mauvais homs et plains de toutez mauvestiez, maiz moult estoit amis aux crestiens. Cilx Argons fu moult cruelx homs et avoit en son temps moult sanc espandu, et mainte femme et maint innocent mis à mort. Sy cheit une foiz en une grief maladie, sy lui apparut en son songe une très révéreuse et hounorable dame et moult cruelment et yreusement le regarda, et le prist par la poitrine, et lui dist en le menassent: passe ça et vieng respondre et raison rendre de la grant quantité de sanc innocent que tu as espandu. Argon respondy : Et qui est sires autres que moy en tout le monde? car ainsi le nommoient très tout crestiens et païens. Tuit le nommoient seigneur du monde. Dont respondy la dame : « Tu n'es pas sires du monde, il y a aultre seigneur que toy. »

A ce mot, fu Argon moult espoventés et se esveilla de grand paour. Et tantost fist appeler les Baxites, les évesques sarrasins, yndois, dessus nommez. Et leur demanda que cilx sires estoit qui a si grant puissance et a si haultain commandement l'avoit appellé à respondre de ses males fasçons. Les Baxites respondirent que ce estoit ungs dieux qui a nom espéciale vengence de sanc, et qu'il voulait sur Argon enquerre de tant de sanc innocent que il avoit espandu : et que il ne pouvoit eschapper la vengance, se ne feust par plante et grandes aumosnez. Lors escript Argon à toutez lez cités de Orient que il délivrassent touz leurs prisonniers frans et quittez. Et il envoya grant trésor par son royaume, et fist faire grandes aumosnes, et tantost après il morut. Et ce souffise des affaires des Tartars, hore rétourneront à nostre propos de nostre pérégrination.

Et fine des Tartres.

Ainsi que nous cheminasmez pour nostre voiage faire que nous avions emprins comme dessus est dit, nous venismes en ung pays très fort. Sy trouvasmez une moult belle cité qui estoit assise en très hault lieu, et avoit nom Aterrom. En celle cité fait si très grant froit que nous y veismes grans plantéz de gens recouppés, dont à l'un estoit cheu le nés, à l'autre la main, et à l'autre le pié. Et pour le très grant froit estoit à plnsieurs li membres amortis. De celle cité nous alasmes vers la fin de Turquie, et trouvasmes la très haulte montaigne de Ararach sur laquelle se arresta l'arché Noé. Toute celle province avec une partie d'Inde est appelée Armenie la Maiour. Celle montaigne veismez nous de loings, et est très haulte. De celle montaigne descendent plusieurs rivières qui droite voie cueurent vers Orient, et fièrent en la mer d'Inde. Et pour ce appert clèrement que l'oppinion des Yndoys et des Baxites susdits est fausse quant il dient que le déluge ne fu point en leur pays. Comment fu doncques Inde sans déluge? Quant le déluge avoit couvert les mons dont lez eaues leur viennent. De ce lieu nous en alasmez vers nort, et entrasmes en Persie et là trouvasméz montaignes de sel, et ce est sel de terre, non pas d'eaue; si ne font pas legièrement comme sel de eaue, et si ne le brise on point légièrement. Il taillent le sel de la roche au chisel, ainsi que nous prendons en nostre pays lez pierres hors des quarrieres, et puis le brisent par leurs instrumens de fer que il ont. En celle meisme province sont fontainez de oyle et qui rendent oyle. De fontaines est gouvernés tout li pays d'environ, jusquez en Yndie. Car en tous ces paiz ne treuve en point de olivez, car li pays est froiz et loings de mer, et je croy que pour ce Dieux leur a pourvue de tel bénéfice de sel de terre, et de oyle de fontaine. Et comment que lez gens du pays soient Sarrasins et mauvaisez gens, si ne leur oste mie Dieu ses bénéfices que son soleil fait luire sur les mauvais aussi bien que sur lez bons, et justes. De là, nous en alasmes nous jusquez à la très belle et plaissant pleine que on appelle la plaine de la Tacta. Là treuve l'en les pierres qui ont si tres grant vertu de sauver et de resauder toutes coppures que les gens du pays ne ont mestier de autre médicine. De là venismes en Thoris la maîtresse cité de Persie; et en celle cité veismes nous plusieurs merveillez entre lesquelles nous veismes un anne sauvaige de Yndie qui fu par diverses manières de couleurs et si bel d'estintes et tachetés que il seurmontoit toutez les bestes du monde en beaulte. En ceste cité demourasmes nous ung demy an, et preschasmes par interpreteur turquiman en langaige arabic.

Des Curtres.

De Toris nous en alasmes vers mydi et venismes en ung pays ouquel nous trouvasmez très mauvaise gent, lesquelx se nommoient Curtes qui surmontent, en cruaulté et en mauvestié, toutez les barhares et desguisées nacions que nous trouvasmes en tout nostre voyage; ilz habitent en montaignes et ont très haultes roches comme chièvres sauvaigez. Il sont si fort que quant lez Tartres sousmirent toutes les aultres nacions de Orient, sy ne pourrent ilx oncques ces Curtres soubmettre. Ces gens sont appellés Curtres non pas pour chose que ilz soient court, ne de petite estature, maiz ilz sont ainsi nommés pour leur très grant mauvestié et cruauté, car en la langue de Persie, là où ilz habitent, curtres sonne autant comme loups en françoys. Sy lez nomment loups pour la mauvestié d'eulx; il vont presque touz nulx, et eschavellez à longs cheveuls et à longue barbe, et sur le chief portent ilz rouges crestes comme coc, comme signe de orgueil et de signeurie. Ces Curtes sont de si put afaire que jamaiz nulx de leurs Curtes ne seroient honnourés entre eulx, ne oserait porter la creste sur chief, ne ne trouvroit femme qui le daignast prendre à mari, se il ne avoit fait aucune male fasçon d'aucune grande roberie, de grant occision, ou de grant trayson. Maiz tantost que ungs Curtes a fait aucun grant meffait nottable, tantost en lui donne femme noble et riche, selonc le meffait que il a fait plus grant, il lui donnent et plus noble et plus riche.

Les Curtes recoivent la loy des Sarrasins et rechoivent le Alchoram qui est li livres de la loy Mahommet, et haient touz lez crestiens. Et entre touz lez crestiens, il haient plus lez francoys et espécialment lez religieulx, desquelx tuer et murdrir ilz ont moult grant voulenté, et moult grant joye quant ilz y pevent avenir. La grant rage et cruaulté de ceste gent nous converty Dieulx en doulceur. Ilx alèrent querre noz compaignons qui estoient par le désert et les adrécèrent et sachèrent hors de neges et nous menèrent à leurs osteulx, et nous firent beaulx feulx pour nous chauffer et nous aministrèrent à menger miel silvestre et manne du ciel, laquelle descent habondamment en leurs désers. Ces Curtres furent premiers Caldiens, secondement il furent crestiens et tiercement il sont devenus Sarrasins, pource que la loy de Mahommet est large et légière à garder. En ces Curtes regnent III vices principalment: Ce sont homicides, larrecins et trayson, et par nulle voye nulx homs ne se doit fier en leurs promesses, ne en leurs sermens. Encore ont ces Curtes pluseurs aultres bestialités et mains afaires qui trop seroient longs à compter et à escripre. Quant aucuns d'eulx est noiés en un fleuve, ilx ont acoustume en faire correccion sur le fleuve, et c'est par telle manière ilx prendrent l'eaue du fleuve et puys le mettent en vaisseaulx et batent bien fort ces vaisseaulx pour tourmenter celle yaue et puis s'en vont à la rivière fuir et devisent le cours de l'eaue par pluseurs ruisseaux et lez font courre par tours et retours pour lui alonguer sa voye, afin que il la facent plus labourer et courre par les estrois ruisseaulx et par plus longue voye.

De la cité de Ninive.

Du paiz des Curtes nous en alasmez très grant chemin et pasasmez grant plante de pays et venismes jusquez en Ninive la trèz grant cité en laquelle fu envoyés Jonas le prophète prescheur, comme dit la sainte Escripture. Ceste cité est moult grande et longue, maiz elle n'est mie lée. Elle est assise droit au bout sur le fleuve de Tygris qui est un des fleuves de paradis terrestre. Là nous fut monstré le mont sur lequel Jonas manoit et preschoit, et la fontayne dont il vivoit, laquelle fontaine on appelle encore la fontayne Jonas. Ceste cité de Ninive fu destruite du tout en tout, mais encore y appèrent aucuns remanans des murs, celle demeure ainssi gastée ; maiz elle est raédifié de l'autre lez du fleuve, et la nomme on ore Monsal. Ly roys de la cité est crestiens nestorins mescréans, et il oy moult voulentiers nostre preschement et nostre foy, mais pour nostre preschement, il ne se voult convertir à nostre foy catholique. Ains demoura en son erreur comme devant. En ceste cité a moult de Juifs et nous disputasmes à eulx publiquement en leur synagoge, et lez desconfismes et confondismes en publicque disputacion devant le peuple qui là fu venus pour nous ouyr.

Des Jacobins.

D'en costé celle cité de Ninive qui ore est appellée Monsal sur le fleuve de paradis Tigris, est une très noble et très renommée abbaye saint Mahieu l'apostre et est la maistre église cathédrale du siège du patriarche des jacobins, non pas ces frères prescheurs de l'ordre saint Dominique, lesquelx on nomme communément en France Jacobins, maiz ces jacopins dont je vueil yci parler sont en Orient une manière de crestiens mescréans et si mauvaiz qui errent en pluseurs articles de la foy comme il apparra cy après et ne obeissent point à l'esglise de Romme. En celle abbaye saint Mahieu dessus ditte a troiz cens moisnes comme ilx dient. Et lez trouvasmez gens de très grant habstinence et de grant pevance et de moult longuez oroisons, et tout le office que ilz faisoient en l'esglise qui est très lont, ilx le faisoient tout en estant ne pour riens nulx ne se feust assis, ilz sont hérite et scismas comme dessus est dit, ilx dient que en Crist ne avoit ne n'a que une substance, une nature, une oppéracion et une volenté. C'est la substance nature, opéracion et voulenté divine sans plus. Ce est faulx et contre nostre foy catholique. Car en Jésucrist avec la divinité estoit vraye substance, vraye nature, vraie opéracion et voulenté humaine. Car nostre foy vraye est que Jésucrist fu vrays dieulx et vrays homs. Aussi ces Jacobins errent ens ou saint sacrement de baptesme. Car ilz ne baptisent point en la manière ne en la fourme que saint Esglise aordenne, et comme nous monstre la Sainte Evangile, maiz ilz baptisent en leur disant ainsi : Soit baptisez teulx, N, et nomment son nom, soit baptisés N en sainttifiement et en salvacion et en euvre sanz deffaulté et en résureccion benoiste, laquelle est de mort à vie perpétuelle. En nom du père, amen, Et du filx amen. En nom du saint esprit vie de siècle des siècles. Telle n'est pas la fourme que baille sainte Esglise ne l'Evangile. Car lez sains mos sacramentés de baptesme que sainte Eglise et aussi la sainte Evangile sont telx : « N. je te baptize en nom du Père et du Fil et du saint Esprit, » sans plus ; ce sont ces mos qui parfont le saint sacrement de baptesme, car ilx ne baptissent point en la manière et en la fourme que font les prestres de nostre loy. Toutez lez autres chosez que le prestre de nostre foy catholique disent et lisent sur lez enfens baptiser sont oroisons et prières que sainte Eglise a ordonné pour ceulx que on doit baptiser, afin que Dieulx le veuille confermer en sa sainte foy, et à l'ouneur de Dieu et de la glorieuse court de paradis, au sauvement à cellui qui doit estre baptisés, à l'exauscement de sainte Esglise et de la foy catholique et à la confusion du deable d'enffer. Ces jacobins consacrent et font le saint sacrement de la messe de pain levé lequel il font par telle manière : ilx mêlent avecques la farine oyle, sel, yaue, et de tel pain célèbrent-ilx. Et encore dient ilz qu'il ne pourroient célébrer fors que de pain chault et bien nouvel cuit. Ce est tout mal et contre l'affaire de sainte église. Car de pain chault et froit nouvel ou vieulz cuit peut-on célébrer, maiz il doit estre sanz levain fait sanz plus de fleur et de eaue. Ces Jacobins errent aussi trop ou sacrement de la dernière oncion. C'est le sacrement de l'oile. Car il ne oingnent pas la personne jusquez au tant que il est mort, et point ne le en oignent entr'eulx qu'il est malades et vif, ainsi que la sainte escripture le commande, maiz font encore greigneur sotie, car le IIIe jour après que il ont leur mort enseveli et enterré, il viennent ou lieu où ly mors gist, et gettent au mort eaue rose et avec se autre beuvrages, afin que li mors en boive, et que la ame s'en voit en son lieu, sanz espérance de plus retourner à vivre. Car ilz dient que la ame atent et espoire de venir à son corps duquel elle est partie, jusquez à tant que on la esparsse par eaue rose, et par aultrez buvrages comme dessus est dit. Et de celle heure en avant, elle n'a jamais espérance de retourner après. C'est grant sotie de ce penser ne croire, ilz errent aussi en confession, car contre la foy de sainte Esglise et contre le commandement de monsieur saint Jaque l'apoustre et de la sainte Escripture, ilz ne se confessent aux prestres, ne aux autrez, fors que seulement à Dieu. Et c'est sans articuler et espécifier leurs péchés, maiz font une confession générale. Aultres erreurs ont-il que sanz fin et sanz nombre.

Nous feusmes en leur abbaye et il nous rechurent non pas comme gens, maiz comme angles de Dieu, et nous racomptèrent pluseurs miracles qui estoient avenues en leur abbaye de leurs devanchiers, si comme ilz disoient. Entre les autres, nous en racomptèrent ung et nous en monstrèrent les enseignes. Et avint non pas en couvert, maiz tout en appert. Une foiz que ces Curtes, dont nous avions fait mencion ou second chappitre devant cestuy cy, avoient assemblé grant host et vinrent assir celle abbaye, et quant ilz virent que il ne le pourroient conquerre, car elle estoit moult forte et bien bataillié, ilz furent moult ayrés et s'en alèrent sur une haulte montaigne en une grande roche, dessoubz laquelle droit au pié estoit assise l'abbaye. Si couppèrent de la roche une grande pierre et la laissièrent roller contre val la montaigne pour confondre toute l'abbaye et les moisnes tuer. Celle grande pierre de roche s'en vint roullant comme ungs fouldres et chey droit sur le mur de l'abbaye sans faire aultre mal que du mur rompy sans plus, tant comme la pierre comprendoit en espace et demoura la pierre emplissant le trou que elle avoyt rompu, tout ainsi comme se elle y eust esté mise par art et tout à escient. Sy que le mur en est plus fort que devant. Quant ce virent ces Curtes, ces mauvaisez gens, il s'en allèrent et oncques puis n'y osèrent retourner. Nous veismes la pierre et le mur ens en mur. Et non pas près de la terre comme se le mur fust fondé sus, maiz assez hault sur une partie du mençongnage du mur affin que clèrement peut apparoir que la pierre n'y fu mise par art, ne voulenté de homme, maiz seulement par miracle de Dieu. Assés des autres miracles nous racomptèrent ilz, les queulx je ne met point en escript cy pour cause de briefté. Nous priasmes moult humblement et moult dévotement que ilx voulsissent oir le preschement de nostre foy catholique; mais eulz qui estoient simples gens se doubtèrent que nous les decevrions en aucuns cas de l'escripture, car ilz veoient estre gens lettréz, si ne nous vouldrent point oir, maiz dit soient à nous que se ilz nous oissent que nous les terrions à faulz hereges. Une nuit avint en celle abbaye si très grant tremblement et mouvement de terre que nous ne doubtasmes pas l'abbaye seulement, mais aussi la grande montaigne et roche dessus ditte nous cherroit seure. Sy que de ce tramblement et mouvement furent-ilz esbahis, si que paisiblement et voulentiers nous oirent après. Quant ilx nous avoient une foiz oy prescher, ilz cuidèrent bien que ilz nous peussent vaincre en disputacion publique et apperte. Sy fu jours mis de disputacions. Quant vint à la journée qui assignée estoit à ce, ilx se monstrèrent bien estrange de vérité. Car ilz se armèrent de grant multitude pour nous confondre par leurs crier et par leur braire se raisons leur failloient. Sy establirent ung évesque de leur scite sur tous lez autrez, car ilz le réputoient plus lettré et plus ydoine de respondre. Quant touz feusmes assemblés en une grant sale là où il avoit trèz grant luminaire alumé, car ce estoit par nuit, touz se assirent. Sy nous demandèrent pour quelle cause nous estions venus à eulx. Nous respondismes que nos estions venus pour cause de leur salut. Et puys commençasmes nostre parole, nostre langaige en recommandant à eulx aucunes œuvres de perfeccion, lesquellez ilz ont. C'est assavoir estroite et longue jeune très grant abstinence, et très-grant componcion, et grande dévocion en leurs oroisons, et aucunes autres belles opéracions et œuvres de perfeccion. Sy les enhortasmes et suppliasmes, et aussi les conjurasmes par le benoist sanc du crucefis auquel ilz ont très-grant révérence que ilz ne se condempnassent point par leur mescréance. Et que à si grant labour de penances comme dessus est ne se meissent en enfer par leurs erreurs. Et puys leur monstrames en quoy il erroyent. Et quant ilz dient que Jésucrist fut vrays dieulz et vrays homs, et non pour quant veulent il tenir et maintenir que en Jésucrist n'avoit que une seule susbtance, une opéracion, une nature, une voulenté. Et c'est la divine comme ilz dient, et aussi leurs monstrasmez grant planté de leurs erreurs et les improuvasmes. Ilx nous oïrent moult paisiblement. Et des raisons et des attorités de la sainte Escripture que nous monstrasmes contre leurs erreurs, furent-ilz si esbahis et les priva le saint esperit, comme je croy, de toute responce et de toute parolle. Que nous et aussi touz li autrez multitudes qui là estoit feusmez touz esmerveilliés de ce que ilz se taisoient si quoy, et que oncques mot ne sonnèrent pour leur erreur soustenir, mais cilz évesquez lequel ilz avoient estably souverain et premier respondant sans nul autre contredit fu li premiers convertis à nostre sainte foy catholique. Et quant lez aultres le blasmèrent de ce que il ne respondoit à nos raysons, il leur dit tout en hault en son langage caldien : Seigneurs frères, je vous signifie et certifie que à ces raysons ne povons nullement respondre. Dont se leva uns de ces jacobins entre tous moult honnorables et anciens homs, lequel touz lez autres recommandèrent souverain de saincteté de vie sur touz lez aultrez de leur cité et dist devant tous à haulte voiz :

« Seigneurs frères, je vous annonce que cilx religieulx qui des parties de Occident est à nous venus, comme il dit, et qui nous a proposé la parolle de Dieu est vrayement li angles de Dieu envoiez à nous oyr. Il est ung des appostolez qui fu avec Jésucrist. Et le a cilz Dieulx à nous envoyé afin que nous ne soyons dampnez. »

Lors se converty et tourna li bons anciens homs au frère qui la parolle de Dieu avoit proposé, et lui dit : « Chiers amys, dy tout ce que tu veulx. Et tout ce que tu diras, nous le recevrons et tenrons comme se tu feusses uns des appostolles de Dieu. »

Adont se convertirent touz lez plus grans et les plus sages et receurent nostre prédicacion à très-grant dévocion. Et promisrent que la foy que ilz avoient de nous eue, il garderoient touz sanz faillir jusques à la mort; maiz la tourbe du menu peuble et li plus simple qui là estoient, en furent moult destourbés, et si esmeurent grant noise et grant hustin, et firent si grant noise que nous doubtasmes que ilz ne s'entretuaissent, et si ne savoient aultre rayson monstrer fors que ilx disoient que la foy que leurs devanchiers avoient gardée plus de huyt cens ans ne laisseroient il point, ne ne changeroient pour ne scay quielx estrangés de Occident qui par leurs logiques et par leurs fallaces, et par leurs vaines argumens lez vouloient tellement décevoir. De ses Jacobins moult s'en convertirent à la foy catholique en pou de temps, maiz ainsi que croissoit li nombres des convertis à la sainte foy, croissoit la murmure de la cruaulté de ces desloyaulx qui convertir ne se vouloient. Et tant crut et monta leur murmure et leur yre que les bonnes gens qui convertis estoient nous prièrent que nous nous en alasmes hors de leur abbaye, que ces mescréans ne nous mordresissent en leur yre. Le patriarche des Jacobins, lequel nous aviesmes vaincu en publicque disputacion par l'aide de Dieu, finablement s'accorda du tout avec nous. Et la confession de la foy catholique, et sa créance escript de sa propre main et la nous bailla, en laquelle il confessa et congnut appertement que en Jésucrist avoit deux entières et perfaittes natures: la divine et le humaine. Puys, cilx patriarches fist assembler son clergié et son peuble jacobin en la grant cité de Ninive en une place. Car il ni avoit maison qui peust si grant multitude de peuble comprendre. Là preschasmes nous la foy catholique en langaige arrabiq et monstrasmes le erreur des Jacobins devant tout le clergié et le peuble qui là estoit en l'audience de touz leurs patriarches qui là estoient et le dit que dessus est nommés tesmoingna et certifia que la vérité de la foy estoit comme nous l'aviesmez preschié. Ces chosez avons nous escript, non pas à nostre louenge, maiz à la gloire de celluy qui ses miracles scet relever quant il lui plaist, qui non seulement par simples gens des appostolles confondy la sapience de ce monde. Ces jacobins ont encore gramment de erreurs sans cellez qui dessus sont dittez, esquellez il errent moult péreilleusement. Car jacobins et nestorins contre le commandement de l'euvangile deffont leurs mariages pour quelconquez cause que ce soit. Et après leur mariage deffait selonc leur usaige, lez femmes prendent aultre mari, et li homme une aultre femme comme il leur plaist. Et en l'article de la sainte ternité errent ilz aussi moult péreilleusement. Et est en ce point leur erreur telle que tiennent li nestorien, li jacobin et aussi toutez les parties de Orient ne scevent, ne ne treuvent estre purgatoire. Aussi ne croient il mie que lez ames des bons aient aussi aucune remunéracion, ne que elles ne voissent point en paradis jusques après le jour de jugement. Et aussy que lez ames des mauvaiz et des dampnés ne voisent mie en enfer jusques après le jour du jugement. Et pour ce dient ilx que ce Nostre Seigneur dist du riche homme et du Lazarus que li riche homme estant en enfer vit le ladre en la gloire de paradis. Il veulent maintenir que Nostre Seigneur ne le dist mie pour vérité, mais tant seulement par manière de parabole, de similitude et de exemple. Et aussi errent eulx trop péreilleusement en touz ces cas cy et en grant planté d'aultres qui trop seroient longs à racompter qui racompter lez voudroit touz.

Des Maronites.

Nous partesimes de Ninive la grand cité et entrasmez ou fleuve de paradis, c'est Tigris. Si alasmes par le fleuve sur vaisseaulx comme bocuciaulx et veniesmes jusquez à Baudas, plus de CC. millez, maiz entre voiez trouvasmez une grant cité qui ot nom Checril, en laquelle demeurent maronitez crestiens mescréans et scismat, et ont ung aultre archevesque. Ilx maintiennent que en Jésucrist fu une seule voulenté. Ce est leur erreur. En toutes aultrez chosea s'accordent ilz à nostre foy catholique plus que nulle autre scite de Orient. Leur archevesque oy de nous le preschement en languaige arrabic, et se converti et accorda à nous du tout, et de sa propre main escript au pape de Romme sa créance du tout selonc nostre foy et nostre voulenté, et en ses lettres se soubmist en l'obéissance du pape et de la sainte Eglise de Romme. En celle meismez cité trouvasmez nous pluseurs jacobins qui nous recheurent comme angles de Dieu, et nous présentèrent abbayes et esglises à nostre gré. Cil jacobin de ceste cité édifièrent jadis une esglises en l'onneur d'un chien, et est celle esglise au dehors de la cité en ung hamelet petit sur le fleuve de paradis. Et chascun an font en celle esglise la feste du chien. Car ilz dient que il orent jadis en ung chien de très-grant vertu, en quel honneur il fondirent celle esglise comme dit est.

D'en costé ceste cité de Ceterel trousvasmes-nous une grande cité tout en long du fleuve, et fu la ancienne Babyloine en laquelle regna Nabugodonosor; celle est toute decheue et semble par les grandes ruines comme une aultre Romme, tant est grande et tant fu noble. Elle est presque toute destruite et moult pou de gent y habitent, et sont Sarrasin qui atendent Haly comme nous oysmes et entendismes par pluseurs gens dignes de foy. Les habitans de celle cité atendent on ne scay quel fil Ahali qui est mort passé à jà six cens ans, et il lui norrissent et gardent ung trèz belle mulle pour lui honnourablement recevoir quant il vendra, et luy celle mulle présenter. Et tous lez vendredis, quant le peuple est assemblé pour oyr leur loy que li évesque leur presche, cilx évesquez amaine devant le peuble celle mulle que ilz gardent pour le filz Ahaly et le monstrent au peuble bel et noblement ensellée et achesmée, ilz dient pour certain que cilx filz Ahaly revendra à eulz et en son temps. Quant il sera revenus apparra Crist et devendra sarrasins. De ce lieu nous en venismes droite voye par le fleuve jusques à la noble cité de Baudas et vindrent à l'encontre de nous jusques au dehors de la cité les frères de nostre ordre des frères prescheurs qui là demeurent, et nous receurent à trèz grant joye. Ceste cité de Baudas est très grant et trèz gracieuse et cuert parmy la cité le grant fleuve de Tigris. Et dient ceulx du pays que c'est celle cité qui jadis fust appellée Fusis. Elle est si grant et si peublée que en la cité demeurent plus de deulx cens mille sarrazins et fu jadis devant l'avènement des Tartres, la maistre cité des Sarrazins comme Romme des crestiens. Et y tenoit son siège le calife qui estoit chiefs des sarrasins, comme pape de crestiens, et ce sonne assés son nom, car calife leur languaige sonne en nostre françois « successeur », pour ce que le calife tenoit le lieu de Mahommet comme successeur. Et convient que la cité de Baldas soit habitacion des Sarrasins, si est toute la seigneurie des Tartres qui jadis la conquirent comme dessus est dit. En celle cité de Baldas est le siège des nestorins.

Des Nestorins.

Nestorins sont crestiens mescréans hérite et scismat, et sont appellés nestorins de ung hérite qui ot nom Nestorin qui erreurs ilz sièvent et maintiennent, car il fu leurs maistres aveques ung aultre hérite qui ot nom Théodorus de qui nous avons fait mencion pardevant, et comment que cil nestorin errent en pluseurs poins de la loy. Sy errent-ilz plus espécialment et plus péreilleusement en ce que ilz dient de Jhésucrist, que ilz dient né de vierge et non Dieu, mais ilz dient que après il conquist la filliacion de Dieu par le baptesme et par lez saintes œuvres. Par quoy ilz dient que Jhésucrist ne fu mie filz de Dieu par nature, maiz seulement par adopcion et que Dieulx habyta en cet homme crist comme en son temple, et que le mistère de incarnacion que Crist fu nés de vierge fu seulement par une manière de honneur que Dieulx fist à cel homme cripst.

Et pour ce y en y a pluseurs qui maintiennent que en Christ n'avoit que une seule voulenté humaine, le contraire des Jacobins dont avons pardevant parlé, et convint que ces nestorins dichent que Christ fu vrays homs et vrays dieulx. Sy ne veullent il point confesser ne congnoistre que Dieulz soit nés de la vierge Marie, et que la vierge soit mère de dieu, ains dient que la vierge Marie fu seulement de ung homme. Crispt fu filz de la vierge par nature et filz de Dieu par adopcion seulement, et dient que ce n'est mie tout ung à dire fil de Dieu et fil de la vierge Marie. Et pour ce que ilz ne soient constraint de confesser et de deviser Christ en deux fieux, dient-il que il est uns fieux, c'est à dire une personne. Et afin que il ne confessent Dieu estre né de la vierge Marie, sy le confessent et partissent en. ii. aucinmi. C'est en. ii. supost, dont ilz dient que Christ est uns sciaux et deux aucinmi. Ce sonne en langaige nestorins leur maistre qui fu grieulx une personne et deux supposés. Maiz les nestorins qui ores sont caldien et ont leurs escriptures et font leur office tout en caldien, si que aucuns ne scevent point la différence entre sciaux et aucinmy. Et en vérité il n'y a nulle différence, fort que sciaux est ung mos arrabic et sonne autant que personne en nostre languaige. Et aucinmy est ung moult caldien, et sonne aussi en nostre languaige comme personne et pour ce elles convaincre est moult pourfitable con leur demande quel différence est entre sciaulx et aucinmy, car par certain il ne le scevent point, car il ny a point de différence, fors que c'est tout ung mot en deux langaiges comme dessus est dist. Sy que en une languaige dient il estre Christ une personne, et en l'autre le dient ilz estre. ii. personnes, et par ceste voye par laquelle il nient christ estre naturel fil de Dieu, nient aussi dieu ou le fil de dieu né de vierge et le filz de dieu avoir souffert mort en croiz et dient que Jhucrist fu uns grans prophetes et amis et servans de Dieu, et par ainsi appert que il nient du tout le mistère et l'incarnacion Nostre Seigneur et pour certain en tout ce que ilz sentent de Christ, il se accordent avec les sarrasins dont je trouvai ès hystoires des sarrasins anciennes et autentiques que les nestorins furent amis de Mahommet et aliés à luï. Et que Mahommet commanda à ses successeurs et à tous ceulx de la loy des Sarrasins que souverainement gardaissant les nestorins, et que as nestorins riens ne meffeissent. Et ce commendement ont sarrasins tenu jusques aore, et gardent encore. Et heent sarrasins sur toutez autrez scetes lez jacobins dont pardevant avons fait mencion, pour ce que ilx treuvent le contraire des nestorins. Quant il maintiennent Dieu né de femme et mort en croiz. Et pour ce ont ores jacobins souffert grans persecucions que souvent lez ont tués et sarrazins et nestorins dont il avint une fois que le patriarche des jacobins appella à disputacion publique le patriarche des nestorins. Quant à ce jour furent venus devant le calife de Baudas, le patriarche de nestorins se doubtoit que il ne feust vaincu, vint uns jacobins ranoie qui haioit lez autres jacobins et de eulx se estoit departis pour ce que il ne l'avoient mie volu promouvoir à une archeveschié et dist au patriarche des nestorins que il ne se doubtast, mais seurement empresist la disputacion et que fiablement en commensast et que sur lui fust mise la response et que pour certain il jacobins feroit les nestorins victoriens. Ainsi fu fait, à lui fu la response baillié. Quant les. ii. parties furent venues en la présence du calife, dirent les nestorins que vus telx clers qui jadis avoit esté iacobins responderoit pour eulx, il fu mandé de par le calife première foiz et seconde foiz, maiz il ne le vint pas. Tiers foiz fu mandés si vint assés lentement portant une pele et drapelet et un loucet et instrumens de sonneurs, et en tel estat s'apparut devant le calife et devant le clergie; on lui demanda pourquoy il avoit tant attendu à venir au mandement du calife seigneur de tout le monde, et pour quoy il se estoit présentés en tel estat; il se humilia et pria le pardon en disant que il avoit esté occupés en plus grant besoigne et dist que hier au vespre morut Gabriel l'archange. Et je vieng tout droit de faire la fosse, en quoy il sera mis et enterrés. Sy ne m'ay point peu revestir pour le grant haste que je avoye de venir au commandement du calife. A ce mot fu trop ayré le calife et dist que trop avoit erré cilx clers qui disoit un angle mort et que c'estoit impossible lez angles mourir; dont respondy cilz clers jacobins renoiés et dist ce n'est pas merveille lez angles mourir, se Dieulx mesmes fu mors et ensevelis comme aucuns dient. Lors respondy le calife et dist et qui sont cil qui dient que dieux fu mors et ensevelis. Ly clers respondy : certez touz les jacobins le dient. Dont demenda le calife aux jacobins se il estoit ainssi; il respondirent que pour voir il estoit ainssi, et que dieut fu mo s et ensevelis. Lors commanda le calife que on tuast touz lez jacobins de ce pays. Sy furent jacobins là tué en si grant multitude que pou en ya de demeurez. Ce fait de ceste disputacion avons racompté comme il appert comme nestorin se accordent avec lez sarrasins contre lez jacobins qui dient que dieulx fu mors et ensevelis. Ainsi errent touz troiz de Christ. Car Nestorins et Sarrazins dient Christ estre par nature homme pur et non dieu. Et jacobins dient estre par nature dieu pur et non homme. Sy errent touz car nostre foy catholique est que Christ est vray dieux et filx de Dieu, et vrays homs natureulx. Encore errent les nestorins avec les jacobins en l'article de la trinité, aussi font communaument ceulx de Orient. Ils errent aussi et dient nient estre de purgatoire, et dient que les ames dampnés ne descendent point en enfer, et les ames sauvées ne seront point receues en paradis devant le jour du jugement. Ils baptissent en la manière des grigoys, en disant : soit baptissiez cilx en nom du pere et du fil, etc. et dient que la perfeccion du saint sacrement de baptesme est en une manière de uncion que il font de une manière de oyle, et laquelle ilx dient que il convient que tout l'omme estre oint. Et se aucune partie demouroit sanz estre en ointe par là entreroit le dyable en une créature. Ilz sacrefient de pain levé et gardent une pièce de la paste et la mettent et ajoustent à la nouvelle et dient que ceste paste que il gardent est une partie du corps Nostre Seigneur que leur donna saint Jehan l'euvangeliste. Et dient que saint Jehan à la scène rechut de Nostre Seigneur double part, la une il mangea et usa, l'autre il garda et donna aux nestorins. Il ne admmistrent du sacrement de unccion, ilx ne se confessent ne à la mort ne à la vie, fors à Dieu seulement. Ilz reçoivent circoncision à la manière des juyfs. Nous feusmes à une cité qui a non Harbe en laquelle li nestorin circoncidoient leurs filles aussi bien que le filx. Et comment que nous ne peussons point savoir en quelle partie du corps il coppoient et circoncidoient les fillez, toutez voies trouvasmez nous en verité par la relacion d'eulx mesmes que il lez circoncidoient quant il acomunient le peuble ce sacrement que ilz menguent le corps Nostre Seigneur. Mais ilz mentent, car certes ce n'est que pains, il le donnent aux gens en leur main aussi bien que se ce feussent prestre, toutez leurs chosez consacrées. Ilz consacrent soit pain soit yeaue ou autre chose, quant il la veullent jetter en peur ilz deconsacrent leurs otyeulx. Et convendroit que le autel feust reconsacré par l'evesque. Le uns prestres après que ce il feust communiés. Item se à l'autel entrast aucuns autres que nestorins et qui ne feust de leur scete. Item se aucuns y entrast le chief couvert, aussi convendroit par l'archevesque estre reconsacré et reconsilié le moustier. Se une lampe y feust despécié, ou se lampe y cheit à terre. Item se ung chat ou un chien ou aucune aultre beste y entrast fors seulement la souris, maiz la souris seulement, ont donne ce privilège que elle puist entrer au moustier et à l'autel. Et en pluseurs autres manières de fratrasies qui trop seroient longues à racompter. Il se marient en degrés deffendus de la sainte esglise et prendent leurs cousines et leurs parentes prouchaines, et si deffont leurs mariagez quant il plaist et se remarient ailleurs comme il leur plaist, maiz que ce soit par le congié de leur esglise.

Et aussi leurs prestres se remarient après la mort de leur première femme et c'est contre le commandement de monsieur saint Pol le appostole. Il ont trois manières de messes; li une est que leur ordonna Nestorins, leurs maistres herites, et dont il sont comme nestorin; la seconde messe est de Théodorus qui fu maistres à cellui Nestorin dessus dit, et la tierce dient il estre la messe des appostoles; et en celle tierce messe ne a riens de la fourme du saint sacrement, ne du corps, ne du sanc Nostre Seigneur, mais comment ces autrez deulx ait aucunes contenances par aucune manière de ce, si n'est mie leur entente que consécracion se face à celle heure, maiz après à la fin de la messe et une invocacion du saint esprit que ilz font, et pluseurs autres erreurs ont il dont trop seroit lonc à racompter. Mais entre toutez erreurs sont trop périlleux et contredient de se que Nostre Seigneur dit en l'euvangile : *Arcta est via que ducit hominem*, etc. Ce sonne en nostre françoyes : estroite est la voie qui maine l'omme à vie de paradis. Comme se ils voulsist dire, et est vrayement son entente que qui veult estre sauvés et venir à la vie perpétuelle, il convient aler des commandemens de Dieu, et ceste voie, dist Jhesucrist, est estroite pour ce que pluseurs y forlinguent et moult légièrement on y forvoye. Car nature humayne est touz jours encline plus à mal que à bien. Contre ce mot de l'euvangile, errent fortement ces Nestorins et luy contredient tout expressement ; car il dient que il souffist aux crestiens pour estre sauvé que il se seignent et que il face une croiz en son front et que il se tourne vers orient en faisant la croiz et qu'il mangasse char de porc. Lez nestorins sont gens de moult grant abstinence et de longues oroisons et de plant jeuner et de grant pénitance. Leurs religieulx, leurs évesquez et leurs patriarches ne meivent point de char et jeusnent ore ou lit malades griefment. Ilz montrent au deoys mout grant hausterité et moult grant pouvreté en leur port, tant comme au dehors monstrent il moult grant humilité et junent tout le karesme aussi bien les dymenches que lez aultrez jours, aussi font li jacobin; ne nulz nestorins ne jacobins clers ou lays, religieulx ou séculiers de quelconques estat que il soient, ne mengeroient pour riens en karesme de poisson, ne ne buvroit vin. Maiz en aultre temps n'en tènent compte à eulx enyvrer et point ne le tiennent à pécié, maiz à honneur et de mentir ne font-il compte; leurs erreurs deffendent ilz par deulx causes, la première est : car lez pluseurs dient que il ont l'esprit de prophesie et prophetissent moult de choses pour certain. Nous le veismes en pluseurs espériences. Si dient qu'il ne peussent estre prophète se ils ne feussent preudommes, et sy ne seroient mie preudommes se leur foy ne leur créance ne feust bonne. Le second est que tout plain de leurs anciens ont fait pluseurs miracles. Car ilz tiennent certainement que sur Nestorin leur maistre descendy une grant clarté du chiel quant il chanta une messe.

Et si racomptent de un leur patriarche qu'ilx nommoient Iaffelic et universel; il dient que aussi pou de vie comme le cloiement d'un œil à la cité de Baudas, là où estoit les siéges jusques au Mech, la cité où est le sepulcre Mahommet, où il y a bien plus de . XXX. journées entre lez . ii . cités, et aussi pluseurs miracles racomptées de leurs pères herites. Mais ces. ii. causes ne preuvent point que leur créance soit bonne, ne que les pères dont ilz racomptent telz choses feussent sains ne preudommes, car tant que au premier point de la prophésie est certain que touz ceulx qui dient devant lez chosez à venir ne les ont point du saint esprit, ains trouvons en la sainte escripture et lisons de pluseurs prophètes qui prophétissoient des choses à venir par l'art de mauvaiz esprit. Comme les prophètes de Baal que Helies convenqui et occist, et pluseurs aultres desquelx Nostre Seigneur dit : *prophetabant et non ex me veniebant et ego non mittebam et eos*, qui sonne en nostre françoys : il prophétissoient et non par moy ne par mon escript, ilz vinrent et je ne lez envoyay pas encore, trouvons nous aultrez vrayement prophétissans comme Balaam, le roy Saul. Cayphas qui fu à la mort N. S. il prophétissoient vrayement et si ne furent mie preudomme. Et lisons de pluseurs aultres qui par art de nigromance ont fait et prophétisié pluseurs chosez, aussy croy que li diablez desçoit ce meschant peupble nestorin par faulx prophètes. Tant que au second des miracles dis ce meisme que des prophésies que li deables les decoit par faulx miraclez dont il peut faire tout plain, quant Dieux lui sueffre, ainsi que nous lisons des enchanteurs d'Egypte qui de leurs ars de nigromance contrefirent lez miracles N. S. que il montrèrent à Pharaon, roy d'Egypte, par Moyses son servant et par ces faulx miracles des enchanteurs faiz du diable fu deceuz Pharaon et sa gent tellement que oncques ne vouldrent obéir au comment de Dieu. Dont il furent touz noiez en la rouge mer comme dist la sainte escripture. Ainsi est cilx meschans peubles de ceuz tellement, que il laissent la foy de dieu et de chretienté. Et point ne doivent pour ce leurs pères hérites nommer prophètes ne preudommes; car il vont et font et croient espressément contre la foy et la sainte euvangile, et contre la sainte escripture, sans laquelle ilz ne porroient bonnement estre sauvé. Quant venus feusmes en la cité de Baudas, là le sièges est, ilz nous receurent moult agréablement et liement de première venue. Maiz tantost que il orrent que nous preschamez de la benoite vierge Marie mère de dieu, et que la vierge Marie porta et enfanta dieu et homme, tantost il si opposerent en publique prédication et nous boutèrent moult villainement de leur église, et celle église là où nous aviesmes prechié contre leur erreur il reconcilierent et laverent d'eaue rose, et chantèrent une messe sollempnelle pour rapaysier Nestorin leur maistre. Et quant ilx nous eurent ainsi bouté hors de leur église, nous nous plainsismes a leur archevesque de ce que nous servans de dieu, gens chrétiens, gent de religion et prescheurs de la foy de dieu et qui de loingtain pays estiesmes à eulz venuz pour la cause de leur salut, que nous avoiens esté ainsi villenés. Adont cilx arcevesques et ces nestorins meus de faulse pitié nous représentent ung lieu trez bel et très bon et une belle esglise, et tout ce qui nous failloit par telle manière et convenance que nous nous cessions de preschier. Maiz benoys soit dieulx. Nous ne voulsissemes oncquez faire convenance avec eulx. Ains refusasmes tout ce que ilx avoient offert, et deismes que nous estiesmes à eulx venus non mie pour leurs grans palays et pour leurs biens temporeulx, mais seulement pour prescher la parolle de Dieu à eulz, sans en attendre loier temporel et jurasmes et protestames tout en publique et en appert que mieulx amiesmes habiter emmy la rue comme pouvre et sanz maison, et franchement prescher la vérité de la foy pour l'amour de dieu pour quoy nous sommes venus. Après ce vint leurs patriarches en Baudas qui avoit esté devant absens bien. X. journées loings. Sy que une journée nous seumes que cilz patriarches estoit en une congrégacion et assemblés avec les evesques et archevesques et li clergies. Nous armés de la grace de dieu entrasmez devant touz. Et monstrasmes tellement la vérité de la sainte foy catholique que nous lez confidimes trestouz. Et pour certain nous lez rendismes si confus que li patriarches meismes tout devant son clergie menty et le nya estre nestorin ne de la oppinion de la science nestorine leur hérite, et tout cil qui la estoient enfuirent si esmary que il ny ot cellui qui sceust que dirent ne qui à paynes sonnast mot.

Lors se levèrent ces archevesques et evesques et se crestèrent li un contre l'autre, et commencierent li un à lautre blasmer, de ce que touz se estoient tenus si quoy, espécialement touz se esmeurent contre le patriarche et le tencierent et reprirent très effectueusement en luy reprouvant que il avoit renoyé Nestorius leur maistre et que a si pou de languaige avoit esté desconfiz et tournés adversaires de sa loy nestoriène. Lors se commencierent ilz à canter que ilz desconfiroient en disputacion publique. Sy fu la responsce commise à ung évesque et fu assigné jour et lieu pour la disputacion faire. Quant vint au jour nommé et touz ces evesques et arcevesques furent en ce lieu assemblés et pluseurs autrez, nous monstrasmes devant touz nostre foy catholique et leurs erreurs. Maiz dieulx N. S. leur osta toute responce et tout savoir et tout povoir de respondre tellement que non seulement ceulx à qui la responce estoit commise, mais aussi touz ceulz qui là furent assemblez en furent oultre mesure esmerveilliés de ce qu'il n'y eust si sachant deulx touz qui oncques sonnast most ne feist semblant de riens vouloir dire contre nous ne nos dis. Quant ces nestorins furent ainsi confusément desconfis et qu'en langaiges leur sailloit en respondre et en demander, ilz enfuirent si honteulx et si vergondeulx qu'oncques puys ne oserent devant nous parler ne à paynes comparoir fors bien doubtamment la plus grant partie deulx, espécialment le plus sages et le plus sachans. Quant il virent que leurs erreurs il ne povoient maintenir encontre nous, et que nostre foy il ne pourroient impugner et vaincre, ilz dirent à nos beaulz seigneurs et frères : nous savons et confessons que la vérité de la foy est tout ainsi comme vous le preschiés, mes pour certain nous ne l'oseriemes point publiquement ne appertement dire à nous aultres nestorins; car il nous osteroient de leur compaignie et nous debouteroient et osteroient de nostre estat. Et ainsi ces meschcans amerent mieulx la gloire des gens et du monde que de Dieu.

Des Sarrasins.

En celle meisme cité de Baudas souloit estre le souverain siège des Sarrasins comme des crestiens et estoit tant comme aux Sarrasins en Baudas la souveraineté. Tant comme à l'estude, tant comme à leur foy et créance et aussi comme à leur seigneurie, car en Baudas régnoit le califfe, cest à dire le successeur de Mahommet et dient li Sarrasin que il estoit li visaiges de Dieu en terre. Cilx califes fu occis des Tartres comme dessus est dit. En ceste cité de Baudas a trez grant multitude de peuble, comment que elle soit destruite la plus grant partie. Car sans les chrestiens et sans les juyfs qui là demeurent, il y a bien .11. c. mille Sarrasins comme on puet prouvablement croyre et emer. Et non pourquant y a des chrestiens et des juyfs mains milles. Maiz touz ceulx de la ville chrestiens, juifs et Sarrasins tout sont soubgis aux Tartres. Les Sarrasins y ont très grant estudes et grans maistres et y ont aussi grant planté de religieux de leur loy Mahommet et toutez leurs diverses gendres et scetes se assemblent là. En celle cité a moult grandes abbayes de religieux sarrasins, lesquelx ilx nomment « ingerredes », qui sonne en nostre françoys tant comme contemplatif. Nous avions grant desirier de desputer à eulx et de confondre à eulx la mauvaistié de la loy Mahommet et si estoit nostre entente de les assaillir en leur siège et ens ou lieu de leur estude et lescole général. Maiz pour mieulx en venir à chief, nous fu mestier de un pou converser avec eulx ; ilx nous recevoient angeles de Dieu. En touz les lieux en estudes et en escolles et en abbayes et en esglises, en synagoges et en musquetes et en leurs maisons, et là oysmes nous et entendismes moult diligentement leur loy et veismes leurs œuvres et moult nous esmerveillames comment en loy de si grant mauvestié et de si male foye peuvent estre trouvées tant de œuvres de perfeccion, comme nous racompterons cy après.

Des œuvres de perfeccion qui sont ès Sarrasins.

Si racompterons aucunes œuvres de perfeccion qui sont ès Sarrasins si les dirons plus à la confusion des chrestiens que à la commendacion des Sarrasins. Il n'est hommes qui n'en eust grant merveille, se il considérast bien et diligentement, comment Sarrasins ont grant soing et diligence, à l'estude grant devocion en oroisons, grant miséricorde vers pouvres, grant reverence au nom de Dieu, aux prophetes et aux sains lieux de Dieu, comment il sont meurs en contenance et en port, dehors doulcement appellent et acointent lez estrangés, et comment ilz ont grant amour à leurs gens et à ceulz de leur loy. A la cité de Baudas se assemblent lez Sarrasins de toutez lez parties du monde, et a escolle et estude comme ceulz de France à Paris.

De l'estude des Sarrasins.

Li Sarrasin ont en la cité de Baudas grant plante des lieux proprement desputez pour l'estude et contemplacion de clergie et sont ainsi grans que grandes abbayes en nostre pays, et ceulz qui y viennent on pourvoit de commun d'icelle de pain et de eaue et de ce sont contemps et entendent à contemplacion et à l'estude en très grant povreté en leurs escolles communes exposé, ou un livre que on appelle le Alchoran, c'est à dire la loy Mahommet. Quant ilz viennent à l'escolle, touz ostent leurs soliers, maistres et disci-

ples, et entrent à l'escolle touz deschaulx et nus piés, et là
oient à grant reverence lire leur loy et moult meurement
en desputent.

Des oroisons des Sarrasins.

De leurs oroisons sont Sarrasins si soigneux et sont en
leurs oroisons à si trez grant dévocion que je qui sui chrestiens et religieux en eus très grant merveille, quant je le vi
devant mes yeulx. Car je fuy troiz moys et demi au désert
de Arabe et de Persie, et avec cameliers sarrasins, mais
oncques pour quelconques cause qui leur survenist feust de
orraige de malegent. Cil arrabic Sarrasin cameliers ne lais-
sierent que il ne feissent leurs oroisons à certaines heures
pour ce à leur loy establies de nuit et de jour, et par espécial de matin. Et au soir, en leurs oroisons ont il si grant
dévocion que il laissent toutez quelconques autrez choses.
Li aucun d'eulx muent souvent couleur et demeurent pale
comme cendre. Li aucun se laissent cheoir à terre, li aultre
semblent estre touz ravis. Aucuns saillent, aucun gargou-
nent de la voiz et hochent la teste tellement que il samblait
estre hors du sens. En leurs oroisons gardent souveraynement une manière que ilz dient estre nette de corps, c'est
que nullement ilz ne oseroient faire leurs oroisons que ilz
ne se lavent derrière et le ventre et la nature, puys lez
mains, après se lavent le visaige, et derrenierement lez
plantes des piés, et puis se mettent en oroisons. Et ceste
guise tiennent touz les Sarrasins de quelconques scete que
ilz soient. Entre touz lez Sarrasins, a une scete que on dist

« hercefaira, » et sont entre lez aultres réputés de plus grant perfeccion. Cilz quant il passent par le marchié ou la rue, se aucune beste, chien ou chat ou asne lez a touché, ou aucune aultre chose, il ne cuident mie estre bien lavé pour leurs oroisons faire, se il ne se levent de V^e. seelle de l'eaue comme de les une riviere. Et quant ilz veullent faire oroison, il entrent en la riviere touz nulz et se lavent tout le corps. Et quant il leur semble que ilx sont bien lavez, il boutent leur doit en leur derrière et puys le mettent au nés et se li doys put li homs n'est mie habiles de faire oroisons; maiz il retourne en leaue et se lave et relave tant que il lui semble qu'il est bien, et boute souvent son doit au derrière, et quant il ne sent plus de punaysie, adont est-il après abilles de faire ses oroisons.

Des aumosnes et de la miséricorde des Sarrasins.

Li Sarrasins sont très grans aumosiniers, il ont en leur alcoran moult estroit commandement de payer disme. Et ce quilx acquierent par armes doivent il donner le quint, et sanz tout ce font ilz grans testamens, et met on tuuz ces deniers en queste commune et quant vient à certain mps, ilz œuvrent ce trésor et le commettent à Sarrasins isnes (dignes) de foy, et qui bien soit crus entre eulz et cilz vont à divers pays et provinces racheter lez Sarrasins prisonniers, et qui sont detenu prison en quelconques nacions soit Sarrasins ou aultrez. Aucuns Sarrasins de leur propre rachatent des prisonniers tant que ilz pevent, et que leurs povoirs se estent et puys prennent ces prisonniers et les mettent en lettre, et dient : « tant en rachèté-je pour l'amour de l'ame de mon père et tant pour l'ame de ma mère, » et leur donnent lettres de délivrance et lez laissent aler. Aucun aultre pouvre qui ne ont point povoir de racheter lez prisonniers achetent oiseaulx en gaiolle, lesquelx on porte pour vendre à celle fin. Et quant ces pouvres ont ces oyseaulx achetés, ilz lez laissent vouler frans et délivrés pour l'amour de l'ame de leur père et de leur mère. Afin que ces ames ne soient détenuz en prison, ilx ont aussi en usaige que en leur testament ilz délaissent de l'argent et donnent pour nourrir pouvres chiens pour Dieu. Et en cités où il a moult de chiens, comme en Turquie et en Persie, et en la cité de Baudas, trouvasmes nous que lez chiens avoient leurs procureurs qui recueilloient lez testamens laissiés pour les chiens, et quant les testamens ne souffissent point pour lez chiens soustenir, les procureurs vont par la ville querre aumosnes, et ces aumosnes ilz partissent aux chiens dessusdis. Ilz envoient aussi et donnent grans aumosnes de pain pour les oyseaulx de rivière nourir et en sont ces oyseaulx de rivière si drus et après que touz jours il se assemblent à une certaine heure à un son que on sonne, et puys quant ilz sont assemblé on leur gette ces aumosnez, et ce veismes nous par espécial en la cité de Baudas et en la cité de Ninive. En la cité de Baudas a grant planté de fols et de hors du sens. Car il y fait si grant chault que lez cherveilles leur boullent en leurs testes et deviennent grant plante foulz et fourcenés. Et pour ce ont ly Sarrasins au dehors de la cité establi ung très biau lieu pour leurs foulx et esragiés. Et lez pourvoit on du commun de la ville en toutes leurs nécessités de boyre et de mengier, de mesgnie et de servans, et d'un souffissant médian et le pai on tout du commun bien et largement.

De la grant révérence que Sarrasin ont du nom de Dieu.

Très grant révérence ont Sarrasins ou nom de Dieu et ces prophètes et ès sains et aux sains lieux, car souveraynement ilx ont ceste maniere que ilx ne font ne ne dient, ne ne escripvent nulle chose notable que ilx ne commencent par le nom de Dieu. En toutez lez lettres que ilx envoient li uns à l'autre, touz jours y escripvent-ilz premiers le nom. Et pour ce se gardent ilz très bien que il ne descirent nulles lettres ne ne jettent à terre, et se ilz treuvent aucun escript à terre gisant, ilz le lievent moult reveramment et le mettent en aucun lieu hault, en la fendure de une masière, affin que le nom de Dieu ne soit soullié entre les piés. Et quant aucunement leur vient à bouche en leur parler que il fault nommer Dieu, jamaiz ne diroient le nom seul, mais touz jours y adjoustent aucune louenge, en disans : Dieux bons soit-il, ou encune semblable manière de parler, et aussi font-il en lire et en escripre. Et se aucuns Sarrasins blasmat ou deist aucune chose contre Dieu ou contre ses prophètes, jamaiz ne laisseroient cellui vivre, mais sans pitié le feroient mourir. Ilz ont si très grant révérence aux sains lieux comme sont leurs esglises que ilz appellent musquettes, que jamais n'y entreroient fors deschaux, ne jamais ne cracheroient dedens, et quant il se veullent asseoir, liz se gardent très songneusement que leur derrière ne touche au pauvement de l'esglise, maiz ilz se sient sur leurs tallons, et à seoir ainsi apprendent et acoustument leurs enfants de jeunesce, afin que ce ne le soit une si grant paine de ainsi longuement seoir en l'esglise quant ilz seroient venus en âge, ainsi que nous véons de nos parents qui sont si acoustumés de seoir jambes croisiés que il ne leur grefve de riens, et sur toutez riens Sarrasin gardent leurs temples et musquettes très nettement.

De la manière des Sarrasins.

Sarrasins sont de si trez même manière que jamaiz, on ne verroit aller Sarrasin teste levée ne col estendu ne à haulte poitrine, les bras baléant et de gettant ne des yeulx sauvaigement regardant aval ne amont, fièrement ainsi que nous pluseurs de nous Sorriaulx font, maiz il s'en vont voye de pas simple et de trez même manière comme parfait religieux. Encore leurs petiz enfens lesqueulx je ay veu mainte foiz en Persie et en Baudas, sont de si belle manière que je ne me recorde mie que je ne oyse oncques nul chanter chant de vanité ne de dissolucion, maiz touz jours chançons de Dieu, à la louenge de Dieu, et à la recommandacion de leur loy et de Mahommet leur prophète. Entre eulz nulx ne se gabe ne ne se mosque d'aultrui, ne ne tenchent li uns à l'autre, et souverainment si se gardent de mesparler par derrière.

Comme Sarrasins sont de doulz langaiges aux estrangés.

Ilz acointent lez estrangés moult très courtoisement et bénignement et parlent à eulz moult doulcement et nous qui estions entre eulz comme povre prescheur rechurent ilz comme angles de Dieu. Et quant nous venismez ès maisons de aucuns nobles hommes ou sages hommes sarrasins, ilz nous reçoivent à si grant joie que souvent nous estoit advis que nous eussions hosteulz de nostre ordre, et sachés que il reçoivent moult voulentiers lez frères de nostre ordene en leurs maisons et souvent nous prioient moult courtoysement et amiablement que nous dire aucune chose de Dieu, ou aucune chose de la recommandacion de Jhésucrist, lequel ilz dient estre juste homme et grans prophete, maiz ilz ne le tiennent point à Dieu, et touz jours quant en vostre présence ilz nommoient Jhésucrist, oncques ne le nommèrent quant il luy adjoustassent aucune digne parolle en disant : Christ, loés soit-il et beneis, ou aucune chose telle, de une chose se plaignoient ilz de nous, ce fu ce que nous ne voulions pas menger avec eulz. Car ilz ont une manière que quant uns étrangés lez viennent visiter tantoust ilz apportent à menger et ceste manière ont par espécial li sarrasin arrabic qui entre lez aultrez Sarrasins sont li plus noble, jamais ne feroient mal à homme qui seurement et fiablement se meist entre eulz à menger ; encore jassoit ce que l'en ne ne l'ait point prié, maiz il dient que cil est leur frère, pour ce que il mengue avec eulz pain et sel.

Et de celle heure en avant il deffendent cel homme pour ce que il mengue avec eulz pain et sel encontre touz aultrez, ja soi ce qu'il a tué leur père.

De la concorde des Sarrasins.

Amour et concorde ont entre eulz si grant que ilz semblent droitement estre frères. Car quant ilz parolent ensemble li uns à l'autre, ilz dient : o tu, filz de ma mère, et espécialement parollent il ainsi aux crestiens, il ne se entretuent point comme gens de autres scetes, ne ne desrobent pas li uns l'autre, ains peut uns homs sarrasins seurement passer par quelconquez aultres estranges nacions de sarrasins, que il ne trouvera ja Sarrasin qui mal lui face.

Frère Bieul expose ensuite la loi des Sarrazins, c'est-à-dire, un abrégé du Coran qu'il refute dans les chapitres suivants :

« Que la loy des Sarrasins est confuse ;
« Que la loy des Sarrasins est couverte (obscure) ;
« Que la loy des Sarrasins est mençongeable (mensongère) ;
« Que la loy des Sarrasins est desraisonnable ;
« Que la loy des Sarrasins est violente ;
« Les miracles des Sarrasins.

Frère Bieul termine sa relation par ces mots :

« Touz les autrez afaire de Mahommet, de sa vie et de
» sa mort, de sa doctrine, de tout son procès, pourra on

» trouver en nostre aultre ouvrage, en un aultre livre que
» je recullay fait, etc. »

« Explicit le ytinéraire de la peregrinacion frère Riculd de l'orde des freres precheurs, et sont en ce livre contenu par sobriesce les royaumes et les gens, lez provinces, lez loys, les scetes, les hérésies, les monstres et lez merveilles que lidis freres trouva ès parties d'Orient. Et fu cilz livres translatés de latin en françoys par Jehan de Yppre, moisne de Saint Bertin en Saint Omer. En l'an. mil. CCC. li. acomplis. »

IV

DE L'ÉTAT DU GRAND KHAN

PAR L'ARCHEVÊQUE DE SULTANYEH.

Cy commence de l'estat et de la gouvernance du grant Kaan de Cathay, souverain empereur des Tartres, et de la disposicion de son empire, et de ses autres princes, interpreté par un arcevesque que on dist l'arcevesque Saltensis au commant du pappe Jehan. XXIIe de ce nom. Translaté de latin en françois par frère Jehan LeLonc d'Yppre, moine de St Bertin en Saint Aumer.

Le grant Kaan de Cathay est très puissans entre tous les roys du monde. A ly sont subget et font hommaige tous les grans seigneurs de ce pays. Espécialment trois grans empereurs, c'est assavoir l'empereur de Cambalech, l'empereur de Boussay et l'empereur de Usboch. Ces trois empereurs envoient tous les ans luppars tous vifs, camelz, gerffaulx et trèsgrant plante des autres précieulx joiaux audit Kaan, leur seigneur, car ilz le recongnoissent leur seigneur et leur souverain. Cil troy empereur sont trèsrenommé et trèspuissant comme il appert.

Car comme l'empereur Usborch avoit guerre et se devoit combatre contre l'empereur de Boussay, il amena sur les champs sept cens mille et sept mil hommes à cheval, sans

riens du monde grever son empire. Quelle donc et com grant
sera la puissance du grant Kaan qui dessoubs lui a telz et si
puissans barons subgis. Son empire est appellée Cathames
ou Cathay; il commence droit en orient et dure jusques en
Ynde la maiour, et se estend en droite ligne vers occident,
tant comme on pourroit cheminer en six moys. En cel
empire a deux trèsgrandes citez, Cambalech et Cassay. Tous
ceulx de son royaume grans et petis ly sont serf et esclave.
Les gens du pays ont si grant obédience et cremeur à leur
seigneur, le grant Kaan de Cathay, que ilz ne lui osent en
riens contrester, ne son commandement trespasser. Dont il
avint une fois que uns de ses grans princes meffist en bai-
taille tellement que il avoit mort desservie. Le grant Kaan
le sceust, si lui envoia par un messaige qu'il luy envoiast
sa teste. Tantost ces lettres veues, cilz princes droit emmy
sa gent, sans rébellion et sans contredict, baissa la teste et
la laissa paciemment copper. Le Kaan garde trèsbien justice
aussy bien sur les grans comme sur les plus petis. Une fois
en l'an, le premier jour de la première lune de mars qui
est le premier jour de leur an, ly dis empereres se monstre
à son peuple aourné de purpre, d'or et d'argent, et de pierres précieuses. Adont tous li peuples se met devant lui à
genoulx et le aourent et dient: Veez-cy nostre dieu en terre,
qui de chierté nous fait plante et grant richesse, qui nous
donne paix, qui nous garde justice. Adonc ly empereres ne
refuse à homme à lui faire justice, adonc rent graces à Dieu
omnipotent. Il délivre les enchartrez, et fait moult de graces et de œuvres de pitié, à toutes manières de gens qui
mestier en ont, et qui sa grace requirent fors à trois maniè-

res de gens. Mais à ceulx ne fait il grace nulle. C'est assavoir à cellui qui a mis main viollentement et maugracieusement à père ou à mère, à cellui qui a faussé la monnoie du roy laquelle est de pappier, et à cellui qui a aucun empoisonné et donné venin à boire. A ces trois ne fait-il grace nulle. A ce jour, il donne moult grans dons et grant plante d'or, d'argent, de pierres précieuses. Le moindre don que il donne vault au moins un balisme d'or et souvent cinquante balismes. Le balisme vault mille florins d'or. Ly dis empereres est pieux et misericors. Il se pourvoit tousjours pour lui et pour ses subgés, de bléz, de ris et de toutes manières de grains et à ce a il granges et greniers tant que sans nombre. Sy que quant en son pays est chierté de blez ou de grains, il fait ouvrir ses greniers et donne son blé et son ris pour moins la moitié que les autres ne le vendent. Et par ainsy fait trèsgrant habondance en temps de grant chierté. Il fait moult d'aumosnes au povres pour l'amour de Dieu.

Et quant aucuns est si affoiblis de corps qu'il ne puet son pain gaingnier ou sy apovris qu'il n'a de quoy vivre, ly emperères le fait pourvoir en toutes ses neccessitez. Et ce fait il par tout son royaume, et si ne griève nulluy de son royaume, par extorcions extraordineres et nonusées. Sa richesse est de ses propres rentes et gabelles de truaiges, et de males toultes, si trèsgrande que sans nombre et sans fin. Il a trésoriers et grandes maisons toutes plaines d'or et d'argent, de pierres précieuses et de autres joiaux, et espécialment en ses principalles villes. Il a aussi en tout son royaume de ville à autre, maisons esquelles demeurent si courreur à cheval et a pié. Cil courreur et cil messagier ont sonnettes pendans à leurs poitrines ou à leurs courroies. Sy que quant aucuns courreurs vient portant les lettres de l'empereur, et approuche aucunes de ses maisons, il sonne ses sonnettes. A cel son s'appareille uns aultres courrères, et prent ces lettres et les porte avant jusques à une autre maison. Et ainsy des autres, et ne cessent de courre jour et nuit jusques à tant que les lettres viennent là où elles sont envoiés. Par ainsy l'empereur a dedens. XV. jours nouvelles d'un pays qui sera aussi loings comme le chemin de trois mois. Il rechoit moult honnorablement messaigés et ambassadeurs de quelconques estrange pais ou seigneurie; et les pourvoit de toutes leurs neccessitez en alant et en venant par tout son royaume.

Du souuerain evesque, c'est le pape de l'empire de Cathay.

Ou royaume de Cathay a un évesque souverain comme entre nous est le pappe. Ceulx du pays et de la foy le nomment grant trutins : il est subgis et obéist audit empereur le grant Kaan, comme à son seigneur et à son souverain; mais l'empereur l'onnore par dessus tous autres. Quant l'empereur chevauche en sa compaignie il le fait chevauchier droit d'en costé lui. Et li emperères ne lui escondist quelconques graces nulles que il luy requiere. Cilz grant trutins a tousjours la teste et la barbe resé et porte sur son chief un chappeau rouge, et tousjours est vestu de rouge; il a la dominacion et la seigneurie sur le clergie, et sur tous les religieux de sa loy, par tout le royaume susdit; et à lui appartient l'informacion et la correction. Et de eulx ne de leurs ordonnances ne se mesle l'emperères. Entre ces clercs et religieux a de grans prélas, évesques et abbez, et tuit sont subjet au grant trutins. En chascune cité et villes de l'empire a abbaies de hommes de religion, et aussy de dames vivans selonc leur loy du pays soubs la obédience et correction du grant trutins. A peines n'y a cité ne ville tou dit empire, où on ne trouve une abbaie. Et en chascune abbaie a du moins deux cens personnes, ilz sont moult riches, et de ces grandes richesses, ilz font grans aumosnes pour Dieu. Ilz vivent très ordonnément, et dient leurs eures sept fois le jour, et se lièvent as matines. Ilz ont cloches de métal faittes à manière de comble, desquelles ilz sonnent leurs heures. Ilz gardent chasteté, et nulz clercs religieux ne se marie. Ilz sont ydolastres et aourent pluseurs ydolles. Par desseure lesquelles ydolle ilz dient estre quatre dieux. Lesquelz. IIII. dieux ilz entaillent d'or et d'argent tous entiers devant et derrière. Et par deseure ces quatre dieux dient ilz estre un plus grant dieu, qui est par desseure tous les dieux grans et petis.

De l'estat et condicion du royaume de Cathay.

Ce royaume de Cathay est moult peuplez : et y a pluseurs citez assez plus grandes que Paris ne que Florence, et grant plante de lieux très bien habitez, et se y a aultres villes sans nombre. Moult y a de beaux prés et de bons pasturaiges, et herbes bien flairans; moult y a de grans fleuves et de grandes eaues, esquelles habitent grant plante de gens, pour la grant multitude de peuple qui est oudit royaume. Ilz font maisons de bois sur nefz, lesquelles maisons vont sus et jus et aval l'eaue, et vont tous en leurs maisons de un pays marchander en autre. Et en ces maisons demeurent les gens à toute leur mesnie, leurs femmes et leurs enfans avec toutes leurs hostilles de l'ostel, et leurs necessitez, et ainsi demeurent sur l'eaue tout leur vivant, et y gysent les femmes en gésine et font toutes leurs choses comme les autres qui demourent sur terre. Et se on demandoit à aucun deulx où ilz furent nez, ilz ne scevent autrement respondre, fors que ilz furent né sur l'eaue en celle manière.

Bien y a aussi grant peuple demourant sur l'eaue comme sur terre. Tant y a de peuple que les bestes du pays ne leur souffissent point. Ains convient que on les amaine d'autre pays, et pour ce y sont chars chières. En ce pays a tres grant habondance de froument, de ris, d'orge et d'autres grains, desquelz le grant Kaan cueille tous les ans à plante et les met en ses greniers comme dessus est dit. Ilz y messonnent le ris deux fois l'an. Il ne croist point oille d'olive, ne de vin de vingne, et ne en ont point se on ne l'apporte d'ailleurs, et pource est-il de grant pris. Ilz font oille et vin de ris. Et y croist de tous fruis à très grant habondance, fors de avellanes dont ilz n'en ont point, mais sucre ont ilz en très grant quantité, et pour ce en est il là grant marchiet. Ly pays est moult paisibles et nulz n'y ose armes porter, ne guerre mouvoir, fors seullement ceux qui à ce sont députez de par l'empereur, pour son corps ou pour aucune cité garder. En l'empire de Boussay susdit croist une manière de arbres, qui par la craisse d'eulx portent et font grans secours à ceulx du pays. Car il en y a aucuns qui par leur escorche rendent blanche liqueur, comme lait bien doulx et bien savoureux, et a grant plante. Et les gens du pays le boivent et menguent comme lait de chievre moult voulentiers. Quant on couppe ces arbres en aucunes lieux, soit es branches, soit ailleurs, elles rendent par la couppe une manière de jus à grant plante, lequel jus a couleur et saveur de vin. Autres arbres y a qui portent une manière de fruit aussi grant comme avellanes ou comme une nois de. S. Gracien. Quant cilz fruis est muers, les gens du pays le cueillent et l'euvrent et treuvent dedens grains à manière de froument, dont ilz font pain et pasté et autre viande, dont ilz menguent moult très voulentiers.

De la disposicion des deux citez Cambaleth et Cassay.

Ces deux citez Cambaleth et Cassay sont très grandes et très-renommées. Chascune de elles a bien trente mille de tour et est close tout en tour de mur. Tant y a grant peuple que seullement les servans qui y sont establis pour garder la cité de Cambaleth sont quarante mille hommes armés par certain nombre.

En la cité de Cassay en a plus pour ce que il y a plus grant peuple. Car c'est une cité moult marchande. Et à celle cité viennent marchander tous ceulx du pays et moult habondent en toutes manières de marchandises, et les Sarrazins susdis gardent moult songneusement de nuit et de jour les citez dessus dittes.

De la monnoye qui cuert par tout ce royaume.

Le grant Kaan fait monnoie de pappier là où il a une enseigne rouge droit ou millieu, et tout environ sont lettres noires. Et est celle monnoie de greigneur ou mendre pris selonc la enseigne qui y est. L'une vault une maille, l'autre un denier, et ainsi plus ou mains. Et ilz avaluent leur monnoie d'or et d'argent à leur monnoie de pappier.

On treuve en ce pais plus de manières de marchandises que es parties de Romme ou de Paris. Ilz ont grant plante d'or et d'argent et de pierres précieuses. Car quant marchans de dehors y viennent marchander, ilz y laissent l'or et l'argent et les pierres précieuses, sy emportent les marchandises du pays, espices, draps de soie et draps d'or, desquelles ilz treuvent grant marchié.

Ly emperères dessusdis a tresors si trèsgrans que c'est merveilles et est pour celle monnoie de pappier. Et quant celle monnoie de pappier est trop vielle et dégastée, sy que on ne la puet bonnement manier, on l'apporte as monnoiers du roy, à la chambre du roy, deputez à ce, et se la enseigne de la monnoie où ly noms du roy y appert aucunement, ly monnoier du Roy rendent nouvelle pour la vielle trois moins sur chascun cent pour la rénovation. Ilz font aussy tous leurs previlèges en pappier.

De la manière du vivre entre les gens de ce pays.

Les gens de l'empereur se vestent moult honnourablement et trèsrichement, et largement vivent. Et pour la grant habondance de soie et de or. Et pour ce que ilz ont pou de lins, tous ont chemises de soie, et leurs draps sont de Tartarie et de Camotas et d'autres riches draps, souvent aournés d'or et d'argent et de pierres précieuses à leurs draps.

Ilz ont longues manches qui leur queuvrent les ongles des dois, ilz ont pluseurs voisseaux de roisiaux, lesquelz y sont grans et gros; ilz menguent chars de toutes manières de bestes. Et quant ilz font grant feste, ilz tuent chamelz et en font beaux més à leur guise. Ilz ont grant plante de poissons et d'autres choses esquelles ilz ont une manière de vivre comme aultres gens.

De la manière comment ilz ensevelissent les mors.

Quant aucuns enffens y est nez ilz tiennent bien mémoirement et enregistrent le jour de la nativité. Et quant il est mort, ly ami et li parent le mettent en une fiertre de pappier aournée d'or et d'argent. Et en celle fiertre mettent avec le mort mirre et encens. Puis mettent ce fiertre sur un char, et ce char traînent tous ceulx de son lignaige à cordes jusques à un lieu propre député à ce, et là ardent ce mort avec sa fiertre et avec son char. Et ilz assignent telle raison, car ilz dient que ainsy que on purge l'or par le feu, ainsi convïent-il les corps humains purgier par feu, affin que ilz puissent en toute pureté ressussiter. Quant ilz ont ainsi ars leurs mors, ilz s'en retournent à leurs maisons, et à la remembrance du mort, font faire une ymaige à sa semblance. Et cel ymaige ilz mettent en lieu certain, et chascun an au jour de sa nativité, ilz ardent devant cel ymaige lignum aloës, et autres manières d'espices bien flairans. Et ainsy font mémoire de la nativité du mort.

Des frères meneurs qui demeurent en ce pays.

En la ditte cité de Cambalech fut uns archevesque qui avoit nom frère Jehan du mont Curum de l'ordre des frères meneurs et y estoit légas envoiez du pappe Clément. Cilz arcevesque fist en celle cité dessusditte trois lieux de frères meneurs, et sont bien deux lieues loings ly uns de l'autre; il en fist aussi deux autres en la cité de Racon qui est bien loings de Cambalech, le voiaige de trois mois et est d'en costé la mer, esquelz deux lieux furent deux frères meneurs évesques. Ly uns eut nom frère Andrieu de Paris, et ly autres ot nom frère Piere de Florence. Cilz frères Jehans l'arcevesque converty là moult de gens à la foy Jésucrist. Il est homs de treshonneste vie et agréable à Dieu et au monde, et tresbien avoit la grace de l'empereur. Ly emperères lui faisoit tousjours et à toute sa gent aministrer toutes leurs neccesitez et moult le amoient tous crestiens et païens. Et certes, il eust tout ce pays converty à la foy crestienne et catholique, se ly Nestorin faulx crestiens et mescréans ne le eussent empéchiet et nuist. Ly dis arcevesque ot grant paine pour ces nestorins ramener à la obédience de nostre mère saincte église de Romme, sans laquelle obédience il disoit que ilz ne povoient estre sauvé. Et pour ceste cause, ces nestorins scismat avoient grant envie sur lui. Cilz arcevesques comme il plot à Dieu est nouvellement trespassez de ce siècle. A son obseque et à son sépulture vis tresgrant multitude de gens crestiens et païens. Et descroient ces païens leurs robes de duel, ainsi que leur guise est. Et ces gens crestiens et païens pristrent en grant dévocion des draps de l'arcevesque, et le tinrent à grant révérence et pour relique. Là fu il ensevelis moult honnourablement à la guise des fiables crestiens. Encore visete on le lieu de sa sépulture à moult grant dévocion.

De nestorins crestiens scismas qui là demeurent.

En la ditte cité de Cambalech a une manière de crestiens scismas que on dist nestorins. Ilz tiennent la manière et la guise des grieux, et point ne sont obéissans à la sainte église de Romme. Mais ilz sont de une autre secte, et ont trop grant envie sur les crestiens catholiques qui là sont obéissant a la sainte église dessus ditte. Et quant cilz arcevesque dont par cy devant avons parlé édiffia ces abbaies des frères meneurs dessusdittes, cil nestorins de nuit le destruisoient et y faisoient tout le mal que ilz povoient; car ils ne osoient audit arcevesque ne à ses frères ne aux autres fiables crestiens mal faire en publique ne en appert pour ce que ly empereres les aimoit et leur monstroit signe d'amour.

Ces nestorins sont plus de trente mille demourans oudit empire de Cathay, et sont trèsriche gent, mais moult doubtent et crieinent les crestiens. Ilz ont églises trèsbelles et très devotes, avec croix et ymaiges en l'onneur de Dieu et de ses sains. Ilz ont du dit empereur pluseurs offices, et de lui ont ilz grandes procuracions. Dont on croit que se ilz se voulsissent accorder et estre tout à un avec ces frères meneurs et avec ces autres bons crestiens qui là demeurent en ce pays, ilz convertiroient tout ce pays et ces empereres à la vraie foy.

De la grant faveur que le grant Kaan a à ces crestiens dessusdis.

Le grant Kaan soustient les crestiens qui en ce dit royaume sont obéissant à la sainte église de Romme : et leur fait pourvoir toutes leurs neccessitez. Car il a à eulx très grant dévocion, et leur monstre très grant amour. Et quant ilz lui requièrent ou demandent aucune chose pour leurs églises, leurs croix ou leurs saintuaires rappareillier à l'onneur de Jhésucrist, moult volentiers leur ottroie. Mais quil prient à Dieu pour lui et pour sa santé, et espécialment en leurs sermons, et moult voulentiers ot et veult que tous prient pour lui. Et très voulentiers sueffre et soustient que les frères preschent la foy de Dieu ès églises des païens, lesquelles ilz appellent vritanes, et aussy voulentiers seuffre que les païens voisent oïr le preschement des frères. Sy que cil païen y vont moult voulentiers, et souvent à grant dévocion, et donnent aux frères moult de aumosnes.

Et aussy cilz emperères preste et envoye moult voulentiers ses gens en secours et en sustide des crestiens, quant ilz en ont affaire et quant ilz le requièrent à l'empereur.

Explicit de la gouvernance et de l'estat du grant Kaan souverain empereur des Tartars.

V.

LETTRES DU GRAND KHAN

AU SOUVERAIN PONTIFE

ET DU SOUVERAIN PONTIFE AUX CHRÉTIENS D'ORIENT

C'est la coppie des lettres que ly emperères souverains des Tartars le grant Kaan de Katay envoya au pappe Benoit le XIIe de ce nom, en l'an de grace mil trois cens XXVIII environ la Pentecouste, et, furent par le commandement dudit pappe translatées en latin, et furent translatées du latin en francois par frère Jehan Le Lonc dit et né de Yppre, moine de saint Bertin en saint Aumer, en l'an de grace. m. iiie. li.

En la forme du tout-puissant Dieu, ly emperères des emperères commandement, nous envoyons messaigé nostre Andrieu aveuc XV compaignons au Pappe, seigneur des crestiens en France oultre les sept mers pour ouvrir voyes as messaigés qui souvent seroient envoiez de nous au pappe et du pappe à nous, et pour lui prier que il nous envoyèche sa beneicon, et que en ses saintes oroisons, il face de nous mémoire, et que les Alans, nostres féables crestiens, il ait recommandez.

Item que ilz nous amainechent des parties de Occident

chevaux et autres merveilles. Escript en Cambalec, en l'an du rat, le VIe. mois, le tiers jour de la lunation.

C'est la teneur des lettres envoyés au pappe Benoit susdit des Alans crestiens demourans en Cambalech soubs ledit empereur au temps que dessus est dit, et translatez en la manière qui dit est.

En la fourme du tout-puissant Dieu et en l'onneur de l'empereur nostre seigneur: Nous Foydin, Jehans Cathitheu, Tungy, Gembega, Vensi, Jehans Juthoy, le souverain père nostre seigneur le pappe. Nous chiefs à terre mis à ses piés baisans, saluons priant et requerant sa beneicon et sa grace, que en ses saintes oroisons, il face de nous mémoire, et que iamais ne nous oublièche. Ce soit congnissant à vostre sainteté que lonc temps avons esté infourmez en la sainte foy catholique. Et bien salutairement gouverné et conforté par vostre légat Jehan Vallent, certes saint et vaillant homme; mais il est mort passé VIII. ans. En laquelle espace nous avons esté sans gouvernance, et sans espécialle consolacion, comment que nous avons oy dire que vous nous avez pourveu de autre légat. Mais il n'est mie encore venus; pour quoy nous supplions à votre sainteté que vous nous vueilliez envoier un bon souffisant et saige légat, qui noz ames ait en cure, et qu'il viengne tost, car mauvaisement sommes sans chief, sans informateur et sans consolateur. Supplions aussi à vostre Sainteté, que à nostre seigneur l'empereur vous respondiez gracieusement par quoy les voyes soient ouvertes, ainsi comme il requiert et désire as messaigés qui souvent seroient envoyez de vous à ly et de ly à vous, et pour confermer amistié entre vous et lui. Car se vous le faittes, grans biens s'ensuivra pour le salut des ames, et pour le exaucement de la foy crestienne. Car la faveur peut en son empire faire mille biens, et ses desdains mille andoles et mille malz. Et pour ce aiez pour recommandez et nous vostres féaulx et nos autres frères et féables crestiens qui sont en son empire. Car se vous le faittes, très grant bien ferez. Par cy devant en divers et temporelz sont de par vous trois ou quatre messaigés venus audit empereur nostre seigneur. Et de lui ont esté gracieusement receu et haultement honourez et remunérez. Mais oncques puis, ly dis emperères nos sires ne eut messaige, ne eut nouvelles de vous ne du saint siège de Romme. Comment que chascuns trois ou quatre de ces messaigés dessus dit promist audit seigneur, que de vous certaine response lui raporteroit, pour quoy prouvoye vostre sainteté que à ceste fois et des oresmais en avant il ait de vous certaine response, ainsy comme il appartient à vostre sainteté. Car par trop est grant honte et vergoigne aux crestiens de ce pays quant mençonges sont en eulx trouvées. Escript en Cambalech en l'an du rat le. VIe mois, la tierce de la lunacion.

Pour la datte de ces deux lettres mieux entendre, car elle nous est estrange, et est assavoir aucuns mescrèans sont ès parties de Orient, qui maintiennent entre les autres erreurs ceste que nouz dirons, et de laquelle erreur estoit entachiez ly emperères, le grant Kaan qui au pappe envoya ces lettres devant escriptes. L'erreur de ces mescréans est ceste. Le premier jour de l'an au matin, quant le roy, leur seigneur, est levé, il regarde moult ententivement quel dieu aventure lui administrera celle année. Car la première chose qui lui vient au devant celle journée, celle tient il pour son dieu toute l'année. Pour tant que ce soit chose sensible, et que ce ne soit homme ne femme, celle chose tient ly roys pour son dieu. Et à l'appetit du roy tous li peuples lui ensuivent. Et de celle chose dénomment celle année, en la datte de leurs lettres, comme nous comptons noz années, selonc le temps de l'incarnacion N. S. Or avint le premier jour de l'an ouquel ces lettres furent escriptes, ly roys vit un rat courre parmy sa chambre, et ce fu la première chose qui eust vie qu'il vit. Excepté sa maisnie si le tint toute l'année pour son dieu, et en donna en l'année en la datte de ces lettres. Et convient que les crestiens ses subgiés pour obéissance tiengnent celle fourme et stille en leurs lettres, et pour ce escriprent il ainsy. Escript en l'an du rat le VIe mois de l'an le IIIe jour de la lune de ce mois.

C'est la teneur des lettres et de la responce que ly Pape renvoya à ces principaux amis demourans en Cambalech, dessoubz l'empereur desus dit.

Benois, évesques, sers des sers de Dieu, as ses très amez filz nobles hommes Fodin, Jehans Catitheu, Tingi, Gembega, Vensy, Jehan Nichon, princes des Alans, et universelment à tous autres crestiens des parties de Orient, et à chascun par ly salut, beneicon de Apostolle, de joyeux visaige et de lie couraige. Chevaliers, filz prince, nous avons receu vostre messaigé venant en nostre présence, et bénignement à eulx audience baillié par fiable entrepreteur. Avons entendu toutes les choses que ilz vouloient proposer, si que ilz ont nostre responce oye, et autres choses que nous leur avons par vostres lettres, lesquelles nous avons fait exposer, et aussy par la relacion de votre messaigé clerement entendu et entendamment apperceu la grant dévocion, que vous et li autre crestien de vostres parties avez à nous et à la sainte église de Romme, mère et maistresse de tous féables crestiens, et à la foy catholique, sans laquelle ne puet venir salut à nulle gent. Et pour ce que vous désirez à estre instruit et conferme en laditte foy, selonc ce que laditte église de Romme la tient et maintient, et presche, Nous, comme pasteurs de universel peuple de Dieu, querrons et convoitons le salut de tous ceulx que Jésucrist a rachetez de son précieux sanc, grandement esjoy en rendans graces et loenges à celluy qui droit espérit vous a donné, et qui de la clarté de sa grâce vous a daigné enluminer. Et de ce que sur ce point avez vostres messaigés à nous envoiez, haultement et grandement à Dieu nostre Seigneur commandons et recommandons la salutaire dévotion de vostre saint propos. Et en rendons graces à cellui dont cilz et tous autres biens viennent, vostre noblesse et vostre université, enortant et affectueusement priant que avec accroissement de foy et de dévocion, veuilliés persévérer en ce meismes saint propos, par lequel vous pourrez venir et ataindre au loyer de la éternelle gloire de Paradis. Et pour certain, nous prions et prierons pour vous sans cesser, que Dieux vous y vueille conforter. Sy que afin que ceste mesme loy catholique, laquelle nous et la ditte église de Romme, aveuc toute la compaignie des féables crestiens, professons, preschons et fermement tenons à vous et as aultres crestiens de vostres parties, soit plus clèrement congnoissans, affin aussy que vous le puissiez mieulx suivir et professer et plus fermement tenir et maintenir. Sy le vous nottefierons appertement. Nous créons la Saintte Trenité, le père, le filz et le Saint Esprit, un dieu tout puissant. Et en la Trinité, toute la déité coessencielle, consustancielle, ensemble éternelle et ensemble toutpuissant, de une puissance, de une voulenté, de une majesté, le créateur de toutes créatures, par lequel toutes choses sont en ciel et en terre visibles et invisibles, corporelles et espirituelles, nous créons chascune personne en la Sainte Trinité, un vray Dieu plain et parfait. Nous créons cellui filz la parolle de Dieu éternellement, omnipotent et équal au père, en la divinité temporelment du Sainct Esperit conçut et de Marie la perpétuelle Vierge, avec âme racionnelle. Aians deux natures, l'une éternelle du père, et l'autre temporelle de la mère, vray Dieu et vray homme, propre, parfait en chascune nature, non adoptif, mais en singularité de une seule personne, non passible, non mortel, per et en la divinité. Mais en humaine pour nous et pour nostre salut, souffrans vraies charnelles passions, mort et enseveli et descendu en enfer, et au tiers jour résuscita de mort à vraie résurrection de char et de corps.

Le quarantiesme jour après la résurrection en corps charnel, comme il estoit résuscitez et en âme, monta ès chieulx et siet à la destre de Dieu son père. Et de là vendra au final jugement jugier les vifs et les mors, et rendre à chascun selon ses œuvres bonnes ou mauvaises. Nous créons aussy le Saint Esperit un plain et parfait Dieu procédant du père et du fil, par tout et en tout équal, coessenciel, coomnipotent et coéternel au père et au fil. Nous créons ceste Sainte Trinite, non pas trois dieux, mais un seul Dieu omnipotent, éternel, invisible et incommutable. Nous créons aussy du vieilz et du nouvel testament de la loy des Prophètes, et des Apostolles et des euvangilles, estre un seul aucteur, Dieu et nostre Seigneur omnipotent. Ceste est la foy, et ceste en tous ses articles tient et presche la sainte église de Rommes. Mais pour les erreurs introduis au contraire de aucuns par ignorance et de aucuns par certain malice, dist la saincte église et croit et presche que ceulx qui après le saint sacrement de baptesme reçoit, rechéent en pechié, ne doivent point estre rebaptisiés, mais par vraie repentance pourront acquerre pardon de leurs pechiés. Et se aucun vray repentans en vraie charité meurent avant que ilz aient par dignes fruis de penitance satifié de ses péchiés, leurs âmes seront après leur mort purgiés par la paine du purgatoire. Et pour ces paines relever pevent valoir et vallent les oroisons et les prières des bonnes gens vivans et leurs bonnes œuvres, messes, oroisons, aumosnes, offrandes et autres œuvres de pitié que on a acoustumé à faire pour les féables selonc la institution de l'Eglise. Mais les âmes de ceulx qui puis le saint sacrement de baptesme rechut, point ne sont recheut en tache de pechié quelconques. Et aussi les âmes de ceulx qui encore en corps vivans par pénitances souffissans comme dit est, on de ce siècle trespassez par purgatoire sont purgiez comme dit est, tantost seront ou ciel en paradis receustes à la benoite vision de la essence divine. Mais les âmes de ceulz qui en pechié mortel ou seullement en péchié originel mourront, tantost en enfer descenderont et là seront perpétuelment pugniz selonc leurs diverses desertes. Celle meisme sainte église de Romme croit, presche et de vray afferme que néantmoins au jour du jugement que toutes les gens apperront devant le juge Crist en leur propre corps et rendront raison chascun de ses propres fais. Encore tient, croit et enseigne celle meisme église de Romme, que sept sont sacremens de sainte église. C'est assavoir : baptesme dont pardevant avons parlé. L'autre est le sacrement de confirmacion, lequel ly évesques donnent par imposition de leurs mains cremans les baptisiés. Le tiers est pénitance. Le quart, le saint sacrement de l'autel. Le quint sont les ordres. Le VIe est mariage, et le septiesme est la dernière unxion, que nous nommons sacrement de huille, lequel sacrement, selonc la doctrine S. Jaques l'Appostolle on doit donner aux malades. Le saint sacrement de l'autel fait la ditte église de Romme de pain non levé. Sy tient et croit et enseigne que en ce saint sacrement, ly pain est transsubstanciés en corps, et le vin en sanc de Notre Seigneur Jésucrist. Du sacrement de mariaige, tient la ditte église que uns homs ne puet, ne ne doit avoir ensemble pluseurs femmes, ne une femme pluseurs hommes. Mais deffaitte la loy de mariage qui se déffait seullement par la mort de l'un des mariez et non autrement. Ly autres qui denieure vivant puet espouser la seconde, et puis la tierce fois et ainsi en avant, voire successivement. Mais ainsi que les premières nopces furent, telles nopces dist la sainte escripture sont loisibles : mais que nul empeschement de droit ou autre juste cause ne le deffende. Ceste souvent nommé sainte église de Romme a et tient la souvereine et plaine seigneurie et prime sur toute la universelle église catholique, laqu· le seigneurie, maistrie et souveraineté vraiement et humblement, elle se recongnoist avoir receu de Dieu proprement la personne de Saint Pierre, prince des Apostolles à qui le Pappe de Romme est successeur avec toute plante de puissance. Et se aucunes questions, ou doubtances en la foy soursissent, par son jugement devroient estre disiniées et déterminées. A ceste eglise, pour chascun qui se sent grevez en besongnes qui à court de église appartiennent appeller en causes appartenant à court d'église, peut on à son jugement recourre. Car à lui sont toutes eglises subjettes, et tous prélas de église lui doivent révérence et obédience Et ceste église a tellement la plénitude et la plante de puissance que les autres églises, elle ne reçuet fors à partie de soing et de sollicitude, desquelles églises les pluseurs, et especialment les patriarchales et parrochialles. L'église de Romme est haultement de pluseurs et divers previléges anoblie. La sienc prérogative est toudis en généraux conciles et en autres choses. Ceste susditte très pure et très certaine, très féable vérité de nostre foy catholique, concordant à la doctrine de l'euvangille baillie et donnée des sains pères, confermée par la diffinicion des pappes de Romme, en leurs sennes et génératix conseilles de souverainne affection, désirons que en vous soit confermée et acrute et amplie par tout le monde, pourquoi en nostre temps ly peuples à Dieu servans soit multipliés en nombre, en foy et en mérite à le honneur et louenge du nom de Dieu. Et que les âmes par la fraude du deable dechutes, par la congnoissance de ceste vérité soient rescouses de la gueulle de l'ennemy. Certains messaigés et légas qui vous et les aultres crestiens de vostre pays confortent et instruisent, et qui les errans à voye ramainent pensons nous et proposons à vos parties par la grace de Dieu envoier. Donné en Avignon, le treziesme jour de Juing, le Ve année de nostre regnation de nostre pappas.

Explicit.

INDEX
HISTORIQUE ET GEOGRAPHIQUE
ET
GLOSSAIRE

A

Abaga, fils d'Halaon, deuxième empereur des Tartares de Perse, est nommé Khân des Tartares.

Abay, aboiement; du latin *ad-baubari*.

Abcas, un des royaumes de Géorgie.

« La Géorgie renfermait sept grandes provinces: les trois royaumes de Karthli ou Karthalini, ou Carduel, dont l'ancienne capitale, Mtzkheth, a été remplacée par Tiflis de Kaketie ou Kaketh; Telaf est la principale ville d'Imeréthée, qui a pour capitale Kutais; et les souverainetés de Mingrélie, de Gourie, de Swaneth et de Samketh.

« Chez les anciens, au temps de Strabon, la province de Karthli se nommait Ibérie, nom qui a souvent désigné la Géorgie entière. Le Kaketh était l'Albanie; le Somketh, le Gougark; la Mingrélie, la Colchide; la Gourie, le Lazique. » De Villeneuve: *La Géorgie*. — Oberlin dit dans ses *Orbis antiqui monumentis*, que les *Abkazeti*, primitivement *Abasci*, étaient un peuple de Sarmatie.

Abuvrez, abreuvé. Du latin *adbibere*. Dans *Marie de France*, t. I, p. 190, on lit:
« Bien seit *abevreiz* e peus. »
Le français moderne a transposé le R.

Acesmée, préparée, ajustée, du latin *schema*.
Dans le *roman de Brut*, on lit aussi ce mot:
« Et del férir sunt *acesmés*. » v. 3186

Acha, signifie « père, » dans la langue de Cassay, ville capitale de la province de Mangin ou Mangi.

Achaptent. achètent.

Achaptoient, achetaient; du latin du moyen-âge *accaptare*. — V. De Chevallet, t. I, p. 122.

Achath, montagne de l'Arménie sur laquelle s'est arrêtée l'arche de Noé. — V. Ararath.

Achoison, cause, occasion, du latin *ob* et *casus*.

Aconsièvent, poursuivent; du latin *cum* et *sequi*.

Aconsuivre, poursuivre.

Acre. St-Jean d'Acre. Ville de Syrie, sur les confins de la Phénicie et de la Palestine, aux bords de la Méditerranée.
« Acre est le chef-lieu du pachalik de Sayde, qui embrasse tout le territoire compris entre le Nahr-el-Kelb (l'Adonis) et Quayssariéh (Césarée), entre la Méditerranée à l'ouest, l'Anti-Liban et le cours supérieur du Jourdain à l'est. A l'importance de son étendue, ce pachalik joint de rares avantages de sol et de position. Le blé, l'orge, le maïs (*doura*), le coton, le sésame (*semsem*), couvrent les riches plaines d'Acre, d'Esdrelon, de Sour (l'ancienne Tyr), de *Gebel-Naqouréh* et du cap *Ras-el-Mecherfy*. La fertilité de cette contrée, ancien domaine de la tribu d'Aser, justifie la parole du patriache Jacob. «Aser mangera un pain délicieux; son pays sera fertile en excellents blés qui feront les

délices des rois. » Les cotons de Safed sont estimés pour leur blancheur à l'égard de ceux de Chypre : le tabac prospère sur les montagnes de Sour.

« Le pays des Druzes abonde en vins et en soie. Le territoire de Quayssarieh offre une des plus belles forêts de chênes qui existent en Syrie; enfin, comme si ce n'était pas assez de tant de richesses agricoles, ce pachalik, par sa position sur le littoral, par la sûreté de son port, de ses anses et de ses baies, peut passer pour l'entrepôt général du commerce arabique et syrien. » — R. P. LAORTY-HADJI : *La Syrie*.

ADÈS, proche; du lat. *adhære*, approcher.

ADJOUXTE, ajoute, du latin *adjectum*; *e* latin s'est changé en *ou*, ou en *u* qui était prononcé *ou*.

AFFIERT, importe; du latin *afferre*.

AFFLICTIONS, macérations, tourments, tortures.

AHALY, messie des Sarrazins de Babylone pour lequel ils élèvent une mule, afin de le recevoir lorsqu'il viendra.

AINS, d'abord, avant; du latin *ante*.

AINTÉ, accouchée.

AISE LA MAIOUR, l'Asie majeure, la partie de l'Asie qui s'étendait de l'est du Caucase et de l'Euphrate à la mer de Chine.

Dans l'antiquité, l'Asie majeure comprenait à l'ouest le Bosphore cimmérien, la Colchide, l'Ibérie, l'Albanie, l'Arménie, la Syrie, la Palestine, l'Arabie, la Mésopotamie, l'Assyrie, la Babylonie, la Chaldée; au sud, la Médie, la Perse, l'Inde; à l'est, la Chine, *Serica*... la Taprobane; au nord, la Scythie, la Sarmatie. — OBERLIN : *Orbis antiqui*, etc., 1776.

AISE LA PARFONDE, l'Asie profonde. Elle s'étendait à l'est du Caucase; c'était l'Asie majeure.

ALANIE, pays des Alans ou Alains.

Le cordelier Guillaume de Rubrouck a rencontré des *Alans*, la veille de la Pentecôte, en 1253. Voici comment il en parle (traduction de Bergeron, 1634, p. 45) :

« Viendrent vers nous certains Alans qu'ils appellent *A-
» cias* ou *Akas*, qui sont chrestiens à la grecque, et ont la
» langue grecque et des prestres grecs, » etc. — « Au midi
» nous avions de très grandes montagnes où habitent les
» *Kergis* et les *Alans* ou *Akas*, qui sont chrestiens, et
» combattent tous les jours contre les Tartares, p. 58. » —
« Les Alans, habitent en ces montagnes-là et résistent tou-
» jours aux Tartars.... En la plaine qui est entre ces Alans
» et eux, est le lieu dit *Porte de fer*, qui n'en est qu'à deux
» journées. Avant qu'arriver à la *Porte de fer*, nous trou-
» vâmes un chasteau des Alans, qui estoit au Cham; car il a
» subjugué tous ces pays-là, p. 270, 271. »

En effet, dans les lettres que le grand Khân de Cathay adressa en 1328 au pape Benoît XII, le souverain empereur des Tartares recommande à sa Sa Sainteté les Alans, ses sujets et chrétiens soumis au souverain Pontife : « *Alanos servitores nostros filios, suos chritianos.* »

Ces Alains, d'origine scythique, habitaient dans les environs du Caucase et avaient envahi l'Asie avant le commencement du quatrième siècle et, au cinquième, l'Europe méridionale.

M. Jacquet traite la question de l'origine des Alains ou Alans dans le *Journal asiatique*, du mois de Juillet 1830, p. 57. Elle se lie à toute l'histoire des Mongols. « A l'égard, dit-il, des Alans qui servaient dans l'armée des Youan, lors de la conquête de la Chine méridionale, Klaproth, dans une note du *Magasin asiatique*, a émis l'opinion qu'ils formaient une tribu mongole et n'avaient rien de commun avec es Alains de race indo-germanique qui, à cette époque, ne pouvaient pas avoir pénétré dans la Chine. Des faits nombreux se réunissent pour présenter cette opinion comme probable. (*Magasin asiatique*, tom. I, p. 199; Mosheim n° LXXI).

« Je crois cependant qu'elle admet quelques objections :
« Alboughasi (Histoire des Tartars, édit. de Cazan) ne parle pas des Alans.

« Admettons que les *Alani* n'étaient autres que les Alains, car la célèbre Thamar avait, à la fin du XII° siècle, rétabli parmi toutes les peuplades du Caucase, le christianisme un instant effacé par la foi musulmane.

« Aboulghazi rapporte dans le 20° chapitre du 111° liv. p. 69 de l'édit de Casan, que le général de Tchingis Khan défit les Alains, en tua un grand nombre et réduisit toute la nation en servitude. D'un autre côté, *Choo youan ping*, dans son histoire des Mongols, assure que *Tchingkis Khakan*, après avoir réduit les contrées occidentales, contraignit leurs habitans à faire partie de ses armées et s'empara de leurs richesses. — (*Nouveaux Mélanges asiatiques* d'Abel Remusat, t. I, p. 185).

« Ces deux citations me paraissent autoriser cette opinion : que les Alani chrétiens surpris au siège de Cinguiggi, et les *Alani* chrétiens qui envoyèrent une ambassade au pape en 1338, étaient les Alains du Caucase enlevés de leur patrie par Tchingkis Khan et transportés dans la Chine par une de ces transmigrations si fréquentes dans l'histoire de l'Asie. »

Oberlin place les *Alani* en Sarmatie, *Orbis antiqui*, etc. p. 51 et 176.

ALBERS, montagne à l'est de la Géorgie. Ce nom ne se trouve pas dans le *Vergleichendes Worterbuch der alten mittleren und neuen géographie von Fr. H. Th. Bischoff und J. H. Moller*, in-8°, Gotha, 1829, ni dans le *Lexicon manuale geographiam antiquam et mediam*, de Joanne Vilelmo Müller. Leipzig 1831 ; ni dans Oberlin, *Orbis antiqui monumentis suis,* in-8° Argentorati, 1776.

ALCEN (lettres), sorte d'écriture usitée en Arménie.

ALCHORAN, l'Alcoran, livre saint de l'islamisme.

ALLISSIONS, allassions.

AMAISSENT, chargeassent.

AMALECH, ville de Tartarie. Peut-être *Ma-loung,* nom chinois qui a pris naissance sous les Youen, d'un ancien pays connu aujourd'hui sous celui de *Sin-hoa-tcheou,* chef-lieu d'un département secondaire, relevant de *Lin-ngan-fou,* province de Yun-nan. — V. EDOUARD BIOT, *Dictionn. des noms anciens et modernes des villes et arrondissements compris dans l'empire chinois,* in-8°. Paris, imprim. royale, 1832, p. 179.

AMBROISSEAUX, arbrisseaux.

AMENUSIÉE, affaiblie. Du latin *minus,* moins.

ANASTASIE (le corps de S^{te}) est à Trébizonde, sur la mer Noire, ancienne capitale d'un empire fondé par une branche des Comnènes de Constantinople, qui en furent dépouillés en 1462 par Mahomet II.

ANCESSEURS, prédécesseurs, ancêtres ; du latin *antecedere.*

ANDOLES, penchants, dispositions naturelles ; du latin *indoles.*

ANDOUART, Edouard, roi d'Angleterre en 1268.

ANGLET, coté, coin, angle ; du latin *angulum.*

ANTIOCHE, grande ville de Syrie ; ancienne capitale de l'empire des Seulicides, que Selecus Nicator fonda 300 av. J.-C.

ANTHIOQUIE, province d'Antioche.

« Au-delà de Bailan commence la plaine féconde et abandonnée qu'arrose le poétique Oronte. Sur ce beau terrain qui nourrissait jadis des millions d'âmes, à peine de loin en loin, rencontre-t-on de chétifs villages, trop éloignés les uns des autres pour que sur la route on ne soit pas exposé aux brigandages des partis Kourdes et Turkomans qui infestent le pays. En descendant le cours de la rivière, on trouve les ruines d'Antioche, Antioche si célèbre autrefois, et que le luxe de ses habitants caractérisa dans l'antiquité. . . .

« Les environs d'Antioche, et surtout la belle plaine de l'Oronte, sont le plus beau sol qu'on puisse voir au monde : noir, gras, vierge, fécond, il est propre à toutes les cultures. Cependant tout y est stérile et abandonné. Placé entre les incursions des Kourdes et les avanies des pachas, le fellah ne veut pas confier des semailles à la terre, dans la crainte qu'elles ne germent pour un autre. Dans la plaine surtout, où nul obstacle naturel ne s'oppose aux incursions des cavaliers, on ne remarque aucune trace d'une industrie calme et suivie. Les seules parties cultivées sont les montagnes qui bordent l'Oronte, surtout en face de Serkin. Là, s'étendent des plantations de mûriers, de figuiers, d'oliviers et de vignes, qui, par une exception fort rare en Turquie, sont alignées en quinconces. Cet amphithéâtre riche et verdoyant console le regard fatigué de la morne nudité de la plaine. »

Le R. P. LAORTY-HADJI : *La Syrie.*

AOURENT, adorent; du latin *orare*.

AOURNEZ, ornés, du latin *ornare*.

APAIEZ, satisfaits ; du latin *ad pacem*.

APPAREILLENT, s'apprêtent ; du latin *apparare* par la permutation de R en L, comme dans *altare* « autel. »

APPAROIR, apparaître ; du lat. *apparere*.

AQUILLAN, province située sur la Méditerranée, dans le *Mossoul*, dont le chef-lieu est le siège d'un gouverneur-général de la Turquie d'Asie et du patriarche des Nestoriens.

— V. *Le livre de Marco-Polo*, édit. Pauthier, p. 39. — Ibn. Batoutah, traduction Defremery, t. II, p. 134 et suiv.

Arabic, arabe.

Ararath, montagne de l'Arménie sur laquelle s'est arrêtée l'arche de Noé.

« Majestueux et isolé dans sa double formation, le mont s'élève au milieu du désert, « comme un bloc détaché de la chaîne du Caucase, » dit un voyageur, et présente ses deux cimes couronnées de neige, à travers des perspectives voilées et variées, qui ajoutent un second prestige au prestige de la tradition biblique, si vivante sur les lieux, si actuelle, on pourrait dire, dans toute la contrée, qu'il semble que les souvenirs datent de la plus récente époque. Noé, l'arche, le cep se retrouvent partout.

« La montagne recèle des volcans; les ébranlements sont fréquents et des bruits souterrains se font souvent entendre. Le village Arkouri (il planta le cep) fut englouti en 1840, par une secousse de l'Ararat. Le monastère de Saint-Jacob disparut également. Il s'élevait, dit-on, à l'endroit même où Noé planta la première vigne. »

De Villeneuve : *La Géorgie.*

Arbres a pain, sont des jaquiers dont le fruit pulpeux, amylacé, se cuit et se mange comme du pain dans les îles de l'Océanie et aux Antilles.

Arbre sec, ce mot a diverses significations dans l'ancienne langue romane;

1° *Mât de vaisseau.*

« Frascat lur a lur vela, e van ad Albre Sec, » — V. de S. Honorat.

(Leur a déchiré leur voile, et ils vont à mât dégarni).

2° *Albre sec*, nom de pays.

» E'l reis Felips en mar poia
» Ab autres reis, c'ab tal esfort vendran
» Que part l' ARBRE SEC irem conquistan. »
  BERTRAND DE BORON : Ara Saieu.

(Et le roi Philippe monte en mer avec les autres rois, vu qu'ils viendront avec un tel effort que nous irons conquérant au-delà de l'*Arbre sec*).

« Et ce estoit dever l'arbre sol qe en livre d'Alexandre est appelée l'*Arbrée seche*... En la contrée de l'*Arbre seche*.. En celz plaingne de l'*Arbre seche*. (*Voyage de Marc Pol*, ch. 201).

« Jà n'i remanra tor de marbre
» Que n'abace jusc'au *Sech-arbre*. . . .
» Hostages ont livrés vaillans
» De Jerusalem XX enfans,
» Atant s'en reva l'emperere. . . .
» Ainc ne laissa jusc'au *Sec-arbre*
» Castiel, cité, ne tor de marbre. »
  Roman du comte de Poitiers, v. 1287 et 1636

« Car sa renommée espandra jusques à l'*Arbre-Seche*. » — *Prophéties de Merlin*, fol. 7. — RAYNOUARD : *Lexique roman*, t. II, p. 112. Paris, in-8°, 1836.

Marco Polo, ch. XXXIX, décrit ainsi l'*Arbre-sec* : « En
» la fin de Perse vers tremontaine, et y a un grandisme plain,
» où est l'*Arbre-Solque* que nous appelons l'*arbre-sec*, et
» vous dirai comment il est fait. Il est grans et gros, et l'es-
» corche est d'une part vert, et d'autre blanche et fait ricy
» (*produit des fruits en forme de grandes capsules, de ri-
» cinus*) si comme les chastiaus (*châtaigniers*); mais il est
» vuit (*vide*) dedens. Il est jaunes comme bois (*buis*) et
» moult fort.. . »

« L'arbre en question est nommé en arabe, *thoulq* ou *sou!q*, d'une racine qui signifie *longus, procerus fuit*, dit

M. Pauthier; et ce nom de *zhoulg* ou *solque*, désigne en même temps l'*élévation* de l'arbre, l'*étendue* de ses branches et de sa *durée*; car la racine de *zhoulq* signifie *longévité*. Forskâl, dans sa *Flora ægyptiaco-arabica*, parlant de cet arbre qui est spécialement le *ficus vasta*, dit : « *In libris Arabum botanicis vocatur*: delb. » *Delb*, selon M. de Sacy (Relation de l'Egypte, p. 80), qui s'appuie sur de graves autorités, désigne le *platane*, lequel en persan est nommé *tchinar*. La leçon de nos mss., qui porte *écorce* au lieu de *feuilles*, signale encore mieux le *platane*, car on sait que chaque année, au renouvellement de la sève, l'*écorce* du platane se renouvelle aussi; elle se détache du tronc, et présente, comme le dit Marc Pol, un *côté vert* et *l'autre blanc*; ce que ne font pas les *feuilles*. »

M. Léopold Delisle, membre de l'Institut, m'a dit que par l'*arbre sec* on entendait au moyen-âge « la potence » et qu'il est probable que la rue de l'*Arbre sec*, à Paris, a reçu son nom d'une potence qui se trouvait anciennement de ce côté-là. Ce qui concorderait assez bien avec le sens de *mât de vaisseau*, que l'auteur de la Vie de St Honorat, citée par Raynouard, donne au mot *Arbre sec*.

Mandeville, ms. 2810 de la Bibliothèque nationale à Paris, dit que dans la vallée de Membré, il y a « un arbre de
» chein que les Sarrazins appellent *supe*, qu'on appelle *l'ar-*
» *bre sech*; et dit-on que cel arbre a là esté depuis le com-
» mencement du monde, et estoit tousjours vert et feuillu
» jusques à tant que Nostre Seigneur mourut en la croix, et
» lors il sécha. . . . . De l'arbre sech dient aucunes
» prophésies que un seigneur, prince d'Occident, gaingne-
» ra la terre de promission avec l'aide des crestiens, et fera
» chanter messe dessoubs cet arbre-sech; et puis l'arbre ra-
» verdira et portera fueille. . . . . . et combien qu'il soit
» sec, néantmoins il porte grans vertus; il garist de la ca-

» dula, du chinal et qui en porte un pou sur li ne peut estre
» enfondez.... »

Dans *li Jus de saint Nicholaï*, il y a un amiral du *sec arbre*, pays, dit-il, où « n'a monnoie autres que pierres de
» moelin. » Dans *li Jus du Pelerin*, le pélerin dit qu'il a été au *sec arbre* : « S'ai esté au sec-arbre. » Ce drame est attribué à tort à Adam de la Halle, il est de son cousin Gautelos li Testus.

Archipel indien. V. notre livre intitulé : *l'Archipel indien*, in-8° chez Firmin Didot, 1874.

Ardent, brûlent ; du latin *ardere*.

Ardirent, brûlèrent.

Argon, fils d'Abaga, troisième empereur des Tartares de Perse.

Arménie, contrée de l'Asie, située entre la Syrie, l'Anatolie, la Mésopotamie et la Géorgie. Elle se divisait en grande et en petite Arménie. — La grande Arménie était primitivement bornée au midi par les monts Taurus et Niphates, qui la séparaient de la Mésopotamie et de l'Assyrie ; à l'est, par les monts Caspiens et la mer Caspienne, et par la rivière de Kur ; au nord, par les monts Moschiques ; à l'ouest, par l'Euphrate et la mer Noire.

La petite Arménie, à l'est de la Grande, était une partie de l'ancienne Cappadoce, dont l'autre partie la bornait au nord et à l'ouest, et qui avait au sud la Cilicie et la Syrie.

L'Arménie est aujourd'hui une province de la Perse et son chef-lieu est *Erivan*.

Armenoises (*lettres*), écriture arménienne.

Armetyres, armature.

Arousée, arrosée ; du latin *ad* et *rorare* ; ros, rosée.

Arrabe la meneur, Arabie mineure. Probablement

l'*Arabie pétrée* qui est la plus petite des trois subdivisions de l'Arabie.

Ars, brûlé; du latin *ardere*.

Arse, brûlée.

Artiron, ville de la Turquie d'Asie. Marco-Polo, édit. Pauthier, l'appelle *Arsion*, et, dans l'édition de la Société de géographie de Paris, *Argiron*. « L'une et l'autre leçons, dit M. Pauthier, sont une corruption de *Erze-roum* ou *Arzeroum*, qui veut dire *la terre de Roum* ou *romaine*; » *Arzes* chez les écrivains byzantins. Aboulféda dit de cette cité « Est extremus finis regionum Rumeorum ab Oriente » (trad. latine). « D'Arzendjân, dit Ibn-Batoutah, nous allâmes à Arz-er-roûm, une des villes qui appartiennent au roi d'Irâk. Elle est fort vaste, mais en grande partie ruinée. Trois rivières la traversent. » (trad. citée p. 7, n° 3.)

Oberlin place *Erze-roum*, anciennement *Arze*, dans l'Arménie majeure. *Orbis antiqui monumentis*, etc.

As, aux; pour *als*, à les.

Asobarioth, roi de Perse.

Assassins, gens soumis au *Vieux de la Montagne*. Selon M. de Sacy, « ce nom fut donné aux Ismaéliens à cause de l'usage qu'ils faisaient d'une liqueur ou d'une préparation enivrante, connue encore dans tout l'Orient sous le nom de *haschisch*. Les feuilles de chanvre, et quelquefois d'autres parties de ce végétal, forment la base de cette préparation que l'on emploie de différentes manières, soit en liqueur, soit sous forme de confections ou de pastilles, soit même en fumigations. L'ivresse produite par le *haschisch* jette dans une sorte d'extase pareille à celle que les Orientaux se procurent par l'usage de l'opium... Ceux qui se livrent à cet usage sont appelés aujourd'hui *haschischin* et *haschaschin*, et ces deux expressions différentes font voir pourquoi les

Ismaéliens ont été nommés par les historiens des croisades, tantôt *assissini*, et tantôt *assassini*. »

Asseiouir, assiégeants.

Atainst, atteignit.

Atandre, atteindre ; du latin *tangere* ou *attendere*.

Atournement, préparatifs.

A tout, n'ayant que, emportant seulement.

Audains, aunes ; mesures de longueur.. — V. *Aulnes*.

Audoient, osaient ; du latin *audere*.

Aulcunes, aucunes, adjectif indéfini formé par contraction de *aliquis unus* : « Si *alcuns* criève l'oil al altre » *(Lois de Guillaume* § XXXI).

Aulnes, aunes ; ancienne mesure de longueur, égale à 71 centimètres ; du latin *ulna*, coudée.

Aultres, autres ; du latin *alter, a, um*. — V. *Taulpes*.

Austriche, d'Autriche (duché). Ce pays avait fait partie de la Bavière, et comme il en comprenait l'extrémité orientale, les Allemands le nommèrent *Osterrich*, d'où s'est formé le nom d'Autriche, qui signifie « royaume de l'est. » Rodolphe de Habsbourg s'en empara sur la fin du XIIIe siècle.

Avecques, avec. Du latin *apud* dans le sens de *cum*. — V. glossaire de Du Cange, v° *apud pro cum. Apud* devint en langue d'oïl *ab, ob, of, ave, ove,* et en joignant à cette forme de préposition le complément *oc,* cela, on eut les expressions adverbiales *ave oc, ove oc,* ou en un seul mot, *aveoc oveoc,* avec cela, ensemble, conjointement. (De Chevallet, *Origine et form. de la lang. franç.*, t. III, p.p. 354 et 355).

Avision, vision ; du lat. *videre, visum*.

Babel, terre à quatre journées de la Chaldée.

B

Babel, terre à quatre journées de la Chaldée.

« La première ruine que l'on rencontre en venant de Mohawil à Hillah, c'est *Babil*. C'est la plus imposante par ses dimensions, par sa position et par l'effet qu'elle produit.

« C'est une masse énorme de 180 mètres de longueur et de 40 mètres de hauteur, formée par les débris des matériaux accumulés par la main des hommes pour construire un édifice immense sur un terrain parfaitement plat et dont l'aspect, aujourd'hui désert, fait ressortir davantage la grandeur.

« Babil est le seul nom qui rappelle celui de Babylone dans ces contrées.....

« La ville moderne qui s'élève aujourd'hui sur les ruines de Babylone, Hillah, fut fondée par Seifeddaulet, vers l'an 1100 après J.-C.

« Hillah, selon M. Oppert, était un quartier de Babylone, probablement celui qui était habité par la population ouvrière, en dehors de l'enceinte des palais royaux. De nombreuses traces d'habitations antiques accusent cette origine de la ville moderne. Il n'y a pas à Hillah une maison qui ne soit bâtie avec des briques babyloniennes. » — Joachim Ménant : *Babylone et la Chaldée*.

Babiloine, Babylone. Bérose, né à Babylone vers l'an 330 avant J.-C., avait recueilli des traditions sur l'origine du monde, et Eusèbe, évêque de Césarée, nous les a transmises d'après Alexandre Polyhistor. Voici le passage du premier livre de Bérose, relatif à Babylone :

« Bérose dit d'abord que la Babylonie est située entre deux fleuves, le Tigre et l'Euphrate. Le blé y croit à l'état sauvage avec l'orge, la vesce et le sésame. Il pousse aussi dans les marais des racines que l'on mange et que l'on appelle *gonges;* elles remplacent l'orge. On trouve également dans ce pays des palmiers, des pommiers et tous les autres arbres fruitiers, ainsi que des poissons et des oiseaux de terre et d'eau. La partie de cette région qui touche à l'Arabie est stérile; celle qui est opposée à l'Arabie est montueuse et fertile.

« Il y eut à l'origine, à Babylone, une multitude d'hommes de diverses nations qui avaient colonisé la Chaldée, et ils vivaient sans règle à la manière des animaux....

« .... Les ruines de Babylone se trouvent sur la rive orientale de l'Euphrate. Elles sont renfermées dans un triangle irrégulier, d'une surface d'environ huit milles au plus, formé par deux lignes de remparts et le fleuve. Cet espace contient les restes de trois grandes constructions principales :

« 1° Une grande masse de briques crues appelée par Rich *Mujelibeh* et connue par les Arabes sous le nom de *Babil;*

« 2° La construction connue sous le nom de *El Kasr* ou « le palais;

« 3° Un monticule sur lequel se dresse la tombe moderne de *Amran-ibn-Ali,* qui lui a donné son nom;

« Quelques ruines éparses indiquent encore la place des différentes enceintes qui environnaient la ville et ses palais; d'autres, les quais qui bordaient le fleuve et, enfin, des tumulus plus indécis, la place des différents monuments dont il nous reste à peine les noms.

« Sur la rive occidentale de l'Euphrate, les traces de ruines sont moins nombreuses; le Birs-Nimroud mérite seul une description particulière. » — JOACHIM MÉNANT: *Babylone et la Chaldée.*

BACUMERAM. Oderic de Frioul écrit ce nom *Nicimeran* dans le texte latin du ms. de Munich, publié à Rome, en 1859, par le P. Marcellin da Civezza dans sa *Storia universale delle missioni francescane,* t. III. Le savant franciscain croit que le frère Oderic a voulu désigner par ce nom une des îles *Nicobar*. Ce groupe est situé, dans le golfe du Bengale, entre le 6° 45' et 9° 15' de latitude N., et entre le 90° 25' de longitude E. au S. S. E. des îles Andaman, à 400 kil. de la côte O. de la presqu'île Malacca et à 200 kil. N. O. de Sumatra. Le climat est insalubre et les habitants sont de couleur cuivrée.

BAILLÉE, livrée, accordée. — V. DE CHEVALLET, I, p. 129. Ce mot dérive du bas latin *bajulare*, porter, lequel a donné naissance au provençal *bailar*. De sorte que, dit Littré, ce mot qui ne signifiait dans le latin que porter un fardeau, a pris, dans les longues romanes, les sens dérivés les plus étendus : tenir, donner, garder, gouverner, traiter. « C'est de là que sont venus les mots *baillie*, autorité, et *bailli*, fonctionnaire chargé, sous l'ancien régime, de la police.

BAILLENT, dansent. — V. DE CHEVALLET, v° *Baller, Bal*, I, p. 327. Le texte aurait dû avoir *ballent* au lieu de « baillent. » Dans *Li giens de Robin et de Marion*, Robin dit :

« Mais nous aurons anchois *balé* »
« Entre nous deus qui bien *balons*. »

Baller dérive d'un ancien mot germanique qui se retrouve dans l'allem. *ball*, danse, bal; dans le holland. *baal*; dans le dan. *bal*, dans l'Angl, *ball*.

BALAIS, pierres précieuses.

« Ibn-Batoutah (traduct. Defremery, t. III, p. 59) dit : « Le » vulgaire attribue la production de la pierre d'azur *(lapis » lazuli)* à la province de Khorâçân; mais on la tire des » montagnes de Badakhchân, qui ont donné leur nom au » rubis *badakchy*, ou, comme l'appelle le vulgaire : *Al-» balakch* « rubis balais. »

Et ailleurs (p. 86): « Un fleuve descend des montagnes « de Badakhchân où l'on trouve le rubis que l'on appelle » *balakch*, rubis balai. « .... » Tenkis (Dchinghiskhân),

» roi des Tartares, a ruiné cette contrée, et depuis lors elle
» n'est pas redevenue florissante. »

Balismé, égal à mille florins d'or.

Baronlynom, fils de Hayton, roi d'Arménie et son successeur au trône.

Baruch, Beyrouth, ville de Syrie, au nord de Sayde et du village de Zarfa ou Sarphan. Elle occupe une verte et gracieuse colline qui va mourir à la mer et est flanquée à droite et à gauche de petits promontoires rocheux qui portent des fortifications turques de l'effet le plus pittoresque. — P. Laorty.

Bascon (mer de). C'est la mer de Bakû ou Caspienne. Sur ses bords se trouve la ville de Baku, dans la péninsule d'Apceron. C'est là probablement que résidait l'empereur de Perse en hyver.— V. *Malte-Brun* in-8°, 1836, t. VIII, p. 8.

Le nom de cette mer est écrit « Abacuc » dans le texte latin d'Oderic de Frioul, publié par le P. Marcellin da Civezza.

Bastons, bâtons de pasteurs ou de bergers. — V. de Chevallet, I, 226. D'après cet auteur, ce mot serait d'origine celtique : Irland. *bat, bata* ; breton : *baz* ; écossais : *bat*.

Bastou (*mer de*) c'est la mer de Bakû ou Caspienne. Le texte latin d'Oderic de Frioul porte *Abacuc*.—V. *Storia universale delle missioni francescane*, t. III, p. 743. — V. Caspienne.

Batailles, groupes, corps d'armée, d'où est venu le diminutif français « bataillon. » du vieux lat. *batuere*, battre.

Batho, fils de Hoctota empereur des Tartares.

Batu, battu, du lat. *batuere*. « Les manuscrits de Plaute
« portent tantôt *batuere* et *battuere*. » De Chevallet.

Baldach, Bagdad, (dans Hayton). Bagdad, ville forte et marchande de Syrie, située sur la rive orientale du Tigre, vis-à-vis de l'ancienne Séleucie, qui était sur la rive occidentale. Elle a été bâtie en 763 par Almansor, second calife des Abassides, ou le vingt-deuxième empereur des Arabes. On croit généralement que cette ville occupe la place où s'éleva Babylone; mais on oublie que Babylone était sur l'Euphrate et Bagdad est sur le Tigre.

Baxites, populations d'origine indienne et adonnées à la nécromancie. Alexandre-le-Grand les conquit et les enferma dans les montagnes Caspiennes, d'où elles sortiront, dit Flavius Josèphe, vers la fin du monde pour concourir à sa destruction.

Ce sont aussi des prêtres ou pontifes indiens.

Beduins, Bedouins; peuple nomade de Syrie, célèbre à cause de son rôle politique et militaire en Asie et en Afrique; ses mœurs primitives n'ont pas varié.

Belfort, ville de Syrie; probablement Balbeck que les Grecs nommèrent Héliopolis ou ville du soleil, située au pied de l'antique Liban, à la dernière ondulation de la montagne, remarquable par la blancheur de ses monuments.

Beligian, mont; monts Altaï.

« *Altaï*, en mongol, signifie or, de même que *Kin* en chinois. Ce nom a été donné comme générique à une immense chaîne de montagnes de l'Asie centrale, s'étendant des sources de l'Irtich, qui va verser ses eaux dans le golfe d'Obi, jusqu'aux sources du fleuve Amour, qui verse les siennes dans la mer d'Okhotsk. C'est à l'extrémité orientale de ces *monts d'or*, dans la patrie même de Dchinghis Khân, que cet homme, qui avait fait trembler le monde, voulut se reposer du dernier sommeil. » — Pauthier: *Le livre de Marco Polo*, p. 186.

Beneure, bonheur: du lat. *bonum* et *augurium*.

Beneurée, bienheureuse.

Benoiste, bénie; du latin benedicta. Le français a rejeté le d latin et changé la deuxième voyelle e en o. — V. au mot *mescréans*.

Besoigne, besogne.

Bêtes descendant d'une montagne au son d'une cloche, et ayant figure humaine, p. 117.

Bidini, pygmées ou nains de la Mongolie.

Bieult ou Ricold de Montecroce discute publiquement contre les Juifs dans leur synagogue de Ninive, p. 97.

Bigon, sorte de breuvage usité dans la grande ville de Cassay.

Billon ou Buillon, Bouillon (Godefroy de Bouillon). Le duché de Bouillon était au sud ouest de Luxembourg, et traversé par la rivière le Semoi. La ville de Bouillon avait une forteresse où depuis 1676 le roi de France entretenait une garnison.

Blasment, blasphèment.

Blecez, blessés.

Boraca, ville de Perse, *Bokhârâ* ou *Boukhârâ*, ville célèbre capitale de la Boukarie, située à une lieue de la rive gauche du *Zer-afchân*, qui se perd dans un lac, à quelque distance du fleuve appelé successivement *Oxus*, *Wei*, *Djihoun*, *Amou*, *Amou-Daria*, et qui se jette maintenant dans le lac d'Aral. Long. 62° 35'; lat. 39°45'. — Pauthier: *Le livre de Marco-Polo*, p. 9.

Boeciaux, boyaux auxquels ressemblaient des nacelles de cuir. V. De Chevallet, I, 231. — Ce mot est d'origine celtique. En Bretagne, on dit encore: *Bouzellen*, d'où est venu *botellus* dans la basse latinité. Aulu-Gelle, liv. XVI, ch. 7, nous apprend que *botellus* ou *botulus* était étranger à la langue latine.

Bouddhistes (religieux et couvents).

Dans le *Journal des savants* du mois de Janvier 1821, p. 25, Abel Rémusat a traité de la succession des trente-trois premiers patriarches de la religion de Bouddha. « Des supérieurs pour les religieux bouddhistes furent établis sous divers titres, près des princes de la Chine et de la Tartarie, aussitôt qu'ils eurent embrassé le bouddhisme. Le nombre en augmenta avec celui des monastères. Ainsi la hiérarchie se forma d'elle-même, et naquit en quelque sorte de la nécessité de soumettre la foule de ceux qui avaient embrassé la vie monastique à un gouvernement régulier; car, suivant un auteur bouddhiste, les religieux mendians qui n'ont pas de chef sont comme un cheval sans frein. Dès le milieu du IIIe siècle, un certain Koumara eut le titre de maître du royaume (*Koue-sse*) à la cour du roi des *Kouci-tseu* (Bischbalikh); le célèbre Fothou-tching fut nommé grand *ho-chang* ou chef des religieux, au commencement du IVe siècle. Les patriarches, une fois établis à la Chine, y reçurent différents titres, entre autres ceux de grands maîtres et de *princes spirituels de la loi;* l'origine de ces derniers titres est de l'an 706. Enfin les princes mongols suivirent le même exemple, et attachèrent à leur cour, comme directeurs de conscience et chefs des affaires spirituelles, des *maîtres du royaume* (*Koue-sse*), ou *maîtres de l'empereur* (*Ti-sse*) qui, dans leur établissement au Tibet, ont donné naissance à la dynastie des grands Lamas. »

Peut-être cette organisation a-t-elle été imitée pour l'établissement en Chine d'un évêque et de corporations religieuses catholiques?

Bourionner, bourgeonner; du lat. *bulga*, qui est lui-même d'origine gauloise et signifie « matrice, cellule, bourse, enveloppe. » *L* primitif est devenu *r* en français, comme *ulmus, capitulum* etc. ont fait « orme, chapitre. » Les mots « bourse, bourson » doivent avoir la même origine.

Boussay, royaume dont le roi rend hommage à l'empereur de Cambalech. Ce nom se retrouve dans *Boussavskoï*, ville de la Russie d'Asie, gouvernement d'Orenbourg, district de Troitsk, sur la ligne de l'Oural. Il y avoit autrefois *Buzac*, peuple de l'Inde en deçà du Gange, d'après Pline. — *Bischof et Moller.*

Bouté, chassé; du lat. *pusatum* qui a la même signification, et qui, selon Ducange, serait devenu au moyen-âge *butatum*.

Boutent, mettent.

Boyce, Boëce, ministre de Théodoric, roi des Ostrogoths, et auteur du livre de la *Consolation de la Philosophie.*

Brayes, haut-de-chauses, espèce de culottes ; mot que l'on suppose dérivé du celtique *bracca*, et conservé dans le celto-breton *bragez*, du dialecte de Léon en Bretagne.

Brevetz, billets de banque ou lettres de change; du latin *brevis, breve*. On aurait pu croire que ce mot dérive du germanique *brief*; mais Adelung fait remarquer que du temps de Kéro, le haut-allemand ne connaissait pas encore cette expression, puisque Kéro se sert de *puah* pour désigner une lettre.

Bruvaige, breuvage. V. *Abuvrez.*

Bulgrie, Bulgarie; à l'occident de la mer Noire. Son nom vient des Bulgares, peuples sortis de l'Asie qui y fondèrent un royaume dans le VIIIe siècle.

Bussines, trompettes; du lat. *buccina.*

C

Caan, Khân, nom de dignité que les Mongols ou Tartares donnent à leurs princes. Il signifie « devin » en mongol, dit Guillaume de Rubrouck. *Omnes divinatores vocant* CHAM. *Unde principes dicuntur Cham, quià penes eos spectat regimen populi per divinationem.*

CAAN, ville du pays des Pymaux, en Chine. — Dans le texte latin de Munich, Oderic de Frioul a écrit *Catan*, qui est sur le fleuve *Chanay*, et le P. Marcellin da Civezza traduit ces deux noms par « le district de *Cam* sur « le Chiang supérieur. »

CABALECH, Péking.

Marco-Polo nous apprend que le nom de Cambaluc ou Cabalech signifie « la cité du seigneur. » Ce nom, dit M. Pauthier, « est la transcription exacte du mot turc oriental : *Khân-baligh*, qui signifie la « ville du Khân. » Cette ville occupait l'emplacement où est aujourd'hui *Pé-King*, qui en chinois signifie « la ville capitale du Nord. » — *Le livre de Marco*, édit. Pauth., p. 265.

Oderic de Frioul écrit *Cambalet* dans le ms. latin de Munich.

CABARETS connus à *Jamathay* ou *Jausu*, en Chine. Ce mot dérive du latin *Camera*, voûte, local voûté, d'où est venu « chambre » par l'intercalation d'un *b*, comme dans l'ancien haut-allemand *zimbra* et l'anglo-saxon *cimbrjan*. Mais il peut se faire aussi que si, pour prononcer la nasale *m*, les lèvres ne se ferment pas complètement, on entende le son *v* et que l'on passe à la labiale *b*. Ce qui a lieu pour *marmor*, devenu marbre.

CACHA et SACHA, chassa ; du latin *capsa*.

CADILY ou Caloy, royaume au nord de la Chine, vers la Mantchourie. Oderic de Frioul écrit *Caoli* dans le ms. latin de Munich. C'est *Kao-li*, nom de la Corée (spécialement la partie Nord). C'est sans doute par erreur que le missionnaire franciscain dit que les montagnes qui s'y trouvent sont nommées *Caspiennes*,

CADU, résidence impériale d'été en Chine, sur les bords de la mer, dans le Mangy. C'est le port chinois *Mà-théou*, que l'on nommait aussi *Kaï-théou*, et que Marco Polo désigne sous le nom de *Kayteu*. « Li pors de Kayteu qui entre « en la mer occeane » édit. *Pauthier*, p. 527.

CALAMAK. V. *Natem*.

CALAY, grant fleuve de la Chine que Oderic de Frioul écrit *Chanay* dans le texte latin du ms. de Munich, nom que le P. Marcellin da Civezza traduit par *Chiang*. Sur le cours supérieur de ce fleuve se trouve le district de Cam.

CALDÉE, Chaldée. « Le pays, compris depuis Bagdad jusqu'à la mer, arrosé par les deux grands fleuves, le Tigre et l'Euphrate, qui, après s'être éloignés l'un de l'autre dans leur cours, se rapprochent et s'unissent pour se jeter dans le golfe Persique, était autrefois un des plus fertiles du monde.

« Aujourd'hui tout ce pays est désolé. A mesure qu'on s'éloigne de la ville des Khalifes, en descendant l'Euphrate, le désert prend un aspect de plus en plus triste. Séleucie, Ctésiphon, ont perdu successivement leur importance, et la Babylonie n'est qu'une vaste solitude, où l'œil ne rencontre plus de verdure. Les ronces et les herbes rabougries ont remplacé les riches moissons. A mesure qu'on avance vers le sud, le désert devient lugubre et la belle terre de Chaldée disparaît bientôt au milieu d'une suite de marécages qui ne laissent apercevoir, de distance en distance, qu'une île aride, ou une ancienne ruine qui se dresse au-dessus de l'horizon. » — JOACHIM MÉNANT : *Babylone et la Chaldée*.

CALDIELES, caractères de l'écriture chaldéenne.

CALIF ou CALIFFE, en arabe signifie « successeur » parce que le chef des Sarrazins de Bagdad y tient la place de Mahommet.

CALOY, royaume au nord de la Chine, vers la Mantchourie. — V. *Cadily*.

CAMBODGE. L'histoire du Cambodge n'est pas encore écrite, et il a été en effet assez difficile de l'écrire, parce que ce pays a été désigné sous divers noms chinois, tels que Funan, Fulin, Tsinla ou Tchin-la-Tsanlap, Tschentsching, Linye, etc., noms que l'on a souvent confondus en les appliquant à différents pays. On en a même ignoré les limites pendant longtemps, parce que des cartes du seizième et du dix-septième siècle indiquent, comme ports de mer, des villes qui sont dans l'intérieur des terres. Et cette incertitude est née sans doute de ce que les plaines entre Siam et Cambodge changent annuellement en une vaste mer, et que l'on y navigue en hiver avec des bateaux, là où, au printemps, on circule en chariots et avec des éléphants.

« Le détroit, dit le docteur Bastian, qui s'étend de Bangkok aux anciennes capitales du Cambodge, touche légèrement aux saillies du mont Korat, et quand on s'approche du fleuve Tasavai, de nombreuses chaînes de collines commencent à se montrer à l'horizon, lesquelles bornaient, au temps de la prospérité du Cambodge, une vallée richement bâtie et où l'on avait établi un curieux système de travaux hydrauliques.

« Le Cambodje actuel est l'ombre affligée de son ancienne splendeur. Lorsque les Siamois, d'abord un peuple sauvage de brigands descendus des montagnes de Laos, ravagèrent des villes florissantes et anéantirent des monuments magnifiques, les rois de Cambodje se sauvèrent au sud de la grande mer, comme le dernier des empereurs romains à Ravenne, et plus tard, dans la suite des temps, on méconnut les descendants tombés de cette race royale, autrefois très honorée et dont les ancêtres avaient rempli de leur renommée toutes les terres comprises entre l'Inde et la Chine.

« Il vint un jour où ce refuge n'offrit plus de sûreté. Tantôt menacé de pillage par les Siamois à l'ouest, tantôt par les Cochinchinois à l'est, le Cambodje devint le jouet de se anciens voisins et fut de plus en plus ruiné. Ses habitants furent, tous les ans, amenés prisonniers pour bâtir les champs des vainqueurs. Souvent sur les fleuves du Cambodje, se livrèrent de sanglantes batailles. Enfin, on fit une alliance; le roi de Cambodje servit deux maîtres, et ce pays épuisé paya tribut aussi bien à Siam qu'à la Cochinchine. Les Siamois retinrent cependant la part du lion; les districts les plus riches du Cambodje, principalement les montagnes qui fournissent le cardamome (plante médicinale et aromatique), le bois d'aigle, l'or, etc. peuvent être considérés comme une province du roi de Siam, qui trouve là ses plus beaux revenus et traite en vassal le roi ou le vice-roi du Cambodje ».

Dans les *Nouveaux Mélanges asiatiques*, t. I, p. 77, M. Abel Remusat a publié la traduction d'un récit chinois de ce qui s'est passé au Cambodge jusqu'au XIIIe siècle de notre ère:

« Le royaume de Tchin-la (Cambodge) est situé au sud-est de Lin-ye; il dépendait autrefois du Fou-nan, ancienne province chinoise répondant au Tonquin. En partant de Ji-nan-Kiun, un vaisseau parvient, en 60 jours de course vers le midi, au pays de Teche-Kin. A l'ouest est le pays de Tchukiang (le fleuve rouge); le nom de famille du roi est Tchha-li; son nom propre est Tchi-to-sse-na. Dès le temps de son aïeul, le pays était devenu puissant, et Tchi-to-sse-na soumit tout le Fou-nan à son autorité. A sa mort, son fils Yi-che-na-sian-tai lui succéda. Il demeurait dans une ville nommée *Yi-che-na*. Cette ville contenait 20,000 maisons. Au centre était une grande salle où le roi tenait sa cour. On compte trente villes dans lesquelles il y a plusieurs milliers de maisons. Chaque ville a un gouverneur dont le titre est le même que dans le Lin-ye. Tous les trois jours le roi se rend à la salle d'audience, et s'assied sur un lit orné de cinq espèces d'aromates et de sept sortes de pierres précieuses. On étend au-dessus un voile précieux en forme de pavillon. Les colonnes qui le soutiennent sont d'un bois veiné; les parois sont ornées d'ivoire et de fleurs d'or. Ce pavillon ressemble à un petit palais suspendu, tout éclatant d'or. De même que dans le pays de *Tchhithou* (terre rouge, un des noms chinois du royaume que les Européens nomment *Siam*) deux réchauds d'or avec des aromates sont portés par deux hommes aux côtés du roi. Chaque fois que le roi se montre en public, il se couvre les reins d'une sorte de ceinture de toile de coton, qui tombe au-dessous des reins jusqu'aux jambes, et il porte sur sa tête une tiare enrichie de perles et de pierres précieuses. Ses souliers sont faits de paille de diverses couleurs. Il a à ses oreilles des pendants d'or. Il est toujours habillé de blanc. Sa chaussure est ornée d'ivoire. Quant il paraît la tête nue, il ne met pas de pierres précieuses dans ses cheveux. Les vêtements des officiers sont presque semblables à ceux du roi. Il y a cinq sortes de grands-officiers et une multitude d'autres officiers inférieurs.

« Quand ces officiers paraissent devant le roi, ils touchent trois fois la terre du front au bas des marches de son trône. Le roi leur ordonne de monter les degrés et alors ils s'agenouillent en tenant leurs mains croisées sur leurs épaules. Ils vont ensuite s'asseoir en cercle autour du roi, pour délibérer sur les affaires du royaume. Quand la séance est finie, ils s'agenouillent de nouveau, se prosternent et s'en vont. Devant la porte de la salle où est le trône, il y a mille gardes revêtus de cuirasses et armés de lances.

« Ce pays a d'étroites alliances avec les deux royaumes de Thsan-pan (probablement *Ciampa*, c'est-à-dire la Cochinchine) et de Tchu-Kiang. Il a de fréquentes guerres avec ceux de Lin-ye et de Tho-youan. L'usage des habitants est de toujours marcher armés et cuirassés, comme s'ils étaient en guerre. De là vient qu'ils font souvent usage de leurs armes.

« Quant le roi vient à mourir, la reine, sa femme légitime, ne lui succède pas. Le jour où un nouveau roi monte sur le trône, on mutile tous ses frères. A l'un on ôte un doigt, à l'autre on coupe le nez. On pourvoit ensuite à leur subsistance chacun dans un endroit séparé sans leur permettre d'exercer aucune charge.

« Les hommes sont d'une petite stature et ont le teint de couleur noire ; mais il y a des femmes qui sont blanches. Les habitants nouent leurs cheveux et ont des pendants d'oreilles. Ils sont d'un tempérament actif et robuste. Leurs maisons et les meubles dont ils se servent ressemblent beaucoup à ceux du Tchhithou (Siam). La main droite, chez eux, est regardée comme pure, et la main gauche comme impure. Chaque matin ils font des ablutions : ils se servent de petits rameaux de peuplier pour se nettoyer les dents. Après avoir lu leurs livres ou récité leurs prières, ils font de nouvelles ablutions, puis ils prennent leurs repas. Quant ils ont cessé de manger, ils se nettoient encore les dents avec leurs rameaux de peuplier, et récitent de nouvelles prières. Dans leurs aliments, ils emploient beaucoup de beurre, de crème, de sucre en poudre, de riz, de millet dont ils font des gâteaux ou pains. Avant l'heure du repas, ils ont coutume de prendre quelques morceaux de viande grillée avec du pain, qu'ils mangent avec un peu de sel.... »

CAMELZ, chameaux, du latin *camelus*.

CAMOCAS, draps faits de poils de chameau.

CAMPE. Le traducteur d'Oderic de Frioul dit que le royaume de Campe est près l'île de Bintang ; mais il a mal traduit. Oderic de Frioul, dans le texte latin, écrit *Zapa*, et le P. Marcellin da Civezza assimile ce nom à celui de Tsiampa dans la Cochinchine méridionale. T. III, p. 759 de sa *Storia universale*.

Tsiampa ou Ciampa est une province de l'empire d'Annam, située entre les monts Tchampada et la mer de Chine, depuis le cap St-Jacques jusqu'au hâvre de Padaran, entre les 10° 18' et 12° 5' de latitude N. et entre les 104° 35' et 106° 35' de longitude. Pays montagneux.

CANA. Tana dans l'île de Salsette, près Bombay. Le texte latin d'Oderic de Frioul porte *Chanain*.

CANGUIS. Dchinghis-Khaân, empereur Tartare. Son élection et son couronnement, ses lois, p. 163.

CAN-SAN, *Can-Su* ou *Kan-Sou*, nom actuel de la partie occidentale du Chen-Si, en Chine.

CAPADOCE, Cappadoce; comprise aujourd'hui dans la grande presqu'île que baignent, au Nord, la mer Noire ; à l'Occident, la mer de Marmara et les eaux de l'Archipel, et, au Midi, une partie de la Méditerranée.

CAQUETS, barriques, barils.

CARACORUM ou KARA-KOROUM, ville située au 49ᵉ parallèle, au nord du désert de Gobi, au midi de la Sélinga, sur la rive septentrionale de l'Orkhon, un des affluents de ce fleuve ; à l'ouest du pays des Mongols et à l'est des monts Altaï ou monts d'or.

Guillaume de Rubrouck vit à Caracorum une idole aussi grande que la statue de St-Cristophe. C'était probablement la figure de Bouddha. Il y rencontra aussi un orfèvre de Paris nommé Guillaume Bouche, fils de Laurent, et dont le frère nommé Roger, demeurait sur le grand pont à Paris. L'ambassadeur de St-Louis y enseigna publiquement la doctrine chrétienne et discuta contre les Nestoriens.

M. Abel Remusat a traité de *Caracorum*, dans le t. VII des *Mémoires de l'Académie des Inscriptions et Belles-Lettres*, p. 240.

« La géographie de la dynastie des Ming, le premier ouvrage auquel on peut recourir dans une question comme

celle qui nous occupe, ne fournit aucune lumière pour la résoudre : « La ville de *Ho-ning*, y est-il dit, qui a le titre
» de *lo* ou provinciale, est dans le pays des *Tha-tche* (Tar-
» tares). On la nommait d'abord *ho-lin*, à cause du fleuve
» *ha-la-ho-lin* qui est situé à l'Occident. C'est dans cette
» ville que le fondateur de la dynastie des *Youan* établit
» d'abord sa cour. »

« Je remarque, dit *Chao-kiaï-chan*, auteur de l'histoire
» chinoise des Mongols, que *Taï-tsou* (Tchingghis-Khan) de
» la dynastie des Youan, tint sa cour sur le fleuve *Wa-nan*,
» qui est au nord-est du grand désert. *Thaï-tsoung* (Ogo-
» daï) eut la sienne à *Ho-lin*, qui est l'occident de ce même
» désert. Il y a dans ce pays une rivière nommée *Ha-la-ao-
» lin*, d'où est venu le nom de la ville. Cette dernière
» doit sa fondation à *Pi-kia*, khan des *Hoeï-hou*, qui vi-
» vait sous la dynastie des Tang (au milieu du 8ᵉ siècle).
» Après que *Thaï-tsou* eut soumis le pays qui est au nord
» du fleuve, il établit sa capitale à *Ho-lin*, et en fit le lieu
» où devoient se tenir les assemblées générales (*kouriltaï*).

« Au commencement des années *Hoang-khing* de Jint-
» soung (en 1312), on changea le nom de *Ling-pe* (pays
» qui est au nord des montagnes), donné jusqu'alors à la
» Mongolie, et on le remplaça par celui de Ho-ning-lo, ou
» province de la *Concorde tranquille*, en l'honneur des
» ancêtres de la dynastie régnante. »

Voilà l'indication des principaux faits relatifs à la ville de *Ho-lin* ou *Kara-Koroum*, depuis sa fondation jusqu'à l'établissement des Mongols en Chine.

Dans le texte du *Thang-chou*, la capitale des *Hoeï-hou* est *Ho-lin*.

« En lisant l'histoire des Tartares, on s'aperçoit que le
» pays situé à l'orient des monts Altaï et au midi du Baï-
» kal a toujours été le centre de la domination des peuples
» de race turke et mongole.

« *Kara-Koroum* s'appuyait au Midi sur la rivière *Wen-Kouen*, qui est l'Orkhon, que les Chinois appellent *Kouen* et *Wang-Ki*, et qui est à la hauteur du 47° parallèle. Au nord, est la Selinga que l'historien des Mongols, *Chao-youan-phing*, nomme *Si-ling-ko* et qui est la Sian-lo, rivière.

Le pays des *Kou-li-han* est au midi d'une petite mer fort éloignée de la capitale de la Chine, au nord du grand désert, laquelle petite mer serait le lac Baïkal.

« Le *Wen-hian-thoung-Khao* nous dit que les *Kian-*
» *Kouen* sont les *Kie-Kia-sse* ou *Kirkis*, dont le pays est
» nord-ouest de celui des *Hoeï-hou* et au nord des Ouï-
» gours. L'auteur du *Sou-houng-kian-lou*, mieux instruit
» parce qu'il vivoit à une époque où les Mongols avoient
» fait connoître la Sibérie aux Chinois, décrit assez exacte-
» ment le pays des Kirkis, qu'il nomme *Ki-li Ki-sse* : c'é-
» toient d'abord quarante filles chinoises qui épousèrent
» quarante hommes de la tribu des *Ou-sse* (Ouzes), d'où est
» venu leur nom de *Kirkis* (*Kirk*, quarante en turk).

Le fleuve *Ang-Kho-la* est Angara......

Ho-lin est voisin des parties septentrionales de la Tartarie....

Les *Chi-Weï* sont les mêmes que les Tongous. Au nord de Niptchou ont toujours habité les Tongous.

Des deux côtés du mont *Ou-te-kian* coulent deux rivières, la *Wen-kian* ou l'Orkhon, et la *To-lo* ou *Thou-wo-la*, *Thou-la*, *Tou-khou-la*, qui se réunissent au nord-est de *Kara-koroum* (*Kara* = noir et *Koroum*, ville).

Un lieu *Ho-lin-pieï-li-po-li-tha*, signifie « montagne ou demeure l'épouse » (de *Youci-lun-ït-kin*).

A-chou est l'*Obi* que les Ostiaks nomment encore aujourd'hui *As-Kia-chi-ha* = (Kaschghar) *Si-fans* ou Tibétains....

Ho-lin est placé entre les rivières *Thou-hou-la* et *Sie-*

ling-ko, pays dont les Ouigours seraient originaires, habitants du pays de Kamoul et de Tourfan.

Mais à l'époque la plus ancienne ils habitaient fort loin de *Kara-koroum*, dans le pays qui s'étend entre le lac de *Lop* et la rivière *Ili*, et qu'on peut regarder pour cette raison comme le lieu de leur origine, p. 258.

2° Les *Hoei-hou*, nation nomade, que dans les temps anciens, les Chinois distinguent des Ouïgours vinrent du pays de Kara-Koroum, c'est-à-dire du voisinage de la Selinga, dans celui de *Weï-ou-eul*, qu'ils soumirent.

3° Ces deux nations mêlées continuèrent à porter tantôt le nom d'*Hoei-hou*, et tantôt celui de *Weï-ou-eul*;

4° La famille des princes *I-tou-hou* ou *Idikout* était originaire du pays de *Kara-koroum*, entre la Toula et la Selinga.

Cheou-Kiang (accueil à ceux qui se soumettent) est un peu au nord de l'emplacement de *Pi-lou-taï*. Cette ville a joué pendant quelque temps le rôle de capitale du monde. *Kara-ko-roum* ou *Ho-ning* est située à l'orient d'une des branches des monts Altaï (A-lou-taï), au midi et à quelque distance de la rivière *Si-ling-ko* au nord du *Wang-ki* ou Orkhon, à l'occident de la *Toula*, vers ce point de la Tartarie d'où les rivières vont en divergeant porter leurs eaux, les unes dans la mer glaciale, et les autres dans l'océan oriental.

En avançant à l'est et un peu au midi, on rencontre le lac *Kou-louan*, qui est *Koloun-nagour* ou *Coulon-nor*, la rivière *Kiu-lan* ou le Keroulen ou Kerlon, et mieux *Khieï-lou-lian*, et au Nord de ce dernier, le pays où habitait la tribu des Mongols, c'est-à-dire dans la vallée de *Pa-la-ho*, sur le fleuve Noir, non loin du fleuve Onon et du lac de Bouïr ou *Buirnaver*, dans le voisinage de la rivière *Sa-li* l'une des sources du *Wa-nan*, près de la *Tou-la*... »

CARAMORIAN ou CARAMORAN, le fleuve Jaune dans le royaume de Cathay. Les Mongols lui ont donné le nom de *Hôang-hô*. « Adonc si treuve l'en un flun qui a nom Cara-
» moram, qui est si grant que l'en ne le puet passer par
» pont; car il est moult large et moult parfont et va jusques
» à la grant mer ocianne, qui avironne le monde; c'est à
» dire: la terre toute. Et sus cel flun a pluseurs citez et chas-
» teaus où il a plusieurs marchans. Car, sus ce flun, se fait
» moult de marchandise pour ce que en la contrée a gin-
» gembre assez, et soie en grant habondance. » — *Le livre de Marco-Polo* : Edit. Pauthier, p. 339.

CARIGUIS, grand Khân des Tartares. C'est le même que Marco-Polo nomme « Cinguins-Kaan » et le P. Gaubil « Dchinghis Khân. » — V. Marco-Polo, p. 183.

CARREL, carreau; du lat. *quadrum*.

CARTAN, ou *Catan*. Il s'y trouve des religieux bouddhistes et une statue de Bouddha en or.

Il y a aussi deux maisons de *frères mineurs*. Probablement *Çayton* de Marco-Polo, que M. Pauthier dit être *Thsiouan-tcheou* en Chine, chef-lieu du département de ce nom, de la province de *Fo-Kien* (lat. 24° 56' 12"; long. 116° 31' 10"); sous les Mongols c'était le chef-lieu d'un « circuit » de ce nom qui fut élevé à ce rang l'année 1277, en même temps que ce chef-lieu devint le siége d'une administration générale (p. 528).

Oderic de Frioul écrit *Zaycon* dans le texte latin de Munich, publié par le P. Marcellin da Civezza, t. III, p. 763.

CARTON. Oderic de Frioul écrit *Caydo* dans le ms. latin de Munich. C'est une ville à une demi-lieue de Péking.

CASAIE ou *Catusaie* est le *Quinsai* de Marco-Polo (*King-sse*, ville du gouvernement suprême, capitale). C'est le nom qui est donné à la ville, quelle qu'elle soit, où siége le gouvernement de la Chine.

Dans le texte latin du ms. de Munich, Oderic de Frioul écrit le nom de notre ville: *Ahamsane*, et son éditeur, le P. Marcellin da Civezza, le traduit par *Ang-seu-fu*, ou *Han-tcheou-fou*, capitale de la province chinoise de Tche-Kiang.

CASPÉES, montagnes qu'Oberlin place dans la Médie. — V. *Caspis* (mont de)

CASPIS (mer) mer Caspienne.
Parmi les lacs d'Asie, il en est un si grand qu'on lui donne le nom de *mer*. C'est la *mer Caspienne*. Il a huit cents lieues de circonférence. La couleur de ses eaux diffère selon sa profondeur; elle est moins foncée à l'ouest qu'à l'est de ses côtes. Ses eaux sont plus salées au centre qu'aux extrémités, ce qui provient sans doute de la multitude des rivières qui s'y déchargent.

CASPIS (mont de). Baignées par la mer Caspienne, que Marco-Polo nomme la mer de Gelachelan, parce qu'elle baigne aussi la province de la Perse, nommée Ghilan et située entre l'Aderbaïdjân et le Mazenderàn, les montagnes Caspiennes forment une longue chaîne qui s'étend du nord au midi, entre l'Arménie majeure et mineure, depuis la mer Caspienne jusqu'au mont Taurus. C'est en traversant ces monts que les Turcs envahirent l'Arménie en 755.

CASSAN, Cascian, ville de Perse, au nord d'Ispahan. Le texte latin porte *Casan*.

CASSAY ou CACUSSAY, *Sucho* ou *Fuso*, est la ville chinoise Fou-tchéou, ville du 2ᵉ ordre du département de Kouang-nan-fou, latitude 23° 35', longitude 103° 10'

CASTULAN, *Canton*, en Chine, sur le Ta ou le Hong-kong, ville très-peuplée et commerçante. La rivière le *Ta* est couverte des deux côtés d'une infinité de barques qui forment comme une ville flottante.

). Oderic de Frioul écrit *Seustalay* dans le texte latin de Munich, t. III, p. 762, et son traducteur, le moine Jean Le Long, *Tesculan*.

CATAN, voyez CARTAN.

CATHAY, la Chine, quelquefois le nord de la Chine. Situation, physionomie des habitants, croyances religieuses, naturalisme, arts, papier monnaie, huile d'olive; *passim*.

Au 17e siècle, le nom *Cathay* était encore usité chez les Tartares orientaux, sous la forme *Sjitay*, mot chinois abâtardi qui a été mis en circulation par les Tartares occidentaux à l'époque où ils dominaient en Chine. *Chu* ou *sji*, selon les Tartares orientaux, signifie « occident, » et *Tay* « sud; » quelquefois aussi une main d'homme, terre du côté de la main.

CATHISTASTON, l'ancienne Sarmatie asiatique s'étendant du Tanaïs au Rha, aujourd'hui le Wolga, et du nord du Caucase au sud jusqu'à des terres inconnues.

CAUTELLE, ruse ; du latin *cautela*.

CAYTO. Oderic de Frioul écrit « Caydo » dans le texte du manuscrit latin de la Bibliothèque Royale de Munich. C'est aujourd'hui Thisuan-seu, ville de la Chine méridionale dans la province du Fu-Chian.

CÉLAN, île de Ceylan.

« L'île de Ceylan est au sud-est de la presqu'île en deçà du Gange. Elle en est séparée par un détroit de douze à quinze lieues, qui s'appelle le détroit de Manar. Elle s'étend depuis le sixième degré de latitude septentrionale jusqu'au dixième. Elle a 90 lieues de longueur du nord au sud, 50 dans sa plus grande largeur et 250 de circuit. Les savants conviennent assez généralement que cette île est l'ancienne Taprobane, dont le roi envoya une ambassade à l'empereur Auguste. L'île de Ceylan est très fertile, et l'air y est plus pur et plus sain qu'en aucun endroit des Indes. Les habitants, que l'on appelle Cingales ou Chingalais, sont des noirs, mais mieux faits et plus spirituels que ceux d'Afrique. Sa plus haute montagne a été nommée par les Arabes et les Portugais *Pic d'Adam*, et les naturels l'appellent *Hamalel*. Sa figure est celle d'un pain de sucre, et on voit au sommet une pierre plate, qui porte l'empreinte d'un pied humain plus grand deux fois que sa mesure naturelle. La variété de l'air est singulière dans l'île de Ceylan. On jouit d'un temps sec dans la partie orientale, tandis que les pluies tombent dans la partie occidentale. Cette île produit d'excellents fruits, beaucoup d'épiceries, et surtout quantité de canelle, la meilleure qui soit au monde. Les arbres dont on la tire sont en si grand nombre, qu'il y en a des forêts entières, dont on sent l'odeur de 40 lieues en mer. Elle a aussi quantité de simples admirables, de belles fleurs sauvages, une entr'autres nommée *Sindriemal*, qui sert, dit-on, d'horloge, s'ouvrant à quatre heures du soir et se fermant le matin, pour s'ouvrir de nouveau à quatre heures après-midi. On y trouve toutes sortes de pierres précieuses et on y pêche des perles; cette île a des éléphants qui sont les plus estimés de toutes les Indes, quoiqu'ils soient moins grands que les autres. On y trouve aussi des singes d'une espèce singulière, qu'on appelle *Hommes sauvages*; ils ont presque la figure et la taille humaine : ils sont robustes, agiles, hardis, et se défendent contre les hommes armés. Les Hollandais chassèrent les Portugais de Ceylan vers l'an 1650, et se rendirent maîtres des villes et des ports que les Portugais occupaient le long des côtes. L'intérieur du pays est peu connu. » — L'abbé DE LA CROIX: *Géographie moderne*, in-8°, Paris, 1773, t. II, p. 279.

CELÉEMENT, en cachette, par surprise, inopinément; du latin *celare*.

Celle, cette ; du lat. *ille, illa, illud,* auquel on ajoute *ecce,* contracté depuis en *ce.* Ce pronom démonstratif servait à désigner les objets les plus éloignés.

Celluy, celui. — V. Ceulx.

Ceptre, sceptre ; du latin *sceptrum.*

Cervoise, bière, boisson ; du latin *cervisia,* que Pline croit d'origine gauloise.

Ceste, cette ; du latin *eccistam,* formé du latin *ecce* et *iste, ista, istud.* Ce pronom démonstratif servait à désigner les objets les plus rapprochés.

Ceterel et Checril, grande ville située entre Ninive et Bagdad, habitée par des Maronites schismatiques. Près de cette ville, se trouve Babylone où régna Nabuchodonosor.

Ceulx, ceux. Cette forme de pronom démonstratif est d'origine lorraine ; en Bourgogne, on disait *celz* et *ceus* ; en Picardie *cels.* Les Latins, dans leur langage populaire et familier, et pour donner plus de force à l'idée d'indication exprimée par les adjectifs démonstratifs, employaient la préposition *ecce* jointe à *ille, iste,* qui servaient à la fois d'adjectifs possessifs et de pronoms personnels. Ils disaient : *eccillum hominem,* cet homme que voilà. Eccillum donna en langue d'oïl *icil, icel, cel ;* au pluriel *icels, iceux, cels, ceux.* — De Chevallet : *Origine et formation de la Langue française,* t. III, p. 184 et suiv.

Chaam, Cam, ville du domaine du prêtre Jean. C'est le chef-lieu du district de *Kan-su,* situé sur le cours supérieur du *Kiang,* grand fleuve de la Chine, connu aussi sous le nom de « fleuve bleu. »

Chaca, chassa ; du lat. *captare.*

Chachant, chassant.

Chair, char, véhicule.

Chalemele, ville de Syrie. Oberlin cite une ville *Zelebi*

dans la province de Palmyre et une autre ville *Chalybon* qui serait aujourd'hui *Alep.*

CHAMANISME, doctrine des sectateurs de Bouddha. Elle paraît avoir pris naissance dans la Tartarie, peut-être dans la Bactriane. Depuis longtemps, la politique obligeait plusieurs princes tartares et même les empereurs chinois à confondre leurs doctrines chamanistes avec le culte du Changti, qui avait la même origine qu'elles, aussi bien que le lamisme du Thibet et la religion de *Fo*, dont le nom est la contraction de *Fo-to,* nom chinois du Bouddha indien. —LENGLÈS, *Extraits et notices des ms. de la Bibl. du Roi* t. VII, p. 242.

CHAMBALEC ou KHAN-BALIKH, ville du seigneur, actuellement Péking, capitale de la Chine. Jean de Montecorvino en fut nommé archevêque en 1314; il y bâtit une église et enseigna les lettres grecques et latines.

CHAMELZ, chameaux, du latin *Camelus*. Le dialecte picard mettait *ch* où le latin plaçait *c*. « Le latin n'avait pas le son que nous donnons au *ch* français, dit A. de Chevallet, tandis que les langues germaniques le possédaient. Nous devons cette consonne à l'influence que le tudesque a exercée sur la prononciation de la langue latine, (*Origine et formation de la langue française,* seconde partie, p. 100. » Cependant, dans le dialecte picard, *ch* avait conservé le son de *c* dur. Le paysan picard dit encore *car* pour *char, préker* pour prêcher.

Quant au *z* qui est ici le signe du pluriel, il s'est introduit de bonne heure comme lettre de flexion dans les mots en *l* final du dialecte bourguignon. Il est ici une imitation de l'usage adopté par ce dialecte. Vers le milieu du XIIIe siècle, il était devenu presque exclusivement en Bourgogne la finale de flexion pour cette sorte de mots.... Mais la plupart de ces orthographes régulières du langage de Bourgogne en *lz*, au lieu de *ls*, semblent ne se pouvoir éclaircir par aucune observation grammaticale. Elles ne se peuvent expliquer que par ce fait général, que le son de la lettre *z*, comme final, convenait à l'ensemble de la prononciation du langage de Bourgogne, tandis qu'au contraire, il répugnait à la prononciation, plus pesante et plus ferme, du langage picard. — Fallot : *Recherches sur les formes grammaticales*, in-8°, pp. 167 à 169.

Chanteresses, cantatrices.

Char, chair, viande; du latin *caro*.

Charche, cherché.

Chascaday, fils de Hoctota.

Casteignes, châtaignes, du latin *castanea*.

Chastel, château; du latin *castellum*.

Chastelletz, petits châteaux. Le suffixe *et* indique ici le diminutif. — V. De Chevallet, *Origine et formation de la langue française*, t. II, p. 397.

Chault, chaud, du latin *calidus*.

Nous devons le *ch* français qui représente le *c* latin à l'influence que la langue des Franks a exercée sur la prononciation de la langue latine. Le *a* du latin est devenu *au* en français, comme dans « saule », de *salix*; « sauver, » de *salvare*, etc. Ce n'est donc pas le *l* qui s'est changé en *u* ainsi que l'ont pensé plusieurs philologues, puisque dans « chault » le *l* est conservé. C'est uniquement la voyelle *a* du latin qui s'est assourdie en passant dans une langue de l'occident de l'Europe, et plus tard la lettre *l* ne sonnant plus a disparu du français : *chaud*.

Chaulx, chaux, matière calcaire; du latin *calx, calcis*.

Cheirent, tombèrent; Chey, tomba; du latin *cadere*.

Chet, tombe; du lat. *cadere*, *c* latin est devenu *ch* dans le dialecte picard ; *a* s'est permuté en *e* et *d* en *t* à la fin d'un mot.

Chetiveté, faiblesse; du latin *captivus* par une synecdoche de l'espèce pour le genre. Le captif est un être éprouvé par le malheur qui le rend faible.

Cheut, tomba; du latin *cadere*.

Chevance, domaine, mot dérivé de « chef, »; ce dont on est chef, maître.

Chevestre, muselière, licou de monture. Du latin *capistrum*, qui a la même signification.

Chevetaine, capitaine, chef; du latin *caput*, tête.

Chief, tête; du latin *caput*.

Chiens (*hommes à têtes de*). Pline rapporte, au livre VII, ch. 2 de son Histoire naturelle, que Ctésius, *de Indicis rebus*, nous fait voir sur un grand nombre de montagnes des hommes à têtes de chiens, qui se couvrent de peaux de bêtes, qui aboient au lieu de parler, qui sont armés de griffes et qui vivent de la chasse, soit des quadrupèdes, soit des oiseaux; il observe que de son temps leur nombre montait à six vingt mille personnes.

Le Père Hardoin paraît admettre l'existence de cette race étrange, au témoignage de plusieurs écrivains qu'il juge dignes de foi et qui sont cités par Mâjole, *Colloq.* 2, p. 31 et Nieremberg, *Hist. nat.*, ch. 1, p. 132. Consulter *Solin*, ch. 52 ; *Aulu-Gille*, liv. 9, ch. 465. Le récit de Ctésias est dans Photius, (*Bibl. cod.* 73) qui n'y voit que des mensonges.

S. Augustin, dans la *Cité de Dieu*, liv. XVI, ch. 8, s'est aussi demandé « s'il est croyable qu'il soit sorti d'Adam ou de Noé, certain genre d'hommes monstrueux dont l'histoire profane fait mention..... nous ne sommes pas obligés, dit-il, de croire tout cela. Quoiqu'il en soit, quelque part et de quelque figure que naisse un homme, c'est-à-dire un animal raisonnable, il ne faut point douter qu'il ne tire son origine d'Adam, comme du père de tous les hommes.

« Car c'est Dieu qui est le créateur de toutes choses ; et il sait quand et en quel temps une chose doit être créée, parce qu'il connaît quel est le rapport ou la disconvenance des parties de l'univers, qui contribue à sa beauté. Mais comme nous ne le saurions voir tout entier, nous sommes quelquefois choqués de quelques-unes de ses parties, parce que nous ne savons pas quelle proportion elles ont avec tout le reste.

. . . .

« Mais si ce qu'on lit de ces peuples est véritable, qui sait si Dieu qui en est l'auteur, ne les a point voulu créer de la sorte, afin que nous ne croyons pas que les monstres qui naissent parmi nous soient les ouvrages d'un autre ouvrier moins parfait que lui ? Pour conclusion donc, ou ce qu'on rapporte de ces nations est faux ; ou ce ne sont pas des hommes ; ou si ce sont des hommes, ils viennent d'Adam. »

Pline, liv. IV, ch. 13, parle encore de quelques îles habitées par les hippopodes, ou hommes à pieds de chevaux. Quant à nous, nous croyons qu'il n'y a là qu'une fausse interprétation des noms. Ainsi, les îles *Hippopodes* ne seraient autres que des îles ayant la forme d'un fer à cheval.

Cependant M. Madier de Montjau, de la société d'Ethnographie de Paris, a vu au Japon des têtes humaines à face longue ou carrée, à front osseux, à pommettes énormes, à mandibules massives, à dents épaisses, à crane cubique ou ovoïde, à front plat ou bombé, mais très bas, à nez court, large du bas, mais courbé...... « Le nez des Malais, dit-il, et celui des Annamites surtout a cela de particulier et de repoussant, qu'il semble n'avoir ni os ni cartilage ; petit ou gros, plus ou moins épaté, il rappelle celui de certains ours et surtout de certains grands singes : il semble n'être fait que de peau, rapidement flétrie par l'âge. Plus que tout autre, ce nez a un caractère bestial. » — (*Revue scientifique de la France*, 10 janviér 1874, in 4°, p. 655).

Chier (*ilz auraient plus*), ils préféreraient; du latin *carus, a, um*.

Chièvres, chèvres; du latin *capra*.

Chine. — *Remarques sur l'extension de l'empire chinois du côté de l'occident.* (Extrait d'un mémoire de M. Abel Rémusat le 8 mai 1818 devant l'Académie des Inscriptions et Belles-Lettres).

« On se formerait des notions peu exactes sur la Chine et l'on n'aurait qu'une idée imparfaite des avantages qu'on peut obtenir en étudiant l'histoire de ce pays, si l'on se représentait un empire isolé, pour ainsi dire, à l'extrémité de l'Asie, séparé du reste du monde, dont l'entrée aurait toujours été interdite aux étrangers, et dont les relations au dehors se seraient bornées à quelques communications passagères avec les peuples les plus voisins de ses frontières. Si cette idée avait quelque fondement, il ne faudrait pas s'étonner de voir l'histoire chinoise inspirer peu de curiosité. Mais il serait peut-être difficile de trouver une époque où la Chine ait été absolument sans rapports avec les autres peuples d'Asie et concentrée en elle-même. La Chine a presque toujours été en Asie ce qu'est de nos jours l'Europe civilisée par rapport au reste du monde. Ses voisins ont toujours recherché son alliance ou sa protection, emprunté ses lois, imité ses institutions, étudié sa littérature. C'était pour eux un centre de commerce, une sorte de chef-lieu politique, un modèle en tout genre. Les guerres mêmes dans lesquelles la partque les Chinois prenoient aux affaires des autres peuples, les a plus d'une fois entraînés, ont contribué à repandre leur nom par tout l'ancien continent, à augmenter leur puissance, à étendre leur influence. De vastes régions, situées hors des limites naturelles de l'empire, leur ont quelquefois été soumises ; et ces conquêtes, qui n'ont pas toujours été complètement ignorées dans l'occident, en ajoutant d'immenses provinces à leur domination, ont agrandi la sphère de leurs connaissances géographiques, et produit d'autres effets qu'il peut être bon de rechercher. C'est même aux époques où ces rapports avec les étrangers ont été plus étendus et plus multipliés, que nous pouvons espérer de puiser dans l'histoire chinoise plus de faits intéressants pour nous, et d'en tirer un plus grand parti pour l'histoire générale. On cesse de marcher dans des régions inconnues ; et, en voyant, à deux époques principales, les Chinois dominer jusque sur les bords de la mer Caspienne, on s'attend à voir résulter de cette extension de leur puissance ces effets que produisent presque toujours les grands déplacements des peuples et leurs rapprochements inattendus, le mélange des races, la diffusion des connaissances, la communication des opinions religieuses ou littéraires.

« Les limites occidentales de la Chine ont beaucoup varié suivant les temps ; à certaines époques on n'a pas eu besoin de traverser toute l'Asie pour les atteindre, parce qu'elles s'étaient rapprochées des contrées avec lesquelles les nations de l'Europe ont toujours eu des rapports directs.

« 1° Les frontières de l'empire chinois n'ont pas toujours été placées où nous avons coutume de mettre celles de la Chine. Sous la dynastie des Han, sous celle des Tsin, sous les Weï, les Thang, les Mongols, et sous la dynastie actuelle, les Chinois ont compris dans leur empire de vastes pays de la Tartarie occidentale.

« 2° A deux époques principales, dans le second siècle avant notre ère, et aux VIIe et VIIIe siècles, un officier Chinois, résidant au centre de la Tartarie, a été chargé d'administrer au nom de l'empereur de la Chine, toutes les contrées qui sont bornées par les montagnes de Kaschgar, et de surveiller celles qui s'étendent jusqu'à la mer Caspienne. Les princes de tous ces pays reconnoissoient alors pour souverain, ou du moins pour protecteur, le roi de Thsin, le Khan céleste, l'empereur de la Chine.

« 3°] Même aux époques où les Chinois étoient rentrés dans leurs limites naturelles, le souvenir de leur puissance, leurs expéditions souvent renouvelées, le commerce de la soie, qui les attirait hors de leur empire ou qui y conduisait sans cesse les étrangers, répandaient aux deux bouts de l'Asie et perpétuaient les idées qu'on s'étoit formées de la richesse, de la puissance et de la grandeur du royaume de Thsin.

« 4° Par une conséquence nécessaire, les Chinois se sont toujours tenus au courant des affaires de tous les princes qui occupaient les contrées situées à l'ouest de la grande muraille, et c'est dans les récits de leurs écrivains qu'on doit chercher les renseignements historiques et géographiques les plus exacts sur la Tartarie occidentale. Quant aux époques où leur autorité s'exerçoit dans les *provinces* voisines de la mer Caspienne, on ne peut nier que leurs connaissances ont dû s'étendre encore au-delà, et l'on doit être peu surpris de trouver chez eux des notions assez circonstanciées sur la Perse et l'empire romain. »

« *La Chine sous les Mongols.* »

« Dans le XIIIe siècle, l'empire mongol qui était devenu l'empire chinois ne connut, pour ainsi dire, pas de limites du côté de l'occident. Les premiers successeurs de Khoubilaï, héritiers du titre de *Khakan* considéroient les rois de Perse comme leurs officiers chargés de commander pour eux aux barbares d'occident. Les titres accordés à ces princes par la cour de Kan-Balik rappeloient toujours cette qualité. Houlagou, partant pour son expédition, avoit ordre d'aller conquérir le *Si-iu*, c'est-à-dire, ce

qui est à l'ouest de la Tartarie, de soumettre le Ha-li-fa de Pa-ha-tha (Kalife de Bagdad) et les pays voisins, et quand, au bout de huit ans, dit l'histoire chinoise, il eut pris le roi de Pa-ha-tha, passé la mer à l'occident, et conquis jusqu'au pays des Francs (Fou-lang), on lui donna le titre de garde héréditaire (*Chit-Chin*) de ces contrées. Argoun, petit-fils d'Houlagou, avoit reçu du Khakan, avec l'investiture du royaume de Perse, le titre de *Fou Koué an min* (ministre d'Etat, protecteur des peuples), et ce titre étoit inscrit en caractères chinois sur les sceaux dont il marquoit les pièces émanées de sa cour. . . . .
. . . .

« La huitième année *ta-te* (1304), le roi des pays occidentaux envoya une ambassade avec un tribut consistant en raretés de ces contrées. Celui qui la conduisoit descendoit à la 4° génération d'Houlagou, et se nommoit Tchhoupe. . .
. . . .

« C'est une chose reconnue parmi les Tartares, et comme la maxime fondamentale de leur droit public, qu'il ne doit y avoir qu'un Khakan, tartare ou non : c'est le fils du ciel, ou l'empereur de la Chine. On peut aspirer à le devenir ; mais la première condition est la conquête de la Chine, qui forme pour ainsi dire, le centre de tous les états de l'Asie orientale. »

CHIRIBO, nom des messagers ou facteurs de la poste en Chine.

CHIPRE ou CHYPRE, île dans la Méditerranée. Les Turcs en firent le conquête en 1570 sur les Vénitiens à qui elle avait été donnée par Catherine Cornaro, vénitienne, veuve de Jacques, dernier roi de Chypre, descendu de Guy de Luzignan. — On peut consulter sur l'île de Chypre un livre curieux de M. Loukas, intitulé : *Philologikai*, etc. (Aperçus philologiques des souvenirs anciens, chez les Chypriotes modernes). Athènes, 1874.

Choris, ville de Perse, aujourd'hui Ghory dans l'Affghanistan, pays de Balkh, district de Khoulloum. Elle a reçu son nom de la rivière Ghory, qui prend sa source dans le Belout-Tagh, khanat de Badakchan.

Les *Choritæ*, dont parle la Genèse XVI, 6 et XXXVI, 20-30, habitaient les frontières méridionales de la Palestine.

Cilz, ce, cet.

Cinges, singes; du latin *simia*, que le peuple prononçait *simja*. Le *j* de la prononciation est devenu *g* en français.

Cobila Kaan, Kobilaï, empereur des Tartares.

Cocas, Caucase. Grande chaîne de montagnes, baignée à l'ouest par la mer Noire et à l'est par la mer Caspienne, habitée et entourée de peuplades indépendantes. Elle ferme, comme un mur, l'isthme que forment ces deux mers. C'est la plus haute de toute l'Asie. Elle est ~~presque~~ toujours couverte de neige vers le sommet; jusques vers le haut, elle abonde en miel, bled, gomme, vin, fruits, en porcs et en gros bétail. La vigne s'élève autour des arbres. La Russie a formé contre ses populations une ligue dans le Cuban, dont la rivière de ce nom et celle de Turak étaient les limites.

Cocaulx, crocodiles; du grec Κροκόδειλος.

Cocodrilles, crocodile; animal amphibie à quatre pieds, de la forme d'un lézard, qui habite les bords de certaines rivières de l'Orient.

Cocque, sorte de navire; mot d'origine celtique. Dans le celto-breton, les mots *Krogen*, *Kroé* et *Klosen* sont encore usités pour désigner une coque de limaçon, de ver à soie, etc. Littré fait dériver ce mot du lat. *concha*.

Columbum, aujourd'hui Colombo, ville de l'Indostan anglais, chef-lieu du gouvernement de Ceylan, sur la côte occidentale de cette île; lat. N. 6° 55', long. E. 78° 40',

Entourée de murailles et défendue par une forteresse, elle est le principal siège du commerce cingalais qui consiste en canelle, poivre, bétel, ivoire, perles ; et dans ses environs se trouvent des plantations de canneliers, de cocotiers et des rizières.

Colombo a été pris en 1517 par les Portugais, en 1603 par les Hollandais, en 1796 par les Anglais.

Comaine, Comanie. Ce pays, situé au nord de la mer Noire et de la mer Caspienne, a formé le gouvernement d'Astrakhan. Là demeurèrent primitivement les Huns et les Avares, avant qu'ils passassent en Europe au IVe et au VIe siècle, avec une multitude d'autres Tartares. Ce gouvernement était un démembrement du royaume de Kipchak fondé par un des fils de Genghiz-Khân. On y voit les ruines de beaucoup de villes détruites par Tamerlan à la fin du XIVe siècle. Les Russes s'emparèrent, en 1554, de ce terriroire qui est très fertile et produit toutes sortes de fruits, surtout des melons. Pierre le Grand y a fait planter des vignes des bords du Rhin et de la Moselle et a favorisé l'exportation du sel dont le commerce a été très productif pour ses sujets.

« Le pays des *Comans*, dit M. d'Avezac était une contrée étendue, surtout en longueur, entièrement plate, et arrosée par les quatre grands fleuves Dnieper, Don, Wolga et Jaïk, que nous rencontrons ainsi désignés par leurs noms modernes jusqu'alors inusités en Occident ; tous les quatre, au dire du narrateur, versaient leurs eaux à la mer de Grèce, appelée aussi grande mer, dont un bras baignant Constantinople portait le nom de Saint-Georges : c'est en effet la dénomination qu'on donnait alors au Bosphore ; mais on peut s'étonner de l'ignorance géographique du bon religieux (Plan du Carpin) qui, bien qu'ayant pu connaître la vérité par le témoignage de ses propres yeux, demeure imbu d'anciennes erreurs et confond en une seule mer le Pont-Euxin (déjà peut-être appelé par les Turks et les Tartares de son nom actuel de Garà-Denkiz ou mer Noire), et les Paluds-Méolides et la mer Caspienne ou mer des Khazars, et encore le grand lac d'Aral. Les quatre fleuves tributaires de cette unique mer étaient alors gelés, et la mer elle-même était glacée jusqu'à trois lieues du rivage.

« Les Comans ainsi désignés par les écrivains byzantins, et qui peut-être tiraient ce nom de leur premier cantonnement sur les bords de la rivière Kouma, sont appelés Polowezin dans les chroniqueurs slaves, et Qaptchâq ou Qabgjâq par les historiens orientaux (Quatremère, *Hist. des Mongols de la Perse*, n° 85, pp. 66 à 68; d'Ohsson, *Hist. des Mongols*, t. I, pp, 337 à 347). Cette dernière concordance est expressément constatée par Rubruk (Comani qui dicuntur Capchac » — « Terra... quæ tota inhabitabatur à Comanis Capchac (p. 246, édit. de la Soc. de géographie) et la première n'est pas moins bien établie par des témoignages et des rapprochements, consignés par Klaproth dans son voyage au Caucase.

« Au sud de la Comanie, Jean du Plan de Carpin nomme d'abord les Alains, également appelés Ases, dont il serait superflu de nous occuper ici, après les savantes recherches de Klaproth et de M. Etienne Quatremère, *Hist. des Mongols de la Perse*, vol. 70, p. 80; KLAPROTH. *Tabl. hist. de l'Asie*, p. 147 à 181.— *Voyage au Caucase*, t. II. p. 223-435. — *Nouvelles annales des voyages*, t. XVI, p. 243. — *Magasin asiatique*, t. I, pp. 286.

COMANIE, royaume, V. *Comaine*.

COMBAECH. V. *Marco-Polo*, p. 665 (1), édit. *Pauthier*. Cambaye est une ville importante, située sur les frontières méridionales de l'Inde, et très fréquentée par de nombreux marchands, on y trouve du marbre blanc, de l'indigo, de l'opium, du sucre, du salpêtre, du miel et différentes plantes oléagineuses. « Ibn Batoutah, dit M. Pauthier, nomme cette ville *Kinbâ yah*, et la décrit ainsi : traduct., t. IV, p. 53) : « De Sâghar nous nous transportâmes à Kinbâyah, qui est située sur un golfe formé par la mer et ressemblant à un fleuve. Les vaisseaux y entrent, et on y sent le flux et le reflux. J'y ai vu des navires à l'ancre dans le limon, au moment du reflux, et qui, lorsque arrivait le flux, flottaient sur l'eau. Kinbâyah est au nombre des plus belles villes, par l'élégance de sa construction et la solidité de ses mosquées. Cela vient de ce que la plupart de ses habitants sont des marchands étrangers, qui y bâtissent continuellement de belles maisons et de superbes temples. » — Defrémery.

« Le golfe de Cambaye a 150 milles de long ; ce bras de mer peut donc bien ressembler à un grand fleuve, comme le dit Ibn Batoutah. La ville de ce nom est située par 22° 21' de lat. N. et 70° 22' de long. E. au fond du golfe. Près de la ville, les vagues se brisent avec impétuosité et s'élèvent jusqu'à 40 pieds de hauteur, de sorte que les navires, à la marée haute, peuvent s'ancrer près de la ville ; mais à la marée basse, ils sont dans la vase jusqu'au retour du flux de la mer. La ville est ancienne et avait autrefois une très-grande importance commerciale. Il y a des orfèvres encore aujourd'hui très renommés pour leur habileté dans l'art du bosselage et la damasquinerie ; les cuirs gaufrés s'y fabriquent encore. »

« Après avoir passé cette mer de Perse, « dit Pierre Alvarès, » on se trouve en Cambaye, province très opulente, laquelle est sous la puissance d'un grand Roy, étant ce pays de plus longue étendue et plus garny de tous fruits, que nulle autre contrée de tout le monde : car premièrement il y a de froment en grande quantité, et de toutes espèces de bleds, de cyre, de sucre et d'encens : a force soye et bombasine, et semblablement plusieurs chevaus et éléphans. Le Roy étoit au commencement idolâtre, mais depuis il s'est fait more : et y a entre les habitans de cette province plusieurs riches marchans, qui trafiquent journellement avec les Arabes et Indiens : joint aussi, qu'ils sont voisins de Calicut. » — *Navigation de Pierre Alvazès*. Traduct. de Jean Temporal, in-f°, 1556, p. 16.

« La région de Cambaye » dit André Corsal, « ha la mer devers midy, Razigut devers ponant, Paleacate à soleil levant, et vers septentrion le roy de Samarcant. » — Traduct. de *Temporal*, in-f°, p. 139.

« Ce royaume aussi a deux montagnes distantes de Cambaia environ six journées, en l'une desquelles l'on tire les cornalines, en l'autre les calcidoynes, et à une journée par-delà se trouve encor une autre montagne, d'où proviennent les diamants. » — *Voyages de Loys de Barthome*, traduct. de Temporal, in-f°, p. 44. Lyon, 1556.

Command, commandement ; du latin *cum* et *mandare*.

Comptent, racontent. Ce mot dérive probablement du gothique *quitha*, qui a été produit par le sanscrit *kath*, dire, parler, et a donné naissance à l'allemand *kosen*, au néerlandais *kouten* et au francais *conter* par l'insertion de la nasale *n* ou *m*. Littré fait dériver ce mot du lat. *computare*.

Conan, ville de Perse connue aujourd'hui sous le nom de *Cum*, ou *Comesciah*, dans les environs d'Ispahan. Marco Polo nomme cette ville *Gana*, édit. Pauthier, p. 111, qui ajoute : « Le fait est que ce pays était sans aucun doute, du temps de Marc Pol, un *khânat*, ou apanage d'un Khân tartare, dont le nom s'est conservé dans celui de *khâna-âbâd* » résidence du Khân. »

Le texte latin d'Oderic de Frioul porte *Coprum*, ms. de Munich publié par le P. Marcellin da Civezza.

Conquerre, conquérir.

Constance, ville près du lac de ce nom en Souabe. On attribue sa fondation à Constance, père de Constantin. Charles-le-Quint la soumit en 1548. Cette ville, belle et riche par son commerce, est célèbre par le concile général qui s'y tint en 1414. Les Français s'en sont rendus maîtres en 1744.

Constantinoble, Constantinople.

Les Turcs nomment leur capitale Stamboul. Elle est appelée Constantinople, du nom de Constantin, premier empereur chrétien qui la fit bâtir en 326, à la place de l'ancienne Bysance. Cette ville est située d'une manière avantageuse pour le commerce, sur le détroit qui porte son nom, qu'on appelait autrefois le Bosphore de Thrace et qui joint la mer de Marmara avec la mer Noire. Elle fut prise par Mahomet II en 1453. On voit à peine des vestiges de son ancienne beauté. Ses rues sont étroites, ses maisons sont basses et mal bâties; mais ses palais et ses mosquées sont magnifiques. Constantinople a éprouvé souvent des tremblements de terre. Pera et Galata sont des faubourgs de la ville; le premier est habité par des ambassadeurs de divers Etats de l'Europe; le second, par des marchands parce qu'il est plus près de la mer. Constantinople a été autrefois le siége de trois conciles généraux : Le premier en 381 contre les Macédoniens hérétiques qui niaient la divinité de J.-C.; le second en 553, au sujet des *Trois Chapitres*, c'est-à-dire de plusieurs écrits de Théodore de Mopsueste, de Théodoret et d'Ibas; le troisième en 680, contre les monothélites, qui n'admettaient qu'une seule volonté en J.-C.

Conté, le comté; du latin *Comitatus*.

Conversion des juifs et jacobins de Ninive, où le frère Bieult a prêché publiquement et répondu à toutes les objections, pp. 3o3 et suiv.

Coppe, coupe.

Coppes, coupez. — V. De Chevallet, I, p. 402.

Coppeures, blessures, coupures.

Coppie, nombre, quantité; du latin *copia*.

Coque, sorte de petit navire ou bateau. — V. *Cocque*.

Corasceu, terre du royaume de Perse. — V. *Corasme*.

Corasme ou Chorasme, royaume à l'ouest de la mer Caspienne, touchant vers le nord aux Comans, ou royaume du Kiptchak. — Ville capitale du royaume de ce nom.

Corasmins, habitants du royaume de Corasme, aujourd'hui la Géorgie, enclavée dans les ramifications du Caucase. Elle est séparée, au nord, de la Circassie par la grande chaîne caucasienne; ses côtes occidentales sont baignées par la mer Noire; au sud, elle confine à l'Arménie, et à l'est au Dagestan.

Le nom de Corasmins dérive du nom de la rivière *Koura*, ou *Kur*, l'ancien Cyrus, qui prend sa source au Caucase et se jette dans la mer Caspienne. Tiflis, la capitale de la Géorgie, est située sur ses rives.

Cordins, Kurdes.

« Le nom persan de ce peuple, connu dès une haute antiquité, est *Kourd;* il signifie « vaillant, belliqueux. » Xenophon (Exp. Cyr., III, 5) en parle sous le nom de *Cardouques*, Καρδοῦχοι, comme d'un peuple habitant la rive gauche du Tigre, sur les confins de l'Assyrie et de l'Arménie; il dit qu'ils étaient très belliqueux, et vivaient dans les montagnes.....

« Les Kurdes sont répandus dans la province du Kourdistân (pays des *Kourdes*), et dans les parties orientales et méridionales de la Turquie d'Asie. C'est la population la plus turbulente de ces contrées, que ni les Persans ni les Turks n'ont pu entièrement soumettre, et avec laquelle ils sont souvent en guerre. « Les Courdes, dit M. de Hagemeister (*Essai sur les ressources territoriales et commerciales de l'Asie occidentale,* Saint-Pétersbourg 1839, p. 87) habitent tout le pays entre l'Euphrate et la chaîne du mont Zagros, mais leurs troupeaux dépassent souvent ces limites et font des apparitions presque sous les murs de Tocate et bien au-delà de Siwas. Il y a en outre des Courdes dans le Khorassan, où ils ont été établis par le Chah Abbas le Grand pour défendre ce pays contre les Turcomans. Leur colonie y est fort nombreuse et refuse souvent d'obéir au chah de Perse, quoiqu'elle soit en même temps en guerre continuelle avec les Turcomans. Les Courdes sont fortement taillés, ont les traits prononcés et parlent un jargon pehlvi. » — *Le livre de Marco-Polo,* édit. Pauthier, p. 46.

Corée. « Le royaume de Corée, au nord-est de l'Asie, se compose d'une presqu'île de forme oblongue, et d'un nombre d'îles très-considérable sur tout le long de la côte ouest. L'ensemble est compris entre 33° 15' et 42° 25' de latitude nord; 122° 15' et 128° 30' de longitude est de Paris. Les habitants de la presqu'île lui assignent une longueur approximative de 3000 lys, environ 300 lieues, et une largeur de 1300 lys ou 130 lieues; mais ces chiffres sont évidemment exagérés. La Corée est bornée au nord par la chaîne de montagnes Chan-yan-alin, que domine le Paik-tou-san (montagne à la tête blanche) et par les deux grands fleuves qui prennent leur source dans les flancs opposés de cette chaîne. Le Ya-lou-kiang (en coréen : Am-no-kang, fleuve du canard vert) coule vers l'ouest et se jette dans la mer Jaune; il forme la frontière naturelle entre la Corée et les pays chinois du Léao-tong et de la

Mandchourie. Le Mi-kiang (en coréen : Tou-man-kang) qui va se jeter à l'est dans la mer du Japon, sépare la Corée de la Mandchourie et des nouveaux territoires russes, cédés par la Chine en novembre 1860. — Les autres limites sont : à l'ouest et au sud-ouest, la mer Jaune ; à l'est, la mer du Japon ; et au sud-est, le détroit de Corée, d'une largeur moyenne de vingt-cinq lieues, qui sépare la presqu'île coréenne des îles japonaises.

« Le nom de Corée vient du mot chinois Kao-li, que les Coréens prononcent Kô-rie et les Japonais Ko-raï. C'était le nom du royaume sous la dynastie précédente ; mais la dynastie actuelle, qui date de l'année im-sin, 1392 de notre ère, changea ce nom et adopta la dénomination de Tsio-sien (Tchao sien), qui est aujourd'hui le nom officiel du pays. La signification même du mot Tsio-sien ; *sérénité du matin,* montre que ce nom vient des Chinois, pour qui la Corée est en effet, le pays du matin. Quelquefois aussi, dans les livres chinois, la Corée est désignée par le mot Tong-koué, royaume de l'Orient. Les Tartares mantchoux la nomment Sol-ho. » — CH. DALLET : *Histoire de l'Eglise de Corée.*

« Royaume de Kaou-ri, (Kao-li ou Corée) autrement nommé *Ko-ma,* royaume de Sin-ra (Sinlo), Siraki.

« Les huit *tao* ou régions de la Corée : *King-ki* ou *Kei-ki,* au centre ; *Kian-youan,* à l'est ; *Hian-king* ou *Ye-an,* nord ; *Phing-an* ou *Fe-an* au nord ; *hoang-haï* ou *Fan-fei,* à l'ouest ; *Tchoung-thsing* ou *Tsik-siak,* à l'ouest ; *khing-chang* ou *Kouk-siak,* au sud-est ; et *Thsiou-anlo* ou *Te-roura,* au sud-ouest.

« Le royaume de Corée est divisé en 40 *kian* (divisions), 36 *fou,* départements ; 58 tcheou, arrondissements ; 70 hian, districts ». — V. *Encylopédie japonaise* : Notices et extraits des manuscrits de la Bibliothèque nationale, p. 247.

Cornemuses, instruments de musique à anche et à vent, composés de deux tuyaux et d'une peau de mouton qu'on enfle en soufflant dans l'un des tuyaux qu'on porte à la bouche. Au moyen-âge, on disait *muse* pour « bouche. » — V. *De Chevallet*, I, p. 579. *Muse* se prononçait *mouse* et se prenait en mauvaise part :

> « Tot maintenant la porte ouvrirent.
> « Au borgois qui tendoit la *muse*.

Fabliau du Prestre et de la Dame, v. 51 dans Méon.
Ce mot dérive du gothique *munths*, anglo-saxon *mudh*, *mud*; angl. *mouth*; allem. *mund*; holl. *mond*.

Corroucіez, courroucé, du latin *coruscare*, éclater de colère. *O* et *u* latins sont devenus *ou* en français, comme dans *couleur*, de *color*, et dans *tour*, de *turris*.

Cosan, ville principale du domaine soumis au prêtre Jean, baigné par le lac Baïkal et situé au nord des monts Kentei, à l'est des monts Altaï. Oderic en quittant le Cathay arrive vers l'occident, après cinquante jours, au pays de Prêtezoan ou Pertizane, dont la capitale était appelée par lui Cozan, ou Rosan.

Cossam. Oderic de Frioul écrit ce nom « Cansan, » dans le texte latin du ms. de la bibliothèque royale de Munich, et le P. Marcellin da Civezza le traduit par Capsan. C'est Kan-sou dans la partie occidentale du Chen-si, capitale du Lan-tcheou, située sur le Hoang-ho ou le fleuve jaune. Kan-sou est formé des noms des deux départements de Kan-tcheou et de So-tcheou. — V. Biot : *Dict. des noms de lieux de la Chine*.

Cosserossach, roi de Perse qui se révolta contre la puissance romaine.

Cotas, montagne de la chaîne du Caucase. — V. *Cocas*.

Cotelette, jupe, jupon, selon Littré, du gaël. *cot*.

Couldée, coudée; du latin *cubitus*, par le rejet de la syllabe *bi* et l'adoucissement du *t* en *d*.

Couronnes portées par les femmes tartares, p. 282.

Courre, courir, du tatin *currere*. « Ces deux formes, *courrir* et *courre* se rencontrent dans les *Mém. de J. du Clercq*, éd. Buchon, *passim* ; mais la seconde y est la plus commune, et ce mot s'y trouve constamment, à tous ses temps, écrit avec deux *r*. » — Fallot.

Courriers et messagers, en Chine, p. 338.

Courroi (en) en ligne; du latin *corrigia*.

Cousté, côté; du latin *costa*.

Cousteaulx, couteaux; du latin *cutellus*.

Coutel, couteau.

Coyement, tranquillement; de l'adj. « coi » qui dérive du latin *quietus*, par la permutation du *q* en *c* et de la diphtongue *ui* en *oi*. Au XIIIe siècle, on disait encore *quoit*, tranquille : « *Lo quoit et lo tremblant*. (Liv. de Job, p. 514).

Coverte, couverte; du latin *coopertum*.

Covine, dispositions, secrets, ce qui est décidé; du latin *convenire*.

Créant et Mescreant. — V. Mescréans.

Cremeur, crainte; du latin *tremor*.

Crot ou Crac, potence. — V. *De Chevallet*, origine et formation de la langue française, t. I, p. 639 et 404. Ce mot se trouve dans la loi salique.

Cuers, court; Cuert, court; Cueurent, courent, du latin *currere*.

Cuide, Cuident, pense; du latin *cogitare*, par rejet de la gutturale *g* et l'adoucissement du *t* en *d*.

Curtes, populations cruelles, vivant dans les montagnes

et les rochers de la Perse, et que les Tartares ne purent soumettre. Elles sont ainsi nommées, parce qu'en langue persane, *curte* signifie « loup. »

Cuyillent, cueillent; du lat. *colligere*.

Cysel, ciseau. Le latin a *cisorium* et *gœsum* qui signifient l'un et l'autre un instrument tranchant. Mais la racine de ces mots se trouve aussi dans les langues germaniques avec l'idée de séparation ; l'ancien haut allemand a *sciadan*, le gothique *skaidan*, l'anglo-saxon *scadan* et *sceadan*, l'allemand moderne et le néerlandais *scheiden*. La racine commune ou primitive paraît être le sanscrit, *his*, frapper pour séparer, ou *skad*, briser.

D

Daldili, royaume de Dely, ville de l'Indoustan, située sur le Gemène ou Gemna; ancienne résidence d'été du Grand-Mogol.

Damas, ville de Syrie, située entre le dernier versant de la chaîne antilibanique et le grand désert, entourée à huit ou dix lieues à la ronde d'une forêt d'arbres fruitiers de toutes sortes, entremêlés de jardins et de bosquets odorants, de kiosques et de jolis pavillons, de maisons de campagne élégantes et de vastes prairies où paissent librement des troupeaux de chameaux, de chevaux et de bétail, où çà et là, le sycomore au large feuillage balance ses touffes ombreuses au dessus de l'oranger, du citronnier, du cerisier, du figuier, de l'abricotier, chargés de fleurs et de fruits, où la vigne grimpe en festons irréguliers jusqu'au sommet des plus grands arbres, et confond ses grappes vermeilles aux productions les plus diverses. Damas, la ville des pèlerins,

Damas la sainte, sortant du milieu de ces vastes verdures aux mille nuances, avec sa forêt de mosquées et de minarets qui lancent vers le ciel leurs croissants et leurs flèches dorées, avec sa ceinture de remparts en pierre ou en bloc de marbres jaunes et noirs, symétriquement alternés, ses tours carrées et ses créneaux, son fleuve aux sept branches, ses ruisseaux nombreux qui circulent dans tous les points de cette délicieuse oasis, et répandent l'abondance et la fraîcheur. Damas offre au premier aspect, à l'œil du voyageur étonné, le spectacle le plus ravissant. Nous ne saurions traduire l'impression qu'on éprouve, lorsqu'au sortir de ce labyrinthe de vergers et de fleurs, l'on aperçoit tout à coup, sur la limite, l'immensité du désert dont les sables étincelants aux rayons du soleil semblent se perdre à l'orient dans les profondeurs d'un ciel ardent. L'admiration, l'étonnement, la surprise, vous saisissent tout à la fois. Selon Aboulféda, auteur arabe, le Goutha ou vallée de Damas, est considéré comme le premier des quatre paradis terrestres. Aucun site, en effet, dans toute la Syrie, n'offre une végétation plus luxuriante et plus riche. — P. La Ortyhadji : *La Syrie*

Dampne, damné ; du latin *damnare*.

Debout, passage.

Debvoit, devait ; du latin *debebat*.

Deceuz, tromper ; du latin *decipere, deceptum*.

Dehalectent, étendent les aîles ; du latin *ala*.

Delayoit, tardait ; du latin *dilatio*.

Delittans, agréables ; du latin *dilectus*.

Dementres (en), tandis que, pendant que ; du latin *intereà*, suivant Roquefort, au mot « dementiers, endementiers. »

Dans le *Roman de Brut*, on lit, v. 8441 : *En dementres qu'il demora*.

Demourant, le reste; du lat. *demorari*.

Départoyent, partageaient. — V. *partirent*.

Derrenchier, torturer, tuer.

Desconfit, battu, vaincu ; formé du verbe latin *facere* ou *fio* et des deux préfixes *de* et *cum*, ce dernier exprimant l'idée d'agrégation et le premier, celle de la négation du fait énoncé par le verbe composé *cum-fio* ou *cum-facere*.

Descotacon, une femme de Bagdad, de la famille des trois mages qui allèrent adorer Jésus dans la crèche à Bethléem.

Despéciées mises en pièces. — V. *De Chevallet* : Origine et format. de la lang. franç., I, p. 288.

Despéréement, mortellement, d'une manière désespérée ; du lat. *de* et *sperare ; de* indiquant la négation.

Despourveuement, au dépourvu ; du latin *de* et *providere*.

Dessiroyent, déchiraient. — V. *De Chevallet* : Orig. et format. de la lang. franç., I, 406.

Destourbée, remise, avortée, empêchée; du latin *disturbare*.

Destourbier, contrariété, empêchement, du latin *disturbare*.

Dient, disent ; du latin *dicunt* par le rejet du *c*.

Destre, droite ; du latin *dextra*.

Doiz, doigts ; du latin *digitus*, dont *i* bref fait *oi* en français, après avoir rejeté la gutturale.

Doint, doit ; du v. *devoir*.

Dondin ou *Dodyn*. Le P. Marcellin da Civezza croit qu'il s'agit des Philippines ou d'une autre île de l'Océan indien.

Peut-être s'agit-il ici des îles Carimon, situées entre Billitoun et Java, entre le 105° et 110° degré longitude, et le 52° et le 10° degré latitude sud. Ces îles sont en effet au nombre de vingt-quatre, ainsi que le déclare Oderic de Frioul, sous la rubrique : *De la isle de Dondin*.

Les îles Carimon sont désignées sous des noms différents par les Hollandais et par les indigènes, nous en donnons un tableau comparatif afin d'éviter toute confusion.

Noms indigènes	*Noms hollandais.*
Polo crimon Java	Ile Crimon.
Komodian	Dibbets.
Ket-zil	Meeuwen.
Tengal	Toren.
Linto	Kreeften.
Tjeudikian	Tortel-Quiven.
Guendoel	Schilpaden.
Seronie	Welgemoeds.
Genting	Floryns.
Sambaugan	Bodjong.
Menjagan-Besar	Groot-Hartenbeesten
Menjagan-Keljil	Klein-Hartenbeesten
Boerong	Ossenbruggen.
Kombar	Jansjes.
Pulo Glean	Ile Vreede.
Tjamara-Ketjil	Strikburg.
Tjamara-Besara	Anna.
Berkowan	Frederiksburg.
Minjawan	Kools.
Krakab-Ketjil	Wageli.
Njamok	Beeldsnyders.
Kataing	Wilkens.
Parang	Wachters.
Kombang	Schilderhuisjes.

« Les îles les plus hautes et les plus grandes de ce groupe sont Crimon, Komodian et Parang, que l'on aperçoit d'une grande distance. Il y a sur Crimon un établissement hollandais qui est visité quelquefois par les navires... Entre les différentes îles, il y a des canaux profonds, mais on doit y naviguer avec beaucoup de précaution, car outre les récifs qui se projettent au large des îles, il s'y trouve quelques roches dangereuses. » — *Instructions nautiques sur les mers de l'Inde par* JAMES HORSBURGH, 3ᵉ édition, Paris, in-8º, 1860.

DONNAISON, pouvoir, domination ; du latin *dominium*, dont *i* médian a été rejeté.

DORDORÉOURS, ornements de tête.

DOUBTANCE, crainte ; du latin *dubitare* qui exprimait primitivement l'action de craindre.

DOUBTENT, redoutent, du latin *dubitare*, craindre.

DOUDIN, probablement Adou, une des îles Maldives, peut-être faut-il lire *Doudiu* (*u* pour *v*) ?

» Ces îles sont distribuées comme par petits pelotons et se trouvent à l'ouest ou au sud-ouest de la presqu'île en deçà du Gange. Elles sont étendues en longueur au-delà et en deçà de l'Equateur, depuis environ le 4ᵉ degré de latitude méridionale jusqu'au huitième de latitude septentrionale. Les Portugais les découvrirent en 1507 mais ils les négligèrent comme peu fertiles, et d'ailleurs de difficile accès. Elles ne rapportent ni blé, ni ris, mais seulement des orangers, des citrons, des grenades et des cocos. On y trouve du corail, de l'ambre gris, et les plus belles écailles de tortues des Indes. L'air y est malsain, surtout pour les étrangers. Ces îles sont très-petites, mais en fort grand nombre. Leurs habitants les font monter jusqu'à douze mille ; mais il y en a beaucoup qui ne sont que des rochers. Elles sont divisées en treize groupes qu'on appelle *Attolons*, chacun de ces Attolons est environné d'un grand banc de pierre presque rond.

» Les îles Maldives sont séparées par douze détroits remplis de crocodiles. Leur roi a résidé à *Male*, la principale de ces îles, qui leur a donné son nom; car *dive* en Arabe signifie « île. » — Abbé DE LA CROIX : *Géographie moderne*.

DOULANT, triste, attristé; du latin *dolere*.

DROICTE, droite; du latin *directus*. — V. *De Chevallet*, t. I, p. 147.

DROMEDAIRES, dromadaires, animaux qui font en Chine le service de la poste.

DUC, oiseau. L'oiseau *Roc* ou *Ruc* de Marco-Polo, oiseau gigantesque.

DUNEATE, peuple de la cité de *Derbent* ou *Porte de fer*, dans le Caucase.

DUNOYE, Danube, fleuve qui prend sa source près de la forêt Noire en Souabe, passe à Ulm, à Donavert, à Neubourg, à Ingolstat en Bavière, à Ratisbonne, à Straubing, à Passaw, à Lintz, à Vienne, traverse la Hongrie et après avoir arrosé le nord de la Turquie d'Europe, va se jeter dans la mer Noire par plusieurs bouches. Il traverse ainsi l'Allemagne, la Hongrie et la Turquie d'Europe, d'occident en orient.

DYOGENCOR, empereur de Constantinople.

E

EGLISE, fondée à Chaterel en l'honneur d'un chien. — V. *Chaterel*.

EGYPTE. Ce pays, qui est au nord-est de l'Afrique, est borné au nord par la Méditerranée; à l'orient, par l'Arabie pétrée et la mer Rouge; au midi, par la Nubie et à l'occident, par la Barbarie. Il est traversé, du midi au nord, par une longue chaîne de montagnes, qui resserrent des deux côtés le lit du Nil, surtout dans la haute Egypte.

Emmy, dans, au milieu de; du latin *in medio*.

Enbruvez, ivre; du lat. *biberare*.

Encerchier, rechercher, s'informer; du lat. *circare*.

Enchartrez, prisonniers; ceux qui sont mis en charte privée; du latin *carcer*, prison.

Enclouist, enferma; de *includere*.

Encoires, encore; du latin *hanc horam*, sous-entendu *ad*, à cette heure.

Enfantonnet, petit enfant; du lat. *infantem*.

Engigneux, ingénieux; du lat. *ingeniosus*.

Englui, matière collante, colle.

Ens, dedans; du latin *in*, dans.

Enseignent (se), se tatouent; du latin *signare*.

Ensement, pareillement; on lit dans le *roman de Brut* v. 2297 et 2298 :

» Les fist armer privéement
» Et il s'en arma ensement. »

Ensepvelir, ensevelir.

Ensepvelissent, ensevelissent, du latin *in* et *sepelire*.

Entente, projet, dessein; du lat. *intendere*.

Entropeloient, s'attroupaient; du latin *turba*.

Entollirent, l'enlevèrent; du latin *tollere*.

Eracles, empereur de Perse.

Esbatre, amuser, distraire. Ce mot est probablement d'origine germanique. *Ebats*, plaisirs, se retrouve dans *Bastringue*, lieu de plaisir, et le Néerlandais appelle un cabaretier *baas*.

Eschés, échecs; du persan *schah*, empereur.

Esclas, esclaves; mot dérivé du nom du peuple *slave*.

Eschiet, échoit; du latin *excidere*.

Eschever, esquiver, éviter; *ch* dans le dialecte picard ou de Flandre se prononce comme *K*. Fallot, dans ses *Recherches sur les formes grammaticales*, p. 31, remarque que le dialecte de Flandre place constamment *ch* où nous mettons *c, s: fachion, chechi, larchin, bleschié*, etc. pour »façon, ceci, larcin, blessé;» et que là où nous mettons un *ch*, ce même dialecte emploie *q* et *k* de préférence : *quéir* pour *choir*, *canoine* pour *chanoine*, *car* pour *char*, *vacque* pour *vache*, *attaquié* pour *attachié*....

Le radical d'*esquiver* est esquif. — V. De Chevallet : *Origine et formation de la langue française*, t. I, p. 436.

Escondit, refuse; vieux mot composé des préfixes latins *ex* et *cum* et du v. *dicere*.

Escouse, couche. — V. De Chevallet : I, p. 402, v° *Coussin*.

Escripvent, écrivent; du latin *scribunt*; le *b* latin s'est durci en *p* dans le français du moyen-âge.

Esles, aîles; du latin *ala*.

Esmer, estimer; du lat. *æstimare*, par rejet de *ti*.

Esmeuz, émus; du latin *movere*.

Espan, empan, mesure de toute l'étendue de la main, depuis le bout du pouce jusqu'à celui du petit doigt; une palme; dérivé soit du latin *spithama* ou du flamand *spanne*, ayant l'un et l'autre la même signification.

Espars, aspergé; du latin *aspergere*.

Esparsent, epardent, repandent; du latin *spargere*.

Espécial (en), en propre; du latin *species*.

Esqualie, ville de Turquie située sur la mer de Grèce;

peut-être *Eski Stambol* qu'Oberlin assimile à *Troar Alexandria*, autrefois Antigonia? *Orbis antiqui monumentis*, etc., p. 137.

Essaucie, élevé, exhaussé, du latin *ex* et *alto*, élever.

Essilliez, mis à mort ; du latin *exsul*.

Estable, étable ; du latin *stabulum*.

Estaces, pieux ; du flamand *staek*, poteau ; angl. *stak*; espag. *estaca*.

Estaindre, étendre (mort) ; du latin *extendere*.

Estroit, détroit ; du latin *strictus*.

Eteron, ville d'Arménie. C'est *l'Arsion* ou *l'Argiron* de Marco Polo ; la ville d'Arze qui dépendait de l'empire grec, devenu depuis *Erze* ou *Arzeroum*, la terre de Roum ou romaine. Elle était déjà en grande partie ruinée au temps d'Ibn-Batoutah ; elle appartenait alors au roi d'Irak. — V. *Hartiron*.

Etil, fleuve, le Volga ; formé du mot turko-tartare *Etel*. Ce fleuve prend sa source dans la province de Weliki-Louki ou de Rzeva, traverse la Russie d'Europe d'occident en orient, passe à Twer, à Uglitz, à Iéroslaw, reçoit l'Oka près de Nisnei-Novogorod, arrose la province de Kasan qui est de la Russie d'Asie, reçoit le Kama au-dessous de cette ville, coule de là vers le midi, reçoit le Samara, et se jette dans la mer Caspienne, au-dessous d'Astracan, après un cours de plus de cinq cent lieues.

Eufrates, Euphrate, fleuve qui prend sa source dans les montagnes d'Arménie, près d'Erzeroum, et coule à l'occident du Diarbeck. Il s'unit au Tygre à Corna ou Gorna au-dessus de Bassora et se jette dans le golfe Persique au-dessous de cette ville.

Eurer, honoré, heureux ; adj. formé de l'ancien mot *heur*, dérivé du latin *augurium*.

Evêque *souverain de la Chine*. — V. *Bouddhistes*.

F

Face (en), en font; du latin *facere*.

Fallaces, mensonges; du latin *fallax*.

Fana, v. *Jana*.

Faulce, falsifié ; du latin *falsus*.

Faxis ou Fuxis, nom primitif de la ville de Thoris ou Tauris où se trouve *l'arbre sec*, et où il se fait un grand commerce de draps d'or, de soie, de coton et de peaux de chagrin. Tauris est la seconde ville de Perse. Elle est grande, belle, riche, bien peuplée et très marchande. On y compte 300,000 hommes, et il s'y trouve plusieurs belles mosquées. 30,000 hommes peuvent se mettre en bataille sur la grande place de cette ville.

Le texte latin d'Oderic de Frioul désigne cette ville sous le nom de *Suora*. — V. *Storia universale delle missioni francescane del P. Marcellino da Civezza*, t. III, p. 742.

Fellement, follement. — V. De Chevallet, I, p. 255.

Fellonneusement, perfidement. — V. De Chevallet : I, p. 459, *Origine et formation de la langue française*.

Femyer, fiente, fumier ; du latin *fimum* ou *fimus*.

Fermances, promesses, accord ; du latin *firmare*.

Feurre, peaux. — V. *De Chevallet*, Orig. et form. de la langue française, t. I, p. 460.

Fiablement, avec confiance, du lat. *fides*, foi. *Fidelis, fidèle*, avait produit, dans le dialecte normand, *féel* par le rejet de la dentale *d* :

« Et il le trovèrent féel »
(*Li romans de Brut*).

Dans le dialecte wallon, *el* est devenu *al* : *féel, féal* ou *fial*.

Fièrent (se), se jettent ; du latin *ferre*, porter.

Fiert, frappe, bat ; du latin *ferre*.

Fierte, caisse ; du latin *ferre*, porter, ce qui sert à porter.

Finablement, finalement.

Flael, fléau ; du latin *flagellum*.

Flairans et Flayrans, odorants ; du latin *flare*.

Flandrine, ville située dans la grande forêt qui couvre le Munibar ou le Malabar, province de l'Inde.

Fleuve bleu en Chine. En chinois, *hiang-ho*, sur lequel est située la ville de Nankin. Ce fleuve prend sa source au Midi des Sifans et au Nord-Est du Thibet, traverse le milieu de la Chine d'occident en orient et se décharge dans la mer ou le golfe de Nankin, en face de l'île de Tsong-Ming.

Fleuve jaune, *Hoâng-ho* en chinois.

Lavallée dit que le Hoâng-ho naît dans les monts Kou-Kounor, se dirige du sud-ouest au nord-est, longé par la grande muraille, sort du plateau, monte au nord dans le pays des Mongols, puis descend au sud, et rentre en Chine en laissant dans le grand rectangle que forme cette double direction un vaste plateau montagneux ; il coule ensuite de l'ouest à l'est, arrose Kai-fung et finit dans la mer de Corée après un cours de 3200 kilomètres.

Les géographes chinois donnent au fleuve Jaune deux sources, l'une dans les monts *Tsoung-ling* ; l'autre, au lac *Lob*. — V. Pauthier, *le livre de Marco-Polo*, p. 450.

Font, fond ; du lat. *fundere*.

Forabules, mot chaldéen qui signifie « haut-de-chausses, » espèce de pantalon.

Forcellé, très caché; du latin *celare*.

Fore Julii, le Frioul, province d'Italie.

Fors, excepté, du latin *foras*.

Fouir, fuir. u sonne comme *ou*; du latin *fugere*.

Fouyrent, fuirent; du latin *fugere*.

Froict, froid, du latin *frigidus*. Par la permutation du premier *i* en la diphtongue *oi*; du *g* en *c* et du *d* en *t* et par le rejet du second *i* atone.

Fuicte, fuite; de *fugitum*.

Fussis est le nom qui fut donné anciennement à Bagdad, au rapport des habitants du pays.

Fust, fut; du latin *fuit*.

G

Gaistant, gâtant, détruisant, du latin *vastare*.

Galées, galères, sorte de bateaux plats. — V. De Chevallet, *Orig. et format. de la lang. franç.*, t. I, 479.

Galilée, contrée de la Palestine, en Syrie. Elle était bornée au midi par la Samarie, au levant par le Jourdain et par la mer dite de Galilée ou de Génésareth, ou de la Tibériade, qui n'est qu'un grand lac; au nord, par les montagnes du Liban et au couchant par la mer Méditerranée. Josephe. *Antiq.* l. VIII, dit que la Galilée s'étendait jusqu'à Sidon.

Gange, fleuve de l'Inde, nommé au moyen-âge « *Phison.* »

Garboda, chef tartare qui fit la guerre en Syrie.

Gasaire et Gazare, *Gazère*, Cesarée, ville maritime de la Palestine, entre Ptolémaïs ou St-Jean-d'Acre au nord et Jaffa au midi. On y voit encore, de belles et grandes colonnes ensevelies dans le sable, des restes de ses magnifiques édifices, de grands fossés creusés pour la défense de la ville. « Ces ruines de Césarée, dit le Père Laorty-Hadji, dont quelques pierres ont été employées à bâtir le couvent des Franciscains de Jaffa, s'étendent au bord de la mer; elles offrent le spectacle, peut-être unique dans le monde, d'une ville qui possède encore ses remparts, ses tours, ses fossés profonds, qui a presque tous ses monuments debout, toutes ses places conservées, où l'on peut, comme autrefois, circuler dans ses rues, loger dans ses maisons, et qui n'a plus un seul habitant. On dirait que ses habitants sont partis d'hier pour aller à quelque fête ou à quelque pieux pélérinage, et qu'ils vont revenir. Césarée ou Kaïserieh, comme l'appellent les Turcs, ne fut pas toujours ainsi abandonnée; elle a eu son règne de splendeur. On l'appelait Césarée de Palestine, pour la distinguer de Césarée de Philippe, qui était dans la Perse. »

GARNATION, garnison. — V. *De Chevallet*, I, p. 484. Ce mot est dérivé du vieux germanique *warnon*, garnir; anglo-saxon. *warnian*; néerland. *bewaren*, garder.

GASAM, *Cascian*, ville au nord d'Ispahan.

Le royaume de Casan était gouverné par un Khân des Tartares. C'était un démembrement du grand Etat de Kiptchak, fondé par un des fils de Genghiskhân, et qui s'étendait au nord de la mer Caspienne et de la mer Noire. C'est de là que sont sortis les petits Tartares d'Europe. Tamerlan fit beaucoup de mal à la plupart de ceux du Kiptchak. Les Russes, qui leur avaient été soumis pendant près de trois cents ans, s'emparèrent en 1552 du royame de Casan.

GEBESABADA, général tartare qui est entré en Asie avec dix mille hommes.

GELINE, poule; du latin *gallina*.

GEORGIE. Royaume au moyen-âge, la Géorgie devint une

province de la Perse et de la Turquie d'Asie, située entre la mer Noire et la mer Caspienne. Les Géorgiennes passent pour les plus belles femmes de l'univers. Les Géorgiens ont de l'esprit; ils sont doux, honnêtes, mais ignorants et paresseux. Le prince Héraclius, tributaire du grand Khân, s'est révolté contre lui pour se soustraire au tribut des filles, qu'il était obligé d'envoyer à son sérail. Par le traité conclu en 1774, entre la Porte et la Russie, il a été affranchi de ce tribut, et par celui de 1783, le prince s'est mis sous la protection de la Russie, après avoir renoncé à celle de la Porte et de la Perse.

GERFAUX, cerfs; du latin *cervus, cervi, cervos*

GESINES, ménage, demeure, intérieur de maison; du latin *casa*.

GEST et GETH, Jezd, ville de Perse dans le Farsistan, chef-lieu d'un district de son nom à 260 kilom. E. S. E. d'Ispahan, dans une vaste plaine sablonneuse sur le Mehris. Des ruines immenses environnent cette ville, centre des communications entre le Kerman, Meched et Ispahan. On y fabrique des étoffes de soie, or et argent, brocard, etc.

GIEU, jeu; du latin *jocus*.

GILENFO, ville à six journées de Cassay. Selon M. Pauthier, Kien-ning-fou, chef-lieu. — V. *le livre de Marco-Polo*, édit. de Pauthier, p. 523.

« *Ning*, dit le savant éditeur, se prononçait *ling* ou *lin* dans le dialecte de la province de Fokien. La ville actuelle de *Kien-Ning-fou* est une des plus grandes villes de la province. Lorsque les Tartares-Mandchoux, qui règnent aujourd'hui en Chine, firent la conquête de cette province, *Kien-ning* soutint deux sièges. Après le second, qui dura longtemps, les Tartares la prirent, la brûlèrent, et firent passer le plus grand nombre des habitants par les armes.

La ville a été rebâtie depuis, mais elle n'égale pas l'ancienne pour la beauté de ses édifices. »

Oderic de Frioul écrit *Chilefo* dans le texte latin du ms. de Munich, et le P. Marcellin da Civezza croit que c'est la ville chinoise de *Cai-fong-fu*, ou plutôt *Khai-foung-fou*, nom d'un département et du chef-lieu de la province de Ho-nan, latitude 34° 52' 5' ; longitude 112° 13'. Ce département a été divisé, à l'époque des Tchun-Thsieou, entre les royaumes de Tch'ing, de Wei et de Tchin. — V. Biot, *Diction. des noms de lieux de la Chine.*

Giron, bourse; du latin *gremium*.

Goc et Magoc. — « La contrée que l'on appelait en Europe au moyen-âge : « pays de Gog et de Magog, » etait nommée par les Asiatiques : « le pays de Ong et Magul, » c'est-à-dire, le pays des Oûng ou sujets du prince kéraïte, qui reçut d'un empereur chinois, le titre honorifique de *Ouâng*, « roi, » et des *Mongols*, depuis que ces derniers, par suite de la soumission de la tribu kéraïte à Temoutchin, se trouvèrent confondus avec elle. » — *Le livre de Marco-Polo*, édit. Pauthier.

Dans *la Chaîne des chroniques* ou relation des voyages faits par les Arabes et les Persans dans l'Inde et à la Chine dans le IXe siècle de l'ère chrétienne, ouvrage publié et traduit par M. Reinaud, il est fait mention, p. 1, des pays *de Gouz et de Magouz*.

Glaufégafordes, contrée du royaume d'Arménie. Les *Gelæ* de Strabon, XI, p. 350, étaient un peuple habitant au sud-ouest de la mer Hyrcanienne ou Caspienne ; Cyrus les a vaincus, mais non soumis. C'est aujourd'hui la province nommée *Ghilan*, *Guilan* ou *Kilan* au sud-ouest de la mer Caspienne.

Gota, c'est la ville où siège le grand Lama du Kiob-do. « Cette ville, dit l'abbé Desgodins, et sa lamaserie sont situées

» au confluent de deux rivières, qui viennent de Non-Kin,
» et forment le La-Kio ou Lang-tsang-kiang des Chinois ou
» Mekong. » *La mission du Thibet*, in-8° 1872.

GRAND PIÈCE, très-longtemps. Le peuple dirait aujourd'hui : « un long bout de temps. » Pour l'origine du mot pièce, v. DE CHEVALLET, *Origine et formation de la langue française*, I, 288.

GRÉGOIS, Grecs ; nom de peuple.

GREIGNEUR, plus grand ; du latin *grandior*.

GREIOISE, grecque.

GREVANCE, peine, incommodité, dommages ; du lat. *gravare*.

GREVER, manquer, endommager ; du latin *gravare*.

GRIEFVE, grave ; du latin *gravis*.

GRIEUX, Grecs.

GUIOT-KAAN, fils de Hoctota-Khaân.

GUYSE, manière. — V. DE CHEVALLET, I, 509. « Ce mot dérive d'un primitif germanique qui signifie proprement esprit, intelligence, et, par extension, manière, mode, façon. Les Latins donnaient une semblable extension à la signification propre du mot *ratio*. En vieux germanique : *wis, wise, wizi, wizzi* ; anglo-saxon : *visc* ; allem. *weise* ; néerland. *wyse* ; angl. *wise*. »

H

HABITEURS, habitants ; du latin *habitator*.

HALAAON, le premier empereur des Tartares de la Perse et de Bagdad.

HALAITE, souffle ; du latin *halitare*.

HALEP, ville de Syrie, sur la rivière de Koéic. C'est l'ancienne Berhœa, l'une des villes les plus grandes, les plus peuplées et les plus commerciales du Levant.

HALCON, souverain tartare, frère de Mango Khaân.

HAMES, ville située au milieu du royaume de Syrie.

« A deux journées au-dessous, et toujours sur l'Oronte, paraît la ville d'Hama, célèbre pour ses roues hydrauliques, les plus grandes et les plus puissantes que l'on connaisse dans cette contrée ; elles ont trente-deux pieds de circonférence, leur mécanisme, des plus simples, est celui qu'on rencontre dans toute l'Egypte et dans toute la Syrie. La circonférence des roues est formée par des augets disposés de telle façon qu'ils s'emplissent d'eau d'abord, en tournant dans le courant du fleuve, puis qu'arrivés au zénith de la roue, ils se dégorgent dans un bassin d'où, par des canaux publics ou particuliers, l'eau se rend dans les maisons de bains ou dans les habitations des riches. La situation d'Hama, affourchée pour ainsi dire sur les deux rives de l'Oronte, est une des plus délicieuses que l'on puisse voir. Ville intermédiaire entre Alep et Tripoli, Hama, outre d'assez grandes ressources agricoles, a aussi quelque activité industrielle et commerciale. La population de quatre mille habitants, serait même l'une des plus riches de la Syrie, si les environs n'étaient devenus tributaires des puissantes peuplades arabes qui les infestent. Placés entre la rapine de ces forbans du désert et les exactions des pachas turks, les habitants ne se livrent à la culture qu'avec mollesse et défiance. Le pays le plus fécond reste aussi improductif. — P. LAORTY-HADJI: *La Syrie.*

HAMSEN, province de la Géorgie. *Hamon* est cité par Josué, XIX, 28, comme le pays de la race d'Asser dans la Galilée supérieure, au sud *d'Ebron*. Il y a aussi *Emesa* dont font mention *Fest. Avien.* v. 1084 ; *Anton. Itin.* et *Amm. Marc.* XXVI, 18 ; situé au sud d'Apamène en Syrie, à l'ouest de l'Oronte, au sud de Palmyre et d'Arethuse et au sud-ouest d'Apamie, près du Liban. Il y avait un temple dédié au soleil, nommé *hems, hims, homs*.

HANAP, grande tasse à boire.

HANARS, coupes ou vases avec anses et pieds. *Hanas* dans Marco-Polo.

HARACH, mont sur lequel s'est arrêtée l'arche de Noé. C'est le mont Ararat. Dans le texte latin, il est dit seulement : *Mons in quo archa Noë requievit.* — V. ACHATH.

HARTIRON, ville de la grande Arménie, qui était bornée au nord par l'Ibérie, à l'ouest par la chaîne de montagnes qui passe entre les lacs de Van et d'Ourmyah, au sud par la Mésopotamie, dont elle était séparée par le mont Taurus et le Tigre. La chaîne de montagnes, qui incline au N. E. de Batoumi, la séparait du Pont et de la Cappadoce.

Hartiron est aujourd'hui *Erzeroum*, qui signifie « forteresse romaine. » Cette ville est le rempart de l'empire ottoman au nord-est, et est située dans une plaine élevée, entourée de montagnes. C'est l'entrepôt du commerce entre la Turquie et la Perse.

Le manuscrit latin de la Bibliothèque royale de Munich, publié par le P. Marcellin da Civezza, porte *Carztron*.

HAULTE, haute; du latin *alta*.

HAYENT, haïssent; german. *hatian;* holl. *haat.*

HAYMALOTH, contrée de la Palestine, où se trouvait probablement l'*Amath* ou l'*Amatha* de St Jérôme et de la Bible, qui fut détruite par les Romains en l'an de Rome 690, mais qui, étant rétablie, florissait encore en 1332 sous le nom d'*Aman, Hamah* ou *Hamath*. Ce fut le lieu de naissance du géographe arabe Abulfeda, qui reçut le titre de prince de Hama et gouverna pendant douze ans cette principauté.

Hama ou Hamath, et plus exactement Famieh, est située

sur les rives de l'Oronte. L'industrie y est active et produit des soieries, des draps, des ceintures et des turbans.

Hays, ais, planches ; du latin *axis*.

Hayton, roi d'Arménie, se fait moine sous le nom de *Macaire* et meurt en 1270.

— (neveu), compose son livre et se fait moine de Prémontré en Egypte en 1305, — raconte à quelles sources il a puisé pour composer son livre, p. 214.

Heent, haïssent. Heoit, haïssait. V. Hayent.

Hems ou Homs, l'ancienne *Emesa*, où l'on adorait une pierre noire dans un fameux temple dont les ruines mêmes ont disparu, est la patrie d'Héliogabale. Cette ville de Perse compte environ 25,000 habitants et de nombreuses mosquées. Elle fabrique des étoffes de soie et de coton.

Heraulx, hérauts ; de l'ancien allemand *heralt*, ancien.

Herbergiés, logés; du flamand Herberg, auberge.

Herdre, s'attacher, adhérer; du latin *hœrere*. Dans le roman de Brut, il y a le substantif « herte » dans le sens de troupeau :

« une herte de cerfs... ». — v. 140

Le français moderne a conservé le mot « horde. »

Hermès, Hormuz, ville située sur le golfe Persique à 128 kilom. N. O. de Kerman et à 172 kilom. S. E. d'Yezd.

« Cette ville, dit le géographe persan Ibn-Haukal, est le grand entrepôt des marchands du Kermân et le principal port de mer de cette province. Cette ville a des mosquées et des marchés ou bazars, et les négociants demeurent dans les faubourgs. » « Yakout qui écrivait de 1218 à 1228 de notre ère, dit M. Pauthier, place la ville de Hormuz sur un bras de mer qui communique avec le Fars; elle sert de port au Kermân et c'est là que les bâtiments venus de l'Inde déposent les marchandises à destination du Kermân, du Sedjistân et du Khorâcân « — *Livre de Marco-Polo*, p. 85. » Texeira rapporte, p. 73, « qu'un petit prince d'Hormuz obligeait ceux qui se mariaient de lui donner leurs femmes la première nuit de leurs noces. »

HIERUSALEM, Jerusalem.

« La ville de Jérusalem est située à 41° 47' latitude nord, et 33° longitude est. La montagne sur laquelle elle est assise descend en pente vers le nord, et est entourée à l'est, au midi et à l'ouest, de profonds ravins, au delà desquels se trouvent des montagnes plus élevées, de sorte que la ville ne peut être vue de loin. On y distinguait autrefois trois collines, l'une au sud-ouest, la plus haute; c'est le mont de Sion, le fort des anciens Jebuséens, conquis par David. En face, et au nord-est, se trouve une autre colline qui n'a point de nom particulier dans la Bible, mais qui s'appela plus tard Acra, à cause de la citadelle qu'Antiochus Epiphane y fit construire. Sion fut appelée la haute ville, Acra la basse ville. Elles étaient séparées l'une de l'autre par la vallée de Tyropéon, aboutissant au torrent de Cédron. Au sud-est d'Acra est une troisième colline, Moria sur laquelle Salomon bâtit le Temple, aujourd'hui remplacé par la mosquée d'Omar.

« Ces trois collines formèrent, depuis David et Salomon, l'emplacement de la ville de Jérusalem. Une quatrième colline, située au nord du mont Mona, et appelée Bezetha, fut jointe à la ville par Agrippa 1ᵉʳ, et le quartier qui l'entourait, fut appelé la ville neuve. C'est par ce côté du nord, moins fortifié par la nature, que la ville était ordinairement attaquée. Les ravins profonds qui l'entouraient des trois autres côtés la rendaient inexpugnable. Celui de l'est est la vallée de Josaphat, appelée aussi vallée de Cedron.

« Elle a environ deux mille pas de longueur, et elle sépare Jérusalem de la montagne des Oliviers qui est à l'est. Le ravin du midi est la vallée de Hinnom; celui de l'ouest, moins profond, est la vallée de Gilhon.

« Jérusalem a été ceinte de murailles à diverses époques. La plus ancienne, selon Josephe, entourait Sion et une partie du mont Moria; la seconde commençait à la porte de Genath ou des Jardins, qui se trouvait dans la première muraille à l'est de la tour Hippicos; s'avançant de là vers la partie septentrionale de la ville, elle tournait ensuite vers l'est, et venait aboutir à l'angle nord-est du temple. Ces deux premières enceintes laissaient en dehors de la ville le Golgotha ou le calvaire, sur lequel Jésus-Christ fut crucifié, et où s'élève aujourd'hui le Saint-Sépulcre. La troisième muraille commencée sous le roi Agrippa Ier, avait vingt-cinq coudées de hauteur et dix coudées d'épaisseur. Commençant à la tour Hippicos et courant en ligne droite vers le nord, jusqu'à la tour Pséphina, elle se dirigeait à l'est, en passant devant le tombeau d'Hélène, traversait les grottes royales ou sépultures des rois, et rejoignait au midi l'ancienne muraille dans la vallée de Cédron. » — P. LAORTY-HADJI: *La Syrie.*

HOCTOTA, fils de Dchinchis khaân, est nommé empereur des Tartares.

HOIRS, héritiers; du latin *heres.*

HONGRIE. Cet Etat était borné à l'occident par la Styrie, l'Autriche et la Moravie; au nord, par la Pologne; à l'est et au sud par la Turquie d'Europe. Il répondait à une partie de l'ancienne Pannonie et de la Dacie. Il fut occupé au Ve siècle par les Huns, et après eux par les Lombards, qui passèrent de là en Italie. Les Slaves se répandirent ensuite en Hongrie et s'établirent aux environs de la Save. En même temps, les Avares qui étaient de la race des Huns ou un peuple tartare, se rendirent maîtres de la Hongrie et en furent chassés par Charlemagne et son fils Louis le Débonnaire.

Hostellé, hébergé, logé,; du latin *hospitale*.

Hostilz, outils; du latin *ustensile*.

Hottecar, capitale du Turquestan, sur la rivière le *Sir*, vers le nord. Tamerlan y mourut en 1405 pendant la guerre qu'il faisait à la Chine. — V. *Géograph. moderne*, II, p. 233.

Hua, hibou (le huant); du latin *ululare*, pousser des cris.

Hullotte, hibou. Les Flamands nomment cet oiseau *uyl*; il est probable que Jean LeLong se sera servi du nom usité dans son pays pour désigner l'oiseau, qui s'assit sur la porte de la forteresse tartare.

Hus, *(Uz* dans le texte latin d'Oderic de Frioul). Cette ville de Perse touche au nord de la Chaldée : *hæc civitas correspondet à capite Chaldeæ versus tramontanam.* « Houlagou, » dit d'Ohsson, « passa quelques jours dans « les délicieuses prairies voisines de *Thous*. » C'est probablement de ces prairies que Marco Polo entendit parler en ces termes : « On chevauche par beaus plains et belles cos- « tieres, là où il a moult beaus herbages et bonne pasture « et fruis assez, et de toutes choses en grant habondance. » Edit. *Pauthier*, p. 105 et 106.

Hutans, fruit de l'île de Ceylan. Les naturels du pays s'en oignent le corps pour pêcher les perles.

Huy, aujourd'hui; du latin *hodiè*.

Huys, portes; du latin *ostium*, dont l'italien a fait *uscio*.

Hymar, montagne de Mésopotamie, comprise dans le Diarbeck, en Turquie d'Asie.

I

Iasse, petit navire; c'est le *yacht* des Anglais.

Ihrtin, ville de Chaldée.

INDE. Dans Oderic de Frioul, la *haute Inde* correspond à la Chine actuelle. Mais par royaume de l'Inde, M. Barthelemy-St-Hilaire entend le pays dont il indique les limites dans le *Journal des Savants*, août 1861, p. 158 :

« Quant aux limites générales de l'Inde, elles sont celles que l'on sait : l'Indus à l'ouest, le Brahmapoutra à l'est ; au nord, la chaîne énorme de l'Himâlaya, et au midi l'Océan, qui entoure la péninsule sur deux des trois côtés du triangle qu'elle forme. M. Lassen a été plus loin et à la géographie de l'Inde ainsi déterminée il a cru devoir joindre celle des pays voisins, sur lesquels l'Inde a exercé une action plus ou moins marquée : Ceylan, qui en est inséparable en effet ; les autres îles environnantes ou archipel indien, depuis les Laquedives et les Maldives jusqu'à Java, Bornéo et même les Philippines ; et enfin ce que l'on appelle l'Inde transgangetique, renfermant le Tonquin et la Cochinchine, le Cambodge et le Laos, le Birman, le Pégu et l'Arakan. A l'exception de Ceylan, qui a reçu sa religion de l'Inde bouddhique, et peut-être aussi, à l'exception du Birman, les autres pays méritent à peine les regards de l'histoire, et c'est par un excès de scrupule que l'auteur les a admis dans ses investigations. Il ne faut pas toutefois nous en plaindre : car, si jamais les destinées de ces peuples à demi civilisés peuvent attirer l'attention de la science, c'est par leurs rapports avec l'Inde qu'on parviendra à les comprendre quelque peu. »

INDIE LA MAIOUR, Inde la majeure, l'Hindoustan.

« Par *Inde majeure*, Carpin embrasse d'une manière gé-
» nérale toute la contrée au-delà de l'Indus jusqu'à la Chine
» méridionale ou Mangia (Manzy). » *D'Avezac*, p. 547. —
Le texte latin d'Oderic de Frioul porte : « *Veni in Indiam quæ est infra terram*. Je crois qu'il faut entendre par ces mots l'Indo-Chine. Le P. Marcellin da Civezza les interprète par *India mediterranea*, p. 744, *Storia universale*.

INGARMATO. Oderic de Frioul écrit ce nom « Sucumat » dans le texte latin du ms. de la Bibliothèque royale de Munich, et le P. Marcellin da Civezza le traduit par « Feuscivi-mateu » ville de la Chine, sur le canal impérial *Juno*.

IRE, colère ; du lat. *ira*.

ISSENT, *issirent*, sortent, sortirent. V. *yssis*.

ITINÉRATION. Description de voyage. Du latin *ire, itum*, aller.

J

JA, déjà ; du latin *jam*.

JACOBINS, sectaires qui n'obéissent pas au souverain Pontife de Rome, et qui habitent à Mousal ou Ninive une abbaye de St-Mathieu, l'église cathédrale des patriarches jacobins.

JAMATHAY ou JANFU, ville de Chine où il y avait un couvent de frères mineurs.

Dans le ms. latin de Munich, Oderic de Frioul écrit *Jancy*, et le P. Marcellin da Civezza traduit ce nom par « Tang-seu, » ou « Jang-ceu-fu » t. III, p. 767. Peut-être est-ce Jang-tcheou à 280 lieues au sud de Nan-ning-fou.

JANA. Dans le texte latin d'Oderic de Frioul, il y a *Java*; édit. P. Marcellin da Civezza, p. 757.—V. *Java* dans notre livre : *l'Archipel indien*, in-8° 1874, chez Firmin Didot, et le rapport de M. Franck, de l'Institut, sur cet ouvrage. (Séance de l'Académie des sciences morales et politiques, 15 mai 1875).

JEAN ou JEHAN, prêtre Jean. Marco Polo dit que ce nom était traduit dans le langage des Mongols *une can*. Suivant Aboul-farage, c'est le nom persan *Oung-Khân*. Cet empereur commandait en 1202 à des tribus de Turcs orientaux, et lui-même était de celle des Kerrits. Ces tribus professaient la religion chrétienne. « Quant à *Une* ou *Oung-Khân*, dit M. Pauthier, le chef de la tribu puissante des Keraïtes, aussi de race mongole, ce nom ne signifie pas *Prêtre Jean*, comme on pourrait le présumer du texte de Marc Pol, mais bien le *Khân-Roi*, parce que le titre de *Oung*, en chinois *Ouang*, « roi » lui avait été donné honorifiquement, par l'empereur de la Chine septentrionale, pour des services qu'il lui avait rendus. C'est peut-être cette similitude du nom de *oung*, *ouang*, *oune*, avec celui de *Johane*, « Jean, » et la croyance répandue par les nestoriens que la nation des Kéraïtes était chrétienne, c'est-à-dire *nestorienne*, qui fit donner à leur chef le nom de *Prêtre Jean* devenu si célèbre dans tout le moyen âge. » — *Le livre de Marco-Polo*, p. 174.

Voir les éclaircissements que M. d'Avezac a donnés sur le prêtre Jean dans son édition de Jean du Plan de Carpin, Paris, 1838, in-4°, p. 151.

JOCHI, fils du Khân Hoctota et petit-fils de Dchinchis-Khân.

JOING, ou JUYNG, Péking.

« Les Cochinchinois, dit le docteur Bastian, sont dans toute l'Indo-Chine, par opposition aux Khéo ou Tonquinois connus comme *Joun*, un mot, qui, d'après l'orthographe siamoise, peut être prononcé aussi Javana (*Jon*) et est en effet prononcé ainsi, bien qu'il serve à désigner le nom pali des Cochinchinois. Cette dénomination paraît être plus ancienne que la dynastie mongole des Joun (les premiers ou l'origine) qui après s'être assuré le trône de la Chine, envoya combattre la Cochinchine et s'allia avec Juë, une désignation qui remonte aux temps les plus reculés pour tous les pays au-delà des frontières méridionales, où, depuis la dynastie des Tsin, les rebelles ont été exilés et des populations remuantcs ont été bannies. Cependant il faut reconnaître qu'un grand nombre de Mongols (comme appartenant aux hordes de Kukinor, qui furent séparées des provinces chinoises par la construction de la grande muraille), expliquèrent plus tard en chinois par un signe hiéroglyphique et honorifique le nom qu'ils portaient déjà, « *Joun* ou *Javana* » ce qui signifiait « étrangers ou barbares. »

Jus, en bas ; du lat. *jusum*. V. Ducange, *glossarium*, etc.

K

Kalaan, province vers l'orient de l'Inde.

Kestes, chaudrons ; du flamand *Ketel*, chaudron.

Krisna ou *Krischnah*, rivière née sur le revers oriental de la grande chaîne des Gattes, montagnes de la péninsule indienne, et révérée des Hindous, se grossit de plusieurs rivières, parmi lesquelles se distingue la Toumandra, passe à Pendalcota, ville renommée pour ses fabriques d'acier, coule paisiblement à travers des plaines couvertes de manguiers et de citronniers, rencontre la chaîne orientale des Gattes et s'y fraye un passage pour entrer dans la Télinga. Là ses eaux, coulant par mille canaux, vont répandre au loin la fertilité ; mais elle s'épuise tellement par des saignées, qu'elle arrive à la mer presque inaperçue.

Labourer, travailler, fatiguer ; du latin *laborare*.

Lamory, île, qui, selon Pauthier, est la même que celle de Necouran, citée et décrite par Marco Polo, p. 579. Nécouran est une des îles Nicobar, au nord-ouest de Sumatra. Celles-ci sont probablement aussi les mêmes que celles décrites dans la relation de Soleyman (traduction de M. Reinaud, t. I, p. 8) : « Après cela viennent les îles Lendjebalous. Ces îles nourrissent un peuple nombreux. Les hommes et les femmes vont nus; seulement les femmes couvrent leurs parties naturelles avec des feuilles d'arbres, etc. »

« Les îles Nicobar sont situées dans la partie sud-est de la baie du Bengale, entre 6° et 10° de latitude nord, à peu près à une égale distance de la pointe nord-ouest de Sumatra et de la petite Andaman. Elles sont en général montagneuses. Leurs principales productions sont les noix de coco et le bétel. »

Le P. Marcellin da Civezza croit que l'île de Lamori est celle de Sumatra dans l'archipel indien. *Storia universale delle missioni francescane*, t. III, p. 756. Le texte latin d'Oderic de Frioul porte: « Lomori. »

LANGUES, nations, peuples; du lat. *lingua*.

LANTERNY; c'est Lin-cing, ville baignée par le Caramarian ou Caromoran, aujourd'hui le fleuve Jaune de la Chine. Dans le texte latin du ms. de Munich, Oderic de Frioul écrit *Lencui*, que le P. Marcellin da Civezza traduit par *Lin-cing*, t. III, p. 767. Probablement *Lin-tsing*, nom d'un arrondissement et d'une ville de 3ᵉ ordre du département de Pou-tchéou-fou, latitude 35° 10' longitude 108° 16'.

LATATA, plaine très agréable située en Perse, où se trouvent des pierres qui ont la vertu de guérir les blessures.

LESSIÉ, laissé; du latin *laxare*, *laxatum*.

LEYALLES, loyales; du latin *lex*, *legis*.

LEZ, côté; du latin *latus* qui a la même signification. Anciennement on écrivait *let*; aujourd'hui le substantif *lé* désigne encore le côté large d'une étoffe.

LI, les; du latin *illi*.

LICEZ, barrières, remparts; du latin *licium*, cordons, parce que primitivement les lices étaient formées au moyen de cordes tendues.

LIEPURE, lièvre; du lat. *lepus*, *leporis*.

Lième, lève; du latin *levare*.

Liez, joyeux; du latin *lætus*, par changement de *œ* en *ie*.

Lignaige, famille, lignage; du latin *linea*.

Lignuz, bois; du latin *lignum*.

Lingnes, linges; du latin *linium*, lin.

Lisson, montagne de Mésopotamie.

Lobasse, le lama ou pape du Thibet.

Loient, lient; du latin *ligare*.

Loiga, logea; du latin *locare*.

Lonc ou onc, pays dépendant de Tanduc; c'est le pays des Oûng ou sujets du prince kéraïte, qui reçut d'un prince chinois le titre de *ouâng*, roi.

« La contrée que l'on appelait en Europe, au moyen-âge : « *pays de Gog et de Magog,* » était nommée par les Asiatiques : « le pays de *Ong* et *Mugul,* c'est-à-dire : le pays des Oûng ou sujets du prince *kéraïte*... Voir : v° *Jean (Prêtre Jean)*. Les Oûng ou Oûang étaient les habitants du pays, qu'ils occupaient depuis le neuvième siècle, lorsque leur tribu fut attaquée près du Kéroulun (ou *Kherlon*) et dispersée par les Khitan. » — Pauthier.

Lyban, mont Liban.

« C'est à Tripoli qu'on trouve le chemin de la montagne des cèdres; les cèdres, cette gloire du Liban, comme le répète souvent Isaïe (gloria Libani). Pour s'y rendre, on prend la route de Zgorta ou Zgarté, par le vallon que baigne la Quadicha. Au delà du pont de Prinss commence le plateau où coule la Zgorta ou Zgarté, petit affluent de la Quadicha, avec des eaux plus claires et plus légères. Tout ce plateau est couvert de bois d'oliviers qui prolongent jusqu'aux limites de l'horizon leurs cimes mobiles et grises. Des quinconces de mûriers et des plants de vignes varient et animent l'aspect de cette campagne. De Sgorta au pied de la chaîne, on compte quatre heures de chemin. Là, le sol change avec la végétation. Au lieu d'une montée douce et verte, paraissent alors les sentiers âpres de la montagne, si abruptes, si perpendiculaires, que pour se maintenir en équilibre, il faut se cramponner aux crins des chevaux. En de certains passages plus dangereux que les autres, il faut mettre pied à terre. Du reste, aucun passage européen ne saurait donner l'idée de cette région rocailleuse à la fois et féconde. Tant qu'on gravit les flancs de la chaîne, on ne voit que blocs de basalte affectant mille formes sauvages et tourmentées; mais, au moindre plateau, au moindre accident de terrain cultivable, de délicieuses oasis se révèlent, bouquets verts sur la croupe nue, semblables de loin à des vases de myrthe qu'on soignerait artificiellement sur une terrasse.

« On gravit ainsi pendant deux heures le Liban, tantôt au travers des forêts ombreuses, que coupent des torrents, tantôt sur l'arête des divers plans de la montagne. A mesure que l'on s'élève, les points de vue s'agrandissent ; ils prennent une pompe et une majesté bibliques. Tripoli et ses campagnes s'absorbent pour donner plus d'espace au vaste horizon maritime. On suit au loin tout le système géologique de la contrée, du côté du nord, jusqu'au mont Cassus ; du côté du midi, jusqu'au mont Thabor, tandis qu'en face s'élèvent les crêtes de l'île de Chypre, la poétique Cypris de l'Histoire païenne. » — P. LAORTY-HADJI : *La Syrie.*

LYEPPARS, léopards; du grec *leopardalis*; animal tenant du lion et de la panthère.

M

MAGLOGUEZ, mongols, descendants de Mago ou Mangou.

MAGNONNE, pays compris dans la grande Arménie et où se

trouvent des fontaines d'huile, ou sources de pétrole. C'est probablement le *Museh* qu'Oberlin assimile à l'ancien Moxoène. *Orbis antiqui monumentis*, p. 150.

MAILLE, ancienne petite monnaie qui faisait la moitié du denier tournois.

MAIOURS, les anciens ; du latin *majores*.

MAISNIE, maison, famille ; du lat. *mansio*.

MAISTRES DU TEMPLE ET DE LOSPITAL, Templiers ou chevaliers de Malthe.

MALESTOIRE, nom de la montagne habitée par le vieillard, dit : « Le Vieux de la montagne. »

Cette montagne était à l'est de la terre du Prêtre Jean, et nommée *Milestorte*, dans le ms. latin de Munich, par le frère Oderic de Frioul.

MALGOBS, Mogols, Mongols.

MALLEMENT, fortement, violemment ; du latin *masculus*.

MALLE MORT, malemort ; du latin *malâ morte*.

MALOITE, mauvaise ; du latin *mala*.

MANAGA, ville de Perse. Peut-être *Mah-Naghaz*, ville principale du Sind, à six journées de Ghaznah, située sur le chemin de Caboul à Dehli ? — BARBIER DE MEYNARD : *Dict. géog. de la Perse*, p. 567.

MANANS, demeurant ; du latin *manere*.

MANE, manne ; espèce de suc congelé qui se recueille sur les feuilles de certains arbres.

MANGO KAAN, empereur des Tartares.

MANGI et MANGY, un des royaumes de la Chine, nommé aujourd'hui *Manzi*, nom qui désigne la Chine méridionale, comme *Katay* désigne la Chine septentrionale. « *Manzi*, dit M. Pauthier, est la transcription du terme chinois *Mân-tse*,, « fils de barbares » ; terme de mépris employé par les Chinois du Nord envers ceux du midi, parce que les provinces méridionales de la Chine furent conquises plus tard à la civilisation chinoise que celles du midi. » — *Le livre de Marco Polo*, pp. 352 et 452.

MANTCHOURIE.

Sous le nom générique de Mantschou ou Mantchour, un titre d'honneur qui signifie *le pays populeux*, et que l'empereur mongol *Tai-Dsu* donna en montant sur le trône en 1616, on comprend les habitants de la partie orientale de la Tartarie, c'est-à-dire, le pays entre les Mongols et l'océan oriental, d'un côté, et la Sibérie et la Chine de l'autre. En fait, ils sont un grand nombre de hordes qui ont chacune leur nom particulier. Ils se trompent, ceux qui les nomment Mongols orientaux, car les Mantchoux en diffèrent par la langue, les formes physiques et les mœurs. Ils sont sous la domination chinoise, partagés en trois gouvernements, et sont probablement depuis des siècles originaires de la Chine. Barrow les regarde comme une race mélangée qui a du sang européen dans les veines. Leur idiome n'est plus monosyllabique, mais garde encore des traces de ce premier état, ainsi qu'un grand nombre d'onomatopées. C'est une langue à part, qui a reçu beaucoup du chinois. Malgré la barbarie du peuple qui vit encore dans des déserts, cette langue appartient aux langues douces et a des syllabes formées de deux consonnes séparées par une voyelle; l'oreille du Mantschou est même si délicate qu'elle ne tolère pas la répétition immédiate d'un mot, mais provoque un déplacement ou une interversion. C'est surtout dans la dérivation que le mantschou est riche et a cherché par là à s'affranchir du joug des langues monosyllabiques. Mais comme celles-ci, il est pauvre en déclinaisons et dans l'expression du genre. En revanche, la richesse des conjugaisons qu'on remarque dans les langues sémitiques, est ici aussi remarquable.

Les subdivisions de la race mantchoue sont :

1° Les Bogdoi, *Niut-sche* chez les Chinois, au nord de la Chine et de la Corée; entre les Daours, les Mongols et le fleuve Amour. En 1644, cette peuplade se rendit maîtresse du royaume de Chine, ce qui fit que sa civilisation s'étendit hors de ses frontières et que beaucoup de ces Mantchoux demeurent dans des villes et des bourgs. Leur langue s'est maintenue en Chine, par les soins que prirent les empereurs, dès le commencement de leur règne, pour la préserver de l'abâtardissement ou de l'anéantissement, en faisant traduire en mantchou tous les ouvrages chinois. Pour ce qui était de l'administration, en 1771 l'usage du pur mantschou fut prescrit à tous les fonctionnaires sous peine corporelle; mais en 1809 les étudiants envoyés à Péking par le ministère des affaires étrangères de la Russie ont assuré, à leur retour, que le mantchou perdait du terrain en Chine. Ce n'est plus qu'un dialecte.

2° Les *Daours*, situés entre la mer Baïkal, l'Amour et les montagnes de la Mongolie. Lorsque les Russes soumirent la Sibérie, diverses peuplades mantchoues demeuraient sur les bords de la Selinga et de l'Amour supérieur; elles gagnèrent alors le bas de la rivière et le territoire chinois. Il paraît cependant que toutes ne sont pas parties, ou bien que leurs demeures ont été envahies par des Tongous errants.

3° Les *Tongous*, un peuple nomade très nombreux, parti de la Jenisé, qui occupe la Sibérie orientale et se distingue par une sorte de tatouage. A côté, et parmi eux vivent les Ostiaks, les Samoïèdes et les Jakoutes. On les divise en Tongous des bois et Tongous des steppes; à ces derniers appartiennent ceux qui se servent de chevaux et de chiens dans leurs expéditions; aux premiers, les Tongous chasseurs et pêcheurs. Dans les deux classes, on en trouve qui occupent des animaux de course; sur les côtes de la mer d'Okotsk, on les nomme « Lamoutes » et sur le golfe de Penschini, « Tounausins. » Leur langue a beaucoup de mots mongols, entr'autres les noms des animaux domestiques qu'ils ont reçus de leurs voisins de la Mongolie; il y a aussi quelques mots russes. Pour le reste, ils sont un peuple marchand et honnête, païens et sans la moindre éducation littéraire.

4° Enfin demeurent encore sur le territoire chinois, du côté de la mer, des peuplades à demi sauvages, parmi lesquelles les principales sont les Youpi, peaux de poissons, parce qu'ils vivent de poisson et se vêtissant de peaux de poisson; et les Ketschings, des deux côtés de la Saghalien-Oula, la rivière noire, littéralement le dragon noir, à cause des courbes que fait ce fleuve, et aussi ces peuplades connues sous le nom de *Fiatta Giljaki*. On ne sait rien de leurs différents dialectes, qui sont sortis de la Sibé re. Les Humar sont encore une autre peuplade.

5° A la famille des Mantschoux appartiennent encore les habitants de l'île Tschoka, à l'opposite de l'embouchure du fleuve de ce nom. Les Japonnais le nomment Okou ou Jesso supérieur, connu surtout depuis le voyage de Lapeyrouse. Le nom et la langue de ces insulaires changent de bourg en bourg. Ils sont de la même race que les insulaires du Tschika méridional, le Jedso des navigateurs hollandais.

MARAGA, ville de Chaldée, probablement *Marasch* en Anatolie, dans le gouvernement de Marasch ou d'Aladulie.

MARCHACHEDES, pierre précieuse.

MARCHIS, frontière; du germanique *Mark*, frontière.

MARCHIST, confine, touche comme frontière à; du vieux germanique *marchen*.

MARINE, mer., du lat. *mar, maris*.

L'EXTRÊME ORIENT AU MOYEN-AGE.

« MARONINS, Maronites. — « Dans ce bassin littoral qui s'adosse à la grande chaîne du Liban, sur ses versants, sur ses plateaux, habitent divers peuples, simples, bons, hospitaliers, industrieux, voués à des travaux manufacturiers ou agricoles. Ce sont les Ansariés, les Maronites et les Druses.....

« Entre les Ansariés au nord, et les Druses au midi, habitent les Maronites, ou Mâourné, secte chrétienne, distincte des Latins (dont ils suivent pourtant la communion), moins par des nuances de rites que par des nuances d'origine. Le fondateur de cette secte semble être un nommé Maroun, qui vécut vers la fin du sixième siècle, sur les bords de l'Oronte, et s'y rendit célèbre par ses austérités. A sa mort, on parla de miracles opérés sur son tombeau, et un couvent se fonda sur le lieu même pour honorer la mémoire du saint. » — LE P. LAORTY-HADJI.

MATHAN. Dans le texte latin d'Oderic de Frioul, il y a *Paten*. Le P. Marcellin da Civezza traduit ce nom, t. III, p. 757, par « Pointe de Malacca, » voisine de l'île de Bintang dans l'Archipel indien.

MAULDICTE, maudite; du latin *maledicta*.

MAULVAISTIÉ, méchanceté; du latin *malus*.

MÉDIE (royaume de), contrée de la Perse, bornée au nord par l'Arax, à l'est par la mer Caspienne, l'Hyrcanie et les Parthes; au sud, par la Susiane; à l'ouest, par l'Assyrie et l'Arménie majeure. Aujourd'hui elle est nommée *Aderbijan*, province de la Perse, touchant à l'est au fleuve Ardabil et à *Ghilan*; au nord, à l'Arax; à l'ouest, à la mer Uruma; au sud, au Kissil-Osan; au nord-ouest à l'*Irak-Adschemi*. — BISCHOF ET MŒLLER.

MEFFERONT, feront mal; du latin *facere* précédé du préfixe *mes* ou *mis*. F dans *faire* s'est assimilé s de *mes*.

MEISSENT, missent; du latin *mittere, misi*.

MELCH, cité de la Tartarie au delà de la Porte de fer ou *Derbent*, dans le Caucase, vers la mer Caspienne.

MEMONEZ, mones. La *mone* est une guenon désignée par les anciens sous le nom de *kebos*, *cebus*, *cœphus*, et qui se trouve en Barbarie, en Arabie, en Perse, et dans les autres parties de l'Asie que les anciens connaissaient. Elle a la queue longue de deux pieds (soixante centimètres), la tête petite et ronde, le museau gros et court, la face couleur de chair basanée; elle porte un bandeau de poils gris sur le front, une bande de poils noirs qui s'étend des yeux aux oreilles, et des oreilles jusqu'aux épaules et aux bras; elle a une espèce de barbe grise formée par les poils de la gorge et du dessous du cou, qui sont plus longs que les autres. Son poil est d'un noir roussâtre sur le corps, blanchâtre sous le ventre; la queue est d'un gris brun avec deux taches blanches de chaque côté à son origine.

La *mone* marche à quatre pieds, et elle a environ un pied et demi (quarante à cinquante centimètres) de longueur. C'est de toutes les guenons, celle qui s'accommode le mieux de la température de notre climat. Elle est susceptible d'éducation et même d'un certain attachement pour ceux qui la soignent. Le nom de *mone* est formé de *mona*, *monina*, *mounina* qui, dans les langues espagnole et moresque, désigne les guenons ou singes à longue queue, et il paraît, comme nous l'avons insinué, qu'on peut rapporter spécialement à celui-ci le *Kebos* d'Aristote; *Kypos* d'Avicenne, à raison de la variété de ses couleurs. C'est le *singe varié* de Buisson. — *Encyclopédie méthodique*, t. 89, in-4°, Paris, 1782.

MENDRE, moins âgé; du latin *minor*.

MENEURS, mineurs (frères).

MENGUENT, mangent; du latin *menducare*.

MENTE, Oderic de Frioul écrit *Mency* dans le texte latin

du ms. de Munich. C'est une ville située, dit-il, *in capite fluminis Chanay*. Ce doit être *Ment-seu*, située près la source du Chiang supérieur, fleuve de la Chine, dépᵗ de Meou-tcheou 31° 22' latitude, 101° 16' longitude.

Menuisier, diminuer; du latin *minùs*.

Mer (la grande). V. *mer maiour*. C'est la *mer Noire*.

Merkyts, habitants des rives de la Selenkah et du lac Baïkal, entre les Tartares à l'est et les Naymans à l'ouest, nation voisine des Taugas, c'est-à-dire de la Chine. — V. Klaproth, *Mémoires relatifs à l'Asie*, t. III, p. 261.

Meredin et Meridinum, ville et contrée du pays des Kurdes, dans la province du Diarbeck de la Turquie d'Asie. « Les Kurdes qu'on a souvent confondus avec les Turkomans, forment un autre corps de nation, dont le pays originaire est la chaîne des montagnes où naît le Tigre, laquelle après avoir enveloppé le cours supérieur du grand Zab, passe du midi jusqu'aux frontières de l'Irak-Adjami. Dans la géographie, ce pays se nomme le Kourdestan. Il y a un siècle environ, cette région était presque déserte ; ce n'est guère que depuis cent ans que de nombreuses tribus kourdes sont venues l'occuper. Du reste, nul terrain n'a été plus favorisé par la nature. Le grain, le lin, le sésame, le riz, les noix de galle, tout y vient à souhait ; les pâturages y sont gras et nombreux. Un gland doux qu'on y recueille sert à la fabrication d'une espèce de pain. » — Le P. Laorty-Hadji.

Merredin, l'antique *Marde* ou *Miride*, de 4 à 5000 maisons, domine, du haut de rochers calcaires, les plaines de la Basse Mésopotamie, popul. 25,000 habit.

Mer Maiour, mer Noire. — C'est le Pont-Euxin de l'antiquité. « La carte maritime de la mer Noire, levée par les Vénitiens dans le treizième siècle, et dont l'original est à la Bibliothèque de Saint-Marc à Venise, l'appelle *mar maor*. » — PAUTHIER, édit. de *Marco Polo*.

MER OCCEANE, l'océan.

MERRIEN ou MERREM, bois de charpente, du lat. *materiem*.

MER SABLONNEUSE. C'est le Han-haï ou le désert de Gobi, appelé aussi mer de sable. Han-haï est encore le nom d'un lac de Tartarie, vraisemblablement l'un de ceux qui sont en grand nombre dans les monts Altaï.

MES, je mets.

MESAISE, fatigue, mésaise ; du préfixe *mes* et *aise*.

MESAVIENGUE, arrive mal, mésavienne.

MESCHINES, servantes. Ce mot dérive de l'ancien teutonique *Meydsken*. «*Germanis est metze, a Manzan quæ vox* MAMMAS *vel* UBERA *significat, ut* J. G. Kesylero *arridet, Ante Sept.* p. 460. et E. Schedio *de Diis germ.* p. 9. » — V. KILIAN, v° *Meyssen*.

Le mot *Meschine* se trouve dans le roman de la Rose, v. 7092 :

« Si comme il plaît à la *meschine*. » Edit. de Méon. Et Barbazan, t. III, p. 142, a écrit une fable intitulée : *Fabliau des trois Meschines*. A Valenciennes, on appelle encore une servante : *méquéne* ; à Cambrai, on dit *mesquaine* ; à Amiens, *mékaine* ou *mekine*. A Lille, *méquaine* est une servante de ferme. Dans le roman de Brut, *mescine* est synonyme de « demoiselle » ou « jeune fille » :

« Sa fille est mult bele *mescine*. » v. 49.

MESCRÉANS. Qui ne croit point aux dogmes de la religion chrétienne. Le Dict. de Trévoux fait dériver ce mot de *minus* ou *malè credens*. Il serait difficile d'expliquer comment *minus* ou *malè* est devenu « mes. » Je crois plutôt que ce préfixe est le mot germanique *mis*, faute, erreur, mal. « MIS, dit Kilian, *in compositione adversativa parti-*

cula plerumque exponitur per « *malus, malè* » *et similis significationis dictiones. Gallicè* « mes; » *ital.* « mis; » *angl.* « mis. ». Nous avons en flamand : *mis-bruycken*, mésuser; *mis-daed*, méfait. — *Créans* vient du latin *credens*, croyant; c'est le participe présent du verbe *credere*, qui a perdu la dentale en passant au français, de même *créances* pour « croyances. » Henri Estienne, dans ses *Hypomneses linguæ gall.*, fait remarquer qu'on remplaça par *oi* la voyelle *e* des mots CREDERE, REGE, FIDE etc. : *croire, roy, foy*. Mais son père, Robert Estienne, dit que de son temps, au seizième siècle, l'usage revenait de substituer *e* primitif au son *oi*. « On n'oseroit dire *François* ni *Fran-* « *çoise*... mais faut dire *Frances* et *Franceses*; pareille- « ment *j'estes, je faises, je dises, j'alles, je venes*, non pas « *j'estois, je faisois, je disois, j'allois, je venois*... »

MESNIÉE ou MESSNIÉE, ménage, famille. V. *maisnie*.

MÉSOPOTAMIE, dans le Diarbeck, province de la Turquie d'Asie.

MESSONNENT, moissonnent, font la moisson; du latin *messis*.

MESTIER, besoin, nécessité; du latin *ministerium*, qui est devenu *menestier* dans le cantique de Ste Eulalie.

MEURDRIER, meurtrier; de l'ancien haut-allemand *morder*, qui a la même signification. — V. *De Chevallet*, orig. et format. de la lang. franç., I, 576, 171.

MEURS, mûrs, muris; du latin *maturus*.

MEUSSENT, font, portent; du latin *movere*

MEYNENT, conduisent. — V. DE CHEVALLET, I, p. 126. « De *minare*, dont les Latins se sont servis dans le sens de *mener*: « Nos duos asinos *minantes*, baculis exigunt. » Apulée, *Métamorphose*, liv. III. Le même verbe se trouve avec la même signification dans Ausone et dans Paulus, abréviateur de Sextus. »

MISRENT, mirent, du latin *miserunt* (*mittere*).

MOAL, la Mantchourie. Cingis-Khân y tenait sa cour. Là, habitaient des peuples chasseurs et pêcheurs, nommés *Su-moal* ou « Moals des eaux. » (*Su* en tartare ou mantchou signifie « eau »).

MOBARUM, V. *Montbar*.

MOGAM, plaine de Géorgie où le roi de ce pays attaqua les Tartares.

MOILLIER, femme ; du latin *mulier*.

MOLESTE, dommage, injure, souffrance ; du latin *molestia*.

MONDE (la fin du). Ce que le frère Bieul nomme « la fin du monde » doit être le pays que les anciens appelaient Thulé. « Pythéas, selon Strabon, racontait que le plus éloigné des pays était celui de Thulé. Il n'y a donc pas de doute, dit M. de Ujfalvy, que Pythéas n'y soit allé lui-même, et ne se soit entretenu avec les habitants de Thulé.

« Nous pensons, d'accord avec M. Koskinen, que Pythéas, partant de la Grande-Bretagne, aurait pris une direction nord-nord-est, qu'après six jours de voyage il serait arrivé dans un pays où il aurait parlé avec les habitants. Ce pays qui lui semblait une vaste île, comme d'ailleurs d'autres parties de la presqu'île scandinave, il l'appelle Thulé, et la plus courte nuit y était de deux à trois heures, ce qui indique que ce pays était situé au 63° ou au 64° de latitude.

« Les savants d'aujourd'hui ne sont pas plus d'accord que ceux d'autrefois sur la situation du pays de Thulé. Les uns placent ce pays en Norvège: les autres en Islande. M. Koskinen est d'avis que ce pays ne pouvait être que la Norvège, et les raisons qu'il donne à l'appui de son assertion nous paraissent excellentes.

« D'abord, il serait difficile d'admettre que Pythéas eût pris une direction aussi prononcée vers l'ouest. Ensuite la longueur de l'Islande n'est pas assez considérable pour qu'on y trouve des endroits auxquels les différentes longueurs de jour indiquées dans l'ouvrage de Pythéas puissent s'appliquer. Enfin, nous savons positivement que l'Islande était inhabitée avant l'arrivée des Normands, et Pythéas a trouvé à Thulé des hommes avec lesquels il s'est entretenu. Il en résulte, d'après M. Koskinen, que le pays de Thulé est le nord de la Norvège d'aujourd'hui au 64° ou au 65° de latitude. » — V. Ch. E. de Ujfalvy : *Le pays de Thulé*, in-8° 1874, p. 6. — R. F. Burton, *Ultima Thule, or a Summer in Iceland*, London, 1876.

Monstré, montré; du latin *monstrare*.

Montagne de sel près Thauris, c'est le grand désert salé de l'Iran.

Montbar, c'est le *Maabar* de Marco Polo, le *ma'bar* des écrivains arabes et le *mà-pa-rh* des géographes chinois. — V. *Marco Polo*, édit. Pauthier, p. 600.

Le royaume de Montbar est sur la côte de Coromandel, en face de la partie septentrionale de l'île de Ceylan. L'ancienne église de St Thomas, l'apôtre, possède une statue colossale en or, probablement celle de Bouddha.

« Le *Mabar*, a dit Silvestre de Sacy (*Relation de l'Egypte par Abd-Allatif*, p. 112), le Mabar est fort différent du Malabar. Il est certain que le Malabar est nommé dans Aboulféda, *Manibar*; car ce géographe place le Manibar à l'orient de Guzarate ; et il dit que la ville de Caulam est la dernière du Manibar, et que le Mabar commence à trois ou quatre journées à l'est du Manibar, au lieu nommé *Ras Comhari*, c'est-à-dire au Cap Comorin. » — Comorin est aujourd'hui Coromandel.

Montgat (terre de), Mongolie. — V. *Tartarie*.

Mosel, *Mosul*, ville de la Mésopotamie, sur le Tygre, en face de l'ancienne Ninive. C'est une ville fort marchande et la résidence du pacha et du patriarche des Nestoriens. C'est de cette ville qu'est venu le tissu, connu en Europe sous le nom de « mousseline. »

Mousal, nom de la ville réédifiée de Ninive, dans le Diarbeck, province de la Turquie d'Asie.

Mouglez, mongols.

Morcal. C'est sans doute le même pays que Guillaume de Rubrouck, nomme *Moal*, celui où Cingis-Khân tenait sa cour, et qui correspond à la Mandchourie. Les *Su-moall* ou *Moal des eaux* étaient des peuples chasseurs et pêcheurs.

Moullent, font moudre ; du latin *molere*.

Moult, beaucoup. (Du latin *multum*; *u* est devenu « ou » en français.)

Moussons, jeunes garçons, valets ; de l'espagnol *moço* qui a la même signification ; dérivé, croit-on, du latin *mustus*. Le français a conservé le mot « mousse, » apprenti matelot.

Moustiers, monastères ; du latin *monasterium*.

Moyenne, centre, milieu ; du latin *medium*.

Muciez, caché. V. *musse*.

Muerent, *muert*; meurent, meurt ; du latin *mori*.

Mulates, mulets ; du latin *mulus*, qui a fait *mul* auquel on a ajouté le suffixe *et*.

Munibar est la province de l'Inde nommée par le géographe arabe Alboufédar *Manibar*, et Silvestre de Sacy dit que Manibar est le même nom que Malabar (*Relation de l'Egypte par Abd-Allatif*, p. 112). Gildemeister dit aussi, *Scriptorum arabum de rebus indicis loci et opuscula*, p. 214 : « Malibâr ampla Indiæ regio, urbibus frequens, in « quâ piper crescit. » Le Malabar est le pays où croît le poivre, c'est ce que dit le frère Oderic de Frioul. Les marchands arabes nomment le Malabar « le pays du poivre. »

— « Il vient une grande quantité de poivre, dit Antoine Colin (*Histoire des drogues, épiceries*, 1619, p. 140) au pays de Malavar, par toute ceste contrée maritime, laquelle va depuis le promontoire de Comorin, jusques au pays de Cananor. »

Le texte latin d'Oderic de Frioul porte « Nimbar, » et le P. Marcellin da Civezza qui l'a édité, traduit ce nom par *Malabar*.

Murdris, meurtris. — V. *De Chevallet*, I, p. 17.

Mussée, cachée. Part. pas. du verbe *musser*. Ce mot est encore conservé dans les patois picard et wallon sous la forme de « mucher, » et dans le patois bourguignon sous celle de « meussai. » Il est probable que la racine de ce verbe est le latin *mûs* (souris, rat), qui dérive du sanscrit Mush, se dérober. Une rue de Paris, où l'on reléguait autrefois les filles perdues, portait le nom de *Pute-y-musse* que le peuple prononcait « Petit-Musc.

Mye, rien (de *mica*, miette). Ce mot employé au moyen-âge dans un sens général comme *pas* et *point*, servit ensuite d'explétif dans des propositions négatives. Il a cessé d'être usité dans la langue littéraire vers le commencement du XVIIe siècle. — De Chevallet: *Origine et formation de la langue française*, t. III, 340 et suiv.)

Myel, miel; du latin *mel*.

Mynes, mines. — V. *De Chevallet*, I, 285.

Myre, médecin. On lit dans le *Roman de Brut*:

« Trichierre fu, mires se fist. » v. 8467.

On croit que ce mot est d'origine orientale et qu'il dérive d'*Emir*, celui qui commande, ordonne.

Myssie, Mésie. Contrée de l'Asie mineure. Elle forma sous les empereurs chrétiens, avec la Troade, la province de l'Hellespont. La Mésie était bornée par le confluent de la

Save et du Danube à la mer Noire, à l'ouest par l'Illyrie et la Pannonie; au sud, par la Macédoine et la Thrace; au nord, par le Danube.

MY VOYE, à moitié chemin; du latin *mediâ viâ*.

N

NATEM. Dans le texte latin d'Oderic de Frioul, il y a *Pathen*. Le P. Marcellin da Civezza croit que c'est l'île de *Bintang*, de l'Archipel indien. — V. notre livre: *Archipel indien*, in-8° 1874, chez Firmin Didot.

NAULÉES, sorte de navires; du grec *naus*, navire.

NAVRENT, frappent, blessent; du latin *naufragare*, formé de *navem frangere*.

NAYEZ, noyés; du latin *necare*, faire périr, tuer dans l'eau.

NE, ni; du latin *nec*. « *Ne* pour *ni* n'a disparu de la langue qu'au XVII° siècle, et Vaugelas prescrit encore dans certains cas l'emploi de *ne plus*, *ne moins*, préférablement à *ni plus*, *ni moins*, bien que de son temps *ne* eût cessé d'être en usage dans tout autre cas parmi les gens qui se piquaient de parler purement. » — DE CHEVALLET, III, p. 397.

NEFS, navires; de *navis*.

NESTORINS, sectaires de la doctrine de Nestorius, qui soutenait qu'il fallait reconnaître en Jésus-christ deux personnes aussi bien que deux natures, le Dieu et l'homme, et qu'on ne devait pas appeler *Marie* « mère de Dieu, mais mère du Christ. »

NEPVEU, neveu; du latin *nepos*.

Nesabor, ville de Perse. Serait-ce le *Nisibis* ou le *Nesibin* d'Oberlin? *Orbis antiqui monumentis*, etc., p. 163.

Neuf, nombre en grande vénération chez les Tartares; du latin *novem*.

Nigacimaco. Ce nom de ville chinoise est écrit *Sucumat* par Oderic de Frioul dans le texte latin du ms. de Munich, publié par le P. Marcellin da Civezza, et ce franciscain le traduit par *Fen-scivi-ma-teu*, sur le canal impérial Juno, t. III, p. 768. Peut-être *Fou-tchouen*, nom d'un arrondissement et d'une ville de 3ᵉ ordre, département de Ping-lo-fou, latitude 24° 33', longitude 108° 43', pays arrosé par le Tchao-King.

Nigromance, nécromancie, ou l'art d'évoquer les morts pour avoir connaissance de l'avenir. Du grec νεκρος, mort, et μαντεία, prédiction, divination.

Noer, nager; du latin *natare*; le rejet du *t* a donné le son *au* ou *o* au premier *a*.

Noif, neige; du lat. *nix*.

Nopces, noces; du latin *nuptiæ*.

Nonne, none; l'une des sept heures canoniales, celle qui se dit après Sexte et avant Vêpres; ainsi nommée parce qu'elle se dit, à l'église, à la neuvième heure du jour (*hora nona*), laquelle répond à trois heures après-midi.

Nort, nord. — V. *De Chevallet*, I, p. 581. Ce mot est d'origine germanique, *nord, nort*; anglo-saxon, *north*; island. *nordur*; allem. *nord, norden*; dan. *nord*; suéd. *nord, norr*; holland. *noord*; angl. *north*.

Note, remarquable; du latin *notus, a, um*.

Nove, nouvelle; du latin *nova*.

Noy, n'entendis; du latin *audire*.

Noyse, *noises*, bruit, tapage. — Kilian, *Dictionn. teutoni-*

cum, donne le mot *noose* comme usité en Flandre dans le sens de *dissidium*, *noxa*.

Nudz, nus; du latin *nudus*.

Nully, à personne. « La plus ancienne forme de Bourgogne a été *nelui*, *neluy*, puis *nului*; dans l'Ile-de-France et la Champagne, au milieu du XIIIᵉ siècle, *nolui*; en Picardie, *nulli*, *nullui*, *nului*; en Normandie, *nūlui*.

« Il n'y a guère lieu de douter que ce mot ne soit à *nul* ce que *autrui* est à *autre*, c'est-à-dire une forme de régime, et qu'il ne dérive du latin *nullius* tout comme *altrui* dérive d'*alterius*.

« Vers la fin du XIIIᵉ siècle, dans les textes qui méconnaissent déjà presque tous les bons usages de l'âge précédent et qui ne leur en ont point encore substitué d'autres, on rencontre *nului* employé comme sujet. » — Fallot.

Nulz, nus; du latin *nudi*.

Nyent, néant. Les Italiens disaient d'abord *neente*, et aujourd'hui ils disent *niente*; mot formé du latin *ne* et de *ente*, neutre du participe *ens*, étant, existant, qui commençait à être en usage du temps de Quintilien. — De Chevallet, II, 297.

Nyl, le Nil, fleuve d'Egypte.

Nynive, Ninive, ancienne ville située sur le Tigre, dans la Turquie d'Asie.

« En face de Mossoul, après avoir traversé le pont de bateaux qui conduit dans la plaine, on se trouve en présence de deux monticules artificiels qui rompent la monotonie des terrains, ces deux monticules sont situés à deux kilomètres l'un de l'autre, sur une ligne droite qui forme le côté occidental de l'enceinte de la ville royale. Le Tigre coule suivant la partie la plus longue de cette enceinte et la touche aux deux extrémités en formant une courbe qui s'en éloigne vers le centre.

« Koyundjik (le petit agneau) est le nom du village bâti sur la colline la plus septentrionale. Cette colline a environ 20 mètres de hauteur au-dessus du niveau du Tigre et s'étend sur un espace de 800 mètres de long sur 400 mètres de large. C'est à la pointe méridionale que M. Botta avait entrepris les premières recherches en 1844, c'est là que les fouilles ont été reprises plus tard par M. Layard. Le nord du tumulus est occupé par le village et n'a pas encore été l'objet des recherches.

« Le palais qui a été découvert par M. Layard dans la partie sud de la colline de Koyundjik a été construit par Sennachérib; il s'élevait sur les bords du fleuve et les eaux avant de se retirer en ont même détruit une partie. La façade était située du côté du nord, elle a été déblayée dans toute son étendue et elle est ornée d'une abondante décoration de sculptures et d'inscriptions.

« La partie centrale du monticule de Koyundjik a été fouillée par MM. Loftus et Rassam. Le résultat de leurs travaux a fait connaître un nouveau palais assyrien qui n'a pas été entièrement mis au jour, il a été construit par Assarhaddon, fils et successeur de Sennacherib. Ce prince est le dernier de ceux dont nous voyons le nom dans la Bible. Cependant les fouilles modernes nous ont appris que les palais de Sennachérib et d'Assarhaddon avaient été terminés et embellis par un prince nommé Assur-bani-pal, celui qui nous a laissé les plus longs et les plus nombreux monuments de l'épigraphie assyrienne. Dans une des salles du palais de Sennachérib, les explorateurs ont trouvé les débris d'une véritable bibliothèque assyrienne. A la hauteur de plus de trente centimètres, sur une superficie de plus de dix mètres carrés, le sol était couvert de fragments de briques chargées d'inscriptions. Ces fragments se montent à près de dix mille. Outre les documents relatifs à l'histoire d'Assur-bani-pal, cette nombreuse Bibliothèque réunie et mise en ordre par ce roi nous a donné de nombreux renseignements sur les différentes branches de la vie scientifique et privée des Assyriens. Quelques-unes de ces inscriptions ont été déjà publiées et il est facile de comprendre, au milieu du désordre dans lequel ces débris ont été trouvés, les difficultés matérielles qui s'élèvent seulement pour les classer. Quoiqu'il en soit, on peut déjà apprécier la nature et l'importance de leur contenu : la religion, les lois et les coutumes y tiennent une grande place, les observations astronomiques, l'astrologie et même la magie y sont également représentées, on y trouve de nombreux traités relatifs à l'écriture même dont les Assyriens se servaient, des grammaires, des dictionnaires, qui nous initient non-seulement aux difficultés de la langue et de l'écriture assyrienne, mais encore aux mystères d'une langue antérieure à l'assyrien et qui peut être considérée comme une langue morte au moment où l'assyrien, que nous étudions aujourd'hui, était parlé par les sujets d'Assur-bani-pal.....

« Le second tumulus qui s'élève dans l'enceinte de la cité royale de Ninive était protégé par une mosquée. Cet endroit porte le nom de Nebiyunus. Il est vénéré depuis des siècles comme le théâtre des prédications du prophète Jonas. Autour de la mosquée s'étend un lieu de sépulture ; il est interdit de troubler ce champ de repos. Les recherches étaient donc plus difficiles sur ce point, cependant les Turcs eux-mêmes ont ordonné des fouilles et elles ont eu un résultat facile à prévoir ; ils se sont bientôt trouvés en présence d'un palais assyrien bâti par Sennachérib et dans lequel on a trouvé une nouvelle série des inscriptions de ce roi.

« En dehors de ces deux tumulus, la plaine de Ninive ne présente plus de ruines importantes. » — JOACHIM MENANT : *Annales des rois d'Assyrie.*

O

Occist, tua ; du latin *occidere*.

Odric *de Foro Julii*, Oderic de Frioul.

Oes, œufs ; du latin *ovum*.

Oeuvrent, ouvrent ; du latin *aperire*. A latin s'est changé en *eu* ou *œu*, et le *p* latin en *v*.

Oil, oui. — V. *De Chevallet*, I, 33, et *Biblioth. de l'Ecole des chartes*, IIIe série, t. II, p. 131 et 441 et t. III, p. 203.

Oignement, onguent ; du latin *ungere*.

Oingnement, onguent.

Oings, oint, enduit.

Oir, entendre ; du lat. *audire*.

Oiseaux à deux têtes dans l'île de Ceylan ; p. 110.

Oisel, oiseau ; du latin *aucella*, petit oiseau.

Oliphans, éléphants ; du latin *elephas*.

Oncques, jamais ; du latin *unquàm*.

Orde, sale ; du latin *sordidus*, par rejet de l'initiale *s*, comme dans « Inde » qui dérive de *Sindus*. — V. notre livre intitulé : *L'Archipel indien*, p. 24.

Ordonnéement, en ordre ; du latin *ordo*.

Ore, ores, à cette heure, maintenant ; du latin *hora*.

Orendroit, maintenant, à présent.

Orènes, Hormuz ou Ormuz. Le texte latin d'Oderic de Frioul désigne cette ville sous le nom d'*Ormes*. — Voyez Hermès.

Orine, urine ; du latin *urina*.

Ost, armée, camp ; du latin *hostis*, ennemi.

OSTEL, hôtel, logis ; du latin *hospitale*.

OSTELLÉS, logé.

OSTENT, ôtent ; du latin *obstare*, selon Ducange et Eccard. Mais je crois plutôt que ce verbe dérive du vieil allemand *uztuan* ou du gothique *ustaujan*, qui signifient l'un et l'autre « mettre dehors, » étant composés de *uz* et *us*, hors, dehors, et de *tuan*, *taujan*, faire, mettre, ce qui a formé, en allemand moderne, *austhun*, et en néerlandais *uitdoen*, ayant tous les deux le sens de « enlever. »

OSTERICHE, Autriche, formé des deux mots germaniques *oost*, est, et *rycke*, royaume.

OSTOURS, autours, oiseaux de proie ; du lat. *astur*. Ils sont blancs dans le Caucase.

OT, eut ; du v. *avoir*.

OTYEUX, hosties ; du lat. *hostire*, frapper. HOSTIA *dicta est ab eo quod est hostire* « *ferire*. » — Festus, p. 102.

OU, au. — « Les formes secondaires du singulier *dou, du, ou, au* ont été propres d'abord au langage de Bourgogne ; c'est là qu'elles paraissent être nées, c'est là qu'elles se rencontrent le plus anciennement, et c'est de ce dialecte qu'elles ont passé, par mélange d'abord, dans le langage picard, puis dans celui de Normandie.....

« Avant le XIII⁰ siècle, le dialecte de Picardie n'a point de formes distinctes pour les deux genres ; le même article y est à la fois masculin et féminin.

« Un peu plus tard, dans la première moitié du XIII⁰ siècle, les formes de Bourgogne *du, dou, au, ou*, se sont introduites en Picardie ; et elles y ont été, comme ailleurs, réservées exclusivement au genre masculin. Je crois que l'introduction des formes masculines de l'article de Bourgogne dans le langage picard n'est guère antérieure à 1230 ; elles ne s'y montrent que fort rarement avant cette époque.

« Jusques-là, les formes de l'article y avaient été complètement identiques pour les deux genres. » — Fallot, p. 37.

Oultrageux, excessifs; du latin *ultrà* et *ago*, agir au-delà.

Oultre, outre; du lat. *ultrà*.

Ouys, ouis; du verbe « ouïr, » dérivé du latin *audire*.

Oy, entend. V. *oyr*.

Oyr, entendre; du verbe latin *audire*.

P

Pablanc (le), pays de Turquie.

Phison; fleuve, au moyen-âge, limite de la Perse à l'ouest. Ce fleuve de l'Arménie-majeure sort de l'Euphrate, d'après Pline; il passait près d'Artaxate et formait les frontières septentrionales d'Atropatène; il tombe du sud-ouest dans le Cyrus et avec celui-ci se décharge dans la mer Caspienne. C'est aujourd'hui l'*Arax*.

Palestin, Palestine, province de Syrie.

« Pour décrire la Palestine et la Judée, une description méthodique serait insuffisante, en supposant même qu'elle ne fût point fautive. Un double écueil s'y rencontre, c'est, d'une part, de violer les circonscriptions turkes qui règnent de fait; de l'autre, de morceler un territoire qui demande à être envisagé dans son unité primitive et antique. » — *P. Laorty*.

Panthen, V. *Natem*.

Paour, peur; du latin *pavor*.

Pappegais, perroquets; du flamand *paepe-gaey*, qui a la même signification.

Pardurable, éternelle. « Notre langue avait autrefois

beaucoup plus qu'aujourd'hui des composés de *par* signifiant faire complètement, entièrement quelque chose, ou désignant une manière d'être, une action, une qualité portées à un très haut degré. » — DE CHEVALLET, II, p. 300.

PARFONDE, profonde ; du latin *perfundum*.

PAROLENT, parlent ; du bas latin *parabolare*.

PARSTRAICTZ, étendus au travers ; du latin *pertrahere*, *pertractus*, tiré en longueur.

PARTIRENT, partagèrent ; du latin *partire*, qui a la même signification.

PAROITZ, parois, murailles ; du latin *parietes*.

PARUANA, chef de Turcs qui fut traître à Abaga.

PASTEURS, nomades ; du latin *pasci*, paître.

PASTOURS, nomades.

PATENOSTES, chapelets ; de *pater noster*.

PÉKING. D'après une lettre du missionnaire protestant Baron, en date du dernier jour d'octobre 1663 et publiée par Valentyn, *Oost-Indien* (t. IV, 2ᵉ part. pag. 162), Péking était encore nommée *Cambalou* par les Mongols ; ce qui signifie « ville du seigneur. » Cette grande et fameuse ville d'Asie est la capitale de l'empire de la Chine et la résidence ordinaire des empereurs.

PEL, pieu ; du latin *pala* ou *pila*, ou du flamand *pael* pieu.

PEL, peau ; du lat. *pellis*.

PELCANS, pelicans, oiseaux aquatiques qui retirent de leur estomac les aliments qu'ils ont pris, pour en nourrir leurs petits. Ce sont des palmipèdes de la famille des Podoptères.

PELLISSES, manteaux de peaux ; du latin *pellis*, peau.

PENNE, plume ; du latin *penna*.

Penoit, s'efforçait; du latin *pœna*.

Pentexorie. Domaine du prêtre Jean, dans le voisinage du désert de Gobi, au nord duquel était la ville de Caracorum ; il confinait au pays des Mongols. Marco Polo l'a désigné sous le nom de *Ciorcia*. « Il fu voirs que les Tatars demouroient en tremontaine entour Ciorcia. » Or, ce nom de *Ciorcia*, que l'on doit prononcer, dit M. Pauthier, à l'italienne : *Tchiorchia* ou *Djiordjia*, répond peut-être aussi exactement que possible, dans nos langues européennes, au nom de Joutchi donné anciennement par les Chinois aux populations de race tongouse qui habitaient le nord-est de la Chine jusqu'à la Sibérie, c'est-à-dire la *Mandchourie* de nos jours, d'où sont sorties deux dynasties qui ont régné ou règnent encore sur la Chine. »

Guillaume de Rubrouck, dans la relation de son voyage adressée à S. Louis, ch. 24, dit que la ville de Caracorum était dans le voisinage du pays soumis à Cingis Khân et du domaine du Prêtre Jean.

Oderic de Frioul, dans le ms. latin de Munich, parle de la terre de *Precezoan* (Prêtre Jean) et le P. Marcellin da Civezza traduit ce nom par *Tenduc*, t. III, p. 774.

Peregrination. Voyage fait en pays lointains. Ce mot était employé anciennement pour désigner un voyage entrepris dans un esprit de dévotion ; aujourd'hui on dit « pèlerinage. » Dans un sens familier, on dit encore : « Après bien des pérégrinations. »

Perent, sont visibles ; du latin *parere*.

Perse (royaume de) en Asie, borné N. par la Circassie et la mer Caspienne, E. par la Mongolie, S. par le golfe Persique, le golfe d'Ormus et une partie de la mer des Indes, O. par la Turquie asiatique. Le mont Taurus le coupe dans toute sa longueur. La Perse est divisée en dix-huit provinces.

Persie, la Perse.

Peticions, demandes, requêtes; du latin *petere*.

Petisier, devenir petit. — V. *De Chevallet*, I, 180.

Pétrole. V. *Magnonne*.

Pevent, peuvent; du vieux latin *podere* qui a fait le vieux français *podir*, d'où *pooir, pouoir, povoir* et *pouvoir*.

Peult, peut.

Pieca, déjà, jadis. — V. de *Chevallet*, I. 288.

Pigne, vase ; — V. *De Chevallet*, I, 586.

Plain, plat ; du lat. *planus*.

Plainères, plaines ; du latin *planum*.

Plante, nombre, multitude, foule ; du provençal *p ln- tet*, latin *plenitudo*.

« Respont li Patriarches : a *plentet* en aurez. »
 Travels of Charlemagne, p. 7, v. 162.

« Brutus trova son parenté
« Dont en gres se avoit a*plenté* »
 Roman de Brut, v. 158.

« Por l'aise et por le grand *plenté* »
 Id. v. 3239.

Pleges, garants, cautions. — V. *de Chevallet*, I, 181, 587.

Pleinierres, plaines.

Plombum et Plumbum, Colam, ville de l'Hindoustan, présidence de Bombay, province de Travancore, à 60 kilom. de Cochin, résidence de l'évêque catholique de Cochin, sur la côte de Malabar.

Ploubir. V. *Plumbum*.

Plungous, plongeons, oiseaux aquatiques. — V. *De Chevallet* I, 289.

Pétrarque. Le passage de ce poëte, cité à la page 10, est

emprunté à M. Gidel et extrait de son livre sur la *Littérature française au moyen-âge.*

POESTE, actions, conduite héroïque, puissance; du latin *potestas.*

POIGNANT, piquant; du latin *pungere.*

POINGNÉES, combat; du latin PUGNA. On lit dans le *Roman de Brut*, v. 5057 :

« *Ensemble od les Bretons pognoit.* »

POLIOBUM, POLUBIR et POLUBUM. V. *Plumbum.*

PONTE (royaume de) rendu célèbre par Mithridate, faisait, longtemps auparavant, partie de la Perse qui l'avait conquis sur ses anciens rois. Démembré de la Cappadoce, il fut conquis et possédé par les Romains et forma deux grandes provinces.

PORTE DE FER, ville de Derbent, au pied du mont Caucase, située dans un défilé et une des clefs de la Perse sur la mer Caspienne.

Elle a été fondée par Alexandre-le-Grand, et agrandie par Nauschirvan, roi de Perse. On y voit un grand nombre de tombeaux. Les murs sont faits de pierres plus dures que du marbre, composées de coquilles de moules broyées, et de grès battu et mastiqué. On voit auprès de cette ville les restes d'une muraille, qui allait depuis la mer Caspienne jusqu'au Pont-Euxin. Le czar Pierre-le-Grand s'en rendit maître pendant les derniers troubles de Perse. L'impératrice Catherine s'en est aussi emparée en 1780.

POSSERIT, plaine de Syrie où les Sarrazins vainquirent les Perses.

POSTRAS, couchés, étendus; du latin *prostrare.*

POU, peu; *si pou non*, aussi peu que point ou rien ; du latin *pauous.*

POUCINS, poussins; du latin *pullicenus.*

Poulpre, pourpre ; du latin *purpurea*.

Pourée, poirée, plante potagère à larges feuilles et à côtes larges et épaisses.

Pourmainent, promènent ; du latin *pro* et *minare*.

Poyctrine, poitrine ; du latin *pectus, pectoris*.

Poyvre, poivre ; il croît dans la province de Munibar. Ce nom de lieu est écrit Manibar par le géographe arabe Aboulféda (*apud* Gildemeister, *Scriptorum arabum de rebus indicis loci et opuscula*, p. 214), et M. Silvestre de Sacy, dit, *Relation de l'Egypte par Abd-Allatif*, p. 112 : « Il » est certain que le *Malabar* est nommé dans Aboulféda » *Manibar*. » Poivre, poivrier ; du lat. *piper*.

Prengne, prenne ; du latin *prehendere*.

Pourpris, enceinte.

Prestraige, sacerdoce ; du latin *presbyter*.

Prestre Jehan (Le prêtre Jean). Voir Marco Polo, p. 176 et 177. Nom corrompu de *Oung-khan*. — V. *Guillaume de Rubrouck*, sur le royaume du prêtre Jean. Voir v° Jean, prêtre.

Preudhomme, prudhomme. Du latin *Prudens homo*, homme qui sait. Les Picards ont changé le *u* initial en *eu*. Mais depuis le XVI° siècle, l'usage est de maintenir à cet *u* le son primitif.

Prindrent, *pristrent*, prirent ; du latin *prehendere*, prendre.

Proceda, avança ; du latin *procedere*.

Proposement, propos, disposition d'esprit ; du latin *propositum*.

Puet, peut ; du v. *pouvoir*.

Pugnier, punir ; du latin *punire*.

« Si la consonne g ne provient point du latin, on doit

« admettre, ou bien qu'elle est née des altérations sponta-
« nées qu'ont éprouvées les sons de la langue latine, ou
« bien qu'elle est due à l'influence celtique. Car il est à
« remarquer que le *n* mouillé ne se trouve dans aucun des
« idiomes germaniques, tandis qu'il existe dans tous les
« idiomes néo-celtiques, excepté dans le gallois. » — De Chevallet, II, p. 112.

Puis, depuis; du latin *post*, devenu *pos* dans le cantique de Ste-Eulalie.

Puist, peut ou puisse.

Pumeaux, nains (leur description). Un prêtre du Cathay, vêtu de rouge, avait dit à Rubrouck que dans l'orient du Cathay, il y avait des hommes qui n'étaient pas plus hauts qu'une coudée, et qu'ils marchaient en sautant parce qu'ils ne pouvaient pas plier les genoux.

Pute, honteuse; du latin *puta*.

« *Puta*, jeune fille et son diminutif *putilla* se trouvent
» dans plusieurs manuscrits d'Horace (liv. II, sat. III, v.
» 216).... En italien, le féminin *putta* se prend à la fois
» pour jeune fille et pour prostituée, putain...

« On ne sera point surpris qu'un primitif signifiant jeune
» fille, nous ait donné un dérivé signifiant prostituée, si
» l'on considère que le mot *garse* a subi le même changement de signification. » —De Chevallet, *Origine et formation de la langue française*, t. III, p. 27.

Q

Quanque et Quant que, tout ce que, autant que. Forme neutre et absolue, invariable, dont on trouve beaucoup
d'exemples dans tous les dialectes, surtout dans ceux du
XIII° siècle de Champagne, d'Ile-de-France et de Picardie:
Quanque il post. » — Villehardouin, p. 487, éd. Brial

QUARRIERES, carrières, où l'on court ; du latin *currere*.

QUEREME, ville de Médie, probablement *Cremesor* de Marco Polo, p. 60 (4), pays qui s'étend des embouchures du Tigre et de l'Euphrate au Laristân. C'est la région chaude qui borde le Fars, le Kirmân et le Golfe Persique.

QUERRE, chercher ; du latin *quærere*.

QUESTES, V. *kestes*.

QUIÈRENT, cherchent ; du latin *quærere*.

R

RACOMPTA, raconta. Je suis porté à croire que ce mot a la même étymologie que le verbe « causer. » Wachter pense que ce dernier verbe a une origine germanique, et en effet l'ancien haut-allemand a *quedan* et le gothique a *quitha*, qui signifient l'un et l'autre « dire ; » d'où seraient venus l'anglais *Quoth,* l'allemand *Kosen* et le flamand *Kouten,* qui auront donné naissance au français « causer » et, « conter » par l'insertion de la nasale *n*. De tous ces mots, l'origine commune serait le sanscrit *Kath,* dire, parler. M. Littré fait dériver « conter » du latin *computare.*

RACON, ville de Chine où il y avait des frères mineurs. Peut-être *Laï-ngan,* nom d'un arrondissement et d'une ville du 3ᵉ ordre, département de *Tchu-Tcheou ?*

RAITARD, château-fort situé sur l'Euphrate.

RAMI, un bâton de cuivre ; du latin *ramus*. En Normandie on disait un « Raim. » — V. le glossaire de la chronique des ducs de Normandie aux mots *Raim, Rains* et *Rainz*. Roi Guillaume, p. 142 :

        Un cerf qui XVI rains avoit.

REBEBAREN, rhubarbe ; du latin *rhabarbarum*.

RECEMGO. Le P. Marcellin da Civezza croit qu'il s'agit d'une partie inconnue de Sumatra ; peut-être de celle habitée par les Battaks, p. 757.

RECOUPEZ, estropiés. — V. DE CHEVALLET, I, 245. Pour l'étymologie, cet auteur croit qu'elle dérive du breton *kolpa*, irland. *sgealpain*, couper. M. Littré la trouve dans *colpus*, coup, en bas-latin.

RECOURS, détours.

RECOUX, secouru; du latin *recurrere, recursum*, recourir. En Normandie, on disait « rescols. »

« Et si serons par lui rescols. »
Roman de Brut, v. 8,720.

RECRANDIST, tombe de fatigue, harassé ; du latin moyen-âge *recredere*. « *Chevaux recreants*, equi *recreanti*, re « *credati* et *recrediti*, debiles servitioque inhabiles, che- « vaux de réforme. » — DU CANGE, v° *recredere*.

Molinet, *Faictz et dictz*, 244 v°, connaît aussi l'expression *recrandis:*

« J'ay fait voyages plus de dix
« Où j'ay esté fort *recrandis*
« Demy lieue oultre paradis.

A Valenciennes, le verbe *recrandir* est encore usité dans le langage populaire: « Al en recrandirôt ben d'autres » Elle en lasserait bien d'autres. — ECCART, *Dict. rouchi*.

RECRÉANT, harassé. V. *recrandist*.. Appliquée aux personnes, l'épithète *recréant* était une si grosse injure, que la loi la punissait d'une forte amende. On peut consulter sur ce point la charte communale d'Amiens de 1209. Le champion qui demandait le jugement de Dieu par le duel disait au juge: « Je suis prest de le prouver de mon corps « contre le sien, et le rendrai mort ou *recreant*. »(*Assis. de Jérus.*)

On lit au chant I de la chanson de Roland, édit. Génin, vers 393 :

« Ki tute gent voelt faire *recreant*. »

RECUEULT, recueille; du latin *re* préfixe et *colligere*.

REDRECHIER, relever, redresser; du latin *re* et *rectum* droit.

REGNATION, règne; du latin *regnare, regnatum*.

RELIEF, restes des viandes qu'on a servies à table et qu'on en a *relevées*. Mot formé de re et de *lief*. *Re*, dit Bergmann, est une particule propositive provenue d'un ancien substantif latin, *recis*, retour, qui s'est changé, de bonne heure, en *redis, redi, red* et *re*. L'élément *lief* provient du latin *levare*, qui dérive de *levis*, léger.

REMANANS, restes; du latin *manere*, demeurer, rester et du préfixe *re*.

Guill. Guiart, tom. II, p. 123 :

« Si com li voirs va remanans. » v. 1,683.

REME (mer de); mer d'Azof. Ce nom moderne lui vient de la ville qu'elle baigne et qui est située à sept lieues de l'embouchure du Don, dans la Turquie d'Asie. La possession de cette ville a permis à l'impératrice Catherine II de l'étendre jusqu'à la mer Caspienne.

REMENANT, le reste, le restant; du préfixe *re* et du v. latin *manere*.

REMEMBRANCE, mémoire; du préfixe *re* et du latin *memorare*.

REPRENOYE, reprenais; du préfixe *re* et du latin *prehendere*.

RÈRE, raser; du latin *radere*, qui, selon M. Littré, a produit d'abord le vieux français *raire*.

RESJOUYR, réjouir; du latin *re* et *gaudere*.

Resoingneray, refuserai.

Dans le glossaire de Ducange, *ressongner* et *ressoignement* signifient « craindre et crainte. »

Resoulder, résoudre, guérir ; du latin *resolvere*.

Retreus, harassés ; mot dérivé probablement du germanique *treu*, paix, repos, auquel le préfixe *re* a donné le sens contraire.

Révéla, révolta, rebella ; du latin *rebellare*.

Riboch. Dans le texte du ms. de la Bibliothèque royale de Munich, Oderic de Frioul a écrit *Tybet*.

Le Thibet, dit Malte-Brun, est séparé de l'Indoustan par la gigantesque chaîne de l'Hymalaya, qui surpasse en hauteur les plus hautes montagnes de l'ancien et du nouveau continent ; elle se dirige de l'est à l'ouest, en séparant le cours du Bramapoutre du cours supérieur de l'Irrawady, qui est parallèle à sa crête ; elle sépare le Boutan et le Népal du Thibet, culmine dans le Dhawalageri la plus haute montagne du globe et remonte au nord-ouest pour se joindre aux groupes septentrionaux du noyau central.

Riens, rien, dérive de *rem (res, rei)* chose : « Je ne vous ay riens apporté. » Je ne vous ai apporté aucune chose.

Rodes, île de Rhodes, dans la Turquie d'Asie. Elle n'est pas fertile en grains, mais il s'y trouve de belles prairies et on y recueille beaucoup de fruits, de cire et de miel. Les chevaliers de Malthe s'en emparèrent en 1309 et les Turcs en 1522.

Rohais ou Roahis, ville de la Mésopotamie, sur l'Euphrate, Pline, V, 29, dit que *Rhoas* est l'ancien nom de Laodicée, et Oberlin, que l'ancienne ville de *Resaina*, plus tard, *Theodosiopolis*, a été appelée *Rasain*. — *Orbis antiqui*, etc., p. 163.

Romanie, Roumanie, grande province de la Turquie

d'Europe, nommée autrefois *Thrace*. Son nom moderne lui vient des derniers Grecs qui affectent de s'appeler *Romains*, mais les Turcs lui donnent le nom de *Rumelie* ou *Roumélie*. Son terroir n'est pas bien cultivé, et l'air y est malsain, surtout vers la mer Noire.

Roseaux. L'étymologie de ce mot est, d'après M. De Chevallet, le gothique *raus*, l'anglo-saxon *reod*.

Rote, nombre, mouvement; du latin *rota*.

Rousie, Russie.

Roysins, raisins; du latin *racemus*.

Rubis trouvés à Ceylan, perles rouges; du latin *rubeus*.

Ruée, distance que parcourt un corps solide livré à lui-même; du latin *ruere*.

Ruissel, ruisseau; du latin *rivus*, qui a fait d'abord le roman *rus*, *ru*, *ruis*, *ruy*, ensuite *ruissel* et *ruisseau* par adjonction du suffixe *el* et *eau*.

S

Sabissa coloaseis, montagne dans les environs de Trébizonde et de Tauris, grandes villes de Perse. Cette montagne est désignée sous le nom de *Sabisorbolo*, dans le texte latin publié par le P. Marcellin da Civezza, d'après le ms. latin de la bibliothèque royale de Munich. — Voir son Histoire universelle des missions franciscaines.

Sacettes, petits sacs, sachets. — V. *De Chevallet*, I, 425. M. Littré croit que le latin *saccus* est emprunté au grec *sakos* et dérivé du chaldéen *sak*.

Saichant, sachant; du latin *sapiens*.

Saichetz, petits sacs, sachets. V. *sacettes*.

Saiectes, flèches ; du latin *sagitta*.

Sainct-George (bras) bras de mer, le Bosphore.

Saint-Aumer, Saint-Omer, chef-lieu d'arrondissement du dép¹ du Pas-de-Calais, en France.

Saint-Bertin, célèbre abbaye de ce nom à S¹-Omer, dans le Pas-de-Calais (France). — V. sur cette abbaye les *Abbés de S¹ Bertin* par de Laplane, et les *Mémoires de la Société des Antiquaires de la Morinie.*

Sajette, ville de l'Inde. Aujourd'hui *Schagepur* ou *Singpur*, dans l'Indo-Chine anglaise, à l'extrémité sud de la presqu'île de Malacca, dont elle est séparée par un détroit. Son nom signifie « ville du lion, » et son commerce est très important entre l'Indoustan, l'Archipel indien et la Chine. C'est aujourd'hui le chef-lieu d'un gouvernement colonial.

Salioth, souverain des Turcomans.

Saltensis, de Sultanieh, ville ruinée de la Perse moderne, dans l'Irak-Adjemi, à 130 kilom. O. de Kasbin ; autrefois résidence des rois.

Saner, guérir ; du latin *sanare*.

Sangolagar, compagnon du soudan d'Egypte, prisonnier chez les Tartares.

Sanson, montagne d'Arménie.

Saoulas, emplissait, rassasiait ; du latin *satur*, par rejet de la dentale *t* et le changement de la liquide *r* en *l*.

Sara, ville de Comanie, aujourd'hui du Kiptchak. — V. *Comanie*, v. Sarta.

Sarabulet, mot chaldéen signifiant « haut-de-chausses. »

Sarras, ville de Médie, aujourd'hui Aderbijan, capitale de la province du Fars dans le sud de la Perse. Le nom de la ville moderne signifie « terre de feu. »

SARRAZINS. Ancien nom d'un peuple de l'Arabie heureuse. Au moyen-âge, synonyme de « arabe. » Scaliger prétend qu'il dérive de l'hébreu *saric* ou *sarak*, voleur, brigand ; d'autres disent que ce mot signifie « désert » et « pauvreté. » Les Sarrasins furent les premiers disciples de Mahomet. Ils firent la conquête d'une partie de l'Asie et de l'Afrique et s'emparèrent de l'Espagne, des îles de Candie, de Sicile et de Sardaigne, et de la région méridionale de l'Italie. Ils soutinrent longtemps la guerre en Palestine contre les chrétiens de l'Occident et finirent par se rendre maîtres de la Terre-Sainte.

SARTA, capitale du royaume de Comanie ; c'est Sarâ, ville située sur le côté oriental du Volga, une des deux résidences principales des Khâns mongols du Kiptchak. Elle fut fondée par Batou-Khân, qui lui donna le nom mongol de Saraï, lequel, dans cette langue, veut dire *palais*. — V. *Le livre de Marco-Polo*, édit. PAUTHIER, p. 6. — Rubrouck nomme cette ville *Saray* ; il a mis deux mois et six jours pour s'y rendre de Caracorum. Saray était la résidence de Battu-Khân, que l'envoyé de S. Louis devait voir.

SAS, sacs. V *sacettes*.

SAUF (EN), à l'abri ; du latin *salvus*.

S'AULCUN, si quelqu'un, si aucun ; du latin *aliquis*.

SAULVAIGE, sauvage, qui se tient dans les forêts ; du latin *sylva, sylvaticus*.

SAULVEZ, sauvés ; du latin *salvare*.

SAUVETÉ (à), à l'abri ; du latin *salvare, salvatum*, sauver.

SAVOREUS, empereur de Perse, *Sapor* ?

SAUVEOUR, sauveur ; du latin *salvator*.

SAYETER, tirer des flèches ; du latin *sagitta*.

SCÈVENT, savent ; du latin *sapire*.

SCIET, sied, est placé ; du latin *sedere*.

Scismas, schismatique; du grec *schisma*.

Scot, sut; du latin *scire*, savoir.

Se, si; de la conjonction latine *si*, qui a donné *si* à l'espagnol et au provençal; *se* à l'italien et au portugais.

Sec arbre. V. *arbre sec*.

Secile, la Sicile. Elle a été ainsi appelée du nom phénicien *Scicaloul*, qui veut dire « Parfait, » parce que les Phéniciens la regardaient comme la plus belle et la plus fertile des îles de la Méditerranée. On lui a donné ensuite le nom de *Trinacrie*, à cause de ses trois promontoires ou caps. Le détroit qui sépare la Sicile de l'Italie est fort dangereux, par ses deux gouffres connus dans l'antiquité, sous les noms de Charybde et Scylla. Le premier a été ainsi nommé des mots phéniciens: *Chour abedum*, qui signifient « Trou de perdition, » et le second, du mot *Schoul*, ou « Malheur mortel. »

Semiscat, peut-être *Schamakié* dans le Schirvan, ou bien Samarcande dans le Turkestan, à 200 kilom. E. de Boukhara? Peut-être le Semizus de Ptolémée dans la petite Arménie?

Semor, *Samarkhand*. V. *Marco-Polo* p. 136 et 137 (1).

C'est la capitale de la Soghdiane et une ville très ancienne, située au nord-ouest des monts Thian-chan, au pays des Usbecks, avec une académie célèbre, où Timour faisait sa résidence ordinaire. Elle est assise sur la rivière de Sogd, assez près des frontières de Perse. Oberlin dit que Samarkhand était anciennement *Maracanda*. — *Orbis Antiqui monumentis*, etc., p. 167.

Senestre, gauche; du latin *sinistra*.

Senssues, sangsues; du latin *sanguinem et sugere*, sucer.

Serement, serment de fidélité. —V. *De Chevallet*, I, 193; du lat. *sacramentum*, « par le changement, dit M. Brachet,

1° de *cr* en *ir;* 2° de *a* en *e*, d'où l'ancien français *sairement* qui devient postérieurement *sair'ment* par la chute de *e*. »

Sereur, sœur; du latin *soror*.

Seuffre, souffre, tolère; du latin *sufferre*, formé de *sub* et *ferre*.

Seullent, peuvent, ont coutume de; du latin *solere*, *soleo*.

Seur, sûr, assuré. Le latin *securus* est devenu le français *seur* par rejet de la consonne *c*.

Seurement, sûrement.

Sevir, poursuivre; du latin *sequi*, *sequor*, par le rejet de la gutturale *q*.

Seyserach, oiseaux semblables à des faisans.

Sient, sont assis; du lat. *sedere*, *sedeo*, par la chute de la dentale *d*.

Sienymiran bibi, cri de chasse en Chine.

Sievissent, suivissent; du latin *sequi*.

Signet, signature; du latin *signum*.

Silice, Cilicie, province de Syrie.

Sillan, Ceylan, île située au sud-est de l'Inde. — V. *Marco-Polo*, p. 582 (Pauthier). — V. Célan.

Sim, Siam, royaume que les Siamois nomment *Meuang-Taï*, c'est-à-dire royaume des Libres. Son ancien nom était *Sajam* (race brune), d'où vient le nom de Siam.

« Avant que les Portugais se fussent emparés de Malacca, la domination de Siam s'étendait sur toute la presqu'île malaise jusqu'à Syngapore; plus tard, à l'instigation et par l'appui des Anglais, les Etats de Djohore, Rumbo, Salangore, Pahang et Perah se sont soustraits à l'empire de leur suzerain; de sorte qu'aujourd'hui le royaume de Siam ne commence qu'à Tringanu, et s'étend depuis le 4° degré de latitude nord jusqu'au 22° degré, ce qui fait une longueur d'environ 450 lieues. Sa plus grande largeur de l'est à l'ouest est d'environ 150 lieues depuis le 96° jusqu'au 102° degré de longitude.

Il est borné au nord par plusieurs principautés Lao, tributaires d'Ara ou de la Chine ; à l'est par l'empire d'Anam ; à l'ouest par la mer, et par les possessions anglaises de la presqu'île, et au sud par les petits royaumes de Pahang et Perah.

On évalue la superficie territoriale du royaume de Siam à environ 12,330 milles géographiques carrés.....

La grande plaine de Siam est bornée à l'est et à l'ouest par deux chaînes de montagnes qui viennent de la Chine et sont des ramifications de l'Hymalaya. La chaîne qui est à l'est se termine au Cambodge, et celle de l'ouest s'étend jusqu'à l'extrémité de la presqu'île malaise. Au nord ces deux chaînes se rapprochent et forment une multitude de petites branches qui font du Lao un pays presque tout montagneux. La grande plaine, qui a 150 lieues de long sur 50 de large, est sillonnée et arrosée par le grand fleuve Ménam, qui prend sa source en Chine, par plusieurs rivières et des canaux innombrables bordés de bambous, de tamarins et autres arbres fruitiers. Elle est aussi parsemée çà et là de groupes d'antiques palmiers, asile d'une multitude d'oiseaux aquatiques. Les montagnes, qui s'élèvent en amphithéâtre, sont toutes bien boisées, et la plupart sont couvertes de forêts presque impénétrables. Les bords de la mer présentent des sites très pittoresques et très variés ; le long de la côte, de distance en distance, on voit s'élever des îles nombreuses, la plupart ornées d'une riche végétation, et cependant un très petit nombre d'entre elles sont habitées. » — PALLEGOIX : *Description du royaume de Siam.*

SINGULIR, ville du Munibar ou Malabar, ville de l'Inde.

SINOHORA. Oderic de Frioul, dans le texte latin, écrit

Summoltra et le père Marcellin da Civezza traduit ce nom par « Sumatra, » île de l'Archipel indien. — Voy. notre livre intitulé: *L'Archipel indien*, in 8° 1874, chez Firmin Didot, et le rapport que M. Frank, membre de l'Institut, a fait sur cet ouvrage, le 15 mai 1875, à l'Académie des sciences morales et politiques.

Sirie et Surie, Syrie. La Syrie, dit le P. Laorty-Hadji, qui comprend dans ses limites la Palestine, théâtre des merveilles de la religion et berceau de la civilisation chrétienne, est désignée dans la Bible sous le nom d'Aram, parce qu'elle avait été peuplée, selon les livres saints, par les descendants d'Aram, cinquième fils de Sem. Les Arabes la nomment *Bar-el-cham,* c'est-à-dire pays septentrional. Elle est bornée au nord par l'Asie mineure, le Diarbek et la Natolie, à l'est par la Méditerranée. Elle est divisée en quatre pachaliks, Alep, Tripoli, Acre et Damas; Damas en est la capitale.

Sivans ou Sifans, les habitants du Thibet. « Les Thibétains appartiennent à la grande famille qu'on a coutume de désigner par le nom de race mongole; ils ont les cheveux noirs, la barbe peu fournie, les yeux petits et bridés, les pommettes des joues saillantes, le nez court, la bouche largement fendue, et les lèvres amincies; leur teint est légèrement basané : cependant, dans la classe élevée, on trouve des figures aussi blanches qu'en Europe. Les Thibétains sont de taille moyenne; à l'agilité et à la souplesse des Chinois, ils joignent la force et la vigueur des Tartares. Les exercices gymnastiques, et surtout la danse, paraissent faire leurs délices; leur démarche est cadencée et pleine de légèreté. Quand ils vont dans les rues, on les entend fredonner sans cesse des prières ou des chants populaires; ils ont de la générosité et de la franchise dans le caractère; braves à la guerre, ils affrontent la mort avec courage; ils sont aussi religieux, mais moins crédules que les Tartares. La propriété est peu en honneur parmi eux; ce qui ne les empêche pas d'aimer beaucoup le luxe et les habits somptueux. » — Huc : *Souvenirs d'un voyage dans la Tartarie et le Thibet.*

SOLLEMPNITÉ, solennité ; du latin *solemnitas*.

SOLOTH, pays de Perse.

SOMAIGE, bagage; du latin *sagma*, charge, plus tard *salma*, dont *al* s'est changé d'abord en *au*, ensuite en *o*.

SOMDOMA, *Sodomma* ou *Sostoma*, ville où demeure l'empereur de Perse; elle est grande et marchande. Ne pas la confondre avec Sodôme de la Terre-Sainte, d'autant plus que le texte latin d'Oderic de Frioul porte : *Soldolina*, aujourd'hui « Sultanyeh ». — V. ci-après SULTANIE.

SOMIER, bête de charge; du latin *sagma*.

SOUBZTENIST, soutenait ; de *sub* et *tenere*.

SOUFFRETÉ, souffrance, pénurie ; du latin *sufferre*.

SOULEIL, soleil ; du latin, *sol, solis*, qui a donné naissance à *soliculus*, un diminutif qui n'est pas latin, mais dont est sorti cependant la terminaison française *eil*.

SOULOYENT, avaient coutume ; du latin *solere*.

SPAHAN, Ispahan, *Aspadana* d'Oberlin, p. 166. Istanit de Marco Polo, p. 65, 66 (2) édit. *Pauthier*. C'est la capitale moderne de la Perse, la ville de l'Orient où les sciences sont le plus cultivées. La place est très belle ; il y a un nombre prodigieux de palais magnifiques, entre lesquels domine celui de l'empereur.

STRIGO, nom du fonctionnaire chargé de l'administration d'une des douze provinces de l'empire chinois.

SUBGIST, existe; du latin *subjicere*.

SUCHO, Fu-ceu, ville de la Chine méridionale, dans la province de *Fu-chian*.

Sultanie, Sultanyeh, ville de l'Irak-Agemi, où Guillaume Adée était archevêque, et qui était le centre du commerce entre l'Europe et les Indes et le siége des rois de Perse au XIV⁰ siècle. Le nombre des chrétiens y était si grand à cette époque qu'il y a eu dans cette ville jusqu'à 400 églises, parmi lesquelles celle des Dominicains était citée pour sa beauté. Le pape Jean XXII avait nommé, en 1328 archevêque de Sultanié, Jean de Core, dont les évêques de Tauris, Semiscat et Columbum, étaient les suffragans.

« La qualité d'archevêque de tout l'Orient, *archiepiscopum totius Orientis*, donnée à l'archevêque de Sultanyèh, n'a aucun fondement dans l'original de la lettre, où ce prélat n'a ni la dénomination de *catholicus*, ni même celle de *Matran*, que portent beaucoup d'évêques des principaux siéges. Elle n'en a pas plus dans les bulles d'érection du siége archiépiscopal de Sultanieh, ni dans celles d'institution des prélats nommés à cet archevêché. On peut conjecturer que les archevêques de Sultanyeh se trouvaient autorisés à prendre ce titre pompeux, par l'importance de la ville où ils avaient leur résidence, et qui était alors le rendez-vous de tout le commerce de l'Asie, et une capitale très florissante, comme on peut s'en convaincre par la description brillante qu'en fait Clavijo, témoin oculaire. — Il est bien peu vraisemblable, pour le dire en passant, que Tamerlan ait saccagé cette ville, comme l'ont avancé quelques écrivains. » — *Voyage de Chardin*, Paris, 1811, t. II, p. 380).

« Suivant la traduction latine, Tamerlan en priant le roi de France d'ajouter foi à ce qui lui sera dit par l'archevêque Jean, ajoute cette exception, *excepto in causis fidei*. Cette restriction ridicule a bien pu venir dans l'esprit d'un moine; mais Tamerlan ou son ministre ne l'aurait jamais imaginée.

« Le siége de Sultaniëh fut érigé en archevêché par une

constitution du souverain pontife Jean XXII, du 1ᵉʳ mai 1318; et, par cette même constitution, le pape nomma au siége de cette église *Francus Perusinus (Franci de Perusino)*, religieux de l'ordre des frères prêcheurs. (Bullar. ord. fr. prœdicat. aut. F. Th. Ripoll. edit. a P. F. Antonino Bremond, t. II, p. 137. Or. christ, t. III. col. 1361.. — Fontana, Sacrum Theatrum Dominicanorum, Rome 1666.

« Le 1ᵉʳ Juin 1323, Jean XXII promut à ce siège vacant de Sultanyèh un autre religieux du même ordre, nommé Guillelmus Ado.

« Par une autre constitution du 14 février 1330, le même souverain pontife accorde le pallium au frère Johannes de Core, qu'il avait précédemment nommé archevêque de Sultanyèh. (Bullar. etc., p. 190.)

« La première constitution que nous trouvions où il soit fait mention de l'archevêché de Sultanyèh, après celle que nous venons de citer est du 31 juillet 1346. L'archevêque était probablement le frère Antoine, auteur d'un livre contre les Mahométans, et dont parle Galanus dans l'ouvrage intitulé « Conciliatio ecclesiæ Arméniæ cum Romana »

« Le P. Le Quien place ensuite en l'an 1393 un archevêque de Sultaniyèh qu'il nomme Boniface, et il s'appuie de l'autorité de Wadding. Mais c'est douteux.

« Le 26 août 1398, le Pape Boniface IX transféra du siége épiscopal de Nakhschiwan à l'archevêché de Sultanyèh le frère Jean de l'ordre des frères prêcheurs. C'est ce qui résulte d'une constitution datée du 13 des calendes de novembre de l'an XI du pontificat de Boniface IX (20 novembre 1400), par laquelle ce pape nomme Stephanus Petri de Seghes, de l'ordre des frères mineurs, à l'évêché de Nakhschiwan, vacant par la promotion, faite deux ans auparavant de Jean, qui en était évêque, au siége métropolitain de Sultaniyèh, p. 507.

« Ce même Jean était encore archevêque de Sultaniyèh

au mois de Juillet 1402, comme nous l'apprenons d'une autre constitution du même Boniface IX, du 26 de ce mois.

« Celle-ci a encore pour objet la nomination à l'évêché de Nakhschiwan.

« Le 26 Juillet 1402, Jean Lycènes de Bruges, de l'ordre des frères prêcheurs fut nommé évêque de Nakhschiwan p. 509.

« Jean, frère prêcheur, transféré en 1398 de l'évêché de Nakhschiwan au siége métropolitain de Sultaniyèh, et dont il est fait mention, comme occupant actuellement ce siége, dans les constitutions des 20 octobre 1400 et 26 juillet 1402, est certainement celui qui apporta en France les lettres de Tamerlan. Il paraît qu'il mourut archevêque de Sultaniyèh en 1423.

« Il est naturel de croire que le frère François Ssathrie, nommé dans les deux lettres latines, est le même que le religieux nommé simplement François dans la lettre persane. La chose néanmoins n'est pas sans difficultés. — *Mémoires de l'Académie des Inscript. et Belles-Lettres* ; t. XI, p. 483.

SUMERKANT, *Samarkant* ou *Samarkande*, ville ouverte située sur le Volga, où Guillaume de Rubrouck rencontra un flamand avec sa femme. De son temps, elle était habitée par des Alains et Sarrazins. — V. *Semor*. M. Vambery (*Uigurische sprach monumente*. Introd.) pense que ce nom est composé de deux mots ouïgours : *Samir* « fort, riche » et *Kand*, forteresse, ville. » Ce qui impliquerait l'existence en Sogdiane de très anciennes populations turques. — GIRARD DE RIALLE.

De toutes les villes de l'Asie centrale, c'est Samarkant qui paraît avoir été la plus importante aux yeux des Chinois. Ma-touan-lin et Hiouen-Thsang donnent la description des mœurs des habitants de cette ville. —V. ABEL RÉ-

Musat : *Nouv. mélanges asiatiques*, t. I, p. 228-230. — Stanislas Julien : *Les Pèlerins bouddhistes*, etc., t. II, p. 17.

« Un homme était parti de Samarkand et avait franchi à
» pied la distance qui sépare son pays de la Chine. Il était
» venu de ville en ville jusqu'à Khanfou, place où se diri-
» gent les marchands de Syraf. » — *Chaine des Chroniques*, IXe siècle, Edit. Reinaud, p. 114.

Sur, province de Syrie. V. Sirie. Oberlin dit que c'est l'ancien Tyrus. *Orbis antiq.* etc. p. 151.

Suyvant, suivant. De l'ancien verbe français *suir*, *suire*, usité au XIIe et au XIIIe siècle, nous avons fait *suivre* en introduisant l'aspirée labiale *v* à la suite de la refluante labiale *r*. — V. *De Chevallet*, t. II, p. 140.

Symbatat, frère de Hayton, roi d'Arménie.

T

Tabours, tambours ; du latin *tympanum*, par l'introduction de la refluante labiale *r*, dans le corps du mot, à la suite de l'explosive *p* ou *b*, comme dans Sambre, rivière de *Sabis*.

Tache, tacheté. — V. *De Chevallet*, I, 297, 301 : « Anciennement, ce mot signifiait une qualité, bonne ou mauvaise, acquise par l'habitude, par l'éducation ; ensuite il se prit pour une qualité non acquise, pour une inclination naturelle vers le bien ou vers le mal, pour une bonne disposition ou un vice ; on s'en servait même en parlant des animaux. Enfin *tache* se prit dans un sens restreint pour signifier un défaut physique dans l'homme ou les animaux, une défectuosité, une altération dans un objet, et particulièrement une altération partielle dans la couleur, une maculature. » Le mot *tache* est d'origine celtique ; en Bretagne on dit encore *tech* pour désigner une habitude, une qualité ou un défaut ; *techet*, habitué à, porté à, sujet à, etc. »

TANACHY, signifie chez les Tartares « Conquérants. »

TARGER, tarder ; du latin *tardare*. Le français rejette ordinairement le *d* latin primitif ; mais ici, il s'est produit le même phénomène que dans la formation du mot « jour. » Ce substantif dérive du latin *diurnum* qui s'écrivait aussi *djurnum*, comme *majus* était écrit au moyen-âge *madius* et *madjus*. Il est donc probable que *tardare* est devenu le francais du moyen-âge « tardjer » et, par le rejet de la dentale, « targer. » Des documents latins du 8ᵉ au 9ᵉ siècle portent encore *j* pour *g*, et *dg* pour *g*. Ex : *jenere* pour *genere*, TIRAB. II en 837 ; *mensis magii*, pour *majii*, MURAT. *antiqq.* II, 23, en 715 ou 730 ; *adgentes* pour *agentes*, BREQ. p. 476. Dans le français moderne, le *g* du moyen-âge a disparu et le *d* primitif du latin a repris sa place, « tarder. » Mais le *g* s'est maintenu dans l'allemand *træge* (tardif), le hollandais *traag*, le suédois *troeg*, dans l'islandais *trege*, et dans ces langues germaniques, il y a eu transposition de la liquide *r*, « *tra* pour *tar*).

TARSE (royaume de) ou THARSE ; mot tartare signifiant « infidèle. » C'est le pays des Ouïgours, que les Chinois nomment *Kaotchang*. La civilisation de ce peuple, dit Lenglès, remonte à deux ou trois siècles avant l'ère chrétienne ; son écriture a servi de modèle à celle des Mongols et conséquemment à celle des Mantchoux, et sa langue est absolument la même que celle des Turks. Les Ouïgours habitaient entre le lac Baikal et le fleuve Amour et dans les montagnes de la Mongolie ; ils étaient les voisins des Mantchoux.

TARTARIE, nom d'une vaste contrée de l'Asie, habitée par des peuples nomades. Il est donc assez difficile d'en tracer les limites. Cependant, des auteurs la disent bornée, à l'ouest, par la Moscovie et la mer Caspienne; au sud, par la Perse, les Indes et la Chine; à l'est et au nord, par une partie de l'Océan glacial. Des cartes montrent cette région située entre le 82ᵉ et le 190ᵉ degré de longitude, entre le 34ᵉ et le 72ᵉ de latitude. Son étendue de l'ouest à l'est aurait donc environ quatre cents kilomètres et du sud au nord, cent quatre-vingt-dix.

Witsen, dans son grand ouvrage sur la Tartarie, divise ce pays en trois parties principales : la méridionale, la centrale et la septentrionale. La première touche à la Perse et à l'Inde, ayant la mer Caspienne à l'ouest, la Chine à l'est et la Tartarie au Nord. Cette région comprenait le Zagatay ou l'Usbeck, le Turkestan, le Caboul, le Thibet et le Cascar. La Tartarie centrale s'étendait des sources du Tobols, de l'Irtis et de l'Angara ou Janicia au fleuve Amour. Enfin, la Tartarie septentrionale touche à la Sibérie et à la mer du Nord.

TARTRE, tertre, monticule, colline. On croit ce mot d'origine celtique. Le bas-breton possède encore *torgou*, qui a le même sens.

TARTRES, Tartares ou Mongols, peuples issus des anciens Scythes. Klaproth, dans le *Journal asiatique* du mois de Juillet 1830, p. 24, dit « qu'anciennement les Chinois donnaient aux peuples qui habitaient au nord du désert de Gobi, le nom général de « Pe-ty, » c'est-à-dire : Barbares du Nord. Le mot *ty* désignait originairement le pays septentrional. Cette dénomination s'appliquait par conséquent indistinctement aux tribus mongoles et toungouses, et principalement à celles qui campaient dans les pays situés au nord de celui qui est traversé par la rivière *Chora mouren* ou fleuve Jaune. C'est le nom mongol actuel de cette rivière; elle s'appelle en chinois *Houang ho*. Il ne faut pas la confondre avec le grand *fleuve Jaune*. Dans les temps postérieurs, la population de cette contrée fut plutôt composée de nomades mongols que de toungous ; le nom de *Pe-ty* resta aux premiers. Les Tubetains paraissent l'avoir emprunté aux Chinois, car, dans leurs livres historiques, ils donnent aux Mongols le nom de *Bi-dè* ou *Bè-dè*, qui, comme M. J. J. Schmidt le suppose, n'est qu'une transcription peu altérée de *Pe-ty*.

« Le nom de *Mongol* est aussi très ancien, il appartenait autrefois à une des principales branches de la nation mongole, mêlée peut-être déjà à une époque très reculée de quelques tribus toungouses. Aussi a-t-on toute raison de croire que cette branche est la même que les Chinois connaissaient depuis le VI° et pendant les VII et VIII° siècles, sous le nom *Mo ho* (Les Mo-ho habitaient l'Amour supérieur et ses affluents), qui n'est apparemment qu'une transcription incomplète de celui de *Mongol*.

« Une branche de la nation des Mo-ho fut connue dans le VIII° siècle sous le nom de Ta-ta. Ce peuple habita d'abord au nord-est des *Hi* et des *Khitan* (habitants du pays situé au nord des provinces chinoises actuelles de Tchy-li et de Ching-king, et arrosé par le *Chora mouren* et ses affluents); puis ayant été vaincu par ceux-ci, ses hordes se dispersèrent, une partie fut soumise aux Khitan et l'autre au Phouhai. D'autres de ses tribus vinrent habiter dans la chaîne des montagnes appelée *Yn-chan* (au nord des Ordos, ou de la courbure septentrionale du *Fleuve jaune* vers le golfe de Péking). Elles y gardaient le nom honorifique de leur nation qui était *Ta-ta*. C'est à la fin de la dynastie des Thang, que ce nom fut connu en Chine. — V. Le *Ou-tai-szu* ou l'histoire des 5 petites dynasties qui ont régné en Chine. » Le nom de *Ta-ta* n'est donc pas originaire de la Chine. Aussi, croyons-nous qu'il est d'origine persique. Pott montre en effet (*Etymol. Forsch.* 1836, t. II, p. 116), les mots persans *târi*, obscurité, et *târik*, obscur, noir, dont le radical redoublé a donné naissance au grec Τάρ-ταροι, au latin *Tartari*. Le Chinois ne pouvant pas prononcer la lettre *r* l'a supprimée ; d'où *Ta-ta*, et, plus tard en Europe, *Tartar*. Au moyen-âge, le français a introduit dans le corps de ce mot la refluante linguale *r*, à la suite de l'explosive dentale *t : Tartre.* »

Taulpe, taupe. Vers le premier quart du treizième siècle, par la loi de fléchissement, la syllabe *al* est devenue *au* en Picardie et en Champagne. Colingburne croyait que la lettre *l* devenait *u* dans la prononciation. Nous croyons au contraire que, dans le dialecte picard, la voyelle *a* avait purement et simplement le son de *au*. C'est pourquoi, dans notre manuscrit, nous lisons : « taulpe » du latin *talpa*, et Roquefort écrit « paulme, » du latin *palma :* « Balles du jeu de *paulme.* » V° *Escuez*.

Tenissent, tinssent ; du latin *tenire*.

Tenurement, franchement.

Terpassach, château-fort d'Arménie.

Terrouer, territoire, terroir ; du latin *territorium*, par rejet du *t*.

Tersot, Tarse, ville de la province de Cilicie en Syrie, où est né S. Paul.

Tesmoins et Tesmoings, testicules ; du latin *testimonium*, par le rejet successif de *i* d'abord, ensuite du *t* précédant cette voyelle.

Tesculan, V. *Castulan*.

Tez, enveloppe, crâne ; du lat. *tectum*.

Thalay, grand fleuve, à dix milles de la cité de Jamathay.

Oderic de Frioul écrit « Chanay » dans le texte latin du ms. de la Bibliothèque royale de Munich ; c'est le fleuve

« Chiang » sur le cours supérieur duquel est située la ville chinoise de Ment-seu.

Thérouanne. — Aujourd'hui petite ville située sur la Lys, à sept kilomètres de S¹ Omer, dans le Pas-de-Calais. Anciennement ville forte et souvent assiégée, une des douze cités de la deuxième Gaule-Belgique. Son premier évêque, Antimond, y mourut en 519. Le diocèse de Thérouanne, qui renfermait, sous Charlemagne, 808 paroisses, a été démembré au seizième siècle, et son siège épiscopal transféré à S¹ Omer par bulles des papes Paul IV et Pie IV, en date du 12 mai 1559 et du 11 mars 1560. — V. *Auberti Miræi opera diplomatica* in-f°.

Thoris, Tauris, seconde capitale de la Perse. Elle est grande, belle, riche, bien peuplée et très marchande.

Le texte latin du P. Marcellin da Civezza porte *Thauris*, aujourd'hui « Tebriz, » chef-lieu de la province d'Azerbaïdjan, à 40 kilomètres de la rive N. E. du lac d'Ourmiah, et à 460 kilom. N. E. de Téhéran, latitude Nord 380° 5' 10"; longitude E. 44° 12' 30", à l'extrémité d'une vaste plaine très fertile, sur une petite rivière qui se jette, près de là, dans l'Agi. Cette ville est très ancienne et les auteurs persans prétendent qu'elle fut bâtie en 768 par Zobeïda, l'une des veuves d'Haroun-al-Raschid. — V. *Touris*.

Thumans; ce sont des idolâtres de Caracorum; probablement des bouddhistes. — V. *Bouddhistes*.

Tierce, la seconde des heures canoniales, appelées *petites heures*, telles que *Prime*, *Tierce*, *Sexte* et *None*. L'heure de *Tierce* correspond à neuf heures du matin.

Tieux, tels; du latin *talis*.

Tigado, château-fort appartenant au Vieux de la montagne.

Tigris, le Tigre, fleuve d'Asie qui prend sa source dans les montagnes de l'Arménie, et se jette avec l'Euphrat, dans le golfe de Bassora. Il est navigable depuis Diarbek jusqu'à Mosul.

Tine, vase plus haut que large. — V. *Glossaire* de Ducange, v° *Tina, Tinum.*

Togat, la charge d'un âne.

Tolles, contributions, impôts; du vieux germanique *tol*, impôt, conservé dans *tolhuys*, bureau de douanes.

Tolu, enlevé; du latin *tollere*; touldroient, enleveraient.

Toncius, évêque de la Chine.

Tonkin, en chinois, signifie *Cour de l'orient*; en tonquinois, cette contrée est nommée *An-nam*, qui signifie « repos du midi. » Elle est bornée à l'est par la province de Canton; à l'ouest, par les royaumes de Laos et de Bowes; au nord, par l'Yunam et le Quansi, province de la Chine; au midi, par la Cochinchine et le golfe qui en porte le nom. En 1637, Taingin Syto Kolkussesy Boinceijioo était roi de Tonkin; il adopta pour fils le marchand hollandais Karel Hartsink. Cette adoption se trouve expliquée par la lettre suivante : « Ma terre de Tonkin gît au milieu, et là vien-
« nent les rois et les seigneurs de l'Orient, de l'Occident et
« du Nord me faire révérence, excepté au Sud où il y a une
« peuplade, dont la mort est la vie et l'occupation, et qui
« fait toutes choses de travers. Son caractère est plein de
« ruse, et elle est semblable à des bêtes; elle ne m'obéit pas.

« Le chemin est trop long pour aller la combattre sur
« mer, les flots sont trop soulevés et le vent et les pluies
« sont contraires; elle fait donc ce qu'elle veut.

« C'est pourquoi, j'ai résolu d'appeler les Hollandais à
« mon secours, » — Valentyn : *Oost-Indien*, t. IV, 2° partie, p. 162 et suiv.

Touaille, nappe, serviette.

Dans l'inventaire français de la Sainte-Chapelle : « Une

« *touaille* parée à fleurs de lis d'or... une autre touaille « parée à losenges des armes de France ». Du latin moyen-âge *Toaillia*, dérivé de *tela*. — V. Ducange, v° *Toacula*.

Touris, Tauris ou Tebriz.

Le géographe arabe Yakout, qui écrivait environ un demi-siècle avant Marc Pol, dit M. Pauthier, décrit ainsi cette ville (Trad. de M. Barbier de Meynard) : « Ville principale de l'Azerbaïdjân, florissante et bien peuplée ; elle est entourée de murs en briques cuites et reliées à la chaux. Plusieurs petites rivières la traversent; elle est environnée de jardins, et les fruits s'y vendent à vil prix... On y fabrique des étoffes, de beaux satins et des tissus qui sont exportés partout. Lorsque les Tartares envahirent la province, l'an 618 (de l'Hégire = 1221 de notre ère), les habitants parvinrent à les séduire à force de présents, et ils échappèrent ainsi à une ruine inévitable.

« Cette ville fut fondée en 791 de notre ère par Zobeideh, femme du fameux khalife Haroun-al-Rachid, contemporain de Charlemagne. Résidence des princes Alabeks avant de devenir la capitale de la Perse sous les premiers princes Mongols (jusqu'à la fondation de *Sultaniyah*, au commencement du 14° siècle), cette ville fut alors très florissante.

« Cette ville fut dévastée par les Turks en 1532. Elle est aujourd'hui le chef-lieu de la province persane de l'Azerbaïdjân. » — *Le livre de Marco-Polo*, p. 59.

Tousdis, tous les jours; du latin *totos dies*.

Tout de gré, de son plein gré ; du latin *gratum*, ce qui plaît.

Touteffois, chaque fois, toutes les fois; du latin *vice*, par le changement de *v* en *f* et de *i* en *oi*.

Traict, tire; du latin *trahere*, *trajectum*.

Traict, attiré ; du latin *trajectum*.

Traison, trahison ; du latin *traditum*, par le rejet de la dentale *d* et du changement de *t* en *s*.

Traistrent, jetèrent ; du latin *tradere*.

Traiteur, traître ; du latin *traditor*.

Trapesonde, Trébisonde, ville primitivement nommée *Traperus*, située dans la Turquie asiatique et sur la mer Noire. Elle a été la capitale d'un empire fondé par une branche des Comnènes de Constantinople, qui en furent dépouillés en 1462, par Mahomet II.

Traveilliez, fatigués ; faire des efforts.— V. de Chevallet, t. I, 203, du latin *tribulare*. MM. Littré et Brachet font dériver « travail » du latin *trabs*, poutre.

Trèches, tresses de cheveux ; du latin *tres*, trois ; pour tresser les cheveux, il faut d'abord les séparer en trois écheveaux.

Tremontaine, nord ; du latin *trans montes*, au-delà des monts.

Tresbuchier, trébucher, marcher péniblement ; du latin *trans* et *boscus* au moyen-âge, dérivé du germanique *bosch*, aller à travers bois. — V. de Chevallet, t. I, 358, v° *Bois*. MM. Littré et Brachet font dériver ce mot de *trabuccare*, aller à la renverse.

Tresputé, réputé, considéré ; du latin *trans*, au-delà au loin, et *putare*, penser, estimer. *Trans* a donné à la langue d'Oc *tras* et à la langue d'Oïl *tres*. « L'idée exprimée autrefois par *tres*, c'est-à-dire celle d'outrepasser, de dépasser, d'excéder les bornes, se lie naturellement à l'idée de dépasser, de surpasser de beaucoup ses concurrents, exceller en quelque chose ; aussi *tres* est-il devenu synonyme de beaucoup, fort, extrêmement, et se place-t-il devant les adjectifs dans les cas où les latins employaient la forme du superlatif. » — De Chevallet, III, p. 323.

Trestout, entièrement, tout entier. Ce mot avait le même sens que « tout », mais avec le degré de superlatif. On le trouve usité durant tout le XIIIe siècle ; mais, vers le milieu de ce siècle, en Lorraine, en Picardie, dans la Champagne surtout et l'Ile-de-France, il devint si fréquent qu'il est des textes où on le trouve presque aussi souvent que *tout* simple. — Fallot, p. 409.

Treu, tribut, gage de fidélité ; du teutonique *trew,* foi.

Treuve, trouve, Treuvent, trouvent ; du vieux germanique *trefan,* en allemand moderne et en néerlandais *treffen,* atteindre, toucher.

Triple, Tripoli, ville de Syrie, chef-lieu du pachalik de ce nom. C'est une ville charmante qui semble s'épanouir au milieu de bouquets d'orangers sur la rivière de la Quadicha. Elle n'est pas littorale, mais assise à un quart de lieue dans les terres, au pied même du Liban, qui la domine et l'enceint de ses branches, à l'est, au sud et même un peu au nord, du côté de l'ouest. De la ville au rivage, se prolonge une petite plaine triangulaire d'une demi-lieue ; c'est à la pointe de cette plaine que gît le village où abordent les vaisseaux. C'est là ce qu'on nomme la Marine, d'un nom générique commun dans le Levant, à toute ville ou partie de ville où se trouve le débarcadère. *P. Laorty-Hadji.*

Truaiges, redevances, tributs ; du teutonique, *trew,* foi.

Truffent (se), se moquent.

Dans le *Roman du chevalier au Barisel :* « Mais que
» gi vois pour aus trufer. » Dans Christine de Pisan :
« Avec ses serviteurs par bonne familiarité se truffloit de
» paroles joyeuses et honnestes. »

Truffoient, moquaient. — V. De Chevallet, t. I. p. 5, note. Ce mot est dérivé de *truffe;* il était usité dans la langue ibérienne avec le sens de « moquerie, tromperie. »

Truist, trouvât; *treu,* d'où *treuver.* — V. Ducange, v° *Trutanizare* : Etymon petendum ab ejusmodi tributorum collectoribus qui dicebantur « avoit treuvé, » cum tributum, seu « le treu » exegissent, quam vocem postmodùm pro « invenire » usurpavimus.

Turquan, turc.

Turquestan, Turquestan. Ce nom signifie le pays des Turcs, aujourd'hui bien différent de ce qu'il était autrefois, car il s'étendait au VI⁰ siècle depuis la mer Noire, jusqu'à la Chine. Au XIII⁰ siècle, Cingis Khân chassa les Turcs du Kachgar, où ils s'étaient maintenus.

Turquestem, le Turkestan : V. *Turquestan.*

Turquemens (*Turkomans.*) La Syrie et la Palestine nourrissent des populations nomades qui errent avec leurs troupeaux et leurs tentes, dans des districts limités, dont ils se regardent comme propriétaires.

Parmi ces peuples nomades, il faut citer d'abord les Turkomans, peuplade d'origine tartare, qui, à l'époque des grandes révolutions survenues dans l'empire des Abassides, émigrèrent des rivages de la mer Caspienne, et vinrent déborder dans les plaines de l'Arménie et de l'Asie Mineure.

U

Unéate, tribu indépendante qui ressemble aux Mongols et qui comptait quatre mille tentes ou familles. Elle était composée, dit Marco Polo, *de moult belle genz,* et devait fournir tous les ans cent *pucelles* au grand Khân. *Le livre de Marco Polo,* édit. Pauthier, p. 259.

Ung, un. Jean du Clercq, qui donne en ses « Mémoires » les formes polies du dialecte de Flandre au XV⁰ siècle, place constamment un *g* dans divers monosyllabes : *ung*, *maingt*, maint ; *moings*, moins. etc. Dans les anciens dialectes de Normandie, de Bretagne, de Picardie et chez les poëtes anglo-normands, pendant les XII⁰, XIII⁰ et XIV⁰ siècles, la lettre *u* a été prononcée tantôt *u*, tantôt *ou*. Ainsi, le nom du village de *Rubruk*, dont Guillaume Rubrucquis a reçu son nom, est écrit aujourd'hui « Rubrouck. »

Usboch, royaume dont l'empereur rend hommage au grand Khân et qui est probablement celui des Usbeks dans le Badakhchân.— V. Wood, *Voyage à la source de l'Oxus*, pp. 223 et 274.

V

Vaisseaulx, vases ; du latin *vas*, *vasis*.

Varletz, valets. —V. De Chevallet, I, p. 163. « Dans notre ancienne langue, ce mot signifiait jeune homme, garçon, fils, gentilhomme qui n'était point encore armé chevalier, écuyer, garçon apprenant un métier, apprenti. « Jean d'Artois, *varlez* du roy, nostre seigneur et bailli de « Reims. » (*Lettres de rémission* de 1362, citées par Carpentier, art. *valletus*.) « Au XIV⁰ siècle, *varlet*, *valet*, se prenait déjà comme aujourd'hui pour domestique. — Ce mot dérive du gothique *vair*, homme ; *barn*, jeune garçon ; anglo-saxon, *were*, *beorn* ; island. *ver*. » Mais au XIII⁰ siècle, *varlet* ou *vallet* était encore usité comme synonyme de « gentilhomme. » Marco Polo dit au chap. CXCVI de son livre : « Il vint un gentil vallet, filz « d'un riche roy, et puissant, lequel estoit preuz et vaillant « et moult fort. »

Vassel, vaisseau, vase.

Veez cy, voici, voyez ici.

Vefve, veuve. Ce mot dérive du latin *vidua* par le rejet de la dentale *d* et la permutation de *i* en *e*. Mais la lettre *u* n'est pas une voyelle; elle représente le *w* du sanscrit *widhawd* qui a la même signification et a donné naissance au latin *vidua* et au néerlandais *weduwe* et *witwe*, veuve. Dans *vefve*, fv est donc la représentation du *w* sanscrit.

Veins, vins; du latin *venire*.

Veismes, nous vînmes.

Veneurs, chasseurs; du latin *venator*.

Venin, poison; du latin *venenum*.

Venismes, nous vînmes; du v. *venir*.

Vergondez, méprisés. Nous disons aujourd'hui « dévergondés; » du latin *de*, sans, et *verecundia*, pudeur.

Vergongne, nudité, honte, pudeur; du latin *verecundia*, pudeur.

Vesperée, soir; du latin *vesper*.

Vesqui, vécut; du latin *vicit*.

Vessel, vaisseau, navire.

Viande, aliment « Ce mot, qui signifiait au XIIIe siècle *vivres, nourriture, aliment* en général, fut ensuite pris par synecdoche pour désigner la chair des animaux dont nous faisons notre nourriture habituelle. « *Viande* dérive du latin barbare *vivanda*, vivres, formé de *vivere*. Rabelais se sert encore du mot *viande* dans son ancienne acception. *Pantagruel*, liv. IV, ch. 54. » — De Chevallet, II, p. 200.

Viellart, Vieux de la montagne, V. Marco-Polo p. 98 et suiv: Le viel estoit appellez en leur languaige *Alvadin*. Il avoit fait fermer entre deux montaignes, en une vallée, le plus grant jardin et le plus beau qui onques fust veuz, plains de tous fruiz du monde; et y avoit les plus belles maisons et les plus beaux palais qui oncques feussent veuz, tous dorez et pourtraiz de toutes choses moult bien. Et si y avoit conduis qui couroient moult bien de vin et de lait, et de miel, et d'aique, et plain de dames et de demoiselles les plus belles du monde, qui savoient sonner de touz instrumens et chanter moult bien; et danssoient si que ce estoient uns deliz de ce voir. Et leur faisoit entendant, le viel, que ce jardin estoit paradis. »

« *Aloadin* est le nom de *Ala-ed-din Mohammed*, chef des Ismaéliens, qui régna de l'année 1220 de notre ère à l'année 1255..... Quant à la qualification de *Vieux de la montagne*, donnée aux chefs des Ismaéliens de Perse et de Syrie, voici comment l'explique M. Sacy : « La position d'Alamoût, situé au milieu d'un pays de montagnes, fit appeler le prince qui y régnait : s*cheikh-alsjebal*, c'est-à-dire le *scheikh* ou prince des montagnes; » et l'équivoque du mot *scheikh*, qui signifie également vieillard et prince, a donné lieu aux historiens des Croisades et à Marc Pol de le nommer : « Le Vieux de la Montagne. »

Les Ismaéliens furent aussi nommés *Hasisins* par Marco Polo.

« Selon M. de Sacy, ce nom leur fut donné à cause de l'usage qu'ils faisaient d'une liqueur ou d'une préparation enivrante, connue encore dans tout l'Orient sous le nom de *haschisch*. Les feuilles de chanvre, et quelquefois d'autres parties de ce végétal, forment la base de cette préparation que l'on emploie de différentes manières, soit, en liqueur, soit sous forme de confections ou de pastilles soit même en fumigations..... Ceux qui se livrent à cet usage sont encore appelés aujourd'hui *haschiscin* et *haschaschin*, et ces deux expressions différentes font voir pourquoi les Ismaéliens ont été nommés par les historiens des

Croisades, tantot *Assissinî*, et tantôt *Assassini*. » Pauthier : *le livre de Marco-Polo*, pp. 98 et 99.

Viengent, viennent.

Vilennez, dédaignés ; du latin *vilanus*, qui, signifiant d'abord « un habitant des champs, » ensuite « roturier, » a été employé plus tard en fort mauvaise part.

Vincensic, le Vicentin, province de la république de Venise.

Vitaille, victuailles, vivres ; du latin *victus*.

Voisent, aillent ; du verbe bas-latin *viare*. — V. De Chevallet I, p. 124 et II, p. 213.

Voller, chasser, poursuivre, voler en terme de fauconnerie.

Voulsist, voudrait ; du latin *velle*.

Voyaige, voyage. La voyelle *a* du mot de la basse-latinité viagium est devenue *ai* par l'attraction du second *i* latin et par imitation d'un usage bourguignon, constaté dans la chronique de Philippe Mouskes, du XIII° siècle, où se trouvent les formes *heretaige, pasturaige* (II, 309), et dans notre manuscrit : *tesmoignaige, couraige*.

Vuyde, vide ; du latin *viduus*.

Y

Ydois, idoines, propres à ; du latin *idoneus*.

Yppre, Ypres, chef-lieu d'arrondissement de la province de la Flandre-Occidentale, en Belgique.

Yrlande, Irlande.

Ysles, îles ; du latin *insula*.

Yssis, ind. prés. du v. *Yssir*, sortir. Il faisait au futur : *J'ystrai, tu ystras*, etc. Joinville a dit : « Et à ce pourra le
» roi délivrer tant de pauvres prisonniers, qui ont esté
» prins au service de Dieu et du sien, qui jamais n'en *ys-*
» *tront*, s'il n'en va ainsi ». Le verbe *yssir* dérive du latin
ex-ire, aller dehors, sortir.

Z

Zanega, château à trois journées de Trébizonde.

Ce château-fort est indiqué sous le nom de *Tenega* dans le texte latin du voyage d'Oderic de Frioul, publié à Rome en 1859, par le P. franciscain Marcellini a Civezza.

FIN.

TABLE DES MATIÈRES

L'Extrême Orient. — Introduction.................................. 1

I. — Les premiers voyageurs du moyen-age. 1. — Invasions tartares dans l'Antiquité, 2. — Missionnaires dans l'Extrême-Orient, 3. — Manuscrit 2810 de la Bibliothèque nationale de Paris, *le Livre des merveilles du monde*, 3. — Offert au duc de Berry, 4. — Calligraphes flamands, 5. — Voyageurs dont les relations se trouvent dans ce manuscrit : Marco Polo, Bieult ou Ricold de Monte Croce, frère Oderic, Guillaume de Bouldeselle, Jean de Mandeville, Hayton, 7. — Traducteur de ces relations : Jean le Long, 7. — Ses autres travaux, 8. — Les arts et les sciences de son temps, 10. — Langue dans laquelle il a écrit, 11. — Dialecte artésien, 12. — Détails biographiques sur Oderic de Frioul, 14. — Sur Guillaume de Bouldeselle, 16. — Sur Jean de Mandeville, 16. — Sur Bieul ou Ricold de Monte Croce, 18. — Sur Guillaume de Rubrouck, 20. — Sur Hayton, 22. — *Le livre du grant Caan* par un archevêque de Sultanyeh, 24. — Lettres du grand Khân de Tartarie au Pape Benoit XII, datées de l'année du Rat, p. 26.

II. — Populations, p. 30. — Les nomades, 30. — Huns et Mongols, 31. — Anciens Scythes, 31. — Traits caractéristiques de la race mongole, 33. — Américains du Nord, 34. — Les peuplades sauvages de l'Indo-Chine d'après Bastian, 35. — Les Kares, 35. — Les Khames-Dong, 35. — Borang, 35. — Les provinces Binthanam et Bindinh. 36. — Les Banars, 36. — Les Radeh, 38. — Les Laos, 38. — Le royaume de Tsiampa, 39. — Les Changrais, 39. — Les Kha-Radeh, 40. — Les Halangs, 44. — Les Xa, les Thi, 47. — Les Kemoi, les Koi, les Xao-ben, 48. — Moang Kosangpyi, 49. — Le Pa-himaphan, 49. — Les Kha, 50. — Les Hollandais au Cambodge, 51.

III. Langues et religions. — Langues monosyllabiques, 53. — L Thibet, 56. — Le culte du Lama, 57. — Langue du Thibet découverte, 58. — La Birmanie, 60. — Sa langue, 61. — Siam, 63. — Langue et croyances siamoises, 64. — Anam, Langue et religion, 67 et 68. — Le Cambodge, 68. — Monuments religieux 69 à 76. — Le Schamanisme, 77. — Chine, 82. — Corée, 83. — Mantchourie, 84.

TABLE DES MATIÈRES.

Le livre des merveilles du monde. — *Manuscrit de la Bibliothèque nationale*, 89. — I. *Relation du frère Oderic de Frioul*, 89. — De la cité de Thoris, 91. — De Somdoma, 92. — De la cité de Cassan, 93. — De la cité de Geth, 93. — De la cité de Conan, 93. — De Hus, la cité de Job, 94. — De Caldée, 94. — De la Haute Inde, 95. — Comment le poivre croît et naît, 99. — Du royaume de Mobarum, 101. — De l'île Lamory, 104. — Du royaume de Smohora, 105. — De l'île de Fana, 105. — Du royaume de Natem ou Panthen, 106. — Du royaume de Campe, 108. — De l'île de Bacumeran ou Nichomeran, 109. — De la province de Sillan, 109. — De l'île de Doudin, 110. — De la haute Inde 112. — De la cité de Cartan ou Catan, 113. — De la cité de Casaie ou Catusaie, 115. — De la cité de Gilenfo, 118. — Des gens du prêtre Jehan, 118. — De la cité de Jamathay ou Janfu, 119. — De Lanterny, la cité de Cayto et autres, 120. — Du vieillard de la montagne, 122. — Comment les frères mineurs guérissent les enragés, 123. — D'une merveille de la vallée d'Enfer, 123.

II. *Relation de Hayton, prince d'Arménie*, 125. — Du royaume de Tarse et de ses merveilles, 127. — Du Turkestan, 127. — Du roi de Chorasme, 128. — Du royaume de Comanie et de ses merveilles, 129. — Du noble royaume d'Inde, 130. — Du royaume de Perse, 132. — Du royaume de Médie, 133. — Du royaume de Cadili, 140. — De Pintexorie, la terre du prestre Jehan, 141. — Du royaume de Riboch, 142. — De celui qui se fait paître aux pucelles, 143. — Du royaume d'Arménie, 144. — Du royaume de Géorgie, 145. — Du royaume de Caldée, 147. — Du royaume de Mésopotamie, 147. — Du royaume de Turquie, 148. — Du royaume de Syrie, 150. — Comment les gens de l'empereur de Constantinople rendirent Antioche aux Sarrazins, 152. — Comment les Sarrazins envahirent le royaume de Perse, 153. — Comment les Sarrazins élurent le soudan leur seigneur, 154. — De la dissencion qui se mut entre les Sarrazins, par quoi l'empereur recouvra sa terre, 156. — Comment les Turquemens eurent un roi, 157. — Comment Antioche fut enlevée aux Grecs, 158. — De la grande bataille livrée par Godefroy de Beuillon devant Antioche contre les Sarrazins, 159. — De la nation des Corasmiens, comment ils s'emparèrent de l'Asie, et conquirent plusieurs royaumes, 160. — Troisième partie du livre de Hayton sur la Tartarie, 162. — Comment les Tartars couronnèrent empereur Canguis Khân, 163. — Des grands préparatifs que fit Canguis Khân, 164. — Comment Canguis Khân se sauva dans un buisson, 165. — Comment Canguis Khân revint parmi les siens, 166. — De la seconde vision qui advint à Canguis Khân, 167. — Comment Canguis Kan fait donner une flèche à chacun de ses fils, 167. — Comment Canguis Kan fist l'aîné de ses fils empereur des Tartares, 166. — De Halot Khân, fils de Canguis Khân, second empereur des Tartares, 170. — Comment Hoctota Khân envoya ses trois filz en diverses régions, 172. — Son fils Batho en Turquie, 172. — Comment les Tartares déconfirent le Soudan de Turquie, 173. — Jothy conquit le royaume de Turquestan, 174. — Batho vient en Comanie, 175. — De Chacaday empereur, 176. — Mango Khân veut recouvrer la Terre-Sainte, 177. — Accord avec le roi d'Arménie, 179. — Mango Khân se fait baptiser, 180. — Halcon s'empare de Bagdad, 181. — d'Alep, 183. — Apprend la mort de son frère, 184. — Retourne à Thoris, attaque Bartha, 185. — Garboda fait abattre les murs de Saiette, 186. — Le Soudan attaque les Tartares, 187. — Halcon demande secours au roi d'Arménie, 187. — Abaga renonce au christianisme, 188. — Défaite des deux fils du roi d'Arménie, 189. — Abaga fait manger le corps de Parvana, 190. — Abaga offre la Turquie au roi d'Arménie, 191. — Requête du roi d'Arménie à Abaga, 192. — Abaga demande le secours de Mangadamor, 193. — Il est empoisonné avec son frère, 195. — Tangsdar se fait Mahométan, 195. — Argon délivré de la mort, 197. — Règne heureusement et meurt, 197. — Kalgaito seigneur des Tartares, 198. — Baydo empereur des Tartares, 199. — Baydo trahi et tué, 199. — Casan favorise les chrétiens, 200. — Le roi d'Arménie et Molay poursuivent le Soudan, 202. — Casan reçoit les clefs de Damas, 204. — Casan retourne de Terre-Sainte, 207. — Reçoit le roi d'Arménie, 212. — Celui-ci défait sept mille Sarrazins, 213. — Paroles de l'auteur, 214. — De la grande puissance de l'empereur des Tartares, 215. — Toctay met sept mille hommes en bataille, 216. — Puissance de l'empereur Carbauda, 216. — Bétail et croyances des Tartares, 218. — Du passage d'Outre-Mer, 221. — De la terre d'Egypte, 223 — De la puissance du soudan de Syrie, 225. — Des Comans, comment ils se rendirent maîtres de l'Egypte, 226. — Comment les Sarrazins perdirent ce pays, 226. — Comment Saladin, grand Soudan d'Egypte, recouvra la Terre-Sainte, 227. — Comment le Soudan voulut faire mourir le roi Edouard d'Angleterre, 229. — Comment mourut le Soudan Elsy, 229. — Comment fut tué le Soudan de Babylone, 230. — Du royaume d'Egypte et de ses provinces, 231. — Du temps convenable à faire la guerre aux Sarrazins, 235. — Hayton engage le Pape à leur déclarer la guerre, 236. — Comment il prouve que le temps est convenable, 236. — Il exhorte encore le pape à faire la guerre, 237. — Il lui indique le chemin à suivre, 238. — Des divisions qui existent parmi les ennemis, 239. — Hayton insiste pour la guerre, 240. — Des navires qui seront nécessaires, 241. — Avantage d'aller par mer en Terre-Sainte, 243. — Facilité de la conquérir, 244. — Preuve qu'en donne

Hayton, 246. — Hayton engage le Pape à écrire aux rois des chrétiens et d'Arménie, 246. — Rendez-vous général pour aller conquérir la Terre-Sainte, 247. — Trois routes sont ouvertes pour aller en Terre-Sainte, 248. — Des chrétiens et des Tartares, 251. — Différence de leurs usages, 252. — Hayton finit son livre en priant le Pape de délivrer la Terre-Sainte, 253.

III. *Relation du voyage de frère Bieul (Ricold de Monte-Croce)*, 256. — De la Galilée, 258. — De Nazareth, 261. — De la Judée, 263. — De Jérusalem, 263. — De Bethléem, 268. — Des Maronites. — Des Nestoriens. — Du Saint-Sépulcre, 274. — De Tripoly, 275. — De la Turquie, 276. — Des Tartares, 278. — De leurs erreurs, 284. — Des Balcites, 286. — De l'origine des Tartares, 289. — De leur manière de faire la guerre, 292. — De la ville de Bagdad, 294. — Encore des Tartares, 298. — Des Curtes, 300. — De Ninive, 302. — Des Jacobins, 303. — Des Sarrazins, 324. — Des œuvres des Sarrazins, 326. — De leurs études et contemplations, 326. — De leurs prières, 327. — De leurs aumônes, 328. — De leur révérence envers le nom de Dieu, 330. — De leurs usages, 331. — De leur doux langage avec les étrangers, 332. — De la concorde entre les Sarrazins, 333. — Réfutation de leur doctrine, 333.

IV. *De l'état du grand Khân par l'archevêque de Sultanyeh*, 335.

V. *Lettres du grand Khân au souverain Pontife. — Du Pape à l'empereur des Tartares*, 347.

Index biographique, géographique et glossaire, 357.

www.ingramcontent.com/pod-product-compliance
Lightning Source LLC
Chambersburg PA
CBHW050556230426
43670CB00009B/1145